JN411564

대비로자나성불경소 3

Commentary of Mahāvairocana Sūtra

옮긴이 김영덕(金永德, Kim Yong-Duk)은 1960년 서울에서 태어나 동국대 불교학과를 졸업하고 석사 · 박사 학위를 취득하였다. 현재 위덕대 불교문화학부 교수로 있다. 주요 저서로는『금강계 삼십칠존의 세계』·『대일경』·『금강정경』 등의 저역서와,「밀교계사상의 현대적조명」·「『대일경』에 나타난 여래장사상」 외 다수의 논문이 있다.

대비로자나성불경소 3

1판 1쇄 인쇄 2008년 12월 25일
1판 1쇄 발행 2008년 12월 30일

옮긴이 / 김영덕
펴낸이 / 박성모
펴낸곳 / 소명출판
등록 / 제13-522호
주소 / 137-878 서울시 서초구 서초동 1621-18 (란빌딩 1층)
대표전화 / (02) 585-7840
팩시밀리 / (02) 585-7848
somyong@korea.com / www.somyong.co.kr

값 27,000원

ISBN 978-89-5626-361-8 94910
ISBN 978-89-5626-358-8 (전3권)

대비로자나성불경소 3

김영덕 역주

◆ **일러두기**

1. 본 책은 『대일경』 7권 가운데 앞의 6권 31품에 대하여 일행(一行)아사리가 자신의 스승인 선무외삼장의 강술을 기록한 동시에 자신의 중국 불교적 교양에 의해 해설을 가한 『대일경소』 20권과, 『대일경』 제7권에 대한 주석서로서 신라의 불가사의(不可思義)에 의하여 만들어진 『대일경공양차제법소』 2권 5품에 대한 번역 및 주석서이다.
2. 본 역서는 대정신수대장경 39권에 수록된 한역본을 저본으로 하였으며, 만속장경 36권에 수록된 한역본 및 『대일경의석』을 참고하였다.
3. 본 역서의 각주는 『國譯一切經』 경소부 14, 15권에 수록되어 있는 각주를 참고로 하였으며, 『불광대사전』·『밀교대사전』·『밀교사전』·『망월불교대사전』, 中村元의 『불교어대사전』, 운허용하의 『불교사전』을 참고하였다. 그리고 사전에 없는 경우 다른 경전에서 참고할 만한 내용을 가져다가 주석을 달았다.
4. 본 역서의 난탈은 『國譯一切經』 경소부 14, 15권을 주로 참고하였으며, 기타 내용상 흐름을 참고하여 교정하였다.
5. 산스크리트의 한글표기는 망월사본(望月寺本) 『진언집(眞言集)』을 기준으로 하여 현재 유통되고 있는 『천수경』 식의 한글표기를 원칙으로 하며, 가급적 산스크리트 원어에 가까운 발음으로 표기하였다. 산스크리트의 로마나이즈표기는 각주에 넣었으며, 짧은 단어의 경우 간주로 처리하였다.
6. 본문에서 『대일경』에 등장하는 문장은 고딕체로 하였으며, 또한 『대일경』의 문장과 대비될 수 있는 것도 고딕체로 하여서 구분하였다. 『대일경소』 본문 가운데 할주(割註)는 굴림체 9포인트로 하고 [ ] 안에 넣었다. 번역상 필요하다고 인정되어 본문을 보충한 문구는 [ ] 안에 넣고 본문과 동일한 신명조체로 글자 크기를 작게 하여 누구나 알기 쉽도록 하였고 또한 번잡한 각주를 간결하게 하기 위하여 본문에 삽입한 간주도 동일하게 하였다. 그리고 『대일경』이 아닌 다른 경론의 경우에는 ' '로 인용문 표시를 하여 구분하였다.
7. 본 『대일경소(大日經疏)』에는 가장 많이 인용된 『대지도론』을 비롯하여 『화엄경』·『법화경』 등 대·소승의 제경론(諸經論)이 인용되어 있다. 정확한 출처와 해당되는 인용문을 역자주에 포함시켰다. 경우에 따라 본문이나 각주에서 그 내용을 밝혔다.
8. 『대일경소』 본문에 수록된 실담자 외에 필요한 경우 실담자를 추가로 넣었다.
9. 제6권에 도표가 나오며, 그 이후에도 삽화가 대장경에 다수 수록되어 있으므로, 그 저본을 『대정신수대장경(大正新修大藏經)』과 그 도상부(圖像部)만이 아니라 『만속장경(卍續藏經)』 등 다양한 제본(諸本)을 통해서 검토하고 정리하였다. 기타 필요한 삽화를 보충하였다.
10. 「밀인품」에 등장하는 인계는 모두 139종이며, 그 외에 「비밀팔인품」이나 다른 품에서도 인계에 대한 언급이 있다. 인계는 원본에 나오지 않으나 그 대부분을 그림으로 그려서 본문 가운데 삽입하였다.
11. 품을 중심으로 전체의 목차를 달고 과판(科判)을 나누었다. 전체를 『대일경소』 제1품부터 제31품까지, 『공양차제법소』 제1품부터 제5품까지 목차를 달았다. 목차 외에 『國譯一切經』 등의 과판을 참고하여 내용별로 구분할 수 있도록 나누었다.

추천의 글

유망한 젊은 학자 한 사람을 멀리 경주 땅으로 떠나 보내고, 나는 줄곧 그를 가까이에서 키우지 못한 아쉬움을 떨쳐버릴 수가 없었다. 그러나 십 년 세월이 지난 지금에 와서 돌이켜보니 그것이 오히려 다행이었던 한 면을 보게 된다.

茶山선생을 비롯한 과거 유명한 학자들이 산천수려한 곳에서 학문적 성과를 높혔듯이, 우리 眞敬 金永德박사도 천년의 고도 경주에서 학문에만 전념하여 빛나는 업적을 내고 있기 때문이다.

김교수는 그동안 많은 알찬 논문들을 발표하면서도 밀교의 핵심이 되는 『대일경』·『금강정경』 등을 번역했으며, 그 경험을 바탕으로 하여 이번에는 『大日經疏』 20권을 불가사의의 『공양차제법소』 2권과 함께 역주해서 펴낸다고 한다.

불교가 모든 종교와 여러 사상 중의 꽃이라면, 밀교는 그 꽃의 열매격이 된다. 『대일경』은 그러한 밀교의 중심이 되는 교학을 담고 있고, 이 경의 내용을 쉽게 설명하고 풀이한 것이 『대일경소』이다. 그러므로 밀교를 알고자 하는 사람은 물론이요, 불교의 진수를 맛보려는 자라면 반드시 읽어야 할 내용이다.

밀교 종단이 있고, 밀교 신행자는 있어도, 그 교학이 부진한 우리의 현실에서 이 책의 우리말 역주의 소개는 참으로 귀중한 성과가 아닐 수 없다.

원래 역주작업이란 누구나 쉽게 할 수 있는 것이 아니다. 그 텍스트의 문자와 언어와 사상과 역사 등을 알아야 한다. 그러므로 『대일경소』를 역주하기 위해서도 밀교 전반에 대한 해박한 지식 체계가 있어야 하고, 브라흐만, 힌두교와 인도 전통 문화에 대한 이해는 물론이요, 싼스크리트어, 漢文 등 관계 언어에 대한 독해력도 뛰어나야 한다.

우리 김교수는 그와 같은 탄탄한 실력과 기반지식을 갖추고 있으므로 이 책이 매우 훌륭하고 완벽한 역주가 되었으리라고 믿는다. 뿐만 아니라 그는 學과 行을 겸비한 학자이므로 독자들이 그의 글을 통해, 그의 글 속에서 사람다운 따뜻한 온기도 느낄 수 있으리라고 확신한다.

아무튼 이 책이 널리 읽혀져 우리의 불교학이 발전하고 밀교의 저변 확대가 이루어지는 날이 앞당겨지기를 기대한다.

2008.12.15

雲谷 徐閏吉(동국대 명예교수)

역자가 대학원에서 밀교를 전공하려고 하였던 80년대 후반에는 국내에 이렇다 할 한글로 번역된 밀교경전이 거의 없었다. 경전 뿐만 아니라 관련 참고도서와 밀교전공자조차도 매우 희귀했던 시절, 나는 답답한 심정에 무엇을 먼저 해야 할 것인가 고민하기 시작하였다. 기본적으로 번역과 사전이 나와야 한다는 데에 결론이 모아졌다. 한역대장경은 물론이고 티베트대장경에서도 밀교는 상당히 많은 분량을 차지하고 있으며 그 밀교경전을 번역하고자 하는 생각은 그때부터 나의 평생의 바램이 되었다. 그리고 박사과정을 수료할 즈음 동국역경원에서 진행된 고려대장경의 국역작업은 그 꿈을 펼치는데 아주 좋은 기회가 되었다. 그러나 고려대장경에 수록된 경전에만 주력하다보니 정말 중요한 내용을 놓치고 수박 겉핥는 듯한 느낌을 지울 수 없었다. 제대로 된 밀교학을 알기 위해서는 경전 만이 아니라 그 경전에 대한 주석서를 보아야 하기 때문이다.

중국에서 교학이 발전하는 과정은 경전과 논서가 번역되고, 다시 이에 대한 중국불교가의 저술이 행해짐으로써 독립된 교학을 갖는 종파로 성럽한다. 그러나 밀교의 경우에는 경전 외에 뚜렷한 밀교 관련 논서가 처음부터 인도에서 유입되지 않았으며 중국에서 제작된 주석서도 소수에 불과하다. 또한 중국밀교가에 의해 충분한 저술이 나올 정도로 전성기가 길지도 않았다. 그래서 본격적인 밀교주석서로서는 거의 독보적이라 할 수 있는 한역 『대일경소』가 어떤 측면에서는 인도에서 비롯된 중기밀교의 메시지를 동북아시아에서 음미할 수 있는 유일한 기회를 제공한다고 생각한다. 『대일경소』는 중국 당나라때에 인도밀교를 가져온 선무외삼장과 그의 제자인 일행(一行)선사에 의해 찬술되었으므로, 그 내용은 전성기 때의 인도밀교와 이를 수용한 중국밀교의 모습을 그대로 보여주기 때문이다. 특히 한역 『대일경소』 말미에는 한국 밀교의 대표적 저작이라 할 수 있는 신라 불가사의스님의 『공양차제법소』가 포함되어 있다. 인도와 중국, 한국을 대표하는 밀교가에 의해서 완성된 『대일경소』는 동북아시아 밀교의 원형이라고 볼 수 있기 때문에 우리는 이 책을 통해서 고대 한국 밀교의 모습도 찾을 수 있을 것이라 생각한다.

역자는 이와 같은 『대일경소』의 중요성을 절감하고 10년 전부터 어떠한 방법으로든 『대일경소』 전체를 해독해 보기 위해 혼자 번역해보기도 하고, 위덕대학교 대학원에 재학중인 학생들과 『대일경소』 강독반을 형성하여 「주심품」부터 살펴보기도 하였다. 그러는 동안 학술진흥재단 동양학술명저번역 사업에 신청하였으며, 지원을 받게 된 이후 본격적으로 번역 작업에 몰두하였다. 그러나 번역은 그리 순탄치 않았다. 일단 전체의 원고양이 워낙 많아서 적지 않은 시간을 필요로 하였으며, 원고 내용 가운데 실담자 · 도표 · 삽화 · 인계 등을 넣어야 할 것이 등장하면서 번역은 차츰 복잡해져갔다. 수없이 등장하는 난탈도 나를 괴롭혔고, 해도 해도 끝이 보이지 않는 번역은 나의 인내심을 시험하는 듯 했다. 그리고 긴 여정을 지나 전체의 윤곽이 잡혔을 때의 환희는 지금도 잊을 수 없다. 그 이후로도 몇 번이고 수정했지만 아직까지 부족한 점이 많은 이 책을 세상에 내보낸다는 데에 한 편으로 두려움이 앞선다. 오직 한 가지 자부심이라면 지금까지 전무했던 밀교주석서를 최초로 출판한다는 점이다. 이 책이 밀교에 대한 바른 이해와 향후의 관심과 연구를 더 깊게 하는 데 조그마한 보탬이 되기를 바랄 뿐이다.

끝으로 석·박사과정에 걸쳐 역자를 지도해주시고 본 역서를 위해서 추천의 말을 써주신 은사 서윤길 교수님과, 물심양면으로 후원해주신 진각종의 큰 스승님들, 오랫동안 밀교경전의 역경기회를 베풀어준 동국역경원의 여러 편집부장님, 그리고 역서가 나오기까지 역자를 뒷바라지해준 나의 가족과, 강독반에 함께 참여했던 대학원생들, 교정을 보아준 너빈법사, 실담자를 쓰고 인계를 그려준 최성규선생, 편집을 담당한 소명출판 편집부에게 깊이 감사드린다.

2008.12.16

위덕대학교 연구실에서

金永德

大毘盧遮那成佛經疏 1

大毘盧遮那成佛經疏 2

제12 입비밀만다라품(入秘密漫茶羅品)

1. 품의 명칭을 해석한다

"입비밀만다라품(入秘密漫荼羅品)"이란 무엇인가? 이른바 모든 부처님의 몸·말·마음 비밀의 장(藏)은 오직 집금강의 비밀이다[본 품은 이 비밀에 들어가는 방법을 밝힌다].

"이때에 세존께서는 또 다시 비밀단에 들어가는 법을 설하셨다."

비밀주만이 이렇게 질문할 수 있다. 그래서 부처님께서 다시 이것을 말씀하셨다. 그런데 이 집금강은 바로 비로자나께서 변화하신 몸이다. [비로자나께서] 이 비밀의 법을 드러내어 밝히시고자 [집금강으로 변화하셔서 질문]하셨다. 왜냐하면 이 법을 물을 수 있는 자는 없으며 오직 부처님끼리만 서로 묻고 알 수 있기 때문이다.

『금강정경』의 「분별적품(分別積品)」[1]에서는 다음과 같은 내용을 설명하고 있다.

'부처님께서 삼마지에 드시고 나서 부처님의 몸으로부터 자형(字形)·인형(印形)·본존의 몸을 유출하셨다. 각기 여러 방향으로부터 나와서 불사를 베풀어 지으신다. 이른바 이러한 대인연으로써 불지견(佛知見)을 열게 하신다. 이와 같이 지으시고 나서 다시 여래의 몸으로 들어가신다.'

이때에 허공에서 법을 여쭙는 소리가 들리며 부처님의 108개의 이름을 여쭈었다. 무엇을 부처님이라 하며, 무엇을 정변지라 이름하는가 등이며 나아가 십육대보살과 진언·인 등을 여쭈었는데, 거기[2]에서 널리 설명한 것과 같다.

2. 부처님께서 금강수에게 질문하게 하시다

이때에 부처님께서는 스스로 찬탄하시어, "장하도다, 장하도다. 능히 이와 같은 일을 묻는구나"라 하시고서 질문에 따라 답하셨다. 이때에 대중들은 일찍이 없었던 것을 얻고서 이렇게 생각하였다.

'지금 부처님의 [변화하신] 몸으로 부처님께 여쭙는구나. 마치 환상과 같아서 지음도 없고 생겨난 것도 없이 불사를 성취하신다.'

지금 이 집금강도 역시 이와 같다. [비로자나]부처님의 금강혜인(金剛慧印)으로부터 생겨나 다시 여래의 금강혜인에 가지되어 여쭐 수 있었으며 부처님께서 이에 답하신 것이다. 사람들이 믿지 못할까 염려되고, 또 스스로 묻고 스스로 답하신다면 [사람들이] 온전히 존중하지 않기에 부처님의 몸으로 부처님의 몸[3]에게 여쭌 것이다. 또한 집금강이라 부르는 이유는

1) 『금강정경』에는 「분별적품(分別積品)」이라는 품이 없어서 어느 것을 말하는지 알 수 없다.
2) 『금강정경』 2권에 십육대보살에 관해 설명한 것을 가리킨다(대정장 18, 216 중).

여래의 신밀 · 구밀 · 심밀을 지니기 때문이며, 지금강지인(持金剛智印)이라고도 한다.

3. 본 품의 유래

"이때에 세존께서 또 다시 비밀만다라에 들어가는 법을 설하셨다."[4]

앞에서 이미 금강수에게 비밀만다라를 설하셨으나 아직 비밀만다라에 들어가는 법은 밝히지 않으셨기에 다음에 이것을 널리 설하신 것이다.

"지송하는 사람은 비밀만다라를 두루 학습해야 한다."[5]

진언을 수행하는 사람은 두루 학습해야 한다[말하자면 모든 곳에서 반드시 이해해야 한다].

"지송하는 사람"이란 성취한 사람으로 아사리를 말한다. "두루 학습해야 한다"는 것은 오직 부처님과 부처님만이 두루 아실 수 있으며, 모든 법을 두루 학습하실 수 있다. 이 덕을 갖추어야만 스승이 될 수 있다. 요즘 말세에는 이러한 사람을 구하기 힘드니 어떻게 전법의 스승이 있을 수 있겠는가! 그러나 아사리는 부처님처럼 증득하기 어렵더라도 널리 이 경의 종지(宗旨)와 차제의 법용을 잘 알아서 낱낱이 명료하게 상응하고 이 경에 수순하는 모든 법과 연만다라(緣漫荼羅)의 요긴한 것을 잘 알아야 한다. 유가행을 닦아서 중생의 갖가지 근성이 예리하거나 둔한 것, 그리고 막힘과 막힘이 없는 것, 본존의 진언과 신인(身印)의 부류를 훤히 깨닫고 나아가 전법할 수 있어야 하며, 제자를 위하여 비밀만다라에 들어가는 법을 행해야 한다.

---

3) 앞의 부처님 몸은 교화받는 부처님의 몸이고 뒤의 것은 교화하는 부처님의 몸이다.
4) 여기에서 이 품이 오게 된 이유를 밝히고 있다.
5) 『경』에는 "진언을 두루 익히는 자는 비밀단(祕密壇)을 통달하고"라 되어 있다.

그러한 이유는 지금 이 모든 부처님의 법요는 매우 깊어서 이해하기 어려우므로, 함께 수호하여 망녕되게 널리 전하지 말아야 하며, 오래도록 그 요점을 말하지 말고 또한 쉽게 말해주어서는 안된다. 만약 미래세상에서 인간계의 스승이 마사(魔事)나 도에 들어가는 방편차제를 잘 알지 못하고서 망녕되게 사람들을 가르치면, 즉 차별하는 것이 없어서 근기와 상이하게 제자를 그릇된 길로 이끌게 되므로 반드시 널리 학습해야 한다.

이처럼 예부터 내려온 비밀단(秘密壇)에 대해 지혜로운 자는 잘 통달하여 의심하거나 주저하는 것이 없기에 지혜로운 자라고 불렀다.

말하자면 지혜로운 자는 바로 이렇게 널리 학습하는 사람이어서 어떠한 제자들에게 이 법을 수여해야 하는지 말아야 하는지, 만다라에 들어가게 해야 하는지 말아야 하는지 등 이와 같은 갖가지를 잘 알기에 지혜로운 자라고 부른다. 만일 방편을 닫지 않으면 헛되이 설명한 것만 있을 뿐이어서 제자로 하여금 위없는 선근을 건립하고 속히 일체여래의 위에 들어가게 할 수도 없고, 도리어 지극한 장애법을 초래하여 스스로 손해보고 제자마저 손상시키니 어찌 지혜로운 사람이라 부를 수 있겠는가!

"지혜로운 자는 모든 죄를 다 태우고 제자의 법도 이와 같게 한다"[6]고 하는 것은 법다웁게 입단(入壇)하는 작법이다. **"제자의 죄를 태워없앤다"**고 하는 것은 제자가 시작도 없는 때로부터 지어온 한량 없이 많고 끝없는 죄장이 있는데 그 깊고 두터운 장애를 제거하지 않는다면 신기(身器)가 청정하지 않아서 장애가 있기 때문에, 제자를 위하여 일체여래께서 구족하신 도를 설명할 수가 없다. 마치 성문인에게 십삼난(十三難[7]) 등이 있으면 계를 수

---

6) 『경』에는 "법다웁게 제자를 위하여 모든 죄를 태워없앤다"로 되어 있다.

7) 소승에서 구족계(具足戒)를 받아야 하는 자격을 정하는 규정의 두 부류로 차난(遮難)이 있다. 차(遮)는 계를 받기에 적당하지 않기 때문에 멈추는 것을 말하며, 난(難)은 그 자체가 악으로 수계할 만한 인물감이 되지 못한다고 하는 것을 말한다. 십육차(十六遮)와 십삼난(十三難)이 대표적인 것이다. 십삼난(十三難)은 불범변죄(不犯邊罪), 불범비구니(不犯比丘尼), 비적심입도(非賊心入道), 비괴이도(非壞二道), 비황문(非黃門), 비살부(非殺父), 비살모(非殺母), 비살아라한(非殺阿羅漢), 비파승(非破僧), 불악심출불신혈(不惡心出佛身血), 비시비인(非是非人), 비축생(非畜生), 비유이형(非有二形)이다.

여하기에 합당하지 않은 것과 같다.

4. 종자로써 종자를 태운다

"수명(壽命)을 모두 태워없애어 그가 다시 태어나지 않게 하고 재가 다 타버린 것처럼 하고 나서"라고 하는 것은 무엇인가? 지금 어찌 세간의 불로써 그 몸을 태워 목숨을 잇지 못하게 하고도 [업의] 재를 다 태우지 못하여 남게 하겠는가! 지금 여기에 묘한 방편과 대혜(大慧)의 불이 있으니 그 업번뇌의 몸을 사루어 다시는 [윤회의 세계에] 태어나지 않게 한다. 모든 중생들은 다 업번뇌를 간직하여 모으고 상속하여 자라나게 되니 윤회가 그칠 사이가 없으므로 "수명"이라 이름한다. 지금 바로 이것을 다 태워서 남는 것이 없게 한다. 업번뇌를 장작으로 삼고 방편지를 불로 삼으며, 이러한 인연으로 남는 것이 없게 할 수 있다. 이 장작이 이미 타버렸으면 [장작을] 불태운 [지혜의 불도 역시 적멸 가운데] 보내어야 한다.[8)]

"자(字)로써 자를 태우고[9)]"라 하는 것은 아자를 관상하여 사각형의 단과 같게 하고 제자를 그 사각형의 단 중앙에 있게 하며, 라(囉)자로 이 [제자의 몸]을 태운다고 관상하는 것이다. 태움으로써 동일한 한 몸[10)]이 된다. 몸이 아자와 같고, 라(囉)자를 가지고 스스로 모든 번뇌의 죄를 태워 없애며, 나아가 몸도 역시 없애니 체(體)가 금륜(金輪[11)])과 동등하다. "태운다"고 말하는 것은 바로 라자의 자의(字義)이다. 반드시 아자를 제자의 몸으로 삼고

8) 이하에 난탈이 있어 바로잡는다.

9) 먼저의 글자는 라(羅)자의 지화(智火)이고 다음의 자는 아(阿)자의 지대(地大)이다.

10) 태우는 주체와 태워지는 것이 한 몸이 된다는 뜻이다. 즉 태우는 라(囉)자의 지화(智火)와 태워지는 아(阿)자의 번뇌가 함께 공적으로 돌아가 평등하게 하나가 된다.

11) 금륜(金輪)은 금강륜제(金剛輪際) 즉, 본래 생겨남이 없다는 진리를 가리킨다.

아자가 그 몸에 두루하게 해야 한다.

다음에 이 혜화(慧火)의 글자를 가지고 저 보리의 성품을 의미하는 진금(眞金)의 철광석을 녹여서 불순물을 남김 없이 제거하게 하고자 라자를 가지고 아자를 태우는 것이다. 그러나 이미 태웠다 하더라도 어찌 이승(二乘)이 번뇌를 끊고 없애지만 [업의] 재를 다 태우지 못하여 남게 하는 것과 같을 수 있겠는가! 이와 같지 않다. 모든 번뇌의 장작을 다 태웠지만 다시 오묘한 출생[妙生]이 있으니 이른바 정보리심의 진실한 출생이다.

5. 종자로 인하여 다시 태어나는 것을 설한다

이 출생[12]은 바로 청정의 성품이며 여래의 종자이다. 스승은 어떠한 방편으로 [업의] 재를 다 태우지 못하여 남는 것을 가지고 다시 묘한 싹을 틔울 수 있겠는가? 완전히 태워서 재와 똑같지만 그것들을 다시 생기게 한다. 말하자면 바자문(嚩字門)[13]을 생하는 것이다. 반드시 심장 위에 원명을 관하고 원명 가운데에 바자를 안치해야 한다. 이 바자로부터 수륜(水輪)을 생하는 것은 다음과 같다.

수륜을 흰 우유와 같게 하고 이 우유를 붓는다. 이러한 방편으로 다시 정보리심의 불종자를 생기게 한다. 이 청정한 몸을 생기게 하면 안팎으로 더러움 없는 것은 100번이나 단련한 금이 더욱 밝기를 더하기에 그 용도에 따라 그릇을 만들 수 있는 것과 같다. 불이 타오를 때[14]에는 바람도 함

12) 이하에서 종자에 인하여 다시 생하는 의미에 대해 밝힌다.

13) 『경』의 "자로 인하여 다시 생기게 한다"라는 구절을 해석한다. 그 관상법은 「실지출현품」에서 설명한다.

14) 종자로 종자를 태운 다음에 종자의 감로수를 타다 남은 재에 부어서 불수(佛樹)의 싹을 틔우게 한다. 그 경우 종자의 체성은 바로 지대(地大)이고, 지화(智火)의 종자는

께 분다. 풍륜(風輪)이란 바로 하(訶)자[15]의 뜻이다. 또 바(嚩)자 위에 점을 찍으면 이 점은 바로 대공(大空)의 캄자문(欠字門)이니, 미묘한 법수(法水)를 허공에서 부어서 그 마음그릇을 정화한다. 이렇게 해서 지 · 수 · 화 · 풍 · 공 오자의 뜻을 갖춘다는 것을 알아야 한다. 그런데 이것은 모두 여래의 비밀한 뜻이기에 문장대로만 해서는 안되며 반드시 잘 생각해야 한다. 수행자가 이미 이와 같은 두루 청정하며 더러움 없는 몸을 성취하면 수명이 도리어 활발해지며[16] 모두가 더러움 없이 뜻대로[17] 이것을 생하게 할 것이다.

6. 십이진언의 포자(布字)

나시 이와 같은 의생(意生)의 몸을 견고하게 하는 방편이 있다.

열두 글자를 안치하는 것에 의해서 다시 십이연(十二緣)[18]을 얻으니, 이른바 십이지구(十二支句)이다. 이것은 앞의 「비밀만다라품」에서 설명한 열두 자의 진언왕이니, 반드시 사용하여 그 몸에 두루 채워야 한다. 처음에 네 글자가 있으니 윗 부분에 안포하라. 말하자면 정수리에서 이마까지이

화대(火大)이다. 이 종자의 지화가 타오를 때에 반드시 바람이 일어나니 이것이 풍대(風大)이다. 태운 다음에 종자의 감로수를 붓는 것은 수대(水大)이다. 바(嚩)자 위의 점은 대공(大空)이다. 이와 같이 해서 불이 타오를 때에는 반드시 지 · 수 · 화 · 풍 · 공의 오자(五字)의 뜻을 구족한다.

15) 하(訶)자의 중간에 '佉'가 들어 있으나 『소』의 오기(誤記)이다.

16) 이 해석은 『경』의 "온갖 수명과 태어남은 청정하여 두루 더러움 없으리라"는 두 구절에 상당한다.

17) 망상의 인업(因業)으로 생하는 것이 아니라 수행자 자심 그것으로부터 생한다는 것을 말한다.

18) 무명에서 시작하여 유전하는 십이연기의 몸을 이루는 것처럼 지금 열두 글자의 진언을 온몸에 포치하는 것에 의해서 비밀만다라의 십이연기의 몸을 이룬다.

다.[19] 첫째의 한 글자는 정수리 위, 허공에 두는 글자이다. 두 글자는 양쪽 귀에 두며, 마지막의 한 글자는 이마에 둔다. 다음에 본성(本性)과 같이 배치하여 생하게 하려면 눈에서부터 시작하는 것이 좋다. 네 글자가 있는데 중간 부분에 둔다. 말하자면 두 어깨 위와 심장 위・목 위이다. 다음에 네 글자가 있는데 몸의 아랫부분에 둔다. 즉 배꼽 위・허리 위・넓적다리 위에 한 글자씩 두고 마지막 글자는 발 아래에 둔다. 그러나 홀로 일어나는 것은 두 개가 모두 있더라도 지금은 단지 한쪽 발에 이것을 안치하고 곧 양발을 관리하라. 이 열두 군데는 바로 다른 낱낱의 몸의 부분을 포섭한다는 것을 알아야 한다. 예컨대 두 귀는 두 눈 등을 섭수한다. 이상에서 설명한 글자는 반드시 앞의 진언왕을 가져다가 처음의 글자부터 차례대로 이것을 안포해야 한다.

7. 평등삼매야

그런데 이 [포자하는] 방편을 행하는데에 세 가지의 평등이 있다.

첫째는 스승이 직접 포자하는 것[20]이고, 둘째는 [진언을] 사용하여 만다라를 만드는 것이며[포자는 어떻게 시작하는지 다시 여쭈어라], 셋째는 제자의 몸을 가지하는 것이니, 이것은 바로 유가의 비밀가지이다. 이와 같이 하고나면 곧 법기를 이룰 수 있다. 이렇게 해서 **"그를 훌륭한 근기로 만들어라"**고 하였다. 이와 같이 하고 나서 곧 [제법평등의] 삼매야를 성취한다. 삼매야란 평등하다는 뜻이다. 말하자면 내가 부처님과 평등하고 부처님은 나와 평등하여, 무이(無二)로써 둘로 나누어짐 없고 궁극적으로 모두 평등하다. 아

---

19) 이하에 난탈이 있어 바로잡는다.
20) 스승이 직접 상・중・하분에 포치한다.

사리는 부처님과 동등하며, 부처님은 바로 제자와 동등하고 이 제자는 단지 시방삼세의 모든 여래와 동등할 뿐만 아니라 역시 모든 보살들과도 동등하며 모든 성문·연각들과도 동등하고 모든 세간의 천선(天仙)의 대중들과도 동등하다. 이와 같이 일체에 평등한 것은 바로 비로자나의 몸이므로 "모든 세간에 평등하여 거스르는 바가 없다"[21]고 하였다. 『법화경』에서도 "모든 것이 실상과 서로 거스르지 않는다"[22]고 하였다.[23] 이와 같이 이해하여 모든 부처님과 동등하다고 알 때에, [스승과 제자도 실상에] 위배됨이 없다.

"이 삼매야의 비밀만다라를 이해하면
모든 법의 가르침에 들어가서
모든 만다라에서 자재할 수 있으니
이와 같이 하면 나[佛]와 동등하다."

만일 이 삼매야의 비밀만다라를 이해하면 모든 법의 가르침에 들어가서 모든 단(壇)에서 자재할 수 있으니 [들어가지 못하더라도 역시 자재로이 섭취(攝取)할 수 있다.] 나와 동등하게 될 것이며 지송하는 사람도 역시 그러하다[나와 저 수행자가 다르지 않다는 것을 말한다. 합하여 하나로 된다. 이것을 삼매야라 이름한다].

"지송하는 사람도 [마찬가지이어서 서로] 다르지 않기에 삼매야라 이름한다."

"이해한다[解]"는 것은 이해하여 깨친다는 뜻이고, 이해하여 안다는 뜻이다. 만일 비밀만다라에 들어가는 방편을 이해하면 곧 모든 만다라에 널리 들어가게 된다. 이 제자가 동등하게 모든 만다라에 널리 들어가므로 곧 자재하게 모든 법문을 수행하는데에 머뭇거리거나 어려움이 없다. 부

---

21) 『소』에는 '等同'이라는 글자가 두 번 나왔으나 『경』에 의거하여 생략하였다.
22) 『법화경』「법사공덕품」(대정장 9, 50 상)에 이르는 다음의 경문에서 내용을 가져온 것이다. "모든 설법은 그 뜻이 모두 실상과 서로 어긋나지 않는다. 또한 세간의 경서와 치세(治世)와 언어와 자생업(資生業) 등이 모두 정법에 수순한다."
23) 이하에 난탈이 있어 바로잡는다.

처님께서는 모든 법의 궁극까지 이르셨으므로 삼매야의 명칭을 해석하신다. 그러므로 "삼매야라 이름한다"고 말씀하신 것이다. 『경』의 처음에 대비태장만다라 등에 들어가는 모든 법을 갖추고 있는 것처럼 이 법을 긴요한 용법으로 삼는다. 앞에서는 설명하지 않았지만 여기에서 설명한다. 만일 이것을 이해하지 못하면 지금까지 건립했던 만다라를 끝내 성취할 수 없을 것이다. 앞뒤를 서로 돌리고 서로 이어서 밝지 않은 이유가 어찌 부처님께 [법을 전해주시기] 아까워서 그러셨겠는가![24] 단지 정법에 들어가는 자로 하여금 반드시 스승에 의지하여 학습하게 하시려 하였기 때문이다. 마치 부처님께서 성문경(聲聞經) 가운데에서 적주(賊住)[25]의 사람을 꾸짖고, 구만(具滿)[26]의 화상(和上)·아사리를 얻어, 법다웁게 수계하면 반드시 청정하게 행해야 하는데 어찌하여 도주(盜住)[27]하는 것과 같느냐고 하신 것과 같다. 지금 말법시대의 밀교를 학습하는 사람들도 역시 이러하다. 선지식을 가까이하여 법요를 여쭈어 계승하려고 하지 않고 자기 마음을 스승으로 삼아 여래의 자재한 업을 성취하려고 바라며 곧바로 문장을 나누어 문득 이것을 지어서 성취하기를 바라지만 얻을 리가 만무하며 자기를 손상시킨다. 그뿐만 아니라 명예와 이익을 구하려고 원하므로 망녕되이 사람의 스승이 되어 스스로 이미 법을 어기고서 다시 다른 이의 무상의 선근을 건립하려고 한다면 어찌 그러한 도리가 있겠는가! 이러한 일로 말미암아 수여할 것도 없고, 다시 법의 비방을 초래하며, 법을 깨뜨리는 연이 되어 무간지옥에 떨어지는 업을 이룬다. 어찌 무간업이 있는 사람이 자신도 깨치고 다른 이도 깨치게 하여 오묘한 과보를 성취할 수 있겠는가! 이러한 까닭에 이 법을 행하는 자는 반드시 밝은 스승을 구하여 하나하나 미세한 뜻을 자문하여 밝고 명백하게 알아야 한다. 먼저 스스로 성취하여

---

24) 『소』에는 '有' 위에 '不'이라는 글자가 있으나 불필요하므로 생략하였다.
25) 아직 깨닫지 못하였으면서도 자신은 증득하였다고 하는 교만심을 가진 사람이다.
26) 구족계를 받은 다음에 열 번의 하안거를 채운 승려를 화상이라 하고 다섯 번의 하안거를 채운 승려를 아사리라고 한다.
27) 포살(布薩)하는 것을 몰래 엿듣는 자를 가리킨다.

세우면 다른 이의 무상의 선근을 건립할 능력이 생길 것이다. 마치 성문법(聲聞法) 중에서 오법(五法)을 성취하여 스스로 오분법신(五分法身)을 이루고, 또한 다른 이의 오분법신을 성취시킬 수 있으면 의지하는 [스승을] 떠나 스승의 위에 오를 수 있는 것과 같다. 이때에야 법을 전하여 사람들을 이롭게 할 수 있다. 그렇지 않다면 삼가 망녕되이 날카로운 무기를 잡아서 스스로 그 손을 손상시키지 말라. 그래서 경[28]에는 근기와 다르게 법을 말하여주고 사람들의 스승이 되는 것은 열매를 얻지 못하는 죄가 된다고 말하였다. 지금 지명유가장(持明瑜伽藏)을 제대로 학습하지 않고서 다른 과거의 연에 따라 그 법을 가르쳐주려고 하는 것도 이와 같다.

만다라에 들어가는 데에 삼매야의 게송이 있으니 열넷이나 열다섯 정도의 게송이 있다. 곧 제자에게 주어서 보살계를 받게 하고 삼가야 할 것과 반드시 다짐해야 할 말들을 교수해야 하는데 이곳 [중국]땅에서는 아직 전할 수 없다[구체적으로 여쭈어 보아라].[29]

---

28) 『대반열반경』 24권 「덕왕품(德王品)」(대정장 12, 764 상)에 다음과 같이 설한다. '사리불이 두 제자를 가르치는데 한 제자는 백골관을 관하게 하였고 다른 제자는 수식관을 하게 해서 여러 해가 지났으나 둘 다 선정을 얻지 못하였다. 이러한 인연으로 오히려 삿된 견해가 생겼다. (…중략…) 너의 두 제자는 그 성품이 각기 다르니 하나는 빨래하던 자이고, 다른 하나는 세공사이다. 세공사에게는 수식관을 가르쳐야 하고, 빨래하던 이에게는 백골관을 시켜야 할 것인데, 네가 잘못 가르쳐서 그 두 사람이 삿된 견해를 내었다. 그리하여 내가 두 사람의 정도에 알맞게 법을 말하여 주었더니, 두 사람이 듣고 아라한과를 얻었다.'

29) 이 [중국]땅에서 비밀법을 전하고자 하면 『경』과 『소』 외에 『무외삼장선요』·『수보리심계의』 등등의 관련 의궤를 갖추어야 전할 수 있다는 뜻이다. 이하에 난탈이 있어 바로잡는다.

제13 입비밀만다라위품(入秘密漫茶羅位品)

다음에 「주비밀만다라품(住秘密漫茶羅品)」은 어떠한 품인가?

앞의 품에서 비밀만다라에 들어가는 방편을 설하였으니 이른바 세 종류의 가지이다. 말하자면 진언으로 스승의 몸과 들어가는 단을 가지하고 아울러 제자를 가지하여 견고하게 머물게 하라. 그래야만 비밀장 가운데 안주할 수 있다. 그래서 머물러 증득하는 품을 설하게 되었다.

1. 등지삼매에 들어가다

"이때에 대비로자나세존께서는 등지삼매(等至三昧)[1]의 경지를 증득하시고

1) 삼세의 모든 부처는 보살로 수행할 때에 이 삼매를 수습하여 똑같이 깨달음의 경지에 이르셨기 때문에 이와 같이 말한다.

미래세상의 모든 중생들을 관찰하시며 선정 가운데 머무셨다."

비로자나의 뜻은 앞[의 「입진언문주심품」]에서 이미 해석하였지만 지금 다시 해석하면 비로자나란 태양[日]을 말한다. 세간의 태양처럼 온갖 어두움을 없애고 모든 만물이 나서 자라게 하며, 모든 중생들의 사업을 성취시킨다. 지금 법신여래도 역시 이와 같기에 이로써 비유를 삼은 것이다. 그렇지만 세간의 태양은 방향의 나누어짐이 있으니, 즉 밖을 비추면 안은 비추지 못하며, 한쪽을 비추면 다른 쪽에 미치지 못하고, 오직 낮에만 비추고 밤에는 비추지 못한다. 지금 여래의 광명은 이와 같지 않아서 두루 안팎을 비추며 방향의 나누어짐이 없고 밤낮의 구별도 없이 둥글게 밝아서 언제나 머문다. 모든 중생들이 만약 이러한 태양이 뜨는 것을 얻은 때에는 모든 여래의 선근을 나서 자라게 하고 여래의 사업을 행할 수 있다. 세간의 태양으로 비유할 수 없지만, 단지 그 적은 부분이나마 비슷한 것이기에 [비유한 것이고, 그래서 비로자나에게는] 마하의 명칭을 덧붙인다.

"부처님께서 이 [등지]삼매에 들어가셨다."

부처님께서는 필경에 무상적멸(無相寂滅)의 법에 머무실지라도 대비로써 삼매에 머무시며, 모든 큰 모임과 한량 없이 많은 중생들이 이 대비태장만다라 장엄대회의 미묘한 법을 볼 수 있게 하신다. 바로 이것은 모습 없는 가운데에서 모습을 나타내신 것이다. 비록 모습이 있을지라도 인연으로부터 생한 것으로 생겨남이 없는 뜻이기에 자성청정[性淨]의 법과 동등하다. 중생으로 하여금 각기 본연(本緣)[2]에 따라 갖가지 색을 보고 갖가지 소리를 들으며 갖가지 법을 획득하게 하고, 각자의 마음그릇에 따라 법다웁게 수행하게 한다. 이와 같은 큰 인연이 있었기 때문에, 그리고 금강수가 묻는 법을 만족하고 명백하여서 남는 것이 없게 하시고자 삼매에 들어가신다.

"등지(等至)"란 삼매의 명칭이니,[3] 예컨대 과거의 모든 여래께서 모두

---

2) 본연성욕(本緣性欲)이다.

3) 이하에 난탈이 있어 바로잡는다.

이 도에 올라타 정각을 성취하기에 이르셨으며, 과거와 같이 미래와 현재의 모든 여래도 역시 이와 같이 모두 이 도에 따라 이 방편에 올라타 정각을 성취하셨다. 그래서 "등지"라고 말하였다. 삼세의 부처님께서 정각을 성취하기에 이르신 것처럼 나도 역시 이와 같다. 내가 지금 이 도에 올라타 도량에 이르는 것처럼 모든 부처님도 역시 이와 같으며, 부처님과 부처님이 모두 평등하여서 처음과 끝이 구경에 모두 평등하므로 "등지"라 말한다. 또한 앞에서 보인 대만다라 방위의 모습처럼 부처님께서 들어가신 삼매와 같이 시현하신다. 만일 아사리가 선정 가운데[4] 머물러 제자를 제도하려면 반드시 이 방위의 상을 안포하여 저 [부처님께서 들어가신 삼매와] 다름이 없게 하며, 하나하나 모두 이 법계의 모든 존과 선지식의 보문행법(普門行法)에 들어가야 한다. 만일 [아사리가] 이 [내외 평등의] 관을 지어서 제자를 가지하면 이와 같은 큰 모임을 보게 할 수 있을 것이다. 내심으로 관한 것과 바깥의 현상으로 안포한 것으로 하여금 안팎이 평등하여서 차별이 없게 하므로 "등지삼매"라고 이름한다.

앞에서는 "이때"라 말하고 여기에서는 "다시 그때에 여래께서 삼매에 들어가셨다"라고 하는 것은 앞의 인연에 대해서 다음에 다시 이러한 일이 있었기에 분별하여 "그때"라고 말한 것이다[다시 여쭈어라].

부처님께서 이 삼매에 들어가셨기에 금강수 등의 모든 대보살들로 하여금 모두 궁금해서 질문한 것을 완전히 이해하게 하셨다. 부처님께서 삼매 가운데에서 나타내신 일은 바로 그 방위법용을 보이려는 것이었다. 그래서 [부처님께서] 이 삼매에 들어가신 것이다.

---

4) 등지삼매를 가리킨다.

2. 삼매에서 드러나는 온갖 덕을 설명하다

"그 부처님께서 삼매에 들어가셨을 때의 저 부처님의 사업이 동등한 것이 이와 같았다"고 하는 데에서 "동등한"이란 평등하여 같다는 의미이다. 마치 손바닥이 평등하고 바른 것과 같다. "대지가 평등하다"는 것을 삼매로써 말하면 곧 청정한 불국토의 장엄한 대지는 평탄하고 바르기에 기와나 돌맹이나 산이나 모래·조약돌 등을 볼 수 없다. 이것이 바로 정보리심의 뜻이니, 믿음의 힘으로 그 마음자리를 바르게 해서 가지고 있는 아뢰야(Ālaya)에 함장된 모래·조약돌·나무 그루터기 등 [번뇌]의 종류를 제거하여 오직 필경 평등한 정보리심의 체성의 땅을 정화한다. 만일 이 대지를 평탄하고 청정하게 하면 곧 대비태장의 장엄한 부처님의 모임을 성취할 수 있을 것이다.

"다섯 가지 보배[5]가 그 사이에 섞였다"고 하는 것은 금·은 등의 다섯 가지 보배를 가리키며, 다섯 가지 보배란 다섯 가지 색깔의 보배를 말한다. 즉 다섯 가지 색깔의 보배를 가지고 그 대지를 사이마다 장식하는 것이다. 오행(五行)이란 백·황·적·녹·흑의 차례이고 사이마다 장식한다는 것은 계(戒)이다. [백색은] 신(信)을 의미하며, 황색은 정진[進]이고, 적색은 [염(念)이며,] 녹색은 정(定)이고, 흑색은 혜(慧)이다. 앞의 해석[6]에서는 처음은 백색이고, 다음이 적색이며, 그 다음이 황색이라 하였는데 여기의 해석을 표준으로 삼아야 하며 앞의 해석은 틀렸다. 이로부터 이하 낱낱의 장엄에 대해 모두 그 뜻을 해석한 것이 있는데, 지금 이 가운데 아직 해석하지 않은 것은 다른 곳에서 [그 근거를 찾아] 하나하나 그 법문과 대조하여라.[7]

---

5) 백·황·적·녹·흑의 다섯 가지 색깔의 보석을 말한다. 또한 이것은 계(戒)·신(信)·진(進)·정(定)·혜(慧)의 오력(五力)을 나타내며, 오색(五色)은 중방·동방·남방·서방·북방의 오방을 나타낸다.

6) 『소』 6권(대정장 39, 644 상)에서 오색을 법문에 배대한 것을 말한다.

7) 이하에 난탈이 있어 바로잡는다.

"큰 보배덮개"라 하는 것은 위에 두고서 전체를 덮는 것인데 단법(壇法)에서 [사용하는 것과] 같다. 그런데 이 덮개는 그 크기가 모든 불국토를 다 덮으므로 "큰 덮개"라 하였다. 그리고 그 곳은 단지 다섯 가지 보배로 그 땅을 사이마다 장식하는 것만이 아니라 문표(門標)[8]마저 장엄한다. 이 문표는 대비태장의 문표이니, 들어가는 문의 방위를 알게 해준다. "표(標)"라 말한 것은 앞에서와 같이 그리는 것이다. 그런데 그려 만드는 자와 세워 만드는 자가 있다. 그려 만드는 것은 그림을 그리는 것과 같으며 그 세워 만드는 표(標)도 역시 이 모습에 의거해서 만든다. 그 문에는 기둥이 있는데 기둥 위에 나무를 가로로 걸쳐서 표시한 것이 문이라는 것을 알 수 있다. 사방의 문은 바로 사념주(四念住)[9]를 의미하며 표는 사범주(四梵住)[10]이다. 열유아(涅庾呵, Dvāra)는 문이고 도라(都囉, Sthūṇā)는 깃발이니 이것이 바로 "표"이다.

"온갖 색"이란 단지 다섯 방향의 색만이 아니며, 다시 갖가지 다양한 색이 있다. 이 온갖 색의 번기[幡]는 그 모습이 넓고 길며 문표 위에 있다. 이 표 위에 또 "백불(白拂)[11]과 보탁(寶鐸)"을 걸어서 장엄한다. [온갖 색의] 앞에는 "무늬 있는 번기"가 있는데 번기에는 보탁 및 번기와 백불 등의 종류가 걸려 있으며 아울러 보배 번기를 걸어서 그 사이를 장식하였다. 다양한 비단으로 만든 이름난 옷을 걸어서 늘어뜨려 주위를 둘렀으며 또한 갖가지 다양하고 좋은 비단의 매듭이 있다. 즉 이것을 다양한 비단으로

8) 문에서 기둥 사이에 가로로 걸친 나무를 문표라 하는데 그 문표의 위에 백불(白拂)·보탁(寶鐸) 등으로 장엄한다.

9) 신(身)·수(受)·심(心)·법(法)의 네 가지 관법. 사념처(四念處)라고도 한다.

10) Skt. catvāri-apramāṇa-cittāni. 모든 중생에게 즐거움을 주고 괴로움과 미혹을 없애기 위하여 보살이 가지는 자비심으로 자·비·희·사(慈·悲·喜·捨)의 네 가지 무량한 마음. 무량한 중생을 연하여 행자가 고를 여의고 낙을 얻도록 관하여 삼매에 드는 것이다. 사친근(四親近)·사등지(四等至)·사무량심(四無量心)·사범행(四梵行)이라고도 한다.

11) Skt. Cāmara. 흰색의 불자(拂子). 불자(佛子)는 마음의 티끌·번뇌를 털어내는 상징적 의미의 법구이다. 불(拂) 또는 불진(拂塵)이라고도 하며 짐승의 털이나 삼(麻) 등을 묶어서 자루 끝에 맨 것으로 원래는 벌레를 쫓는 데 쓰는 생활용구였다. 생김새는 총채와 비슷하며 불가(佛家)에서는 흰 말의 꼬리로 만든 백불(白拂)을 귀중히 여긴다.

묶었다. 나는 이것을 이 문장과 같이 다양한 색깔의 옷을 입었다는 뜻으로 생각한다.

제1의 무상법(無相法)에서 이와 같은 대비장생(大悲藏生)의 모습을 지닌 보현색신(普現色身)을 출생하여 갖가지 방편으로써 한량 없이 많은 법을 설하는 것이 다양한 색의 뜻이다. 다양한 색의 번기 이래로 모두 문표가 있다.[12)]

"여덟 방향의 모퉁이에는 대마니당(大摩尼幢)을 세우라"고 하는 것에서 당기는 마니로 만든다. "세우라"는 것은 번기를 표(標)로 세우라는 것이다. "당기"란 사방과 네 모퉁이에 각기 마니묘보(摩尼妙寶)의 여의당(如意幢)을 세우는 것이다. 이밖에 다시 "팔공덕수(八功德水)의 깨끗하고 좋은 연못"이 맑고 청정하다. 다시 연못 가운데에 한량 없이 많은 물에 사는 짐승과 새가 있어서 즐겁고 자재하게 노닐며 갖가지 미묘한 소리를 내어서 모두를 즐겁게 한다. 또한 갖가지 계절에 맞는 꽃이 피는데, 계절[時]이란 육시(六時)[13)]의 꽃이 각 때에 맞추어서 피는 것을 말한다. 단지 이름난 꽃만이 아니라 갖가지 보배나무가 줄지어 있다.

"다섯 가지 보배의 영락을 줄에 매달았다"고 하는 것은 팔방으로 분분(分分)하게 영락을 안포한 것이니 분(分)이란 곧 방향이다. 이 여덟 기둥 위에 보배줄을 빙 두르고 서로 연결해 묶어놓았다. 이 중에서 "영(瓔)"이라 하는 것은 산스크리트음으로 앞에서 말한 영락(瓔珞)과 다른 모양이 있으며, 드리운 것이 저 하늘의 반달 모양과 같다. 이것을 아래로 드리워서 보배와 영(瓔)이 빙 둘러서 서로 맞붙게 한다.

"그 땅이 부드럽기는 마치 솜옷과 같아서 이 땅을 밟는 자는 모두 기분이 좋았다."

인도에 있는 순면(純綿)의 옷처럼, 또는 중국[14)]에 있는 면(綿)으로 만든

---

12) 이하에 난탈이 있어 바로잡는다.
13) 인도에서는 1년을 육시(六時)로 나눈다. 즉 춘(春)·열(熱)·우(雨)·추(秋)·설(雪)·한(寒)의 여섯 계절이다.

헝겊의 종류처럼, [그 땅은] 매우 부드럽고 매끄러워 이것을 누르면 쑥 들어가고, 몸을 들면 다시 평평해져서 예전처럼 평지가 되며, 아주 세밀하여서 최고로 즐거운 느낌을 준다. 또 한량없이 많은 악기가 있어서 공중을 가득 채우고, 공중에 있으면서 두드리지 않아도 저절로 울리며, 그 소리가 깊고 묘하여서 듣는 사람을 즐겁고 환희하며 쾌락하게 한다.[15)]

다시 한량 없이 많은 모든 보살의 복덕에 따라 감응한 의생(意生)의 자리와 궁전을 생기게 하는데 바로 여래의 신해로부터 생기는 것이다. 이렇게 펼쳐진 장엄한 땅에서 그 자리가 나열된 것을 세 겹으로 만드는데 앞의 대비장생만다라(大悲藏生漫荼羅)를 포열하는 차례와 같다. 그런데 각 보살의 청정하고 묘한 공덕에 따라 오진(五塵)의 악구(樂具)가 생기는 데에는 갖가지 차별이 있다. 요점을 말하자면 다음과 같다.

즉 열 세계의 티끌의 숫자와 동등하게 있으나 각각 똑같지 않게 그 위(位)를 펼쳐 나열한다. 이들은 모두 여덟 개의 보배 당주(幢柱) 안에 있다. 이들은 여래의 신해력에서 생겨났으며, 여래의 본원력으로써 등지삼매 가운데에서 보문시현한 것이다.

"법계표치(法界標幟)"[16)]에서 "표(標)"는 법계에서 생기니 바로 법계단(法界壇)의 표치이다. "표"는 이 가운데 성품의 뜻이 있으니 산스크리트 문장에는 그 말이 포함되어 있다. "표"는 바로 성품이니 법계체성은 본래부터 이래로 언제나 청정하여서 제1의 무상(無相)이며 되돌아 법계에 작용하여 법계를 장엄한다.[17)]

중앙에 "대연화왕(大蓮華王)[18)]이 있다"고 하는 것에서 이 연꽃은 법계와

---

14) 『소』 원문의 '此地'는 중국을 가리킨다.

15) 이하에 난탈이 있어 바로잡는다.

16) 법계에서 생하는 법계만다라를 뜻한다. 이것을 법계성(法界性) 또는 법계체성(法界體性)이라고도 한다.

17) 이하에 난탈이 있어 바로잡는다.

18) 이 연화는 법계의 본성과 같이 자성이 청정하다. 그리고 그 형상은 온갖 장소에 고루 미친다. 이것은 바로 중대팔엽(中臺八葉)의 연화이다.

동등하게 모든 곳에 두루하며 자성이 청정하다. "그 가운데 여래께서 머무신다"고 함에서 연꽃은 이미 크기가 법계와 같으므로 부처님의 몸도 역시 이와 같으며, 이것이 바로 중대팔엽의 연꽃이라는 것을 알아야 한다.

이 제1은 제1법계신이며 매우 미세하다. 매우 미세한 뜻이므로 쉽게 볼 수 없는 성품이다. 이 제1의 뜻은 성품이라고 말해야 하며 모든 중생들이 신해함에 따라 환희하게 하신다. "바라는 뜻에 따른다"고 함은 부처님께서 본원력으로 모든 중생들을 제도하시고자 보문으로 시현하시어 각각에게 그들이 보기 좋아할 몸에 따라 그 근기에 맞추어 제도하고 이롭게 하고자 환희하게 하시는 것이다.

"그 여래의 모든 지분(支分)에는 장애할 것이 없는 힘이 있는데 이것은 십지력(十智力)[19]의 신해에서 생겨난 것이다. 이로부터 무량한 형색의 장엄한 모습과 [무수한 백천구지나유타겁의 보시·지계·인욕·정진·선정·지혜의 모든 바라밀공덕의 자량이 증장된 바의] 몸이 곧바로 출현한다."

여래의 지분에는 장애할 것 없는 힘이 있어서 [아무도 그 힘을] 부술 수 없다. 모든 세간의 천·선인과 이승 성문·보살 등의 힘은 오히려 장애가 있으며 장애가 있기 때문에 이보다 힘이 센 자가 있으면 곧 무너지게 된다. 그러나 부처님의 힘은 장애할 것 없고 누구도 부술 수 없는 것이 마치 금강과 같으므로 걸림 없는 힘[無礙力]이라 부른다. 이 걸림 없는 힘은 어디에서 생기는가 하면 여래의 열 가지 지력(智力)에서 생긴다는 것을 알아야 한다. 부처님의 신체지분의 상·중·하에 따라 세 부분으로 나뉘어 갖가지 유형을 유출하며, 나아가 하나하나의 털구멍에서 모두 다 다양한 종류를 낸다. [그 유출되는 유형은] 형색에서 약간의 차이점이 있는데 사각형이거나 원형이거나 삼각형이거나 반달 모양 등이며, 또는 청·황·적·백·흑색이며, 또는 고요한 자비의 모습·환희하는 모습·분노하는 형상 등 그 숫자는 한량 없이 많다. 이들이 바로 모든 본존 등이며, 전부 의생(意生)

19) 이것은 무애지(無碍智), 무착지(無着智) 등을 말한다.

하여 알맞은 자리에 앉게 해야 한다.

그런데 이러한 [무수한 형상을 유출하는 여래의] 십력은 도대체 어디에서 생겨나는가? 그것은 다음과 같다. 여래께서는 한량 없이 많은 아승지겁 이래로 육바라밀·십바라밀 내지 백천만의 불가설(不可說)·아승기의 모든 바라밀과 만행을 닦으신 것이 바로 이 모든 행과 공덕의 오랜 바탕이 되어 법신을 통해 출현하게 된 것이다. 즉 공덕의 오랜 바탕이 되어 [무수한] 몸을 출현하게 되었다. 그 무수한 몸들이 출현하고 나서 모든 세계의 큰 모임 가운데에 자리하였다. 모든 세계라 하는 데에서 '모든'이란 시방을 말한다. 그러나 단지 형상만을 나타내신 것이 아니라 다시 갖가지의 묘한 음성을 내시어 부사의하며 언제나 고요한 비밀의 법과 진언의 행을 연설하여 펼치시어 널리 일체중생으로 하여금 모두 듣고 알게 하신다. 여기에서 생한 보살이 각기 설하는 것도 갖가지인데 음성으로 나타내는 것이 있어서 이와 같이 말하니, 이것이 바로 게송이다. [이들 보살이] 뛰어난 게송으로 부처님을 찬탄하는 것은 마치 아랫 방향의 세계에서 땅으로부터 솟아오른 대중들이 부처님을 찬탄하는 것과 같다.[20] 대일여래께서는 지금도 역시 삼매에 머무셨는데 이 삼매에서 나타낸 화대(華臺) 가운데 비로자나세존의 신체 지분에서 이것을 시현하셨을 뿐이다. 이 법계로부터 생겨난 연꽃 가운데에서 부처님이 갖가지 모습을 출현하실 때에 또한 부처님의 몸으로부터 갖가지의 소리를 내어 묘법을 연설하신다.

경에, **"음성(音聲)"**이라 하는 것은 바로 언어로 나타낸 것이다. 이 음성으로 게송을 읊는데 대략 두 게송[21]이 있다. 처음의 게송은 다음과 같다.

> 기이합니다. 모든 부처님의
> 방편은 생각하기 어렵습니다.

---

20) 『법화경』「종지용출품(從地涌出品)」(대정장 9, 39 하 이하)의 인연과 같은 내용이다. 여기에서는 비밀법신도 땅에서 솟아오른 권속들에게 찬탄된다는 내용이다.

21) 『경』의 "모든 부처님께서는 심히 기이하고 특별하시어 방편의 지혜를 헤아리기 어려워라" 이하의 두 게송을 가리킨다.

무장(無藏)의 성품 가운데에서
혜(慧)로써 장을 삼으십니다.

이 게송에서 부처님을 찬탄하는 뜻은 다음과 같다.

앞에서 부사의한 일을 시현하시는 것을 보았기에 부처님의 공덕을 찬탄하여 매우 기이하다고 하였다. 한 분의 비로자나를 찬탄하였지만 이것은 모든 여래를 찬탄한 셈이기에 모든 부처님이라고 하였다. 그러므로 여래께서 나타내신 기이한 모습은 바로 여래의 대혜와 방편에서 생긴 부사의한 업이라고 알아야 한다. 어찌하여 부사의한가 하면 무장(無藏)의 성품에 머물러 유장(有藏)을 짓기 때문이다. "장(藏)"이란 산스크리트로 아뢰야(阿賴耶)라 하는데 이것을 번역한 것이 장(藏)이다. 혹은 궁실(宮室)이나 집[舍宅]의 뜻이라고도 말한다. 세간의 집에 모든 중생들이 각기 자기 분수에 따라 그 속에 안주하는 것과 같다. 이미 이러한 집이 있으면 곧 선・악을 함장하게 되어 스스로 벗어나지 못한다. 여래께서는 이미 이와 같은 아뢰야의 집을 떠나셨으므로 무장성(無藏性)이라 말한다. 부처님께서는 어떠한 장도 없으시지만 혜방편으로 장을 생기게 하시어 무상(無相)의 법 중에서 갖가지 상을 시현하며, 망상이 없는 법 가운데에서 갖가지 음성을 내시어 설하시니 이것이야말로 장으로써 모든 중생들을 무장[의 경지]에 이르게 하시는 것이다.

다음 게송에서 "만약 얻을 바 없는 것을 아는 자가 모든 법의 법상(法相)에서 그 얻을 바 없음을 얻는다면 모두 부처님・도사(佛導師)가 될 수 있다"고 하는 것의 뜻을 말하면 다음과 같다.

법성은 얻을 수 없으므로 알 수도 없다.[22] 얻을 바 없다는 것은 공(空)의 뜻이니 만일 이것을 이해하는 자는 바로 부처이다. 만일 얻을 수 있다면 이것은 망상에 불과하며, 함장할 수 있다면 이것은 여래의 스스로 깨달은 혜[無師慧]가 아니다. 만일 알 수 있다면 이것은 마음이 작용하는 곳이므

22) 이하에 난탈이 있어 바로잡는다.

로 구경의 승의(勝義)가 아니다. 부처님의 부사의함을 찬탄하는 이유는 얻을 수 없는 법에서 이것을 얻으실 수 있기 때문이다. 말하자면 이 경계는 무상의 상으로써 모든 중생들로 하여금 얻을 수 없는 법에서 이것을 얻게 하신다. 누가 이 법을 얻는가 하면 바로 모든 "부처님 · 도사(佛導師)"이다.

또한 앞의 게송에서 "기이합니다"라고 하였는데 산스크리트음으로 기이하다고 하는 것은 첫머리에 아(阿)의 소리가 있으므로 이 게송에서 이미 법을 나타내어 마쳤다. 이것은 바로 본래 생겨남이 없다는 뜻이면서 동시에 모든 법을 생겨나게 할 수 있다. 즉 여래의 몸에서 나타내보이는 갖가지의 형상과 소리는 모두 아자로부터 생겨남을 말한다. 이때에 갖가지 형상을 내고 나서 되돌아 부처님 몸의 지분에 들어가고 다시 되돌아서 여래의 부사의법신 가운데에 들어가니 각기 생겨난 곳에 따라 들어간다. 그래서 『경』에, "다시 여래의 비밀하며 부사의한 법신에 들어가셨다"고 하였다. 이 "부사의"는 산스크리트어로 아진디(阿眞底, Acintya)라고 하는데 역시 아의 소리가 있으며 마음이 아에서 나와 다시 아에 들어가는 것을 밝힌다. 이것은 양 끝의 위 · 아래[23]에 있는 두 개의 아(a)자를 가리킨다. 즉 모든 법이 [아자에서] 나오고 [아자로] 들어가니 즉 법계의 체와 동등한 것을 밝혔다.

3. 내심의 만다라

"그 부처님께서 다시 집금강비밀주에게 말씀하셨다."[24]

이 경문에서 "그 부처님"은 바로 비로자나이다. 반드시 다시 여쭈어야 한다. "그 부처님"이란 삼매 가운데에서 나타낸 분인가? 본래의 여래이신

23) 처음의 '기이하다'의 Aho와 뒤의 '부사의법신'의 앞 글자에 a자가 있는 것을 말한다.
24) 대일존이 삼매에서 나온 뒤에 집금강에게 설하는 것이다.

가?

반드시 본래의 여래이어야 한다. 여기부터 이하는 부처님께서 등지삼매에서 일어나시고 나서 금강수에게 말씀하신 것이다.

부처님께서 삼매에 머무시어 앞과 같은 갖가지 희유한 모습을 나타내시었다. 말하자면 대지가 평평한 것이 손바닥과 같은 것이라든가 모든 존과 여덟 연꽃잎의 방위를 안포하여 나열한 이유는 집금강 등에게 내심유가의 경계를 보이기 위하여 밖을 가지고 안을 비유로써 설명하여 뜻을 나타내려고 하신 것이다. 이러한 까닭에 지금 선정에서 일어나 다시 내심의 만다라에 들어가는 비밀장의 법을 말씀하시어 집금강에게 보이신 것이다.

"선남자여, 내심(內心)의 심지(心地) 가운데의 만다라를 잘 듣거라. 비밀주여, 그[25] 신지(身地)는 바로 법계의 자성이며, 진언과 밀인(密印)[26]으로써 이것을 가지하니 본성이 청정하기 때문이다."[27]

[십만송의] 대본에는 20가지의 청법(聽法)을 권하는 모습이 있다. 부처님께서는 집금강으로 하여금 모든 번뇌를 제거하게 하였으나, 진언행을 닦는 모든 보살들의 법요(法要)가 아직 갖추어지지 않아서 빠르게 무상보리를 성취할 수 없으므로 지금 또 다시 앞의 뜻[28]을 만족시키고자 법요를 원만하게 하는 것에 대해 말씀하셨다. 만일 이 [내심의 만다라를] 이해하지 못한다면 아직까지는 앞의 법[29]을 모두 갖추지 못한 것이므로 이러한 인연 때문에 권하여 잘 지니게 하셨다. 이와 같은 20가지의 인연을 반드시 자세하게 설명해야 한다. 앞에서 나타내 보인 것은 삼매력으로 바깥의 경계를 나타내보인 것이며, 지금은 바로 내심에서 이것을 관찰한다. 수행자가 자심 가운데에서 부처님의 큰 바다와 같은 모임을 갖추고 시방을 전부 통틀어서 하나의 불토로 삼는 것은 오직 자신에게만 명료할 뿐이며 다른

---

25) 여기에서 그는 등지삼매 중에 나타내시는 법계성신(法界性身)을 가리킨다.
26) 여기에서 진언은 아(a), 바(va) 등이며, 밀인이란 오대(五大)의 인이다.
27) 이하에 난탈이 있어 바로잡는다.
28) 번뇌를 제거하는 수행의 뜻이다.
29) 모든 지분을 가리킨다.

이가 볼 수 없으므로 비밀만다라라고 이름한다. 외만다라를 건립하는 것처럼 먼저 대지를 가지하여 평평하게 하고[30] 모래와 자갈, 나무그루터기 등을 제거한 다음에 반드시 평탄하게 다듬으며 모두 견고하고 바르게 하고서야 그 가운데에 만다라[31]를 건립할 수 있는데 지금 [건립하려는 내심만다라]도 역시 이와 같다. 내심에 대만다라를 건립하려고 하면 역시 먼저 대지를 평탄하게 하고 아상·인상·중생상·수자상 등의 나무그루터기의 허물을 제거해야 한다.

『경』에서 "신지(身地)"라 하는 말은 곧 지·수·화·풍을 포함하는데 어떻게 다듬는가?

먼저 반드시 유가의 자리를 건립해야 한다. 유가의 자리란 바로 소지하는 진언의 종자이다. 이 [종자]로 이 [신지]를 가지한다. 그 소지하는 진언의 최초의 글자를 취하는데 이것이 바로 진언의 핵심이다. 그 글자는 반드시 점 등을 빼야 한다. 단지 본체자만을 취하는데 바로 아자이다. 아자가 바로 금강지(金剛地)이다. 이러한 이유는 마치 석가모니가 처음 정각을 성취할 때에 금강삼매에 들어가 정각을 성취한 것과 같아서 금강지를 빼고는 다시 더 뛰어난 것이 없기 때문이다. 지금 이것도 역시 이와 같다. 내심의 비로자나대만다라회를 건립하고자 하므로 만일 먼저 금강심지(金剛心地)를 건립하지 않으면 안립할 수 없다. 아자는 바로 금강륜(金剛輪)인데 금강좌에 오르고자 먼저 아자를 관하여 처음으로 삼고 되돌리니 금강으로 금강을 가지하는 셈이다. 이 아자를 관하여 반드시 사각형으로 만들어야 한다. 그런데 이 글자의 형체도 역시 사각형이다. 이 글자를 관하여 정사각형으로 하고 금강의 색으로 만들어 수행자의 몸속에 골고루 미치게 하니, 이로 말미암아 몸의 지대(地大)가 고루 미치지 않는 것이 없음과 같다.

다음에 수삼매(水三昧)를 짓는다고 하는 것은 바(縛)자를 관하여 원명(圓明)에 처하게 하는 것이다. 그 [바자의] 색은 매우 흰색이며 또한 그 몸에

30) 이하에 난탈이 있어 바로잡는다.
31) 칠일작단법에 의거하여 마음 밖 대지에다 만다라를 건립하는 것이다.

두루 가득하다. 그런데 이 바자의 형상도 역시 원형이다. 앞에서는 아자가 이미 한 몸에 골고루 미친다고 관하였는데 지금 다시 몸에 두루하게 하는 것은 마치 수대(水大)가 한 몸을 두루 윤택하게 하는 것과 같으며 저 지대와 서로 방해하지 않는다.

다음에 라(囉)자를 관하는데 삼각형에다 적색으로 만들어라. 이 라자는 삼각의 형상으로 만든다. 라자도 역시 모든 곳에 골고루 미치는데 마치 몸 속의 화대(火大)와 같다.

다음에 하(訶)자를 관하여 기울어진 반달 모양으로 만들어라. 그 색은 흑색이고 그 글자가 [반달의] 중앙에 있는데 색은 더욱 진한 흑색이다. 역시 몸에 두루한 것이 마치 몸 속의 풍대(風大)와 같다. 지・수・화・풍은 바깥의 경계이며 밖에서 안을 비추니 곧 아(阿)・바(嚩)・라(囉)・하(訶)의 종자이고 이 종자로써 그 몸을 가지한다. 이 아자는 바로 법계의 성품이다. 모든 법이 본래 생겨남이 없으므로 곧 법계와 동등하다. 아자와 마찬가지로 다른 수・화・풍도 역시 법계의 청정한 성품이라는 것을 알아야 한다. 인연으로 일어남을 통해서 본래 생겨남이 없다는 것을 알고 이 하나하나의 진언종자의 가지로써 이것을 가지하니 이 종자는 본성이 청정하다는 것을 알아야 한다. "연(緣)"이란 이것을 원인으로 하여 생길 수 있는 것이다[생각컨대 이것이 종자의 뜻인 것 같다].

"업금강(業金剛)[32]으로 유정을 가호하기 때문에 온갖 번뇌의 유정과 만노(滿奴)[33]에서 생긴 것과 말나(末那)에서 생긴 것[34]과 작자(作者)[35] 등의 나무그루터기와 같은 근본적인 잘못을 깨끗이 제거한다."

32) 금강에는 두 종류가 있는데 지금강(智金剛)과 업금강(業金剛)이다. 업금강은 무루(無漏)・무상(無相)・무염착(無染着)의 묘업을 의미한다. 지금 이 묘업을 움직여서 행자의 심구지(心垢地)를 정화하여 모든 무명망상을 떠나는 것이다.

33) 만노(滿奴)는 manu로서 사람이라 번역한다. 또는 미노사(末奴沙, mānuṣa)라고도 한다.

34) 『경』에는 "유동(儒童)"으로 되어 있다. 말나(末那, manas)는 의(意)의 뜻이다.

35) 아상, 인상 등은 외도의 망령된 견해이다. 그들은 자아의 본성을 수자(壽者) 혹은 의생신(意生神)이라고 망집한다. 지금 이와 같은 망집・망견을 떠나기 때문에 이것을 부정한다.

금강에 두 가지가 있다. 첫째는 지금강(智金剛)이고 둘째는 업금강(業金剛)인데 산스크리트로 금강갈마(金剛羯磨)라 하며 행하는 사업을 말한다. 이 금강업으로써 가지하므로 그 땅을 청정하게 할 수 있다. "온갖 번뇌를 여읜다"에서 번뇌란 잘못과 걱정 등이다. 그 땅을 평평하게 하려면 먼저 조약돌 · 나무 그루터기 등을 제거해야 하니 온갖 더럽게 보이는 것들을 말한다. 다음에 간략하게 그 상(相)을 설하였는데 "유정 · 수자상(壽者相) 등의 견해 및 만노에서 생긴 것"이라 함은 한 부류 외도의 견해이다. "만노(滿奴)"는 나[我]를 말하는데 말하자면 일체가 나를 의지해서 생겼다는 말이다. "말나(末那)에서 생긴 것"이란 일체가 그로부터 생겼다는 것으로 이것도 역시 한 부류 외도들의 견해이다. 이들은 번뇌의 장애와 평등하지 않은 성격을 가지고 있다. 역시 금강으로 작업하여 저 평등하지 않은 잘못을 제거하고 그 나무그루터기를 뽑아내어야 바야흐로 이 마음자리를 청정하게 다스릴 수 있으며 비밀만다라를 건립할 수 있다.

"사각형의 단(壇)에는 네 개의 문이 있다. 서쪽으로 향한 문은 언제나 열어두어서 드나들게 하는 문이고 곁에는 계도(界道)를 안치하여 빙 두른다."

바로 앞에서 보인 것처럼 밖으로 드러난 모습에는 다양한 문표(門標)가 있고 주위에는 팔대보주(八大寶柱)를 빙 두르며 보주 위에 영락과 백불(白拂) 등을 걸어서 가지가지로 장엄하여 내심의 유가에서 저 [외만다라의 작법과] 다를 바 없게 한다. 그런데 저 하나하나에 모두 내심의 법문이 있으니 다시 그 명칭과 뜻을 여쭈어야 한다.

"그 안에는 의생(意生)의 팔엽대연화왕(八葉大蓮華王)을 나타내야 한다. 그 연화왕은 줄기와 꽃술이 있으며 가득 펼쳐져서 묘하게 그려져 있다. 그 가운데에 계신 여래께서는 모든 사람들 중에서 존귀하신 분으로 몸과 말과 뜻의 경지를 초월하시어 몸과 마음이 안락한 경지에 올라 마음자리에 도달하시고 나서 뛰어난 열의(悅意)의 과를 [중생들에게] 수여하신다."

이 경문의 뜻은 다음과 같다. 이 내심의 장엄한 대평지 가운데에 대연화왕의 자리가 있으며 그 위에 나타난 큰 꽃은 그 체가 청정하고 묘하여서 크기가 법계와 같다. 지금 이 내심에서 관하는 것도 그와 같으므로 큰 꽃이라고 이름한다. 그 꽃에는 줄기가 있고 꽃술이 있으며 온갖 색으로 사이를 장식하게끔 뛰어난 채색으로 그려만든다. 모두 내심에서 관하여 만드는 것을 말한다. 마치 저 화가가 온갖 색을 펼쳐놓고 모든 색상을 만드는데에 온갖 연을 합하니 [온갖 색에] 자성이 없을지라도 [그려놓으니] 상모가 완연한 것과 같다.

이 앞에서 "모든 사람들 중에서 존귀하신 분"이라 한 것은 바로 비로자나이며, 또한 수행자의 자성을 스스로 깨달은 지혜[自性無師智]의 대비로자나불로서 바깥에서 온 것이 아니다.

"몸과 말과 뜻의 경지를 초월하시어 몸과 마음이 안락한 경지에 오른다"고 하는 것은 몸・말・뜻을 초월하여 심지가 청정한 마음의 경지에 이른 것이다.

"뛰어난 열의(悅意)의 과를 수여하신다"고 함은 오염된 마음자리[36]를 초월하여 청정한 마음의 과지(果地)에 이른 것이다.

세간사람들은 아직 몸・말・뜻의 삼평등을 얻지 못하였으므로 이 마음자리법문에 들어갈 수 없다. 여래께서는 삼업의 온갖 허물을 모두 여의시고 삼평등을 얻어 모든 부처님의 경지에 도달하셨다. 다시 말해 정보리심 비로자나여래의 환희스러운 마음자리에 도달하셨으므로 모든 중생들 가운데에서 존귀하신 분이다. 모든 중생들에게도 동일하게 이러한 성품이 있어서 여래의 비밀한 가르침을 구족하여 빠짐이 없건만 스스로 믿지 못하고 스스로 알지 못할 뿐이다. 오직 여래께서만이 명료하게 스스로 증득하시고 일체중생들을 위하여 널리 모두에게 이것을 깨닫게 하시고 [여래와] 동일하게 이러한 깨달음을 얻게 하신다. 그래서 모든 중생들 가운데 존귀하신 분이라 부른다.

"열의(悅意)의 과"라고 하는 것은 최후의 과[37]를 말한다. 이 마음자리를

36) 추세망집(麤細妄執)・극세망집(極細妄執)의 마음자리이다.
37) 구경의 경지인 불과(佛果)이다.

얻은 자는 바로 비로자나여래임을 알아야 한다.

"수여하신다"고 함은 다른 사람에게 전수하는 것이다. 다시 스스로 관찰하여 수행하고 그 과를 얻은 것은 마치 다른 사람에게 주는 것과 같다. 그러나 실제로는 자기 스스로 깨닫는 것이지 다른 이에 의존하여 깨달을 수 없다.

앞과 같이 비로자나를 화대 위에 안치하고 다음에 팔엽의 "동방에 보당불(寶幢佛)"을 관하라. 보당불은 보성불(寶星佛)이라고도 한다. "남방에는 개부화왕불(開敷華王佛)"이다. 인다라(因陀羅)도 왕의 뜻이다. 만일 거듭 왕이라고 말하는 것이 불편하거든 산스크리트어를 남긴다. "북방에는 고음불(鼓音佛)[앞에서는 아촉불(阿閦佛)이라 하였는데 지금은 이 이름으로 바꾸었다.]이고 서방에는 아미타불이다." 그 네 귀퉁이의 잎에는 "동남쪽에 보현보살, 서남쪽에 문수사리보살, 서북쪽에 미륵보살, 동북쪽에 관자재보살"이다. 그 연꽃의 모든 꽃술 가운데에 "불모(佛母)와 육바라밀보살삼매" 등을 안치하라. "불모"는 바로 허공안(虛空眼)보살 등이다. 이 연꽃잎의 아랫면에는 모든 "지명(持明)의 분노존" 등을 안치하는데 모두 잎 아래이다. 그 연꽃 줄기는 곧 "집금강비밀주"[38]가 이것을 지지하게 하는데 이로써 그 줄기를 삼는다. 다시 끝없는 큰 바다처럼 많은 대중들이 있는데 모두 금강존이다.[39]

그 꽃줄기 아래에 큰 바다[大海水]를 관상하라. 바닷가 밖에 "지거천(地居天)"의 대중들을 각기 방향에 맞게끔 관하여 안포하라. 역시 갖가지 공양구와 꽃·향의 종류를 가지고 있다. 지금은 간략하게 설명하지만 아래 문장에서는 제대로 안포하는 방법이 있다.

---

38) 『경』에는 "지금강주보살(持金剛主菩薩)"로 되어있다.
39) 이하에 난탈이 있어 바로잡는다.

4. 의생(意生)의 향·꽃

삼매야를 성취하기 위해서는 반드시 꽃 등을 준비해야 한다.

또 다음으로 "등불과 꽃" 이하는 게송이다. 모든 것을 단[만다라]에 들어가서 바쳐야하므로 마음에 꽃을 생각하고 들어가게 한다. "의생(意生)"이란 마음에서 피운 꽃 등이다. "만다라를 그리는 데 정성을 기울여라"고 하는 것은 저 지송자가 몸과 마음으로 펼치는 것은 세밀한 그림과 같다는 것을 말한다. 이 마음의 만다라 위에 부처님께서 계셔서 그 가운데 자리하신다. 그래서 "[자신[40]을] 대아(大我)[41]로 삼으라"고 말하였다. "대아"란 부처님의 다른 이름이다. "스스로 짓는다"는 것은 자기 안에 이것을 관하여 짓는 것이며 아주 분명하게 알아야 한다.[42]

"라(囉)자로써 [모든 더러움을] 정화하라"고 하는 것은 앞에서 이미 아자와 라자를 지어서 깨끗하게 제거하고 마쳤고, 지금은 또한 앞의 [관정]법과 같이 제자를 청정하게 한다. 즉 앞의 방편처럼 라자의 불을 관하여 그 장애하는 법과 쌓인 업을 태워없애고 모두 깨끗하게 하고 나서 다시 감로의 법수를 뿌려 죽은 재 가운데에서 도(道)의 싹을 솟아나게 한다.

스승은 반드시 유가좌에 머물러 관해야 한다. 스승이 이미 스스로 유가좌에 머물러 그 몸과 마음으로 바다와 같은 부처님의 모임을 짓고 오직 홀로 명료하게 되면 다른 것을 보지 않게 된다. 그런데 만일 제자가 이미 유가[43]를 얻었으면 스승은 [제자를] 비밀불회(秘密佛會)[44]에 들어가게 하며 또한 이렇게 해야 한다. 이 비밀만다라는 스승이 제자를 깊이 관찰하여 제자가 법기가 될만하며 성심껏 원한다할지라도 능력과 온갖 연을 갖추

---

40) 아사리를 가리킨다.
41) 대아는 법신여래(法身如來)를 지칭한다.
42) 이하에 난탈이 있어 바로잡는다.
43) 불이(不二) 마하연(摩訶衍)의 유가이다.
44) 스승이 제자에게 비밀불회에 들어가게 하는 것이다.

어 앞과 같이 널리 지을 수 없다면 스승은 제자를 위하여 이 법[45]을 지어서 그를 제도할 수 있다. 그러나 그 외에는[46] 반드시 온갖 연을 꼭 갖추어야 하며 이것을 마음대로 쓸 수 없다.

앞의 문장[47]에서는 지송자가 그 육신을 관하여 심장의 여덟 부분을 [연꽃의] 여덟잎으로 만들고 활짝 펼치게 하며, 또한 라(囉)자를 눈에 안치하는 것 등을 설명하였다. 만약 수행하는 사람이 이와 같은 수행을 성취하지 못하고서도 이 비밀을 지어서 사람을 제도한다고 하는 것은 있을 수 없는 도리이다. 반드시 먼저 자기가 성취하고서 유가의 스승의 위(位)를 감당할 수 있어야 한다. 또는 아사리에게 허가받고서야 이 [비밀만다라의 작법]을 할 수 있다. 지금 이렇게 짓는 것은 다른 사람을 제도하는 방편이라고 하여도 수행자는 여기에서 스스로 지송하고 관조하며 반드시 법다웁게 학습해야 한다.

"여래를 깊이 생각하고"라 함은 스승이 장차 제자를 제도하여 비밀장에 들어가게 하기 위해서 삼세의 부처님께서 행하신 방편을 깊이 생각하고 동일하게 증득하며 동일하게 이것을 호지하게 하려는 것이다. 이러한 까닭에 다음에 그에게 암(暗)자를 수여하고 아자 위에 점을 찍어서 제자의 정수리 위 십자처럼 생긴 부분에 둔다. 이 위에 점이 있는 것은 바로 감로의 법수를 사용하여 그 정수리에 뿌린 것임을 알아야 한다. 이 관정을 마음 속에 스스로 뿌려라. 그러면 모든 장애를 없애고 속히 부처님의 모임에 참여할 수 있다.

---

45) 내심만다라의 작법을 말하며 법기가 될만한 성실한 제자를 제도하기 위하여 사용한다.

46) 그 외의 많은 사람들에게는 칠일작단 등의 온갖 연을 갖추었을 때에만 교도하는 것이다. 내심만다라를 일부러 많은 사람들에게 공공연히 수여하여서는 안된다.

47) 『소』 12권(대정장 39, 705 하)를 가리킨다.

5. 비밀관정작법

다음에 제자에게 꽃을 수여하여 스승의 몸 위에 던져서 내심의 부처님께 공양하게 하며 본연(本緣)을 관찰한다. 그의 본연에 따라 그 법을 관찰하는 것이다. 만일 본존이 꽃을 섭수하면 그 본존과 관련된 것을 스승은 모두 관찰하여 잘못되지 않게 해야 한다. 제자가 아직 유가를 얻지 못하였으면 단지 그 몸 위[48]에 있는 것을 볼 뿐이다. 그 꽃을 던진 장소에서 대략 [스승의] 심장을 팔엽의 위로 삼고 배꼽부터 심장까지는 금강대(金剛臺)로 삼으며, 배꼽을 대해(大海)로 삼고 배꼽 이하는 지거천(地居天)의 모든 존의 위이다.

여기에는 어떤 뜻이 있는가? 모든 부처님의 대비의 바다에서 금강지(金剛智)를 생하고 금강지로부터 모든 부처님의 모임을 출생함을 말한다. [스승] 자신이 이렇게 보고 나서 그 [제자]를 향하여 이것을 말해준다. 말하자면 스승이 이 마음 속으로 본 곳이 [제자가 던진 꽃이] 떨어진 곳이다. 모든 만다라 가운데에서 이것을 최상으로 삼으니 비교할 만한 것이 없다.

앞의 품을 입비밀(入秘密)이라 이름하며 지금 다시 '들어간다'고 하였는데 이 '들어간다'고 하는 것은 증입(證入)의 들어감이다. 마치 사람이 이미 집에 들어가 하나하나 명료하고 세밀하게 집안을 살펴보며 나오고 들어가는 것이 자재하여서 집안에 있는 것을 모두 아는 것과 같아 처음으로[49] 문에 들어간 사람과는 같지 않다.

---

48) 꽃이 스승의 몸 위에 붙는 것을 관찰한다.

49) 지금의 스스로 관정하는 내심만다라는 「구연품」에서 설하는 지분관정(支分灌頂)으로 능입문(能入門)을 삼는 것과는 다르다.

제14 비밀팔인품(秘密八印品)

【제17권】

1. 변관(遍觀)·고칙(告勅) 등

"이때에 비로자나세존께서 대중들의 모임을 관찰하시고 금강수에게 말씀하셨다.

그대 비밀주여, 비밀스러운 팔인(八印)이 있으니 가장 비밀한 것이다."

여래께서는 앞의 품에서 비밀만다라에 들어가 머무는 법을 설하여 마치셨다. 이때에 모든 대중들이 다시 이렇게 생각하였다.

'이와 같은 비밀은 매우 이해하기 어려운 법이다. 다시 어떠한 방편구족의 모습이 있어서 진언수행자로 하여금 속히 성취하게 할 수 있을까?'

이때에 저 여래께서는 대중들의 생각을 아시고 이 비밀 가운데 다시 심히 깊은 비밀이 있기에 여기[1]에서 가지런히 정리하신 것이다. [대중들의 경지에서는] 헤아릴 수 없었기에 아무도 여쭙지 못하였으므로 부처님께서는 그 질문을 기다리지 않으시고 질문 없이 스스로 설하셨다.[2]

다시 "본존의 위 가운데에 안치하니 신험이 있는 것이 같다"[3]고 하는 것은 본존의 위신과 동등한 것을 말한다. 이른바 "신험이 있다"는 것은 수행자가 안이거나 밖에서 그 본존 등의 만다라 좌위를 펼칠 때에 이 팔인과 진언은 본존이 가지한 바이므로 그 제존 등이 자연히 도량에 강림하여 저 올바른 행의 원사(願事)를 채우심을 말한다. [그 원을] 채우면 이내 돌아간다. 이것[4]은 부사의한 감응의 성품이어서 마치 수화경(水火鏡[5]) 가운데 해와 달이 비추이는 것과 같아 매우 불가사의하다. 하물며 여래 부사의법계의 감응이겠는가! 이 [비밀팔인]은 바로 아사리가 행하는 인(印)이며 아무나 문득 얻어서 익힐 수 있는 것이 아니다. 가령 이미 만다라에 들어간 자일지라도 그 앞에서 문득 지을 수 없다. 하물며 그밖의 사람들이겠는가!

"곧바로 본진언취(本眞言趣)로써 표치를 삼는다. 취는 이른바 육취(六趣) 등과 같으니 이것은 바로 진언취이다. 만다라를 겸하고서 본존[이 상응하는 것]처럼 상응하라."[6]

본존에 이와 같은 법[즉 만다라의 덕]이 있는 것처럼 나도 역시 [만다라의 덕을 갖추고] 있기에 갖추었다[具]고 하였다[이것은 이와 같은 한 가지 일[7] 이상이 그 존과 같다. 말하자면 형상과 색과 앉거나 서며 기뻐함도 역시 그러하다]. 자신이 본존

---

1) 입비밀만다라위(入秘密曼荼羅位)를 가리킨다.
2) 이 이하에 난탈이 있으므로 바로 잡는다.
3) 『경』의 "성천(聖天)의 위(位)가 위신(威神)이 있는 것과 같다"고 하는 구절을 해석한다.
4) 비밀팔인을 가리킨다.
5) 수화경은 수화(水火)로 만들어진 거울, 혹은 거울구슬[鏡珠]을 말한다.
6) 『경』에는 "자기의 진언도를 표치로 삼는다. 원만하게 만다라를 갖추고 본존과 동일하게 상응하라"로 되어 있다.
7) 수행자는 본존과 진언이 같을 뿐만 아니라 몸의 위의(威儀)와 마음이 머무는 바도 역시 동등하다. 그러므로 형상과 색과 앉고 서는 신밀과 기쁨이라는 의밀도 역시 그러하다고 하였다.

의 형상에 머물 때에 이와 같이 알아야 한다. 지견(知見)[8]하여 본존의 위와 같게 해서 실지를 얻을 것이라고.[9]

"본존과 같이 머물라"고 하는 것은 만일 수행자가 이 팔인과 진언 및 만다라에 의거한다면 [본존과] 상응하여 위(位)에 배치하여 머물게 하라는 것이다. 만일 이것을 알아서 점점 실지에 가까이 가면 오래지 않아 성취할 것이다. 앞에서 비밀만다라에 배치한다고 할지라도 만일 본존을 청할 때에는 반드시 이 법을 지어야 얻을 수 있다고 하였는데, 만일 이 법을 짓지 않으면 원만하게 할 수 없다. 이 『대일경』은 모두 앞뒤가 서로 연결되어 있으며, 모든 문장이 함께 [중생교화라는] 일대사인연을 위한 것인데 [스스로 법을 깨쳤다고 자만하는 어리석은 범부가 경전을 읽고 멋대로 이해하지 못하도록] 그 문장을 서로 뒤바꾸어놓았다. 따라서 수행자는 반드시 [밝은 스승에 의지하여 가르침을 받고서] 서로 비추어보아야만 알 수 있게 되어있다. 수행자가 지송할 때에도 역시 반드시 이 법을 지어야만 본존을 청하고 바라는 원 등이 속히 건립될 것이다.

2. 비밀스러운 여덟 가지 인

1) 동방 보당여래의 대위덕생인

그 제1의 "대위덕생인(大威德生印)"은 삼보타(三補吒, Samputa) 허심합장을 결하고 그 두 풍지와 지지를 곧게 열어 늘리며, 다른 손가락은 예전처럼 하는 것이다. 이 인을 비로자나여래의 대위덕생인(大威德生印)[10]이라 한다.

8) 수행자의 위의와 형상을 지견한다는 뜻이다.
9) 이하에 난탈이 있어 바로잡는다.

이 인에서 여래의 대위덕이 생하니 이것은 바로 일체지지(一切智智)의 광명이다. 그 만다라는 삼각형으로 만들고 그 네 변에 또 네 개의 삼각형이 있어서 이것을 둘러싸고 있으므로 '두루하다'고 말한다.

중앙에 비로자나세존을 관하고 그 중앙에 안치하라. 그 삼각의 만다라에 여덟 꽃잎의 만다라를 관상하고 화대(華臺) 위에 삼각의 만다라를 만들어야 한다. 즉 앞[11]의 유가좌(瑜伽座)이다. 이 삼각을 만들고 그 끝을 아래로 향하게 하라. 그 색은 적색이다. 앞[12]에서는 삼각의 끝을 위로 향하게 하라고 하였는데 지금 아래로 향하라고 한 것은 뜻[13]에 따라 쓰임이 다르기 때문이다. 부처님께서 이 [삼각만다라] 가운데 계시다고 관상하며 위광인(威光印)을 결하라. 그 진언은 람(藍) 락(囉)이다.

2) 남방 개부화왕여래의 금강불괴인

제2의 "금강불괴인(金剛不壞印)"은 앞과 같이[14] 인을 결하고 두 풍지(風指)를 함께 구부려서 두 공지의 끝에 대고 모두 바(嚩)자의 모습[15]과 같게 합하라. 이것이 금강불괴인이다. 금강이란 바로 여래지(如來智)이니, 연(緣)에서 생긴 것이 아니며, 부술 수 없으므로 금강불괴(金剛不壞)라 부른다. 그 만다라의 모습

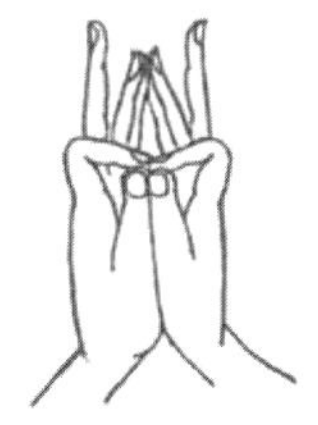

금강불괴인

10) 일체지지(一切智智)의 인으로써 이것은 동방의 발보리심(發菩提心)의 인이다.

11) 『소』 16권(대정장 39, 749 상)에 설해진 내심(內心)의 유가좌를 가리킨다.

12) 『소』 16권(대정장 39, 742 중), 또는 12권(대정장 39, 703 상)을 가리킨다.

13) 내증의 경우에는 위로 향하고 외용(外用)의 경우에는 아래로 향한다.

14) 제1인의 인모(印母)와 같이 허심합장(虛心合掌)을 하고 그런 다음에 두 풍지를 구부려 두 공지의 끝에 대는 것이다.

15) 풍지・공지의 사이를 반달 모양처럼 하는 것을 말한다.

은 둥글어서 𑖪 바(嚩)자[16]와 같다[이것은 파(波)자의 제5성(第五聲)이다]. 금강저로서 이것을 둘러라[금강저에는 반드시 불꽃광명이 있어야 한다]. 그 금강저는 지만다라(地漫荼羅)의 네 변에 있는 것이[17] 앞과 같다. 바(嚩)자라 하는 것은 무엇인가? 이 만다라는 바르고 둥글며 희고, 또한 화대 위에 있다. 그 중앙에 대일여래께서 계시는데 이하는[18] 모두 이것을 본뜬다. 그 진언은 𑖪𑖽 밤(鑁) 𑖪𑖾 바(縛)이다.

3) 서방 아미타여래의 연화장인

제3의 "**연화장인(蓮花藏印)**"은 앞과 같이 만드는데 곧 삼보타합장을 하고 그 두 수지와 화지를 벌려 펼치고 그 지지와 풍지는 먼저 벌려 펼치는 것을 갓 피어나는 연꽃 모양으로 만들어라. 이것이 여래장인(如來藏印)인데 연화장인(蓮花藏印)이라고도 한다. 만다라는 앞과 같이 둥근 월륜으로 만드는데 단지 네 송이 연꽃으로 만다라를 빙 둘러싸는 것이 다를 뿐이다. 중앙에는 역시 대일여래를 관하라. 그 진언은 𑖭𑖽 삼(三) 𑖭𑖾 사(索)이다.

4) 북방 천고뢰음여래의 만덕장엄인

제4의 "**만덕장엄인(萬德莊嚴印)**"은 앞의 제3인과 같게 하는데 그 두 지지를 함께 구부려 손바닥 속에 넣어라. 이것은 불음장엄인(佛音[19]莊嚴印)이며 또한 만덕장엄인(萬德莊嚴印)이라고도 한다. 역시 안팎으로 장엄한다. 마치

---

16) 바자는 수대(水大)의 종자로서 원형(圓形)이다.
17) 『소』에는 '問其金剛. 亦在四邊.'으로 되어있으나 『의석』의 문장으로 대체하였다.
18) 이하의 여섯 가지 인(印)도 이것을 모방하여 화대 위에 안치한다.
19) 불음(佛音)은 천고뢰음(天鼓雷音)을 가리킨다.

세간 사람이 갖가지의 집·의복·수레 등의 온갖 보배를 갖추고 있어서 못가진 것 없으며, 이것들을 가지고 장엄하면 곧 만덕을 모두 갖추었다고 부르는 것처럼 지금 이것도 안[20]이거나 밖이거나 여래의 온갖 덕을 장엄하여 모두 갖추었다. 만다라는 반달모양으로 하며 곁에 빙 둘러 점을 찍고, 나머지는 앞과 같이 이것을 생각하라. 진언은 감(憾) 학(郝)이다.

만덕장엄인

5) 동남방 보현보살의 일체지분생인

제5의 "일체지분생인(一切支分生印)"은 앞의 인과 같이 삼보타합장을 하고 조금 벌려 구부리며 그 두 공지를 벌려 펼쳐라[속을 향하게 조금 구부려라]. 손바닥을 벌리는데 물을 움켜쥐려는 모습으로 하라. 이 인을 부처님의 지분(支分)에서 생기는 인이라 이름한다. 여래의 모든 지분에서 생기는 것을 말한다. "그 만다라는 병의 모습과 같다"[21]고 하는 것의 뜻은 병에서 둥근 복부를 취하였으므로 그 형태는 원형이고 네 개의 삼고금강저로 이것을 두른다. 다른 것은 앞과 같다. 그 진언은 암(暗) 아(惡)이다.

일체지분생인

20) 안은 내증(內證)이며, 밖은 외용(外用)이다.

21) 『경』에는 "가라사만월(迦羅捨滿月)의 모습과 같다"고 하였는데 가라사(kalaśa)는 갈라사(羯羅舍·羯攞賖)라고도 한다. 의역하면 보병(寶甁)·현병(賢甁)·병(甁)이다. 이것은 오보(五寶)·오향(五香)·오약(五藥)·오곡(五穀) 및 향수 등을 가득채워서 만다라의 제존에 공양하는데에 사용하는 병이다. 『소』에서는 병의 복부가 둥글고 만월도 원형이므로 그 형태가 원형이라고 하였다.

6) 서남방 문수보살의 세존다라니인

세존다라니인

제6의 "세존다라니인(世尊陀羅尼印)"은 앞과 같이 두 화지의 끝을 둥글게 구부리고 함께 손바닥 속에 넣어라. 등쪽을 갈구리처럼 구부려서 서로 합하게 하고, 가운데손가락을 버티며 다른 손가락은 예전처럼 두는 것이 바로 이 인이다. 제5의 일체지분생인처럼 이 인은 법주(法住)의 인이다. 그 만다라는 무지개의 모습과 같게 하라. 온갖 색깔이 사이마다 섞인 것이 마치 무지개의 둥근 테의 색과 같으며, 그 모양은 뒤집힌 무지개와 같고, 그 아래는 평평하며 위에는 금강의 번기가 있다. 지금까지의 모든 만다라에는 연꽃이 있으며 금강저가 있고 점을 찍는 것 등이 있다. 지금 이 만다라는 하나하나 모두 가져다 이로써 장엄하여 이것을 빙두르고 서로 사이를 장식하며[다시 여쭈어라] 그 진언을 송하라.[22)]

몯다다라니(勃馱陀羅尼)는 부처님의 총지(總持)이다. (bu) 이 처음의 글자를 종자로 삼는다. 바(嚩)자는 속박에서 벗어남을 의미한다.

살몰리디(薩沒哩三合底, Smṛti)[생각이다.] 말라(末囉)자는 인성(引聲)이다.

다나가리(馱那迦哩, dhāna-kari)라고 하는 것에서 가리(迦梨)는 보탬을 주는 것이니 생각하는 힘을 보태는 것을 말한다.

다라다라야(馱囉馱囉耶, dhara dharaya)[23)]에서 앞의 말은 자신을 가지하는 것, 즉 나를 가지하는 것이고 뒤의 것은 다른 이를 가지하며, 일체를 가지하는 것이다.

살반(薩畔, Sarvaṁ)[이것은 '모든 것'이라는 뜻으로 윗 구절에 속한다.]

바가바디(薄迦嚩低, bhagavatya)는 세존이다. 본존을 부르는 탄법(嘆法)이다.

---

22) 이하에 난탈이 있다.

23) 『경』에는 "馱囉也 薩鍐四"으로 되어 있다.

아라가바디(阿迦囉嚩低, akaravati)는 형상을 갖춘 자이다.

삼마예(三麼曳, samaya)[삼마야의 해석은 앞에서 설명한 것과 같다.]

사바하(莎訶, svāhā)[이것은 아직 살피지 못했는데 다시 산스크리트본을 조사해라.]

7) 서북방 미륵보살의 여래법주인

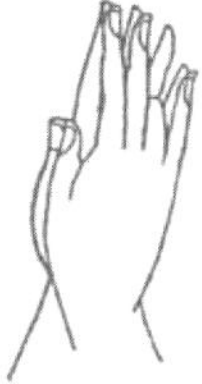

여래법주인

제7의 "여래법주인(如來法住印)"은 앞과 같이 삼보타를 하고 두 손의 지지·공지를 각기 서로 맞대며 손바닥 안에 두고 화지를 벌리며 그 수지·풍지의 손가락끝을 서로 합하라. 만다라는 허공의 형상24)이며[사각형으로 만들어라.] 다양한 색이 사이에 섞였으니 이것이 허공의 색이다. 허공이 온갖 색상을 머금은 것과 같이 여래의 대공(大空)의 지혜는 일체법을 머금는다. 그 양쪽 기에 각기 하나의 점을 찍고 이것을 끼워넣어라. 진언으로 송하는 आ아(ā)는 종자이며 [대공의 무상(無相)한] 수행을 의미한다.

아(阿, ā) 베다(吠馱一, veda)는 일체지를 갖춘 것을 말하며, 이미 증득한 지혜이다.

비데(費提二, vide)는 이렇게 갖추어진 혜로써 가지하여 다른 사람에게 은혜를 베푸는 것이다.

사바하(莎訶).

---

24) 허공은 형상이 없으므로 단형(団形)으로 이것을 나타낸다. 그러므로 지금 할주에 사각형(方形)으로 되어있는 것은 원형 위에 사각형의 절반을 겹친 형태이며, 이것을 단형(団形)으로 삼는다.

8) 동북방 관자재보살의 신질지인

제8의 "신질지인(迅疾持印)"은 다음과 같다. 합장하고 나서[손바닥을 서로 붙인다] 먼저 왼쪽으로 돌리고[돌릴 때에 오른손을 덮고 왼손을 받들어 서로 합하는 것은 예전과 같다.] 다음에 오른쪽으로 돌리는 것이[돌릴 때에 왼손을 덮고 오른손을 받들어 합쳐서 흩어지지 않게 하라.] 바로 이 인으로 여래의 신질지인이라 하며, 여래의 비밀한 신통력으로 빠르게 가지한다는 의미를 지니고 있다. 만다라는 앞의 허공과 같지만, 단지 청색으로 바꾸어 만들어라. 아주 많은 흰 점으로 [청색으로 장엄한 만다라]의 주위를 빙 둘러라. 진언으로 송하는[25] 마하유가(摩訶瑜伽)라 하는 것은 모든 부처님의 유가이다. 이 ꣿ(유, yu)자는 야(也, ꣿ ya)에 삼매점(╲, u)을 찍은 것으로 이것이 종자이다.

유기니(瑜祇上儞二, yogini). 이 진언주(眞言主)는 대유가에 머물러 아직 유가를 얻지 못한 자에게 유가를 얻게 한다. 수행자의 원을 들어주며 유가에서 자재하게 하는 자를 말한다.

유예선바리(瑜蓺詵伐哩三, yogeśvari, [요가에 자재한 분이시여.])

캄(欠平, khaṁ)은 공(空)이다.

사리(闍哩, jari)는 생(生)이니, 공에서 생하는 것을 말한다.

계(鷄, ke)의 가(迦, ka)는 만듦이다. 이렇게 생하는 공과 동등한 것을 만든다.

사바하(莎訶).

9) 총결

제1은 동방의 보당불이고, 제2는 남방의 개부화왕불이며, 제3은 서방의 아미타불이고 제4는 북방의 고음불이며, 제5는 동남방의 보현보살이고,

---

25) 이하에 난탈이 있어 바로잡는다.

제6은 서남방의 문수사리보살이며, 제7은 서북방의 미륵보살이고, 제8은 동북방의 관자재보살이다. 이 팔인은 모두 비로자나인이라는 것을 알아야 한다. 마치 동방인(東方印)이 바로 보당불인(寶幢佛印)이며 또한 대일여래의 인인 것과 같다. 다른 인들도 이에 따른다[다음에 의거하여 사인(四印)을 사용한다].

10) 제도해야 할 자의 일곱 가지 덕

경 가운데에 다음으로 아사리가 법을 수여하는 것에 대하여 훈계한다. 만약 아직 관정을 받지 않았다면 모든 것을 보여주어서는 안된다. 다음으로 **"그 성품이 부드러우며"**[이른바 부드럽고 착하며 순박하여 사납지 않은 것이다], **"부지런히 정진하며 견고하고 뛰어난 원을 발하는 자"**라고 하는 것은 발심하여 부지런히 정진하여서 스스로 능히 무량한 대원과 큰 서원을 일으키는 자를 말한다. 다음에 **"스승과 어른을 공경한다"**고 하는 것은[아사리를 말한다] 말하자면 법화(法華)의 몸을 상좌(床座) 등으로 삼는다는 것과 같다. 또 **"은덕을 생각하는 자"**[부처님의 은혜를 갚을려고 생각하는 자이다]와 **"청정한 자"**[안팎으로 모두 청정한 자이다]와 **"자기 몸을 바치는 자"**[진리를 구하기 위해 몸과 목숨을 아끼지 않는 것은 저 설산대사 등과 같다]가 만다라에 들어오는 데에 이와 같은 덕을 갖추었다면 그를 위해서 말해줄 수 있다. 그러나 자주 [이러한 덕을 갖추지 못한] 다른 사람들에게 보여주어서는 안된다. 왜냐하면 이 법은 여래의 비밀한 핵심이기 때문이다. 돌아다니는 지방에서 헛되이 널리 전해서는 안된다. 이 가르침은 부처님께서 아사리만 가르치는 것이기 때문이다. 만일 제자의 위(位)가 아직 허가를 얻지 못하였는데도 분명하게 한계를 두어 말하지 않고 망녕되게 [이 가르침을] 말하면, 다른 이로 하여금 [이 가르침을] 가벼이 여기고 방해하게 하니 [이로 인해서] 스스로 무간지옥에 떨어지는 죄를 초래하게 된다. **"6개월"**[26]이란 숫자를 든 것이다. 처음의 6개월에 성취하지 못하면 다시 6개월 동안 지어서 전전하여 성취하게 되면 이에 그친다. "3개월"이라 말한 것과 같이 역시 예로써 이해할 수 있을 것이다. 먼저 6개월 동안 지송하여서 만일 상이 없으면 다시 6개월이 성과할 때까지 수행한다. 만일 상이 있으면 그때 성취를 짓는다. 비밀한 해석에 의하면 6월이란 육근(六根)을 정화하는 것이며, 3월이란 몸 · 말 · 마음을 정화하기 위한 것이다.

26) 다음의 「지명금계품」에 나오는 유월염송(六月念誦)을 가리키는 것으로 생각한다.

제15 지명금계품(持明禁戒品)[1]

1. 금강수의 다섯 가지 질문

이때에 금강수는 진언행을 닦는 모든 보살들에게 지명금계의 법이 반드시 있어야 하는데 아직 이러한 인연을 부처님께서 말씀하지 않으셨으므로 다시 게송으로 부처님께 여쭈고자 풍송(諷誦)을 읊었다. 그런데 계(戒)라고 하는 것은 인도의 음으로 두 가지가 있다. 첫째는[2] 시라(尸羅, śīla)이고 둘째는 몰률나(沒栗多, vrata)이다. 계에 두 가지가 있는데 본성계(本性戒)과 제계(制戒)이다.

시라의 성계(性戒)는 모든 근(根)을 청정하게 하니 이것은 바로 수행의

---

1) 지명(持明)은 진언을 지송하는 것으로 진언문(眞言門)의 수행이며, 금계(禁戒)란 계법(戒法)이다. 이 품은 만다라에 들어가기 위한 수행에 필요한 계법을 설하는 품이다. 지금까지는 만다라의 여러 방편과 지송법 등을 설명하였지만 아직 지명의 금계를 설명하지 않았으므로 이 품에 이르러 설명하는 것이다.

2) 이하에 난탈이 있어 바로잡는다.

계이다. 몸을 청정하게 하려면 반드시 이 계를 지녀야 한다. 이 계는 긴 세월 동안 지녀야 할 계이다.

지금 몰율다라고 한 것은 반드시 성취해야 하기에 이것을 금제한 것이다. 나중에 별도로 '바람소리 내면서 음식을 먹지 말라'고 한 것 등이니 율(律)에 인하여 금제한 것과 같다. 지금의 조목 가운데 계는 금계이며 혹은 제계(制戒)라고도 한다. 이 몰율다는 모두 지켜야 할 때와 원하는 것이 있는 계이다. 말하자면 수행자가 지송할 때에 혹은 마음 속으로 한 달 내지 한 해 등에 이르러 이 일을 마치게 되면 금지한 것도 역시 그치게 된다. 그래서 [시라와 몰율다는] 명칭이 다르다.[3)]

지금 [금강수는 부처님께] 이 질문 가운데 구체적으로 두 가지 뜻을 질문하였다. 첫째 질문은 ① "어떻게 하여야 제계(制戒)를 성취합니까?"이고, [두 번째 질문은 "어떻게 하여야 시라(尸羅)에 머물 수 있습니까?"이며] 이러한 두 가지 [계에 관련한] 질문을 일으킨 것이다.

다음 질문에서 ② "어떻게 수행해야 합니까?"라고 한 것은 이것을 알고 나서 수행하는데 방향에 따라[4)] 일정한 장소에 머물러 이를 수행한다는 것이다. "어떻게 수행해야 집착을 떠납니까?"라는 질문의 뜻은 다음과 같다.

'모든 법은 적멸하여 무상(無相)으로서 닦을 자나 닦을 내용도 없는데 만일 지니는 것이 있다면 이것이 바로 집착이 있는 것이니, 지금 어떻게 수행하여 집착을 떠나서 대과(大果)를 성취할 수 있겠습니까?'

다음 질문에 ③ "수행하는 데에 [정해진] 시한[時節]이 있습니까, 없습니까?"라고 하는 것은 세간의 계 등과 같은 것은 시한이 정해져 있으며 더욱이 성문의 구족계를 받는 데에서 일형(一形)[5)]을 제한하는데 지금 이 명(明)에도 한계가 정해졌는가, 그렇지 않은가라고 여쭌 것이다. 그런데 여쭌 뜻은 이러하다.

---

3) 『소』에는 '無大名也'라고 되어 있으나 내용상 『의석』의 '異名也'를 따랐다.

4) 이하에 난탈이 있어 바로잡는다.

5) 한 목숨이 끝날 때까지이다.

'이 계는 지어진 연에 따라 얻으므로 시작과 끝이 있으나, 적멸의 법은 시작과 끝의 다름이 없으니 어떻게 상응해야 합니까? 설령 지혜가 있더라도 무엇을 그 한계로 삼습니까?'

다시 다음에 ④ **"어떻게 해야 지계하는 자가 위덕을 늘릴 수 있습니까?"**라고 하는 것은 지금 어떤 것에 의지하여 어떻게 수행하며, 어떠한 법을 행해야 이 위덕을 늘리게 하여, 여래께서 성취한 모든 위덕과 같아질 수 있겠는가를 여쭌 것이다.

⑤ **"어떻게 해야 때와 방향과 작업 및 법과 비법 등을 여읠 수 있습니까?"**라고 하는 것은 다시 이 계를 지니는 때와 장소에 대해, 그리고 어떤 때에 이들을 여읠 수 있는지 여쭌 것이다.

"때"란 한달·일년·하루·한시간 등의 한계이다. **"방향"**이란 머무는 곳과, 어떤 곳에서 수행할 수 있는가, 어떤 곳이 머물기에 알맞은가이다.

그런데 불계(佛戒)란 바로 여래의 자연혜(自然慧)이어서 때도 없고 방향도 없으며, 법과 모든 작업을 떠난다. 지금은 어떤 때에 이 사업을 여읠 수 있으며 한 가지 모습으로 들어갈 수 있는가를 여쭈었다.

"어떻게 해야 빨리 성취할 수 있겠습니까?[앞과 같은 일[6]을 말한다] **원하오니 부처님께서 그 양(量)을 설하여 주소서"**라고 하는 것은 빨리 성취할 수 있는 정도에 대해 질문한 것이다. 이미 시작과 끝에 대해 질문하였고 다음에 그 양을 물었으며, 이 모습을 여읜 계는 그 양이 얼마나 하며 어떻게 얻을 수 있는가를 여쭈었다.

금강수가 말하였다.

"내가 이미 과거 부처님 계신 곳에서 이미 이 법을 알았으며 지금 진언을 닦는 수행자를 위하여 그들이 미래세상에서 속히 여래의 계를 성취하게 하고자 이 질문을 한 것이지 다른 마음이 있거나 명예와 이익 등을 위한 것이 아니다. 지금 내가 이 마음을 정성껏 말한 것은 사람들이 증지하

---

6) 일대법계(一大法界)의 실지이다.

도록 하기 위해서이다. 오직 여래께서 증명하시리니 나의 깊은 마음은 오직 부처님께서만 아실 수 있다. 이미 양족존(兩足尊)께서 증지하셨다. 그러므로 인중존(人中尊)께 '저에게 설해주십시오'라고 청하였다. 미래의 중생을 위하기 때문이다."

"증지하신 분이신 인중존(人中尊)"은 바로 부처님을 가리킨다. 법상(法相)[7]과 같이 증지하셨으므로 증지한 바와 같다고 하였다. 이상의 다섯 게송이 있으며, 이 게송들은 질문이다.

2. 여래의 답변

이때에 대일여래께서는 [금강수가] 저 모든 부처님의 지명계에 대해 질문한 것을 들으셨으므로 "훌륭하고 훌륭하구나, 대용맹(大勇猛)이여"라고 찬탄하셨다. 지금 부처님께서는 저 금강수가 모든 중생들을 위해서 질문하였으며, 이것을 모든 중생들에게 돌리려 하였기에 찬탄하신 것이다. "용맹"이란 자기와 타인의 모든 장애를 제거하고자 부지런히 정진하여 쉬려고 하는 마음이 없는 것을 말한다. 생사의 세계에 머물지라도 싫어하거나 게으르지 않으며 모든 무명(無明)의 원수를 무찌른다. 이러한 많은 뜻이 있기에 "대용맹"이라 부른다. 대원(大願)을 행하고 대법(大法)을 구하며, 대행(大行)을 일으켜 대사(大事)를 성취한다. 이른바 널리 모든 중생들을 불지견에 들게 하므로 대사(大士)라 부른다. 이 유정(有情)이란 말은 산스크리트어로 바르게 말하면 삭다(索哆)인데 집착한다는 뜻이다. 마치 세간 사람들이 몸과 마음을 깊이 집착하여 잠시라도 놓을 수 없는 것과 같다. 지금의 보

---

7) 모든 법의 체상(體相)이다.

리삭다(菩提索哆)도 그러하여서 이 대보리행에 집착하여 한 순간이라도 쉬거나 놓으려는 마음이 없다. 그래서 삭다(索哆)이다. 또한 살타(薩埵)라 이름하는 것은 유정이라는 뜻이다. 유정 가운데에서 무상도(無上道)를 닦을 수 있으며 다른 모든 중생들을 짊어질 수 있으므로 중생 가운데에서 무상(無上)이기에 대유정(大有情)이라 부른다. 중생이라 하는 것은 집착하는 데에 따른다는 뜻이다. 지금 스스로 벗어나며 다시 다른 이로 하여금 벗어나게 하므로 대유정이라 부른다. 여래의 비밀을 지닐 수 있으므로 금강수라 부르고, 또 대복덕자(大福德者)라고도 부르니 부처님께서 금강수의 공덕을 찬탄하셨으므로 그러한 다른 이름이 있다. 그 복덕이 있는 자라고 찬탄하였다는 것은 바로 여래의 공덕을 쌓아 모은 것을 말한다.

지금 여기서부터 이하[8]는 부처님께서 게송으로 답하신 것이다.

① "금제하는 계의 뛰어남은 옛 부처님께서 설하신 것이다"라고 하는 것은 부처님께서 다시 부처님을 끌어서 증명을 삼으신 것이다.

"이 계는 과거불께서 설하신 것으로 나도 지금 이와 같이 설한다."

즉 구경(究竟)의 법은 옛부처님의 도와 같다는 말이다. 그러므로 이것을 끌어서 무이(無二)의 도를 증명하셨다.

"밝은 제계(制戒)는 지혜를 일으키며, 제계는 정각에 머문다"고 하는 것은 이 계를 지님으로 말미암아 진언의 행을 일으켜 실지를 얻으므로, 이 지명계(持明戒)에 머무는 것은 정각(正覺)과 같다. 정각은 부처의 다른 이름이다. 여래께서 행하신 도를 행하므로 곧 부처님과 같다. 이러한 수행을 하기에 지금 세상사람도 실지의 과를 얻을 수 있다고 하였으며, 이것은 "어떻게 하여야 계에 머물 수 있습니까?"에 대한 답변이다. 부처님의 뜻을 말하면 다음과 같다.

'부처님께서 머무시는 계처럼 수행하는 사람도 역시 이와 같이 머물러야 한다. 곧 이것은 삼평등(三平等)이며, 복과 지혜를 증장하는 것이며, 실

8) 『경』의 "그대가 말한 뛰어난 계는 옛 부처님께서 설하신 것이다"의 이하이다.

지를 성취하는 것이다.'

②"스스로의[9] 진실을 평등하게 일으키며
의심이나 걱정하는 마음이 없는 자는
반드시 금계를 수행하여
언제나 등인(等引)[10]에 머물러야 한다."

"스스로의 진실"이란 스스로 진언과 수인을 지니고 본존을 관상하여 전념하므로 본존을 볼 수 있음을 의미한다. 본존[11]이란 바로 진실의 이치이다. 단지 본존을 보는 것만이 아니다. 여실하게 나의 몸[12]을 관하니 바로 본존과 같다. 그래서 진실이라 한다. 여기에 삼평등의 방편이 있다. 몸은 바로 인(印)이고, 언어는 바로 진언이며, 마음은 곧 본존이다. 이 세 가지 일로써 그 진실의 구경을 관하면 모두 나와 동등하며, 나의 삼평등과 일체여래의 삼평등이 다르지 않으므로 진실하다. 수행자가 수행할 때에 바다와 같은 부처님의 큰 모임에 확고한 신심으로 들어갈 수 있다. 만일 의심이나 걱정이 있다면 진언수행을 하여도 끝내 성취하지 못할 것이다. 그러므로 거듭 훈계하고 권하여 의심을 일으키지 못하게 하였다. 의심이 없으므로 "등인"을 얻는다.

"등인"이란 산스크리트로 삼마희다(三摩呬多, samāhita)라 말하며 바로 삼평등의 법으로써 온갖 공덕을 이끌어와서 자신에게 쌓아 둔다. 그래서 "등인"이라 말한다. 이 삼평등을 거론한 것은 널리 모든 공덕을 섭수함을 나타내기 위해서이다. 이 세 가지 일을 궁극까지 모두 평등하다고 비추고 자신에게 섭입하는 것을 "등인"이라 이름한다. 또 정(定)과 혜(慧)가 평등하

---

9) 이하에서 "어떻게 수행해야 집착을 떠납니까?"에 대해 답한다.

10) Skt. samāhita. 마음을 집중하여 안정된 상태. 선정(禪定)을 말하며 등(等)은 마음에 어두움과 산란함이 평정되어 고요한 것을 의미한다. 선정을 닦으면 등(等)을 일으키게 되므로 등인이라 한다.

11) 대공(大空)·실상의 본존이다. 앞의 진언은 어밀이고, 수인은 신밀이며 이 본존은 의밀이다.

12) 나의 자성청정한 몸이 청정법계이다.

게 합하여 하나로 되는 것을 등인이라는 개념으로 삼는다. 이와 같은 진실, 내지는 "등인"에 머무는 것이 바로 불계에 머무는 것이다.

"보리심과 법[13] 및 수학(修學)의 업(業)[14]과 과(果)가
하나의 모습으로 화합하게 하고 모든 조작됨을 멀리 여의라.
계는 부처님께서 얻으신 지(智)와 다르지 않으며
계는 모든 법에서 자재[15]를 얻게 한다."

"보리심"은 바로 여래가 되게 하는 바른 원인이다[심왕(心王)을 말한다]. "법"은 심법(心法)이니 바로 모든 지바라밀(地波羅蜜)의 자재력 등이다. 요점을 말하자면 모든 공덕의 법이 모두 그러하여, 이 법이 모두 부처님의 권속[16]이고, 또한 보리심의 권속이니 화대(花臺)에 잎과 꽃술이 있는 것과 같다. 이것으로써 수행하여 부처와 동등하게 되니 초발심에서 계 및 업 등에 이르기까지 모두 부처님과 동등하다. "업"이라 말한 것은 한결같이 선업이다. 나는 여래의 묘업이라고 생각한다. 이 오묘한 과보는 부처님과 동등하다. 그 행하는 업은 바로 부처님의 업이고, 그 얻는 과는 바로 불과(佛果)이다. 부처님께서는 온갖 모습을 여의어 청정한 계에 머무신다. 이른바 모든 상을 여의니 모두가 한 맛이며, 만약 이와 같이 [주체라든가 객체라는] 모든 상을 여의어 계에 머물면 이 계가 바로 불계(佛戒)이다. 그 하나의 모습은 모습이 없고 작업을 떠났기 때문에 만일 수행자가 '이것은 계이고 이것은 계를 지키는 자이며, 이것은 수지하는 법이다'라고 분별한다면 이것은 진실하지 않은 것이며 얻을 것이 없으므로 불계를 지니는 것이 아니다.

또 이 계는 바로 여래의 무사혜(無師慧)이다. 여래의 지혜에 머물음으로

---

13) 여기서의 법은 심법(心法)으로 모든 지바라밀(地波羅蜜), 자재력(自在力) 등 온갖 공덕의 법장(法藏)을 가리킨다.
14) 선행 즉 여래의 묘업(妙業)이다.
15) 자재란 여래지(如來智)에 머물기 때문에 모든 법에서 자재를 얻고, 법에서 자재를 얻으므로 모든 중생의 진실성을 밝게 비출 수 있는 것을 말한다.
16) 부처님의 권속이란 인(人)에 의거해서 말한 것이고, 다음의 보리심의 권속은 법에 의거하여 표현한 것이다.

해서 곧 일체의 모든 법에서 자재하게 된다. 법에서 자재하게 되므로 모든 중생들의 진실한 성품을 비추어 알고, 또한 [삼밀의 방편으로 중생들에게] 참답게 이익을 줄 수 있으며, 모두 다 부처와 동등하게 할 수 있다. 이 계에 머무름에 말미암아서 모든 법을 섭수함을 "자재"라 부른다. "자재"란 바로 섭취의 뜻이니, 말하자면 스스로 법을 얻으며, 또 다른 이를 이롭게 하므로 다음에 경에서 "유정의 뜻에 통달한다"고 말하였다. "뜻"이란 훌륭한 이익을 말하니 온갖 도리와 이익을 가리킨다.

"언제나 집착없이 수행하면 자갈과 온갖 보배가 평등하게 여겨진다."

이 말은 스스로 모든 법에서 자재하게 되며, 또한 중생을 이롭게 하고 [온갖 보배와 같은] 이 법과 [조약돌과 같은] 비법(非法) 등 갖가지 차별의 견해를 떠나 마음에 머문 것 없으며, 머무는 것 없으므로 거칠고 조악한 것과 진귀한 보배를 동등하게 여기고 마음에 늘거나 줄어듦이 없다. 이때에 수행자가 오역(五逆)죄를 짓는 일천제[闡提]나 여래의 공덕이 동등하여서 아무런 차이가 없다고 관찰하니 늘어나거나 줄어들지 않는다. 하물며 그밖의 것이겠는가! 만일 모든 번뇌의 악업과 여래의 공덕을 관하기에 이르면 취하거나 버리려는 마음을 일으키지 않는다. 하물며 조약돌과 보배이겠는가!

③ 다음으로 지계(持戒)를 지키는 양(量)에 대해 답변하겠다.[17)]

이미 시작했으면 얼마의 시간이 흘러야 끝나는가? 그래서 부처님께서 답변하셨다. **"낙차(落叉, rakṣa)를 채울 만큼 진언의 횟수를 송하여 기한을 채우고 나서야 금계(禁戒)가 완성된다."**

일반적인 해석으로는 진언의 계를 지니는 것이 있으면 지니는 계도 제한하고 지송하는 횟수도 제한한다. 말하자면 1편이나 10편 나아가 낙차에 이르기까지 등이며, 혹은 하룻밤이나 한달 내지 몇 해이기 때문에 지금 여기에서 부처님께서는 당연히 **"낙차를 채울 만큼 진언의 횟수를 송하여 기**

17) "어떻게 해야 빨리 성취할 수 있겠습니까?"에 대한 답변으로 얼마만큼의 세월이 지나야 금계를 마치는지에 대해 설명한다.

한을 채우고 나서야” 끝난다고 하셨다. 낙차는 일반적인 해석으로 말하면 십만편이다. 그러나 여기에서는 그렇지 않고 낙차는 견(見)이다. 만일 실상을 보는 때[18]에는 이 진언행을 바로 마치게 된다. 그렇지 않다면[19] 중간에 쉴 수가 없으니 세간의 지송자가 지송하는 횟수를 제한하고, 그렇게 해서 그 얕고 지말적인 효과를 구하는 것과 같은 것이 아니다. 그런데 이 가운데 지송은 반드시 앞[20]과 같이 먼저 [몸·말·마음의] 세 가지가 평등한[三等] 방편을 지어야 한다. 말하자면 진언과 신인(身印)과 본존을 관하는 것이다. 본존을 관할 때에는 그 마음도 상응하여 [삼평등에] 머물어서 움직여 어지럽게 하는 것이 없어야 한다. 또 지송하는 진언이 본존의 심장에서 흘러나와서 그 입으로 들어가는 것이 마치 꽃다발과 같아서 빈틈이나 끊어짐이 없다고 관해야 한다. 즉 이와 같은 부처님의 공덕으로 스스로 그 몸을 채우고 또한 몸에서 다시 빠져나가지 않게 한다. 그리하여 가득 채우게 되었을 때에 점차로 현상이 나타날 것이다. 본부(本部)[21] 중에서 성취상을 설명한 것과 같은 일이 벌어지거나, 혹은 자기 몸에 있던 갖가지 질병의 고통이 치유된다. 혹은 온갖 작은 벌레 종류가 있는데 그 몸에 머물지 않고, 희고 청정하여서 온갖 더러움이 없으며, 혹은 예전에 근기가 둔하고 지혜가 열등하였으나 지금은 한 번 들은 것을 잊지 않고 모두 기억하며 한 글자에 따라 많은 뜻을 말할 수 있고, 나아가 게송을 외워 송하는 데에 마음에 의심이 없으면 이러한 것은 [진리를 보기에] 앞서 나타나는 현상[前相]들이다. 그래서 부처님께서는 만약 [진리를] 볼 때에는 [금계를 성취하여] 마친다고 말씀하셨다.

“낙차”는 본다는 뜻이며, 또한 성취의 뜻이다. 수행자의 마음이 삼매에 머물 때에 본존을 볼 수 있다. 고요하게 바른 선정에 머물면 가령 묘고산왕

---

18) 진실을 비추어 보아서 초법명도(初法明道)에 들어가는 때이다.
19) 진실을 비추어 보지 못하면 십만락차를 채우더라도 중간에 쉬어서는 안된다는 뜻이다.
20) 몸·말·마음 삼평등의 법계를 관하는 것이다.
21) 『경』「실지출현품」(대정장 18, 19 상)과 『소』 11권(대정장 39, 697 하)에 상·중·하로 성취상을 설명한 것을 가리킨다.

이 붕괴되어 흔들릴지라도 오히려 그 마음을 흔들리게 할 수 없다. 혹은 갖가지 기이한 모습이 있는데 예컨대 보리도량[22]에서 마구니가 두렵게 할지라도 마음이 편안하며 두려워하지 않으며, 내지는 마구니궁의 아름답고 묘한 채녀(綵女)도 그 의지를 흔들어 잡념이 들게할 수 없다. 왜냐하면 진실한 계[23]에 머물러 지니기 때문이다. 이때에 견도(見道)를 떠나는 것이 멀지 않았음을 알아야 한다. 어떤 때에는 온갖 음식의 맛이 쓰거나 떫더라도 모두 감로와 같으며, 이러한 인연으로 그 몸이 상쾌하다. 거칠고 나쁜 오욕(五欲)의 맛이 이것[24]을 바꿀 수 없으니, 이것은 탐욕을 그친 모습이다.

저 성냄을 그친 모습은 다음과 같다.

수행자의 육근이 점차 청정해져서 대광야를 가는데에 뜨거운 햇빛이 내려쬐어 햇빛에 모래와 자갈이 푹푹 찌는데 이러한 가운데에 홀연히 청정한 샘물을 만나 물을 부어 씻는 것과 같다. 이때에 온갖 성내어 해치려는 마음 등이 번거롭게 할 수 없다.

또 다음에 **"금과 돌을 평등하게 여긴다"**고 하는 것은 바로 삼평등이다. **"달과 시간의 횟수를 채운다"**고 한 것은 모두 지송하는 한계이다. 또한 **"낙차"**는 살받이[25]의 뜻이니 [활쏘기를 훈련하면 점차로] 표적을 적중시킬 수 있는 것과 같다. 『수능엄삼매경』과 『문수사리소설마하반야바라밀경』[26]에서 활쏘기를 연습하는 의미에 대해 설명한 것과 같으니, 만일 진리에 머물러 마음대로 상응하면 이것이 낙차의 뜻이다.

---

22) 석가모니여래가 성도할 때에 일어났던 항마의 인연이다.

23) 대공삼매에 들어가 머무는 지명금계(持明禁戒)이다.

24) 진리를 보는 마음을 가리킨다.

25) 과녁의 앞뒤와 양쪽에 화살이 날아와서 꽂히도록 쌓은 것.

26) 『수능엄삼매경』(대정장 15, 634 상)에서 설하는 활쏘기 연습의 비유를 가리킨다. 또한 『문수사리소설마하반야바라밀경』 하권(대정장 8, 729 하)에도 동일한 활쏘기 연습의 비유가 있다. '내가 처음에 발심하여 선정에 들어가려 하였는데 지금 생각하니 실로 무심(無心)한 상태에서 삼매에 들어가야 한다. 마치 어떤 사람이 활쏘기를 오래도록 연습하여 숙달된 뒤에는 무심의 상태에서 익히게 되므로 화살을 쏘면 모두 적중한다. 나도 역시 이와 같아서 처음에 부사의삼매를 학습하여 마음을 하나의 연에 묶어두고 오래도록 익혀서 성취할 수 있었다.'

또한 앞에서 말한 일미(一味)라 하는 것은 진실한 견해이기에 [일반 사람들이] 믿기 어렵고 이해하기 어렵다. 여래께서 다시 다른 방편인 세간의 지송법으로써 진실한 견해를 돕게 하신다. 그래서 다음에 유월지송법(六月持誦法)을 설하셨다. 그런데 모두가 구경의 비밀로서 앞과 다르지 않다.

④ 그[27] "첫 번째 달"[28]에는 반드시 금강[의 성품, 즉 보리심의 견고하여 부서지지 않는 성품]을 관해야 하며, 이것은 사각형의 만다라로서 황색이다. 자신이 이 가운데에 앉아있다고 관상하며 곧 자신을 아자로 만드는데 그 아자는 정사각형으로서 황색이다. 몸 안이 충만하여 빠진 것이 없게 해야 하며 몸 전체가 다 이 아자이다. 반드시 오고금강인(五股金剛印)을 결하는데 수주(數珠)[29]를 지닐 필요는 없다. 그 인은 허심합장(虛心合掌)을 한 채 두 수지를 함께 구부리고 손바닥 가운데에서 오른손가락으로 왼손가락을 눌러 걸어라. 두 공지를 나란히 내고 두 풍지를 구부려서 가운데손가락의 등쪽을 향하게 하면 이것이 금강수의 인이다. 제1월 중에는 우유만 마시고 다른 음식을 먹지 않는다. 지송하는 진언이 배꼽에서부터 올라와서 나가며 코를 통해 들어온다고 관하라. 천식(喘息)[30]을 조절하는 것과 같아서 다름이 없다. 이때에 단지 이 진언을 천식으로 삼는다고 관한다. 그 색은 황색이다. 만일 진언을 관할 때에는 곧 낱낱의 구절로써 하나의 식(息)을 삼는다. 만일 종자의 글자를 관할 때에는 단지 끊어짐 없이 호흡을 한다. 1월이라고 말할지라도 한 달이나 열 달이나 백 달 내지는 일 낙차의 달과 같으니 반드시 [성취의 상을] 보는 것으로 한계를 삼는다. 또한 "일(一)"이라

27) 이하에서 "어떻게 해야 지계하는 자가 위덕을 늘릴 수 있습니까?"라는 질문에 대하여 답변한다.

28) 진언을 지송하는 자가 첫 번째 한 달에 황색의 방만다라(方曼荼羅)를 관한다. 수행자 스스로 아자가 되어 그 속에 주한다고 관상하는 것으로, 몸은 모두 아자가 되고 오고금강인을 결인하여 수주(數珠)를 사용하지 않고, 수지한 진언은 배꼽에서 나와서 몸으로 들어간다고 관한다. 여기서 한달이란 1개월의 뜻이 아니라, 여기서 1은 진언과 본존, 행자가 일상(一相)이 된다는 뜻이다.

29) 양손을 사용하여 결인하는 것이므로 다른 지물을 손에 들 필요는 없다.

30) 아자를 지송하는 수식관(數息觀)이다.

고 하는 것은 바로 일상일미(一相一味)의 뜻이니 이것을 보는 것을 "한 달을 채운다"고 이름한다.

다음에 "두 번째 달[31]에는 수륜(水輪)에 머문다." 그 윤은 원형이며 백색이다. 자신의 몸이 그 가운데 있다고 관상하는데 앞의 방편과 같다.[32]

"엄정히 갖춘다"고 하는 것은 중앙에 앉는 것이다. 손으로 연화인(蓮華印)을 결하고 두 지지와 두 공지를 모아서 대(臺)로 삼으며 세 손가락을 벌리고 화지와 풍지의 끝을 합하여 서로 나란하게 하라. 곧 앞의 관음의 인이다. 그 몸이 바(嚩)자가 된다고 관하라. 색은 백색이다. 또한 백색의 진언으로 출입식을 삼는다.

문 본존의 종자를 관하는 것인가? 본래 소지한 종자를 백색으로 만드는 것인가?

답 이 달에는 연화인을 결하고 제2월에는 단지 물을 마실 뿐, 그외에는 전혀 먹지 않는다. "물을 마셔야 한다"고 하는 것은 단지 이 진언의 물이며, 들숨에서 흰우유의 종자가 들어온다고 관하는 것을 음식으로 삼는 것이다. 수행자가 만일 상응하는 때에는 스스로 법미(法味)를 얻는데, 지송하면서 다시 다른 음식의 관상을 하지 않는다. 단지 법희(法喜)의 맛으로써 몸을 충만하게 할 뿐이다.

이때에 단지 이 종자 만을 관하고 본존의 상을 관하지 않는다.

"세 번째 달[33]에는 화륜(火輪)" 가운데 있는데 말하자면 삼각의 적만다라(赤漫荼羅)이니, 가장 뛰어난[34] 화륜에 머문다. 그 가운데에 있으면서 그 라자를 몸으로 삼아 관한다.[35]

---

31) 수행자가 바(嚩)자의 수륜에 머문다. 수륜은 백색으로 자신이 그 속에 안주하여 손으로 연화인(蓮華印)을 결하고 진언을 송하며 출입식을 행한다. 그 사이에 물만 마실 뿐 나머지 음식은 먹지 않는다.

32) 앞의 방편은 아자 삼밀의 방편이다. 이하에 난탈이 있다.

33) 세 번째 달에는 삼각적색의 만다라 중에 자신이 있다고 관상하고 라(囉)자를 가지고 자기의 몸으로 하는 것이다. 혜도인(慧刀印)을 결하고 그 사이에 모든 음식을 먹지 않는다. 라자를 가지고 먹는 것으로 할 뿐이다. 이 방편으로 온갖 죄장을 태워 없앤다.

34) 본유평등의 대화륜이 의미하는 것이다.

이 3개월 동안에는 어떤 음식도 구하지 않는다. 이를테면 걸식 등도 해서는 안된다. 만일 보시하러 오는 자가 있거든 그 보시자의 뜻에 따라 이것을 먹을 수는 있지만 보시하는 사람이 없으면 먹지 말아라. 단지 라자를 음식으로 삼을 뿐이다.

혜도인(慧刀印)[36]을 결하라. 삼보타합장을 하고 두 풍지를 구부리며 두 공지를 버티어라. 그 출입하는 숨도 적색이다. 3개월의 뜻은 앞과 같다. 이른바 3개월·30일·3천일 등을 말하며, [성취의 상을] 보는 것으로 한계를 삼는다. 이 방편으로써 모든 죄장을 태워서 남는 것이 없게 한다. 이러한 뜻이기에 모든 어두움이 사라져 밝음을 성취하니 이른바 불혜(佛慧)의 광명이다. "준비"란 준비하여 갖추는 데에 이 인을 사용하라는 뜻이다.

"네 번째 달[37]에는 풍륜(風輪)" 가운데에 있다. 이것은 기울어진 달이다[앞과 같다]. 그 중앙의 색은 흑색이고 하(訶)자를 몸으로 삼는다. 들고 나는 숨은 앞에서 설명한 것과 같다. 이 한 달 동안에는 단지 바람만 마시며 머물고 온갖 음식을 먹지 않는다. "바람을 마신다"고 하는 것은 하(訶)자의 들고 나는 숨을 음식으로 삼는 것이지 외도들이 공기를 마시고 산다는 것과는 같지 않다. 반드시 전법륜인을 결해야 하는데 이 인은 손을 뒤집어서 서로 교차한다. 앞[38]에서 이 인을 결하는 자는 이 인을 결하기 어려운 자이다.

⑤ "다섯 번째 달"[39]에는 금륜에서 수륜에 이르기까지 모든 부처님과 동등하며 금강과 수륜 가운데에 처한다. 사각형의 황색만다라를 만들어

---

35) 이하에 난탈이 있어 바로잡는다.

36) 인계의 모습이 삼각형이기 때문에 화륜인(火輪印)이라고도 한다.

37) 수행자는 반달 모양의 흑색 풍륜 속에 있다고 관한다. 하(訶)자를 가지고 소신(小身)을 이루고, 풍을 마시며 안주하여 온갖 먹을 것을 먹지 않는다. 하자를 가지고 출입식을 하며 손으로 전법륜인을 결한다.

38) 『소』 9권(대정장 39, 675 중)에 설하는 금강살타진언의 항목 아래를 가리킨다.

39) 다섯 번째 달에는 금강수륜(金剛水輪)에 주한다. 방황만다라(方黃曼荼羅) 중에 원백만다라(圓白曼荼羅)가 있고 몸이 그 속에 안좌하는데 배꼽 이하는 황, 배꼽 위는 백으로 아(阿) 바(嚩)의 두 자를 가지고 출입식한다. 이하에서 "어떻게 해야 때와 방향과 작업 및 법과 비법 등을 여읠 수 있습니까?"라고 하는 질문에 대해 답변한다.

라. 내부에는 둥근 백색의 만다라가 있고 몸은 그 가운데에 앉는다. 배꼽 이하는 황색 가운데에 있고 배꼽 위는 백색 가운데에 있다. 인계를 결하지 말고 아(阿)·바(嚩)의 두 종자를 사용하며 그밖에는 앞에서 설명한 것과 같다. 이 다섯 번째 달부터 아상을 떠나 집착하지 않는 수행을 닦아 한결같은 모습으로 적멸과 같으니 곧 부처와 동등하다. 이 다섯 번째 달 중에는 식사할 수 없으므로 아예 먹지 않는다. 말하자면 모든 음식을 끊는다. 단지 두 종자의 진언을 호흡할 때에 음식으로 삼는다.

다음으로 여섯 번째 달에는 풍화륜(風火輪)에 처하며 모든 장애를 제거한다. 풍륜 가운데에 화륜이 있으니 앞의 일에 준하여 알 수 있을 것이다. [배꼽] 아래는 풍륜이고 배꼽 위는 화륜이며, 하(訶)·라(羅)를 음식으로 삼는다. "얻는 것이나 얻지 못하는 것을 [멀리 떠나니 수행자는 집착을 버리고]" 어떤 음식도 먹지 않는다. 드디어 이양(利養)을 버린다.

다음에 부처님께서 그 공덕을 설하셨다.

수행자가 이 방편을 행하게 되면 "모든 범석(梵釋)·용·귀신·팔부(八部)가 멀리서 존경하고 예를 올리며 모두가 수호자가 되어" 그 앞에 와서 가르침을 받들 것이고 나아가 야차신들도 와서 '원하시는 것이 무엇입니까?'라고 여쭙고는 [수행자가 말하는 대로] 공급하여 받들 것이다. 모든 지명선들도 좌우에 머물며, 모든 악한 귀신·나찰·칠모(七母) 등 사람을 해치는 것들도 멀리서 공경하며 예를 올린다. 그 몸을 보면 대겁(大劫)의 불의 위광이 맹렬한 것과 같다. 모든 선한 원에 따라 자재로이 성취하며 모든 장애를 짓는 자들이 모두 해칠 기회를 얻지 못하니 마치 대길상금강(大吉祥金剛)[40]·관음·문수 등과 같아서 다름이 없다.

---

40) 성자(聖者) 대길상금강(大吉祥金剛)으로서 금강부가 지닌 최파(摧破)의 덕을 나타낸다. 다음의 관음은 연화부가 지닌 섭수의 덕을 나타내며, 문수는 불부가 지닌 무장애(無障碍) 식재(息災)의 덕을 상징한다.

제16 아사리진실지품(阿闍梨眞實智品)

1. 진언의 핵심과 아사리에 관한 금강수의 두 가지 질문

①“이때에 집금강은 다시 대일세존께 모든 만다라의 진언의 핵심을 여쭈었다.”[1]

앞에서 아사리와 제자의 상 및 방편으로 만다라를 건립하여 제자를 득도시키는 것 등에 대해 광범위하게 설명하였을지라도 여기에서 아사리의 진실한 모습은 아직 자세하게 설명하지 않았다. 지금 금강수가 그 의미를 만족시키기 위하여 거듭 다시 어떤 것이 모든 진언의 핵심인가를 질문하였다.[2] 여기에서 진언의 핵심이란 무엇인가 하면, 이 핵심은 산스크리트로 간율타(汗栗馱, hṛdaya)의 심인데 바로 진실심이다. 앞에서부터 모두 이렇게 게송으로 문답하였는데 지금도 역시 게송으로 다음과 같이 질문하고 있다.

1) 이하에 난탈이 있어 바로잡는다.
2) 이하에 난탈이 있어 바로잡는다.

②어떠한 법을 지녀야하고 어떤 방편을 지녀야 아사리라는 명칭을 얻을 수 있습니까? 또 어떠한 심진언을 지송하여야 아사리라는 명칭을 얻을 수 있습니까?

2. 여래의 답변

미부(尾扶, vibhūḥ)[3]는 부처님의 다른 명칭이며, 또한 법왕의 뜻이다. 발음상의 편리 때문에 이 음을 사용하여 설명하였다.

다음에 "불자(佛子)여, 훌륭하고 훌륭하구나. 대유정이여"라고 말한 것은 부처님께서 금강수를 칭찬하신 것이다. 그 대중생[금강수]을 "환희하게 하시며 이렇게 말씀하셨다"고 하는 것은 다음에 부처님께서 금강수가 모든 중생들의 선근을 건립하고 저 진언행을 만족하고자 이렇게 질문한 것을 관하시고 그 마음을 기쁘게 하시려고 칭찬하신 것이다. 또한 [금강수가] 저 대중들이 마음 속으로 법을 듣고자 바라는 것을 알고서 질문하였으므로 환희하게 하신 것이다.

① 다음에 답변[4]하신 가운데 "비밀 가운데의 가장 비밀"이라 말한 것은 질문에 따라 답하신 것이니, 비밀한 모습 중에서 가장 비밀한 모습이다. "진언지(眞言智)"라 한 것은 지혜 중의 지혜로서 이보다 위가 없고 뛰어넘는 것이 없다.

"지금 내가 이 법을 설하려고 하니 너희들은 일심으로 잘 들어야 한다."

심진언에서 생긴 지혜를 가장 큰 것으로 삼는다. 이른바 일체심(一切心)이라 하는 것은 바로 아자이다. 모든 언음은 다 이 아자를 따르며, 아자를

---

3) 비로자나불의 다른 명칭이다. 이하에서 금강수의 질문에 대한 여래의 답변이 설해진다.
4) 이하에서 금강수의 첫 번째 질문인 '진언의 핵심은 무엇인가'에 대해 답변한다.

머리로 삼는다. 만일 이 아의 소리가 없다면 모든 언어를 떠나는 것이 되어 설할 수 있는 것이 없다. 단지 입을 열어 소리를 내면 바로 이것이 아자의 소리라는 것을 알아야 한다.

앞의 문장에서 나(俄, ṅa)・나(若, ña)・나(拏, ṇa)・나(那, na)・마(麽, ma)[모두 상성(上聲)이다.]는 아의 소리를 떠나서 말할지라도 아의 소리가 안팎으로 있다. 만일 밖의 소리가 없더라도 아자의 안의 소리를 떠나지 않는다. 안의 소리[內聲]란 바로 후(喉) 가운데의 아의 소리이니, 이 아(阿)는 바로 모든 법이 본래 생겨남이 없다는 뜻임을 반드시 알아야 한다. 만일 이와 같이 본체가 생겨남이 없다는 것을 잘 알게되어 인과를 떠나면 곧 불생(不生)의 경지에 언제나 머물 수 있게 된다. 이 심진언은 바로 한량 없이 많은 뜻을 지닌 삼매[義處]이니, 두루 모든 세간과 출세간의 법을 생하고, 온갖 희론을 여의며, 모든 희론을 영구히 종식시키고 교묘한 지혜를 생한다. 이 지혜는 바로 사마타(śamatha, 止)・비파사나(vipaśyanā, 觀)의 지혜이다. 이 지혜에서 한량 없이 많은 혜방편(慧方便)이 생기며, 분별과 희론을 여의었기에 모든 곳에 고루 미친다. 교묘지(巧妙智)란 바로 일체지지(一切智智)의 다른 이름이다.

"비밀주여, 무엇이 온갖 진실한 언어의 핵심인가?"라고 하는 것은[5] '어떻게 해서 아자가 모든 진언의 핵심인가'라고 하는 것이다. 부처님께서는 또한 스스로 되물으시며 답하셨다.

②[6] "양족존(兩足尊)이신 부처님께서 말씀하셨다.
그러므로 모든 지분(支分)[7]에 안주하여
지분에 포치하여 상응하고 나서
법에 의거하여 모두 수여하라."

---

5) 이하에 난탈이 있어 바로잡는다.

6) 이하는 금강수의 두 번째 질문인 '어떠한 법을 지녀야하고 어떤 방편을 지녀야 아사리라는 명칭을 얻을 수 있습니까?'에 대한 답변이다.

7) 몸의 각 부분을 가리킨다. 여기에서는 몸과 마음의 모든 부분을 가리킨다.

이 경문은 "양족존이신 부처님께서는 아자를 종자[8]라 이름한다고 말씀하셨다"라는 의미이다. 이 아자는 바로 종자와 같다. 세간의 씨앗처럼 많은 열매를 생산하고 하나하나가 다시 백천만 개를 생산하며, 이와 같이 해서 전개되는 것이 무량하여 말할 수조차 없다. 그런데 씨앗을 보고 열매를 알 수 있는 것처럼, 원인이 이미 이와 같다면 결과도 반드시 이와 같다는 것을 알아야 한다. 지금의 이 아자도 역시 이와 같다. 이 근본의 무사자연지(無師自然智)[9]로부터 온갖 지혜의 활동[10]이 생겨난다.

"이러한 까닭에 일체가 이와 같다"고 하는 것은 모두 아자와 동일하니 이것이 모든 진언이라는 말이다. "모든 지분에 안포하라"고 하는 것은 다음으로 수행자에게 지분 가운데에 안포해야 할 것을 권한 것이며, 심장 위에 안포하여 두어야 할 것을 말한다. 모든 종자를 보탠다고 하여도 역시 아자가 그 가운데에 있다. 또한 두루 지분에 머물러서 아자를 핵심으로 삼는 것은 마치 사람에게 마음이 있어서 지분에 두루하며 이 마음이 모두 괴로움과 즐거움을 받는 것처럼, 이 아자도 모든 지분에 고루 미친다.

"모든 지분에 안포하라"고 하는 것에서 지분이란 바로 자기 마음이니, 이 마음에 말미암아서 곧 모든 신체의 부분을 섭수한다. 마음을 떠나면 몸이 없고, 몸을 떠난 마음 없으니, 또한 아자와 같다. 그래서 문장을 돌린 것이다. 만일 이것을 안포하면 곧 모든 부처님과 동등하다. 말하자면 종자에 따라 결과가 있고, 결과는 바로 부처로써 바르게 두루 알 수 있으므로 정각이라 이름한다. 이 종자의 이성(理性)을 앎으로 해서 여래라는 명칭을 얻는다. 이 종자의 이성이란 바로 이 마음이 본래 생겨남이 없다[本不生]는 뜻이다.

산스크리트로 아가라(阿伽羅, Agāra)[11]라고 하는 것은 아자가 모든 글자

8) 하나의 씨앗에서 수많은 씨앗이 파생되듯이 아(阿)자라는 하나의 종자(種子)의 자연지(自然智)에서 온갖 묘지력(妙智力)이 출생한다는 뜻이다.
9) 중생심은 조작을 떠난 있는 그대로의 대보리심이다.
10) 일체지(一切智)에서 전개되는 삼업(三業)의 활동이다.
11) 모든 장소에 두루하다는 뜻이다.

에 두루하다는 뜻이다. 만일 아자가 없으면 글자는 성립되지 않으므로 반드시 아자가 있어야 한다. 만일 글자에 머릿글자가 없다면 글자가 성립되지 않으므로 아자를 우두머리로 삼는다. 이 아(阿)라 하는 것은 사람 몸의 지분에 영향을 주는 마음처럼 이 아자는 일체에 고루 미친다. 만일 모든 글자에 안포함에 몸과 마음이 없다면 곧 지분이 갖추어지지 않은 것이다. 이것이 몸의 지분이다.

"상응"이란 산스크리트음으로 유기(瑜祇, yogi)이니 즉 아자의 뜻이다. 상응이란 바로 유기의 뜻이다.

"법에 의거하여"라 하는 것은 이치답게 모든 곳에 안포하는 것이며, "두루"라 하는 것은 두루 안포하라는 것이다. 비록 모든 글자에 두루 안포할 수 없더라도 이 아자를 첫머리로 삼으면 곧 모든 글자에 두루 안포하는 것이다. 그런데 이 아자는 모든 세간의 언어를 설하고, 다시 이 언어에 인하여 모든 출세간의 이치를 이해할 수 있다. 왜냐하면 반드시 이 아자에 인하여 모든 세간의 언어가 생기기 때문이다. 그러므로 이 언어는 아자를 떠나지 않으며 아자를 떠나지 않기에 법체의 본래 생겨남 없음을 여의지 않는다는 것을 곧 알아야 한다. 이러한 까닭에 아자문에 인하여서 이 세간 모든 법이 있고 세간의 모든 법에 인하여 아자문을 깨달을 수 있다. 또한 이 마음이 바로 모든 신체의 부분에 두루하므로 신체의 지분에 안포하여 있는 것에 따라 곧 이 법에 의거하여 이치답게 모든 지분에 두루 안포하는 것이다. 이러한 까닭에 모든 글자에 두루하고 또한 모든 몸의 안팎으로 고루 미친다. 그러므로 지금 "두루 상응하여 나타난다"고 하는 것은 바로 서로 화합한다는 뜻이니, 마치 아자가 모든 글자에 두루한 것과 같으며 이것이 바로 화합의 뜻이다.[12)]

그런데 글자라 하는 것에는 산스크리트어로 두 가지 음이 있다. 첫째는 아찰나(阿刹羅, Akṣara)라고 이름하니 이것은 근본의 글자이다. 둘째는 리비

12) 이하에 난탈이 있어 바로잡는다.

비(哩比鞞)이니 증가(增加)의 글자이다. 근본이란 바로 본래의 글자이다. 마치 아자의 최초에 두 가지 음이 있는 것과 같으니 이것이 바로 근본이다. 다음에 이(伊上)·이(伊)에서 오(烏)·오(奧)에 이르기까지 열두 글자는 증가자에서 생겨난 것이고 모두 다 여성(女聲)이다. 그 근본자는 남성(男聲)인데 남성이란 혜의 뜻이고 여성은 정(定)의 뜻이며, 그 근본자는 모든 경우에 고루 미친다.

곧 리비(哩比)의 글자에 아자를 덧붙인다. 그런데 가(迦)자 등에서 만일 입에서 아자의 소리를 낼 수 없다면 글자는 성립되지 않는다. 이 글자는 본래 언설이나 명자가 없는데 아자로 인하여 있을 수 있다는 것을 알아야 한다. 사람에게 머리가 없으면 모든 팔과 다리가 전부 죽는 것처럼, 이 가자 등도 역시 이와 같다. 만일 아자를 머리로 삼지 않으면 성립되지 않으며 또한 글자라고 인정할 수도 없다. 그래서 아자를 생명으로 삼는다. 리비(哩比)에서 이이(伊伊) 등의 삼매성(三昧聲)도 역시 아자가 원인이 되어 일으켜낼 수 있다. 가령 가(迦)자에 아(阿)의 소리가 없다면 단지 목구멍에서 짧은 바람소리만 날 뿐이며, 가자가 되지 못한다. 아자를 더해야만 가자가 성립되는데 아자는 생겨남이 없고 가자는 지어냄이 없다는 의미로서 그 뜻이 곧 상응하고 화합하여 성립된다. 다른 글자들도 이와 비슷하다.

다음의 모든 증가자도 역시 모든 장소에 고루 미친다. 근본자와 증가자는 서로 다르지 않으며 모두 근본의 자체(字體)를 본래부터 가지고 있으며 점이나 획을 더하여 사용한다. 이러한 까닭에 근본자와 증가자는 하나도 아니지만 다르지도 않다. 마치 그릇 속에 물을 담는데 그릇 때문에 물을 담아지닐 수 있고, 물은 그릇을 떠나지 않는 것처럼 이것도 역시 이와 같아서 다시 서로 의지하여 안과 밖에 두루할 수 있다.

단지 아자만이 모든 장소에 두루한 것이 아니라 가(迦)·카(佉) 등에서 사(娑)·하(訶)에 이르기까지도 역시 모든 장소에 고루 미친다. 왜냐하면 이들은 모두 근본음이기 때문이다. 그 근본음은 아자와 같으며 가(迦)자 등과 같이 각각 증가자에 따라 생긴 글자가 있다. 가(迦)자 가운데에 곧 기

(皿)・계(計)・구(矩)・구(俱)・계(鷄)・개(蓋)・구(俱)・교(矯)가 있는 것과 같으며 이들은 모두 여성(女聲)이다. 그런데 가(迦)자의 체 위에 획을 쓰면 곧 증가자가 성립된다. 체는 바로 혜(慧)이며 쓴 것은 정(定)이니 정・혜가 서로 의지하여 합해서 하나로 되었지만 그 체는 잃지 않으며, 지(止)・관(觀)을 함께 행하므로 역시 모든 대지에 고루 미친다. 증가자는 근본자에 고루 미치고 근본자는 증가자에 고루 미친다. 번성하게 생겨난 것은 씨앗에 고루 미치고 씨앗도 역시 번성하게 생겨난 것에 고루 미친다.

또한 이 아(阿) 등의 글자는 글자 따라 소리가 있다. 하나의 아자를 예로 들어보자. 무릇 모든 말소리 가운데에 아의 소리가 있으면 이 아자를 떠날 수 없다. 글자가 나타내는 데에 따라 소리가 생길 수 있고 소리가 있기 때문에 지분(支分)을 생하여 모든 세간과 출세간법을 드러낼 수 있다. 만일 그 글자만 있다면 이치를 설명할 수 없을 것이다. 반드시 소리와 언어에 인하여 나타내는 것이 있어야 한다. 말하자면 적・청・황・백 등의 색깔이나 동・서・남・북 등의 방향이나 크고 작고 사각형이며 원형이라는 모습이나 위・아래・존귀함・비천 등 모든 현상적인 종류들을 이해할 수 있다. 그러므로 아(阿)에 따라 모든 언어의 소리가 생기니 이 소리가 갖가지 차별을 나타낸다는 것을 알아야 한다. 이미 본래 생겨남 없는[本不生] 뜻에 따라 생겼으니 그것이 나타낸 것을 볼 때에는 곧 본래 생겨남 없음을 이해한다. 이러한 까닭에 소리를 낼 적에 [모든 것이 지닌] 성품의 이치가 바로 드러난다. 본래 생겨남이 없음과 모든 것이 연에 따라 생긴다는 법은 서로 생기게 할 수 있고 서로 이해시킬 수 있다.

경문에 "**그러므로 이것은 모든 몸에 고루 미치며 갖가지 [덕을] 생한다**"에서 "**고루 미친다**"는 것은 일체에 골고루 미치는 것이다. 일체에 현상과 이치가 있으니 이른바 언설과 이증(理證)이다. 진언과 이치가 모두 골고루 미치므로 거듭 일체라고 말하였다. 여기에서 "갖가지"라 한 것은 비습바(毘濕縛, vijambha)이니, 공교함을 말하며 갖가지 부사의한 법을 일으키고 모든 몸의 부분에 고루 미친다.

그런데 이 아자는 몸의 지분에 골고루 미치기만 하는 것이 아니다. 모든 몸 아닌 것에도 역시 다 골고루 미친다. 이러한 까닭에 이 아(阿)자의 심(心)에서 갖가지 공덕이 생긴다.[13]

경에, "불자여, 잘 듣거라"고 한 것은 다음과 같은 의미이다.

"불자들이여, 반드시 잘 들어야 한다. 내가 지금 이 포자(布字)의 핵심을 설명하겠다."

이상은 경전의 문장이다.

지금 이 포자법문(布字法門)을 설하려고 하는 것은 수행자로 하여금 곧 자기 몸에서 일체여래의 갖가지 공덕을 갖추어 생하게 하려하기 때문이다. 마치 씨앗을 심으면 한량 없이 많은 열매가 계속하여 생기는 것과 같다. 그래서 다시 수행하는 사람에게 분명하게 듣고 진실되게 받으라고 권하였다.

다음에 부처님의 답변 중에서 "마음으로 마음을 소작하고[14] 나머지를 지분(支分)에 포치하라. 모든 것을 이와 같이 소작하면 나 부처처럼 유가좌(瑜伽座)에 머물게 된다"고 하는 것은 다음과 같은 의미를 지닌다.

마음을 마음[15]에 안포하고 나머지는 [신체의] 지분에 포치하라. 펼치는 것은 글자를 말하며 심(心)이란 내심(內心)을 말한다. 마음[16]에 포치하는 까닭에 심심(心心)이라 이름한다.

일반적으로 말한다면 심심(心心)이란 [제6식인] 의(意 : 識)와 [제7식인] 말나(末那)이지만 지금 여기서의 뜻은 다르다. 아자를 수행자의 심장에 포치하니 아는 모든 법의 핵심이다. 심장에 포치하므로 심심(心心)이라 이름한다. 이것은 최초이기 때문에 먼저 심장에 포치하니 심장은 모든 신체 지분의 왕이다. 아자도 이와 같이 모든 진언의 왕이다.

---

13) 이하에 난탈이 있다.

14) 앞의 마음은 아자, 뒤의 마음은 행자의 청정심이다. 이 청정심에 아자를 포치하고 관하는 것이다.

15) 수행자의 심연화대(心蓮華臺)를 가리킨다.

16) 이 아자를 심장 위에 포치하는 것이다.

"모든 것을 이와 같이 소작하면 바로 나의 몸과 같게 된다"에서 소작이란 포치하는 것을 말한다. 말하자면 이와 같이 이것을 소작한다. 이미 이것을 포치하여 마치고 그밖의 모든 글자는 곧 모든 지분에 안포하라. 아래의 품에서 설명한 것과 같다.

그런데 이 아자를 포치하는 법은 앞의 문장에서 설명하였다. 먼저 그 심장에서 팔엽이 활짝 핀다고 관하며 아자를 그 위에 안치한다. 이 아자에는 둥글고 밝은 광명이 있다.

이와 같이 관하는 자는 바로 여래이다. 그래서 "그가 이와 같이 지으면 바로 나이다"라고 하였다. 여기에서 "나"란 부처님 자신을 가리킨다.

또한 대아(大我)라고 하는 것도 바로 여래이다. 그래서 "바로 나이다"라고 하였다. "바로 나이다"라고 하는 것은 아사리이며, 단지 이 유가[의 수행의]로써 아사리가 될 수 있는 것만이 아니라 이 유가로써 제자를 성취하게 할 수도 있다.

"유가좌에 머물러"라고 하는 것은 사방 금강륜의 좌를 말한다. 말하자면 대인다라좌(大因陀羅坐)이다. 아자 위에 머물고 이것을 자리로 삼는다. 이 진리와 상응하는 자리를 "유가좌"라 이름한다. 이 유가금강좌에 앉는 자는 바로 여래이다.

"모든 여래를 찾아 염해야 한다"고 하는 것은 모든 부처님을 관하는 것이다. 산스크리트어로 소라다(蘇羅多, surata)라 하는 것은 집착을 뜻한다. 미묘한 법에 집착하기에 소라다라 이름한다. 또한 소라다란 함께 안락에 머문다는 뜻이다. 말하자면 함께 묘한 이치에 머물러 현법(現法)의 즐거움을 받는 것이다. 또 다시 묘한 사업에 즐겨 애착하므로 소라다라 이름한다. 또한 삿된 것을 버리고 바른 길로 나아가는 뜻이기에 소라다라고 이름한다. 또한 널리 구하고자 하는 뜻이기에 소라다라고 이름한다. 수행자의 물들은 욕망의 마음과 진실한 혜심(慧心)을 서로 화합하니 곧 진리와 동일하며 모두가 한 맛이다.

"이 광대지(廣大智)와 부합한다면"에서 부합한다는 것은 아는 것이다. 만

일 가르침에 의거하여 아는 자이면 정각의 대덕존(大德尊)이며, 그를 아사리라고 일컫는다.[17]

만일 그 법을 갖추면 곧 광대시를 성취한 마음을 얻으며, 광대지를 성취하였으므로 아사리라는 명칭을 얻는다. 이렇게 부르기 때문에 그가 바로 여래이며, 여래가 바로 그이다. 이와 같은 명칭[으로 부르는 대상]이 바로 그 몸이다. 그렇다면 아사리가 바로 부처임을 알아야 한다. 또한 그가 바로 보살이며, 그가 바로 범천임을 알아야 한다. 범(梵)이란 대범(大梵)으로서 대열반을 갖춘 것을 범이라 이름한다.

또한 그가 바로 "비쉬뉴천[韋紐天]"[18]임을 알아야 한다. [비쉬뉴의 다른 음역인 비슬뉴(尾瑟紐)에서] 비(尾)는 공(空)을, 슬뉴(瑟紐)는 선정을 의미한다. 이 선정은 부처님의 사신족(四神足)이다. 비쉬뉴는 자재천의 다른 명칭인데 제대로 음역하면 비슬뉴(毘瑟紐)라고 해야 한다.

또한 그가 "일천(日天)"[19]임을 알아야 한다. 모든 중생들의 어두움을 제거하는 대비의 태양이다.

또한 그가 풍천(風天)이며 "월천(月天)"[20]임을 알아야 한다. 달이 세간의 모든 중생들을 장양하는 것처럼 부처님도 역시 모든 중생들의 보리심을

---

17) 이하에 난탈이 있어 바로잡는다.

18) Skt. Viṣṇu. 시바신과 함께 힌두교의 최고신. 특히 비쉬뉴파에서는 가장 신성한 신이다. 비쉬뉴는 viś(넓히다. 행하다. 편만하다)라고 하는 동사의 어근으로부터 만들어진 말로 리그베다에서는 태양의 빛나는 작용을 신격화한 신이었다. 리그베다에 기술되어 있는 비쉬뉴는 천과 공중과 땅을 세걸음으로 활보한다고 말해지지만, 다른 신들보다 뛰어난 존재는 아니다.

19) Skt. Āditya 또는 Sūrya. 십이천(十二天)의 하나로 태양을 신격화한 것. 일천자(日天子)·일신(日神)이라고도 한다. 태장만다라의 외금강부에 배치되며, 양손에 연화를 쥐고, 다섯개의 머리가 붉은 말이 끄는 수레에 탄다. 삼매야형은 태장계에서는 금강륜이며 금강계에서는 일륜형(日輪形)이고, 종자는 a이다.

20) Skt. Candra. 십이천(十二天)의 하나. 달을 신격화한 것. 태장계에서의 형상은 오른손을 허리에 대고 반달의 모습을 붙인 장(杖)을 지니며 왼손은 팔꿈치를 구부려서 가슴을 덮고서 삼아(三鵝)위에 앉는다. 삼매야형은 흰색의 병이고 종자는 caṃ이다. 금강계에서의 형상은 왼손을 허리에 대고 하엽좌(荷葉座)에 앉는다. 삼매야형은 반월이고 종자는 pra이다.

키우신다.

또한 "바루나(嚩嚕拏, varuṇa)"[21]는 수룡(水龍)으로서 물[水]을 관장하므로 곧 대비의 물을 갖추어 일체에 골고루 뿌릴 수 있다.

"제석(帝釋)"은 100번의 보시로 인해 제석이 되었다. 즉 100번씩이나 네 성문을 열어서 널리 보시하였다. 석(釋)은 백(百)이고 가락(迦落)은 용시(勇施)이다. 부처님께서도 한량 없이 많은 100번의 보시를 갖추었으므로 제석이라 이름할 수 있다.

"조립세계주(造立世界主)"는 다섯 명의 대천(大天)을 말한다. 세간의 외도들은 "조립세계주"라 말하지만 또한 비수갈마(毘首羯磨)라고도 한다. 나 [부처]도 역시 모든 심심(心心)을 생기게 하는 주(主)이므로 이렇게 이름할 수 있다.

또한 그가 "흑야천(黑夜天)"임을 알아야 한다.

"가라(迦羅, kāla)"[22]는 시간이니 삼시(三時)가 바로 나이다. 내가 세운 시간은 삼시를 초월하니 모두가 나이며, 모두가 마음으로서 그 시간은 외도와 다른 개념이다. 말하자면 외도들은 그 명칭을 세워 집착하지만 나는 '바로 이것'이라고 말한다.

또한 그는 바로 "염마(閻摩, yama)"이다. 염마(yama)에서 야(也, ya)는 앞으로 가려고 하는 것이니 말하자면 선(善)에 도달하고 악(惡)에 도달하여 살해처(殺害處)에 도달하는 것을 염마라(閻摩羅)[23]라고 이름한다. 그런데 나도 장차 선에 이르러 저 번뇌를 살해한다. 야(也)[24]는 삼승의 수레를 말하며

---

21) Skt.Varuṇa. 음역하여 바로나(縛嚕拏)・바루나(縛樓那)・바루나(婆樓那)・벌루나(伐樓拿)이다. 밀교 십이천(十二天)의 하나이며, 호세팔방천(護世八方天)의 하나이다. 서방의 수호신으로 용족(龍族)의 왕이다. 본래 고대인도바라문교의 천공신(天空神)으로, 하천(河川)의 주(主)이며, 제사를 주관하고 도덕을 유지하며 착한 일을 상주고 악한 일에 벌주는 신이다.

22) 『경』에는 "흑야(黑夜)"로 되어 있다. 왜냐하면 kāla가 시간의 뜻이지만 흑색(kālaka)의 뜻으로도 볼 수 있기 때문이다.

23) Yama-Rājan. 즉 염마왕이라는 뜻이다.

24) 야(也)는 ya, 즉 yāna의 머릿글자이기 때문이며, 마(麽)자는 '나'라는 뜻으로 삼는다.

마(麼)는 곧 나를 말한다.

또한 그가 "지신(地神)"임을 알아야 한다. 말하자면 땅이 세간에 존재하는 일체와 과보를 받는 등의 갖가지의 싹을 지탱하듯이 나도 역시 모든 중생들의 과보 등을 지탱할지라도 분별하지 않는다.

"묘음(妙音)"[25]은 천(天)의 이름이다. 『금광명경(金光明經)』[26]에서는 대변천녀(大辯天女)라 하였는데 대변(大辯)이란 혀[舌]를 말한다. 나 [부처]도 소리를 내면 백천의 범성(梵聲)보다 뛰어나므로 이러한 명칭을 얻었다.

범(梵)[27]은 열반을 말하며 앞의 대범(大梵)은 해탈이다. 이 가운데 범은 "범지(梵志)"인데 아직 증득하지 않은 자[28]를 말한다.

"상욕(常浴)"[29]은 천의 명칭이다. 몸·말·뜻을 청정하게 하므로 최고 제일의 욕(浴)이다.

"범행자(梵行者)"[30]는 범행을 닦는 자의 명칭이다. 즉 번뇌를 모두 없앤 자가 바로 "[번뇌를 모두 없앤] 비구의 대중"이다.

"길상(吉祥)"이란 공덕천(功德天)을 말한다. 나도 역시 모든 법의 [덕을] 갖추었다.

"지비밀(持秘密)"은 삼밀(三密)을 [지닌다는 의미]이다.

"일체지(一切智)"는 외도에게도 이러한 명칭이 있다. 나는 곧 참다웁게 스스로 증득하였으므로 단지 공(空)의 명칭만 있는 것이 아니다.

"일체견(一切見)"도 천의 명칭[31]이다.

---

25) Skt. Sarasvatī-devī. 고대인도 바라문교·인도교에서 문예(文藝)를 담당하는 여신(女神). 음역하여 살라살벌디(薩囉薩伐底)·사라실벌디(娑羅室伐底)이라 하며, 또는 대변천(大辯天)·대변재천녀(大辯才天女)·대변재공덕천(大辯才功德天)·대성변재천신(大聖辯才天神)·변재천(辯才天)이라고도 한다. 약칭 변천(辯天)이다.

26) 『금광명최승왕경』 7권 제15품의 명칭이 「대변재천녀품(大辯才天女品)」이다(대정장 16, 434 중).

27) 범지(梵志)의 범(梵)을 가리킨다.

28) 대범은 해탈하였지만 범지는 아직까지 궁극의 열반을 증득하지 않았기에 이렇게 말한다.

29) 상조욕외도(常澡浴外道)의 본존.

30) Skt. Brahmacārin.

31) 외도들은 자재천(自在天)을 견자(見者)라 지칭한다.

"일체법자재(一切法自在)"도 역시 세간에서 이러한 천이 있다고 전한다. 자재란 법에서 자재를 얻은 것을 말하는데 박가(薄伽)의 여섯 가지 뜻[32]과 같다. 나도 참으로 이와 같다.

"재부(財富)"라는 것도 역시 천의 명칭이다. 자재하게 꼭 주어야 할 곳에 주는 것을 말하며 부처님도 역시 이와 같다.

"또한 보리심과 성지(聲智)의 성품에 머물러
모든 법에 집착하지 않는 것을 변일체처(遍一切處)라 한다."

보리심이란 바로 선정이다. 종자에 따라 소리를 내는 것이 있어서 지혜로 이것을 나누는데 이것이 바로 지혜이다. 일체종지(一切種智)의 다른 명칭을 말하며 일체지(一切智)를 갖춘다. 또한 바로 "지송자(持誦者)"이다. 진언은 나 [부처]에게서 생기므로 나도 바로 지송자이고 또한 "지진언자(持眞言者)"이다. 나에 따라 생기는 것에 말미암으므로 나도 이것을 지닌다. 진언의 종자는 나 [부처]에 따라 생기며 나도 지니기 때문이다.

"대길상을 갖춘 자도 역시 진언왕(眞言王)이다"라고 하는 것은 바로 나 [부처]를 말한다.

"바로 집금강이다"라고 함은 이 밀혜(密慧)를 지니는 자를 말한다.[33]

또한 그는 "지천(地天)이며 묘음천(妙音天)이고 상욕(常浴)이며 상범행자(常梵行者)"이다. 여기에서 상조욕(常澡浴)은 외도의 본존 등이다. 발라(鉢羅)는 해탈의 뜻이니 바로 범천이며, 바로 비구이고 번뇌를 모두 없앤 자이며, 묘길상(妙吉祥)이고 지비밀자(持秘密者)이며, 일체지자(一切智者)이고 일체견자(一切見者)이며 일체법자재왕(一切法自在王)이고 보리심에 머무는 자이며, 지성(智性)이고 모든 법 가운데 집착하지 않는 자이며, 일체를 골고루 모두 설하는 자이며, 지길상(持吉祥)이고, 진언왕(眞言王)이며 지금강(持金剛)이다. 요점을 말하자면 모든 대만다라에서 포치하여 나열된 자이며, 여래의 백

---

32) 박가범(薄伽梵)에게 자재(自在)·치성(熾盛)·단엄(端嚴)·명리(名利)·길상(吉祥)·존귀(尊貴)의 여섯 가지 뜻이 있다고 한다.

33) 이하에 난탈이 있다. 본 품에 난탈이 많이 보이고 있다.

팔명찬[一百八號][34] 등도 이것 아닌 것이 없다. 왜냐하면 이 아자의 법체(法體)는 언제나 모든 장소에 고루 미치므로 만일 이와 같이 상응한다면 곧 모든 장소에 두루한 비로자나와 동등하다. 그래서 부처님께서는 경전 가운데에서 이와 같이 말씀하셨다.

지금까지 마음에 대해 설명하여 마쳤다.

다음으로[35] "온갖 자륜을 지분에 두는 것"이란 무엇인가?

다음에 몸의 부분에 안포하라. 말하자면 미간에 훔(吽)자를 안치해야 하는데 이곳은 모든 집금강이 머무는 곳이다. 다음에 심장 위에서 4촌 정도 되는 데에 사(娑)자를 관하여 두어라. 이것은 모든 연화부가 머무는 곳이다.

"나의 마음은 모든 장소에 머물고 널리 자재하며
나는 갖가지 유정과 비정들에게 두루한다.
아(阿)자는 제일명(第一命)이다"

심위(心位)에 마음을 머물게 하고 곧바로 안치한다. 말하자면 아자를 심장으로 삼는다. "위(位)에 머문다"고 하는 것에서 "위"란 바로 머무는 곳이다. 그러므로 일체에 두루하여 자재하게 성취한다. 이 아자는 나와 다르지 않으며, 나는 아자와 다르지 않다. 모든 비유정의 법에 두루하며 이 모든 법은 바로 아자를 가지고 "제일명(第一命)"으로 삼는다. 마치 사람이 호흡할 때에는 이것을 목숨으로 삼으나 호흡이 끊어지면 바로 목숨이 이어질 수 없는 것처럼 이 아자도 역시 그러하다. 모든 법과 유정은 이것을 목숨으로 삼는다.

다음에 "바(嚩)자를 이름하여 수(水)라 한다"고 함은 바자를 물[水]과 같다

---

34) 대일여래의 덕을 펼치면 협시의 보살이 되고, 이 보살 각각에게 많은 덕이 있는데 이 덕에 따라 갖가지 명칭을 세워서 108명으로 하는 것. 일백팔명찬(一百八名讚)·일백팔찬(一百八讚)이라고도 한다. 백팔이란 숫자가 108개란 뜻이 아니라 완전한 수의 개념이다. 따라서 백팔명찬이란 대일여래의 전체의 덕이 되는 것이고 따로따로 찬탄할 경우에는 사불(四佛)·십육대보살 등의 덕이 된다. 보통 백팔명찬은 사지찬(四智讚)과 통용되는데, 그 이유는 백팔명의 덕을 집약하면 사지로 되기 때문이다.

35) 이하에서 다른 종자를 포자하는 것에 대해 설명한다.

고 관상하는 것이다. 다음에 라(囉)는 불[火]과 같다고 관상하라. 다음에 훔(吽)은 모든 분노지명(忿怒持明)이라고 관상하라. 또 카(佉)자는 바로 공(空)과 동일하다고 관상하라. 반드시 하(訶)자가 풍(風)이라고 해야 하는데 지금 이것이 빠졌으니 다시 여쭈어라. 이렇게 관하는 이유는 모든 글자를 이 몸의 부분에 포치하려고 하기 때문이다. 즉 이것은 바로 일체여래의 법으로서 만가지 덕을 모두 갖추고 있다. 마치 도량에 앉을 때에 금강좌보다 뛰어난 것이 없는 것과 같이 지금도 역시 그러하다. 일체여래의 공덕을 갖추고자 하면 먼저 반드시 이 지·수·화·풍의 사륜(四輪)과 공륜(空輪)을 사용해야 한다. 그런 다음에라야 구족한 법사를 지을 수 있다.

이와 같은 "제일의 진실을 알면 아사리라는 이름을 얻는다"고 함은 단 가운데의 명자(名字)가 다를지라도 모두가 부처님의 공덕이라는 것이며 [이 공덕을] 저 [중생들을] 제도하기 위하여 설하였다.

"그러므로 [방편을 구족하여]
부처님께서 설하신 것을 요지하고
언제나 부지런히 수행한다면
반드시 불사구(不死句)를 획득하리라."

아사리가 아자를 가지고 그 몸을 가지하여서 곧 만다라의 모든 큰 모임에 참여한 천 등과 같이 그 뜻을 요달하면 이 사람이 바로 진실한 아사리이다. 다음에 언제나 이와 같이 수행하여 곧 불사구를 얻어야 한다고 권하였으니 이것은 상주(常住)의 뜻이며, 상주란 바로 부처이다.

제17 포자품(布字品)

이 [품에서 설하는] 뜻은 앞과 서로 연결되며, 또한 옛 부처님의 도와 동일하다는 것을 밝히고 있다. 즉 모든 부처님께서 함께 설하신 것을 끌어온 것이다.

가(迦, 𑖎)[목구멍 아래]

카(佉, 𑖏)[윗 잇몸]

가(哦, 𑖐)[목]

가(伽重, 𑖑)[뺨이다. 정수리의 십자에서 곧바로 아래에서 목에 이르기까지 이 가운데이다.]

차(遮, 𑖓)[혀뿌리]

차(車, 𑖔)[혀중간]

사(闍, 𑖕)[혀끝]

사(社重, 𑖖)[혀가 시작되는 부분]

타(吒, 𑖘)[정강이인데 양 정강이이다.]

타(吒, 𑖙)[넓적다리]

다(拏,)[허리이다. 허리띠를 두르는 둘레이다.]

다(荼重,)[자리에 앉을 때 바닥에 닿는 양 볼기짝]

타(哆,)[항문]

타(他,)[배]

타(陀,)[두 손]

타(陀重,)[양 옆구리]

파(波,)[등 전체]

파(頗,)[가슴]

마(麽,)[두 팔꿈치 위 어깨뼈 아래]

파(婆重,)[팔 아래]

마(莽,)[심장]

야(也,)[사타구니(陰藏)]

라(羅,)[양 눈]

라(囉,)[이마 전체]

이(伊,) 이(上伊,)[눈동자 혹은 눈초리이다. 이 두 글자는 앞의 것을 오른쪽 눈에 배치하고 뒤의 것을 왼쪽 눈에 배치한다. 무릇 배치하는 데에 좌우가 있는 것은 모두 앞의 것을 오른쪽에, 뒤의 것을 왼쪽으로 한다.]

우(鄔,) 우(烏,)[양 입술이다. 먼저 글자가 윗입술이고 다음이 아랫입술이다.]

예(翳,) 애(愛,)[두 귀이다. 먼저 글자가 오른쪽 귀이고 다음이 왼쪽 귀이다.]

오(汚,) 오(奧,)[오른쪽 빰이다. 앞의 글자가 오른쪽 빰이고 나중 글자가 왼쪽 빰이다.]

암(暗,)[성불의 구절이다. 정수리의 십자에 둔다.]

아―(噁,)[이 글자는 열반의 뜻이기에 고루 미치지 않은 곳이 없다. 신체의 모든 지분에 배치한다.]

[경에서는] 만일 이와 같이 행할 수 있으면 이것이 바로 일체지(一切智)이

고 바로 자재(資財)이며[具一切法財者也] 이것이 바로 불자(佛子)라는 것을 말하였다.[1]

1) 경문은 다음과 같다. "이러한 모든 법을 알면 수행자는 정각을 이루리라. 일체지(一切智)의 자재(資財)가 언제나 그 마음에 머무르며 세간에서 일체지라 부르니 이것을 살바야(薩婆若)라고 한다."

제18 수방편학처품(受方便學處品)

1. 금강수의 청문(請問)

금강수가 경의 머릿부분에서 이미 보살계의 뜻에 대하여 부처님께 여쭈었다. 부처님께서는 앞에서 입만다라(入漫荼羅)를 설하실 때와 제자를 위하여 수계(授戒)를 설하실 때에 이미 이 계의 법요를 합하여 말씀하셨다. 먼저 이 계를 받고 나서 그 학처(學處)에 머문 연후에야 여래의 비밀의 행을 들을 수 있다. 이 계는 아직 만다라를 건립하지 않았을 때에 그 앞에서 설하는 것이 옳다. 부처님께서는 앞에서[1] 입만다라를 말씀하시기 전에 입만다라의 방편을 올바르게 설명하시기 위하여서 아직 이것을 말씀하시지 않으셨다. 그래서 금강수가 앞의 일[2]을 떠올리고 다시 여쭌 것이다. 그

1) 「구연품(具緣品)」을 가리킨다.

2) 금강수가 이 계를 아직 구족하지 않았음을 알고, 앞의 입만다라방편을 들어서 다시 보살의 근본학처에 대해 설해주시기를 요청한 것이다.

래서 경에서는 이렇게 설한다.

"이때에 금강수비밀주가 부처님께 말씀드렸다."

"바라옵나니 세존이시여, 여러 보살마하살들에게 지혜방편을 갖추며 닦아야 할 학구(學句)[3]를 설해주십시오."

구(句)는[4] 자취의 뜻·주처(住處)의 뜻이 있으며, 바로 학처(學處)이다. '혜방편 등으로 널리 그 [수행자의] 몸에 나아간다'고 하는 것이 바른 번역이다. '널리'라고 하는 것에는 온다는 뜻이 있다. 말하자면 온갖 덕의 귀취(歸趣)이며, 이 사람이 이 계를 완비하여 갖추는 것은 모든 방편 등을 몸에 얻는 것을 말한다.

"의혹심을 떠나 생사윤회에서 헤매는 가운데 무너지지 않게 해주십시오."

"의혹심을 떠난다"는 것은 두 가지 뜻[5]이 [없는 것을] 말한다. 마치 갈림길에서 나아가지 못하는 것과 같은 잘못된 생각[惡意][6]을 떠나는 것이다.

이 이상은 모두 경의 글귀이다. 이를테면 보살이 이 학처에 머무르게 되면 대비를 버리지 않게 되며 악한 생각을 떠나게 된다. 악한 생각이란 바로 의혹이다. 즉 이 계로 인하여 생사에 헤매더라도 부서지지 않으며, 부서지지 않으므로 언제나 머무는 데에서 해침 받는 일[7]도 없다. 질문하는 뜻을 말하자면 생사를 헤매는 중생들에게 이 계를 수여하시어 [의혹으로부터] 언제나 훼손되지 않으며 무너지지 않게 해달라는 것이다.

---

3) 학구(學句)란 학처(學處)의 뜻으로 계(戒)의 의미이다. 곧 학이란 계법(戒法)을 학습하는 것이며, 처란 계의 의지처를 말한다.

4) 이하에 난탈이 있어 바로잡는다.

5) 법의 진실한 성품에 대해 의심하지 않고 두 가지 생각에 미혹하지 않는다는 뜻을 내포하고 있다.

6) 진실하게 법의 성품을 알지 못하는 의혹심을 가리킨다.

7) 사상(四相)으로 이 계법을 해치는 것이 없다는 뜻이다.

2. 여래께서 모든 법계를 두루 관찰하시며 답변하시다

"이때에 비로자나세존께서는 일체에 처(處)하시며 불안(佛眼)으로 모든 법계를 관찰하시고 집금강비밀주에게 말씀하셨다.

잘 듣거라. 금강수여."

법계를 불안으로 관찰하시고 금강비밀주에게 "잘 듣거라"고 말씀하신 것은 부처님께서 [금강수]대사(大士)가 모든 보살의 근본이 되는 행에 대해 설해주기를 청하였기에 장차 답하시려고 먼저 여래안으로 두루 큰 모임의 대중들을 관찰하셨다고 하는 것으로 바로 두루 법계를 관찰하신 것을 말한다. 그런데 여기에서 "모든 법계"라고 한 것은 불계(佛界)·법계(法界)·중생계(衆生界)를 관찰한 것을 말하며, 이 세 법계를 관찰하였기에 "모든 법계"라고 불렀다.

"법계를 관찰한다"고 하는 것은 바로 일체여래의 경계이다. 중생계란 바로 모든 제도해야 할 인연있는 중생들이 다 법계이다. 이미 두루 관찰하고 나서 이 심행(深行)의 계[8]를 듣고서 [계를 수지하기에] 감당할 만한 자가 있다는 것을 아셨기에 금강수에게 답하신 것이다.

그리하여 "잘 들어라. 금강수여, 지금 오묘한 수행의 도를 설하겠노라. 보살마하살이 여기에 머문다면 대승에 통달할 수 있을 것이다"라고 말씀하셨다.[9]

이 수행도는 바로 보살계(菩薩戒)이다. 삼세의 모든 부처님께서 모두 이 도(道)에 말미암아 보리에 이르셨기에 수행도(修行道)라 이름하며, 모든 부처님의 수행도에 머무른다면 모든 보살이 곧 대승에 통달할 수 있다. 왜냐하면 지금의 이 계는 모든 중생들의 자성본원(自性本源)의 계이기 때문이다. 만일 이 성품이 청정한 금강계(金剛戒)에 머물면 저절로 모든 법에서

---

8) 혜를 구족한 방편의 행을 가리킨다.

9) 『소』 본문에 중복된 문장이 하나 더 등장하였다. "수행의 도를 오묘하게 설하겠노라. 만일 여기에 머무는 보살 대유정(大有情 : 마하살)은 대승에 통달할 수 있을 것이다."

통달할 수 있다.

3. 십선계(十善戒)

다음으로 부처님께서 그 계상(戒相)을 말씀하셨다.

"살아있는 목숨을 죽이지 말고 주지 않는 것을 가지지 말며, 삿된 음행을 하려고 하거나 거짓말·욕·이간질하는 말·아첨하는 말과 탐욕·성냄·삿된 견해 등을 갖지 말라."

이것은 바로 보살계(菩薩戒)이다.

"불살생계를 지니고 범해서는 안된다"라고 하는 것은 생명을 죽이지 말라는 계를 지녀야 함을 말하며, 말하자면 모든 생명을 해쳐서 목숨을 끊지 말라는 것이다.[10]

이 가운데 불살(不殺)이란 모든 생명 있는 부류에 대해서나 나아가 한 생각의 죽이려는 마음을 내지 말고 죽이려는 마음이 없으므로 불살계(不殺戒)라고 부른다. 그밖에는 이것을 본받아서 설명한 것이다. 처음에 이 계를 줄 때에 아사리는 먼저 삼귀의계[三歸]를 수여해야 한다. 삼귀의라 하는 것은 바로 상주(常住)하는 비밀의 삼보(三寶[11])에 귀의한다는 뜻이다. 법보와 승보가 따로 머문다는 다른 불요의(不了義)의 경전과는 같지 않으므로 『대반열반경』이나 『앙굴마라경』[12] 등에서 한 것처럼 이러한 내용을 인용해서 자세하게 설명해야 한다. 또한 앞의 글 가운데 스승이 삼귀의를

---

10) 『소』 본문에는 '字'로 나와 있으나 내용상 '害'의 오기(誤記)이다.

11) 마음의 연꽃에 언제나 머물고 있는 법신의 세 가지 비밀[삼밀]을 가리킨다.

12) 『대반열반경』 8권(대정장 12, 650 하), 10권(대정장 12, 666 상) 등과 『앙굴마라경』 2권(대정장 2, 530 상) 등에 설하는 일체상주삼보(一體常住三寶)를 가리킨다.

수여하는 법과 같이, 이미 삼귀의를 수여하고 나서 아사리는 다음에 그 마음을 권발하여 분명하게 대서원을 내게 하고, 이 십무진장(十無盡藏)[13]을 받게 해야 한다. 반복해서 세 번을 수여하는데 그 제자가 받은 다음에는 스스로 다음과 같이 아뢰게 한다.

'저 아무개는 지금 시방의 모든 부처님과 아사리의 곁에 의지하여 이 계를 받아 마쳤습니다. 오늘 이 시간부터 저 아무개는 보살이라 불리우게 되었습니다. 이 계는 시절에 구애받지 않으며 나아가 내 몸의 형체가 사라질 때까지 이 계를 받아서 미래세상이 다하도록 버리지 않겠습니다.'

앞에서 계를 설명한 것처럼 한 달이나 일 년 등에 도량에 들어갈 때에 이 방편을 행하는 것을 말한 것으로 일을 마치면 곧 휴식을 취하는 것 등에는 정해진 시간이 있다. 그렇더라도 깊은 뜻으로 이를 해석하면 진리를 보기에 이르러서야 쉴 수 있다.

보살계에 대략 두 종류가 있는데 첫째는 재가이고 둘째는 출가이다. 이 두 대중 가운데 다시 두 종류의 계가 있다. 첫째는 자성수행(自性修行)이고, 둘째는 제계(制戒)이다. 지금 이 십계는 보살이 수행하는 계이며 선한 성품이므로 모든 보살이 이것을 행하여 성취한다. 즉 『열반경』[14]에서 말하는 성자능지계(性自能持戒)이다. 혹은 자성계(自性戒)라고도 한다.

"그러한 까닭에 지녀라"고 말한 것은 [십선계를 지키기 않으면 세간에서] 비방하기 때문에 반드시 [십선계의] 뜻을 보호해야 함을 말한다. 또 그 뜻에 수순해야 하므로 또한 반드시 지녀야 한다. 그렇게 하는 이유는 모든 세간의 천륜왕(天輪王)에게도 역시 십선법이 있고 모든 외도에도 십선계가 있

---

13) 계상(戒相)은 열 가지이지만 마주 대하는 계경(戒境)은 끝없어서 법계와 삼종세간에 두루하기에 십무진장이라 하였다.

14) 『대반열반경』 제28권 「사자후보살품(師子吼菩薩品)」(대정장 12, 529 상). '계를 지니는 사람에게 다시 두 종류가 있으니 첫째는 성자능지(性自能持)이고 둘째는 수타교칙(須他教敕)이다. 만일 수계하고 나서 무량한 세월 동안 초심을 잃지 않아서 혹은 악한 나라에 태어나거나 악지식과 만나거나 악한 시절이나 악한 세상에서 사악한 법과 삿된 견해를 듣더라도 이때에 수계받은 법이 없더라도 근본을 지켜서 훼범하는 바가 없으면 이것을 성자능지라고 한다.'

으며 모든 이승에도 십선계가 있는데 만일 보살이 이들과 같이 [십선계를] 지니지 않으면 그들은 곧 가벼이 여기며 [다음과 같은] 비방하려는 마음을 내기 때문이다.

'우리들은 모두 이와 같은 선법이 있는데 지금 이 사람은 스스로 보살[大士]의 행을 하고 존귀하며 뛰어난 행을 한다고 말하면서도 청정한 계가 없으니 그가 배우는 것이 참된 것이 아니겠구나.'

이처럼 그들이 의심하며 좋지 않은 마음을 내게 되므로, [보살은] 앞의 [오만하고 비방하는 이승과 외도의] 사람들을 위하여 도리와 이익을 짓지 못하게 되고 선지식이 될 수도 없다. 이러한 까닭에 반드시 이 계를 지녀야 한다.

두 번째로 부처님께서 정하신 제계(制戒)란 곧 스스로 방편을 갖추는 것이다. 예컨대 성문법 중에서는 범행을 닦아서 고통의 근원을 없애려고 하기 때문에 부처님께서는 그들을 위하여 이 방편을 시설하여 이것을 지켜 보호하게 하셨으며, 이러한 까닭에 속히 과를 성취할 수 있는 것과 같다. 지금 대승 가운데에서도 역시 제계가 있으니 이른바 방편선교를 갖추는 것이다. 선교방편이 있기 때문에 지금 이 [대승보살의] 십선계는 불공계(不共戒)가 되어서 성문이나 외도[의 십선계]와 동일하지 않다. 그래서 경에, "선교수행(善巧修行)"이라 하였다. 이 경의 십만게송의 대본(大本)에는 구체적으로 이 계를 수여하는 것 등에 관한 방편이 있으나 아직까지는 중국에 이르지 않았다. 그런데 『금강정(金剛頂)경』[15]에는 스스로 수여하는 법이 있으며, 그것과 다르지 않으므로 반드시 이것을 가져다 써야 한다.

성문승에 사중금(四重禁)[16]이 있는 것과 같으나 [대승보살의 십선계는] 투

---

15) 불공(不空) 역의 『수보리심계의(受菩提心戒儀)』(대정장 18, 941 상 이하)를 가리킨다. '다음에 보리심계(菩提心戒)를 받아야 한다. 제자 아무개 등은 모든 불보살님께 오늘 이후로부터 나아가 정각을 이룰 때까지 맹세코 보리심을 발하오리라. 유정이 끝없더라도 제도하기를 서원하며 복지(福智)가 끝없더라도 모으기를 서원하며 불법이 끝없더라도 배우기를 서원하며 여래가 끝없더라도 섬기기를 서원하며 보리가 위없을지라도 이루기를 서원합니다. (…중략…).'

16) 수행승이 지켜야 할 계율 가운데 가장 중대한 네 가지 계. 이 계(戒)를 범하면 승려의 자격을 잃게 된다. ① 대음계(大淫戒)는 부정행계(不淨行戒)・비범행계(非梵行戒)・부정

란차(偸蘭遮)[17]이지 중금(重禁)이 아니다. 왜냐하면 이 십선계는 이승과 외도에 수순하여 [보살의 수행을] 보호하고자 선교방편으로 갖추어 지니는 것이기 때문이다. 그런데 보살에게는 따로 근본중금(根本重禁)이 있으며, 이 [방편학처품] 가운데에서는 살생·도둑질·음행·거짓말은 단지 투란차일 뿐이고 저 [비밀행을 하는] 보살의 극중한 죄는 아니다. 앞의 삼세무장애계(三世無障礙戒) 가운데 먼저 삼보를 버리지 않게 하고, 또 보리심을 버리지 않게 하는 이러한 것들이 보살의 참된 사중금(四重禁)이다.[18] 만일 보살이 [삼보를 버리거나 보리심을 버리는] 이러한 마음을 일으켜 부처님을 여윈다면 이것을 중금을 깨뜨린다고 이름한다. 그 이유는 여래가 모든 선법이 생겨나는 곳이어서 보살은 스스로 부처님에게 귀의하고자 하므로 바야흐로 모든 십지바라밀[地波羅蜜] 등의 만행을 성취함이 있으니, 마치 종자에 인하여서 열매가 열리는 것과 같다. 만일 아자의 근본 자연지를 버리면 모든 선이 생기지 않는다. 그러므로 부처님을 버리는 것이고, 바로 모든 보살의 목숨을 끊는 것이며 그 성불의 뿌리를 자르는 것이다. 살생·도둑

행학처(不淨行學處)라고도 한다. 이 계는 온갖 음행(淫行)을 금제(禁制)한 것이다. ② 대도계(大盜戒)는 불여취계(不與取戒)·투도계(偸盜戒)·취학처(取學處)라고도 한다. 이 계는 주인이 있는 어떤 물건을 훔치는 것을 금제한 것이다. ③ 대살계(大殺戒)는 살인계(殺人戒)·단인명학처(斷人命學處)라고도 한다. 수행승이 제 손으로나, 타인을 시켜서 살인하는 것을 금제한 것이다. ④ 대망어계(大妄語戒)는 망설과인법계(妄說過人法戒)·망어자득상인법학처(妄語自得上人法學處)라고도 한다. 이 계는 이익을 얻기 위하여 스스로 성인이라 하며, 성스러운 법을 얻었노라고 남을 속이는 것을 금제한 것이다.

17) 팔리어로 thullaccaya 혹은 tūlaccaya. 또는 투란차야(偸蘭遮耶)·투라차(偸羅遮)·살투라(薩偸羅)·토라차(土羅遮)·솔토라(窣吐羅)라고도 하며 간략히 칭하여 투란(偸蘭)이라 한다. 산스크리트로 stūlātyaya이며 음역하여 솔토라디야(窣吐羅底也)이다. 의역하면 대죄(大罪)·중죄(重罪)·조죄(粗罪)·조악(粗惡)·조과(粗過)·대장선도(大障善道)이다. 부처님께서 제정한 육취(六聚) 또는 칠취(七聚) 가운데 하나의 계이다. 방사죄(方使罪)·미수죄(未遂罪)를 말한다. 뜻은 추악한 죄라는 뜻이다. 바라이죄나 승잔죄(僧殘罪)에 이를 수 있는 죄를 말한다. 즉 중한 죄를 지을 방편으로서 선근을 끊고 악도에 떨어지게 하는 것이다.

18) 앞의 9권 「입만다라구연진언품」에 등장하는 '몸과 목숨을 아끼지 말고 정법을 버리거나 보리심을 여의거나 모든 법에 인색하거나 중생을 해롭게 해서는 안된다'는 삼매야의 게송을 가리킨다.

질 · 음행 · 거짓말을 행하면 단지 도(道)를 장애할 뿐이고 성불의 근본을 끊는 것은 아니다. 그러므로 단지 [비밀행을 하는 보살의 입장에서는] 투란차만 성립될 뿐이다. 부처님을 버리는 것이 아니기 때문이며, 법과 승가도 역시 그러하다. 성문경[19]에서도 오히려 한 권의 [율에 적힌 모든] 경계(經戒)를 버릴지언정 칠중(七衆) 가운데 한 사람을 버리면 곧 화합의 뜻이 끊어져서 구계(具戒)를 이루지 못한다고 말한다. 하물며 모든 보살은 동등하게 하나의 길을 통해서 [모든 중생들과 함께] 도량에 이르고자 하니 [모든 중생들은] 부처와 부처가 다름이 없는 것과 같으므로 [중생을] 버리는 일이 있다면 곧 모든 법의 생명을 끊는다는 것을 반드시 알아야 한다. 보리심도 역시 그러하니 이것은 모든 수행의 근본이다. 만일 보리심을 여의면 곧 모든 보살법이 없으므로 이것을 버리는 것은 중죄를 범하는 것이다. 성문경에서는 중죄를 범하였으면 곧 사문이 아니며 석가모니의 제자가 아니어서 대중들 속에 포함되지 않는 것처럼 지금 이 [비밀장] 가운데에서 만일 불 · 법 · 승 · 보리심을 버리면 곧 [불도를 따르는] 대중들 속에 포함되지 않으며 저 이승의 사중금을 훼손하는 것과 같다. 그러나 수행자가 스스로 범계하였다는 것을 알고서 다시 스스로 그 마음을 깨끗하게 씻어서 다시는 이것을 받지 않으면 곧 다시 계를 받을 수 있다. 이승의 계가 돌을 부수고 머리를 끊는 [경우에 돌과 머리를 되돌릴 수 없는] 것처럼 [사바라이를 범한 다음에] 다시는 [비구계를] 받을 수 없는 것과는 같지 않다.

---

19) 앞의 9권 「입만다라구연진언품」에 등장하는 '성문법 가운데 칠중(七衆)에서 한 부류의 사람이 빠지면 곧 화합[승단]을 이루지 못하기에 구족한 율의를 잃는 것과 같다'는 구절을 가리킨다.

4. 십중금계

또한 보살에게 십중금계(十重禁戒)가 있으니, 앞의 불살생 등과 같은 것은 십중금계에 포함되지 않으며 단지 투란차일 뿐이다.

십중금계란 어떠한 것인가? 그중의 넷은 앞에서 이미 설명한 것과 같고, 다시 여섯 중금[六重]이 있어서 합하면 열이 된다.[20]

제5의 중금(重禁)은 모든 삼승의 경전과 법을 비방하지 않는 것을 말한다. 만일 비방하면 곧 불·법·승을 비방하고 대보리심을 비방하는 것이 되므로 중금을 범한다. 비밀장 중에서는 모든 방편이 다 부처님의 방편이며, 이러한 까닭에 낱낱의 법을 훼손하는 것은 바로 모든 법을 훼손하는 것이다. 나아가 세간의 정치·산업·예술 등의 일도 바른 이치가 있는 것에 따라야 하며, 부처님의 말씀에 순종하는 자도 역시 비방할 수 없다. 하물며 삼승의 법이겠는가!

제6의 중금은 모든 법에 대해 간린(慳悋)해서는 안된다는 것이다. 만일 범하고 비방하면 중금을 저지르는 것이다. 보살이 모든 법을 모으는 것은 근본적으로 모든 중생들을 위해서인데, 숨기며 아까워하는 것이 있다면 이것은 바로 보리를 버리는 것이므로 중금을 범하는 것이 된다.

제7의 중금은 삿된 견해를 갖지 말라는 것이다. 인과가 없다고 비방하거나 부처님도 없고 견도(見道)에 오른 사람도 없다고 하는 등의 온갖 삿된 견해가 다 제7의 중금에 포함된다. 만일 삿된 견해가 생기면 자연히 불·법·승과 보리를 버리는 것이 되므로 중계를 범한다. 성문에게는 [삿된 견해가 생기는 것이] 단지 투란차에 해당될 뿐이다. 이러한 까닭에 방편을 모두 갖추지 않더라도 단지 하나의 길을 따라야 한다고 설한 것임을 알아야 한다.

---

20) 『대일경』에는 사중금만 나오고 십중금계는 설하고 있지 않으나, 『소』에서는 『경』의 뜻을 확대해석하여 십중금으로 설하고 있다.

제8의 중금은 대보리심을 일으킨 사람 앞에서 그 보리심을 권하여 일어나게 하고 물러나 쉬게 하지 않는 것이다. 만일 그가 게으르거나 물러나려고 하는 것을 보고도 권하여 일어나게 하지 않거나, 그 마음을 멈추게 하거나 또는 무상보리를 구하려는 도에서 멀어지게 하면 이것은 바로 모든 여래께서 하시는 일에 거역하는 것이므로 중금을 범하는 것이 된다.

제9의 중금은 다음과 같다. 소승인 앞에서 그의 근기를 관찰하지 않고 그를 위해 대승법을 설하거나, 혹은 대승의 근기를 지닌 자의 앞에서 그의 근기를 관찰하지 않고 소승법을 설하면 중금을 범하는 것이다. 방편을 갖추지 않았으므로 여래의 방편에 거역한 것이 되니 근기와 다르게 법을 설하면 인간과 천의 원망을 사므로 중금을 범한다.

제10의 중금은 보살이 언제나 보시를 행해야 함을 말한다. 그렇다해도 다른 사람에게 해를 끼치는 물건을 시여해서는 안된다. 이를테면 술을 주거나 독약이나 칼·몽둥이의 종류, 온갖 다른 이를 요익하게 하지 않는 도구를 베풀면 곧 중금을 범하는 것이다. 보살은 언제나 이타행을 해야하지만 지금은 [요익하게 하지 않는 도구를 주어서] 이타행에 위배되기 때문에 중금을 범하는 것이다.

앞의 불살생 등은 다른 사람의 마음에 따르게 하고, 또한 처음으로 불법에 들어온 자가 지니는 계라는 것을 알아야 한다. 지금 다음에 열 가지 일을 말한 것은 모든 보살의 바른 수행을 위한 계이다. 만일 보살이 올바르게 뒤의 십계에 수순하게 되면 설령 앞의 열 가지 일을 행하였더라도 범하는 것이 아니다.

다음에 부처님께서 말씀하셨다.

"비밀주여, 이와 같이 닦고 배워야 할 구절은 보살이 닦고 배우는 데에 따라, 곧 모든 부처님과 모든 보살과 더불어 함께 행하는 것이니 반드시 이와 같이 학습해야 한다."

성문은 저 부처님의 계 등에 가까이 하므로 근동(近同)이라 이름하지만, 지금 [보살]은 부처님과 동등(同等)하다. **"닦고 배워야 할 구절"**이란 보살이 닦고 배우는 데에 따라 모든 불세존 및 보살과 함께하게 된다. "반드시 학습해야 한다"고 하는 것은 신업의 셋, 구업의 넷, 의업의 셋, 즉 모든 보살이 닦고 배워야 할 구절이 모든 보살의 학처이며, 이것은 바로 모든 보살이 중생에 수순하는 계이다. 수순은 바로 함께 하는 것이다. 또한 모든 불보살이 모두 이와 같이 행하고, 모든 보살이 본래 있는 그대로 당연히 행해야 하는 것이기에 지금 나도 역시 이렇게 행한다. 곧 이것이 모든 불보살과 사업을 함께 하는 것이다[다시 여쭈어라]. 이 본성계(本性戒)는 자연스레 행하여 일치하게 해야 하므로 『열반경』에서는 성자능지계(性自能持戒)라 하였다.

"이때에 집금강비밀주가 부처님께 말씀드렸다.

세존이시여, 성문승에게도 역시 이와 같은 십선업도를 말씀하셨습니다. 세존이시여, 세간의 백성과 모든 외도(外道)들도 역시 십선업도를 언제나 원하고 수학합니다."

"언제나 원한다"고 하는 것은 마음에서 구하며 언제나 수계(受戒)의 별호(別號)를 지니는 것이다. "전구(轉具)"에서 구(具)는 이 계를 갖추는 것이며, 전(轉)은 모두를 말한다. 그러므로 모두 갖추어 행함이다.

"세존이시여, 거기에 무슨 차별이 있으며, 무슨 특별한 다름이 있습니까?"

다음에 금강수가 질문한 뜻은 이러하다. 성문과 연각에게도 십선계가 있으며 모든 외도와 세간의 천에게도 역시 십선계가 있는데 이들도 역시 세간의 원망과 불만을 그치고 성품을 선하게 하고자 이 [십선계를] 지닌다. 지금 부처님께서 다시 보살의 계를 말씀하시면서 단지 십선을 언급하셨는데 여기에 어떤 차별이 있는가 하는 것이다. 그래서 부처님께서는 다음에 이것을 분별하기 위하여 칭찬하며 말씀하셨다.

"훌륭하고 훌륭하구나. 비밀주여, 너는 훌륭하게 여래에게 이와 같은 뜻을 묻는구나. 잘 듣거라. 지금 분별하겠노라."

분별하자면 한량 없이 많을지라도 지금 합하면 하나가 되며 지금 이 [분별과 하나의] 법문을 설명한다. 여래께서는 이와 같은 뜻을 여쭌 것에 대해 다음과 같이 답하셨다.

"잘 듣거라. 내가 지금 분별의 도와 하나의 도의 법문을 설명하겠다."

말하자면 일체법은 아자문을 벗어나지 않으니 이것이 바로 "하나의 도(道)"이다. 도란 이 법에 올라타서 도달하려고 하는 곳이 있다는 뜻을 말한다. "하나의 도"란 곧 일체에 걸림없는 사람과 함께 생사를 벗어나 곧바로 도량의 도에 이르는 것이며, "하나"라고 말한 것은 이것이 바로 여여(如如)의 도이며, 독일법계(獨一法界)이기에 하나라고 말하였다. 이 "하나의 도" 가운데에서 갖가지의 차별을 분별한다. 마치 한량 없이 많은 갈림길이 모두 보배가 있는 곳에 이르며, 길은 달라도 동일하게 돌아오는 것과 같다. 또 하나의 아자문으로써 모든 글자를 분별하는 것처럼 차별이 있다 하더라도 아자문과 다르지 않으며, 지금 이 십선계도 역시 그렇다는 것을 알아야 한다. 상·중·하의 지혜로 관하는 데에 따라 스스로 갖가지를 성취하니 모든 중생들의 본원(本原)의 계에 차별이 있는 것이 아니다. 그렇지만 부처님께서는 대중들의 의심을 깨뜨리고자 금강수의 질문에 답하시기 위해서 또한 "하나의 도" 가운데에서 분별하여 그 차별의 모습을 답변하신 것일 뿐이다.[21)]

이 분별의 뜻은 어떠한가!

부처님께서는 다음과 같이 말씀하셨다.

"[성문과 보살의 십선이] 동일하여 내가 설한 것과 같다고 할지라도 성문의 학처는 혜를 떠난 방편의 교령으로 변지를 개발하므로 동등하게 십선업도를 행하는 것이 아니며 그 다름이 없는 것이 아니다."

이것은 [성문의 십선이] 대승[의 십선]과 다르다고 답하신 것이다.

저 성문의 십선(十善)은 단지 이러한 교령(教令)으로써 성취한다. 마치 국왕이 '만일 지금부터 이와 같은 일을 저지르는 자는 이와 같은 등의 죄를 주어야 한다'고 약칙(約勅)하는 것이 있으면 사람들이 죄를 두려워하기 때

21) 이하에 난탈이 있어 바로잡는다.

문에 순종하고 거스르지 않으며 감히 범하려고 하지 않는 것처럼 성문도 역시 이와 같다. 부처님께서 제정하신 위덕있는 바라제목차(波羅提木叉)의 교명(教命)은 법왕께서 제정하신 것이므로 존중해야 하며 감히 훼범할 수 없다. 그러나 이것은 방편을 구족하고 자성으로 지닐 수 있는 것이 아니다. 또 다만 자기의 [모든 번뇌를 다하게 하기 위해] 지니는 [계이지], 두루 모든 중생에게 수순하기 위한 [계가] 아니다. 이 [계는] 단지 한쪽에 치우친[一邊] 지(智)이지 중도실상의 계가 아니다. 이것이 저 [대승계와 소승계의] 차별이다.[22]

"다음으로 세간에서는 다시 나[我]에 집착하기 때문에 다른 원인으로 전개되는 것을 떠난다"라고 하는 것은 차례대로 외도와 다른 것을 밝힌다.

그 외도의 종(宗)에서 헤아리는 것은 다음과 같다.

'신아(神我)[23] 등에서 모든 것이 생겨났으며, 지금의 내 몸도 스스로의 내가 아니라 대아(大我)에서 생겨난 것일 뿐이다.'

만일 이렇게 내가 생겨났다면 선·악의 인과가 모두 그로 인하여 나오며, 지금 이 몸과 마음, 즉 내가 없다면 계를 지니는 결과는 누구를 위하여 닦으며 누가 그 과보를 받겠는가! 인과의 뜻이 성립되지 않으므로 마치 씨앗 없는 꽃이나 열매 또는 석녀가 낳은 아기[24]나 허공의 꽃으로 꽃다발을 만드는 것과 같아서 이러한 일이 있을 수 없다는 것을 알아야 한다. 이 석녀가 아이를 낳는다는 비유는 『불성론(佛性論)』[25]의 뜻을 살펴서

---

22) 이하에 '諸外道我復不著他因.'이 있으나 내용상 다음 문장과 중복되므로 생략하였다.

23) Skt. puruṣa. 아(我)·신(神)이라고도 한다. 수론파(數論派)에서 주장하는 25가지 진리 가운데 하나이다. 영원히 홀로 존재한다고 하는 실아(實我)로서 불교에서는 온(蘊)을 벗어난 아(我)라 하여 비난한다. 정신적 원리인 신아(神我)는 물질적 원리인 자성(自性)에 작용하므로 이 현상세계를 전개시킨다고 한다.

24) 『대반열반경』 제23권(대정장 12, 759 하). '비유하면 석녀(石女)가 본래부터 자식을 낳을 수 없어서 비록 공력을 끝없이 들일지라도 자식을 얻을 수 없는 것처럼 마음도 역시 본래 탐욕의 모습이 없으므로 온갖 탐욕의 연을 짓더라도 생겨날 이유가 없다.'

25) 『불성론』 제1권(대정장 31, 788 하). '어떤 사람이 말하기를, "석녀가 쌍둥이를 낳았는데 하나는 희고 다른 하나는 검다"고 하는 것과 같으며, 또한 "토끼에게 두 뿔이 있는데 하나는 날카롭고 하나는 무디다"하는 것과 같음이며, 또 어떤 사람이 "원인에 말

구체적으로 설해야 한다.

다시 멸하여 없어지는 것에 사로잡힌 생각[斷見]과 변하지 않는 실체가 있다는 생각[常見]에 집착하여 십선법을 행하는 것이 있다. 만일 항상하다면 과보가 없으니 지금 십선을 지니는 것은 무엇에 의거하여 머무는 것인가! 만일 끊어졌다면 역시 과보가 없으니 역시 무엇에 의거할 수 있는가! 그러므로 십선의 명칭이 동일할지라도 벌레가 나무를 갉아 먹다가 우연히 글자를 만든 것과 같아서 비교할 수가 없다.

5. 십선계의 차별상

다음으로 대승 십선계의 차별상을 밝히겠다.

"보살계는 방편지로써 섭수하여 일체법이 평등하다는 진리에 들어가 부지런히 수습하여야 한다."

이 계가 일체평등의 법에 들어가 주체와 객체를 떠나서 널리 주객을 정화하고 스스로 일체여래의 지견을 여는 것이 역시 이러하다는 것을 말한다. 일체는 나와 동등하다. 일체평등법계에 들어가 이 계를 닦기에 [외도나 이승의] 일체와 공통하지 않다.

부처님께서는 다음에 다시 보살의 십선계상(十善戒相)을 널리 설하여 진언행을 하는 보살로 하여금 의혹이 없게 하셨다. 그리하여 **"대자대비의 눈으로 중생계를 관찰하시고 금강수에게 말씀하셨다."** 산스크리트어로 눈에 두

미암지 않고서도 이 평등하지 않은 이치가 성립되어야 한다"고 말한다면 이러한 것들이 곧 그대가 말한 것과 같다. 이것이 모두 성립되지 않을 경우엔 그대의 주장도 역시 성립되지 않을 것이므로, 이 셋의 잘못이 외도들과 같을 것이다. 있는 것은 본래 반드시 있고 없는 것은 본래 반드시 없다거나, 사라질 수 없는 것이 있고 나지 않을 것이 없다는 이러한 잘못은 그대들의 삿된 집착으로 말미암아 그러하기 때문이다.'

가지 명칭이 있는데 지금 모두 갖추었으므로 자안(慈眼) · 비안(悲眼)[26]이라고 거듭 두 명칭을 언급하였다.

먼저 [부처님께서는] 불살생계의 상을 설하셨다.[27]

"[모든 보살들은] 몸과 목숨이 다할 때까지 [불탈생명계(不奪生命戒)를 수지하여] 칼과 몽둥이를 버리고 [살해하려는 생각을 떠나] 다른 이의 수명을 보호하는 것을 마치 자기 몸처럼 해야 한다. [귀신과 축생 등] 다른 부류의 중생, 다른 부류의 사물과 같이 [악업을 지어서 받게 된] 형상의 부류에서 해탈시켜야 하는데 스스로 지어서 과보를 받아야겠는가! 원한과 해치려는 마음을 떠나야 한다."

이것은 제1의 계상(戒相)이다. 앞에서 이미 간략하게 살생계에 대해서 언급하였고, 다음에 다시 구체적으로 설명하겠다.

"비밀주여, 몸과 목숨이 다할 때까지 불살계를 수지하여 칼과 몽둥이를 버리고 살해하려는 생각을 떠나 다른 이의 수명을 보호하는 것을 마치 자기 몸처럼 해야 한다."

여기에서 "몸과 목숨이 다할 때까지"라 하는 것은 한 생애 만이 아니라 보살이 초발심한 때로부터 보리를 성취하기까지 모든 목숨이 있는 부류에 대해 한 생각이라도 해치려는 마음을 일으켜서는 안되는데 하물며 신업과 구업[으로 해치려는 행위나 말]을 해서야 되겠는가! 그 가지고 있는 여러 가지 죽이는 도구나 살생계 중에서 갖가지로 자세하게 설명한 모습과 같으며 역시 한 생각이라도 가지고 있어서는 안된다. 하물며 방편을 사용하여 살생하는 것이겠는가!

이른바 "몸과 목숨이 다할 때까지" 모든 칼과 몽둥이 등을 버리고 죽이는 법, 죽이는 연(緣), 죽이는 원인, 죽이는 행위 등 무릇 목숨을 해치는 것과 상응하는 것은 모두 멀리 떠나라. 모든 중생들의 마음 속 원망의 마음

---

26) 자안(慈眼)은 평등의 대락(大樂)을 주는 눈이며, 비안(悲眼)은 고통의 과보를 뽑아내는 눈이다.

27) 이하에 난탈이 있어 바로잡는다.

을 관찰하고서 모두 자기와 동일하다고 여기며, 나아가 [전생에 악업을 지어서 받게 된] 형상을 가진 [중생들의] 부류에 대해 영원히 해치려는 뜻이 없어야 한다.

말하자면 어떤 사람이 기어이 오무간죄나 법을 비방하는 등의 연을 지어서 무거운 장애를 늘리고 벗어나지 못한다면 대비심으로 [다음과 같이] 헤아린다.

'만일 이 악인을 살해하면 많은 사람을 이롭게 할 수 있으며, 혹은 그로 하여금 벗어나는 인연을 만들 수 있으니 차라리 내가 악도에 들어갈지라도 그를 [살해하여 그가 악도에 들어갈 위험으로부터] 보호해야 하겠다.'

그리고 대비심으로 그를 살해한다면 이것은 바로 보살의 선교방편이며, 저 이승의 계와 같지 않다.28)

뇌해(惱害)의 마음에 간략하게 아홉 가지가 있는데 이를테면 다음과 같다. 나의 몸을 미워하고, 나의 착한 벗을 싫어하며 나의 원수를 좋아하는 것에 각각 과거・미래・현재가 있어서 모두 아홉 가지가 된다. 또 한 종류가 있는데 비정(非情)에게 성을 내는 것이다. 가섭불(迦葉佛)이 계실 적에 한 비구가 경행(經行)하다가 나무 그루터기에 걸려 넘어지자 크게 화내며 괭이로 이것을 파내다가 칼날에 베여서 자신이 죽게 되었다. 그러자 곧

---

28) 미륵(彌勒) 설, 현장(玄奘) 역, 『유가사지론(瑜伽師地論)』 41권(대정장 30, 517 중)에서는 다음과 같이 설하고 있다. "모든 보살이 보살의 정계율의(淨戒律儀)에 안주하면서 좋은 권도(權道)와 방편(方便)으로 타인의 이익을 위해서는 짐짓 모든 성죄(性罪)에서 조그마한 부분도 현행(現行)한다. 이 인연으로 말미암아 보살계에서 위범한 바도 없고 많은 공덕이 생기는 것이다. 마치 보살이 도둑이 재물을 탐내어 짐짓 많은 중생을 죽이고자 하거나 혹은 대덕(大德)인 성문・독각・보살들을 살해하려 하거나, 혹은 또 많은 무간업(無間業)을 지으려 하는 것을 보면 마음을 내며 생각하기를 '내가 만일 저 나쁜 중생의 생명을 끊으면 장차 지옥에 떨어질 것이나, 그렇게 그가 그만두지 않아서 무간업을 이루게 되면 장차 큰 고통을 받을 것이다. 나는 차라리 그를 죽여서 나락가(那落迦)에 떨어질지언정 끝내 그로 하여금 무간업의 고통을 받지 않게 하겠다'고 하고, 이렇게 보살은 의요(意樂)로 생각하고서 그 중생에게 혹은 착한 마음으로, 혹은 무기심(無記心)으로, 이 일을 알린 뒤에 미래를 위하여 깊이 참괴(慙愧)을 내고 가엾이 여기는 마음으로 그의 생명을 끊는다. 이 인연으로 말미암아 보살계에서 위범한 바도 없고 많은 공덕이 생긴다."

순식간에 독사의 몸을 받았으며, 그때에 그의 제자와 동료들이 그 [죽은 사람의] 몸을 불태웠다. 그때에 나중에 받은 몸인 독사가 그 [사람의 몸을] 화장한 곳에 있다가 부처님을 우연히 만나게 되었고 악한 마음이 일어나서 부처님을 해치려고 하였다. 이때에 부처님께서 그 뱀을 훈계하여 가르치셨다.

'전생에 사람 몸이었을 때에 비정물에 대해 화를 내었기 때문에 스스로 이러한 과보를 초래하였는데, 지금이 그때보다 심하니 앞으로 또 악한 몸을 받으려는가?'

그 후에 오래지 않아서 동자들이 있었는데 그 뱀이 사람을 해치려 하자, 곧 [동자들이] 함께 뱀을 죽여서 그 몸을 불태웠다. 그가 또 해치려 하였고, 이렇게 분노하고 해치려는 인연으로 대지옥에 떨어졌으며, 곧 옛날 몸을 불태우는 것이 아직 끝나지 않았는데도 나중에 과보로 받은 몸까지 두 몸이 동시에 불에 태워지는 것을 보게 되었다. 이것은 비정물이 있는 곳에서 화를 내어서 얻은 과보인 줄을 알아야 한다.

또한 율 가운데에서 설명하는 것과 같다.

비구가 경행하다가 이란(伊蘭)[29]의 가시에 이마를 찔려서 피가 흐르자 화를 내어 말하였다.

'부처님께서는 어찌하여 이런 계를 제정하셨는가, 어떤 도리와 이익이 있는가?'

그밖에도 다른 방편이 있다고 말한다. 그밖의 방편은 모든 중생들의 종류에 따라 그 사업에 따라 그것을 면하게 하는 것을 말한다. 그러므로 그 업에 따라 이것을 짓고 부지런히 이것을 수행하여 그로 하여금 과보를 면하게 하고 원수를 해치려는 마음을 떠나게 한다.

---

29) Skt. eraṇḍa. 또는 이나발라수(伊那拔羅樹)라고도 하며 의역하여 극취목(極臭木)이라 한다. 비마류(蓖麻類)에 속하며 악취가 있어서 전단(栴檀)의 향기와 정반대이다. 그 씨앗으로는 비마유(蓖麻油)를 짤 수 있다. 경론에서는 전단의 오묘한 향기를 보리에 비유하는 것처럼 이란을 번뇌에 비유한 예가 많이 등장한다.

"형상의 부류"라 하는 것에는 많은 뜻이 있다. 저 부류[를 해탈시키기 위하여] 지극히 악한 일, 지극히 무거운 업을 짓는 것과 같이 그것을 [통해 악취에 떨어지는 것을] 면하게 하고자 하므로 가령 칼이나 몽둥이 등을 [가지고 악행을] 행할지라도 허물이 없다. 성문의 계도 역시 소죄(小罪)에 대하여 대죄를 없애고 가벼운 것을 무거운 것으로 바꾸는 경우가 있다. 지금도 역시 그러하다. 물에 빠진 여인을 구하[기 위하여 여인의 몸을 잡]는 것 등과 같아서 알 수 있을 것이며 보살계에 준하여도 알 수 있다. 그러므로 단지 죽이지 않는 것만이 지계를 성립시키는 것이 아니다. 반드시 그 방편의 혜를 말해야 한다. 말하자면 이 사람이 반드시 오무간죄와 법을 비방하는 등의 연을 지었기에 반드시 무거운 장애를 늘리고 벗어날 기약조차 없다는 것을 관하면 대비심으로 헤아려야 한다. 만일 이 사람을 해치면 많은 사람을 이롭게 할 수 있다. 혹은 그로 하여금 [죄에서] 벗어나는 인연을 만들게 하니, 차라리 스스로 악도에 들어갈지라도 그를 장차 보호해야 한다고 말하며, 대비심으로 해치면 이것은 바로 방편이기 때문에 저 삼승[에서 제정하는 살생계]와 공통하지 않다.

다음에 도둑질도 역시 그러하다. 일체 내지는 풀 한 포기나 잎이라도 훔쳐가지 말아야 하는데 그의 궁핍한 인연을 깨뜨리기 위하여 [도둑질하는 것이다]. 어떤 이가 쌓아 모으는 데에 싫증내지 않고 이로 인하여 스스로 손해보고 큰 장애의 업을 이루는 것을 보면, 나아가 방편으로 이것을 취하고 그를 위하여 갖가지 공덕을 닦고 그런 다음에 말하여서 그로 하여금 수희(隨喜)하게 하는 등의 이와 같은 갖가지 방편은 단지 깊은 행과 십계의 행에 수순한다. 대보리심을 길잡이로 삼으면 일체에 범함이 없으며, 이것이야말로 오히려 금계를 지니는 모습이다.

이 [도둑질]을 끊어야 함은 유부(有部)의 대율(大律)에서 설명한 것과 같다. 비정이 있는 곳에서조차 오히려 이러하거늘 하물며 유정이 있는 곳이겠는가! 보살은 이러한 일을 관찰하기 때문에 스스로 [도둑질하려는] 마음을 내지 않으며 역시 다른 이를 권하여 [도둑질하려는 마음에서] 떠나게 한다.

그밖에는 앞에서 설명한 것과 같다.

다른 방편을 억누르는 것은 살아가면서 큰 괴로움 받는 것에 연하는 것을 말한다. 뱀이 5백 명의 상인을 [해치려고 하니] 다른 이를 보호하기 위하여 대자비로 뱀의 목숨을 해쳐서 뱀의 죄를 면하여 천상에 태어나게 하고 상인들도 모두 재난을 피하게 한다. 이러한 일들은 [『잡아함경』] 쇠창[金槍]의 인연30)에 자세하게 설명하였다. 또한 사자가 매객(買客)을 구하려고 뱀을 해치는 인연은 『보장경(寶藏經)』·『대방편경(大方便經)』 등에 있다.

"또한 보살은 불여취계(不與取戒)를 지녀서 다른 이에게 속한 물건을 취하려는 마음을 일으키지 말아야 하는데 하물며 주지 않는 물건을 취해서야 되겠는가!"

모든 유정들이 인색하여 베풀지 않으며 복을 짓지도 않는 것을 보고, 그 중생들의 부류와 형상에 따라 중생의 인색함을 없애고 나서 그로 하여금 [인색함에서] 떠나게 하며 베풀어서 그를 위하여 시간을 내주며, 이와 같이 불취계(不取戒)를 지녀라[불살생계에 대해 자세하게 설명한 것처럼 지금 이 계도 역시 그러하다].

다른 이에게 속한 물건에 손대고 취하려는 마음을 일으키지 말하야 하는데 하물며 주지 않는 물건을 가져서야 되겠는가! 여기에는 다른 방편이 있다[방편이라고 말하지 않더라도 뜻은 역시 여기에 있다]. 모든 유정들이 지극히 인색하여서 쌓아 모으기만 하고 베풀려 하지 않으며, 복을 짓지 않는 것

30) 『잡아함경』 제48권(대정장 2, 355 상)에 나오는 다음과 같은 이야기이지만 본문의 내용과는 관련이 없다. '어느 때 부처님께서 왕사성 금바라산(金婆羅山)의 금바라(金婆羅) 귀신이 살고 있는 돌집에 머무시고 계셨다. 그때 세존께서는 쇠창에 발을 찔린 지 얼마 되지 않아서 몸에 고통이 일어났지만, 버리는 마음을 얻을 수 있어서, 바른 지혜와 바른 기억으로 잘 견뎌 스스로 편안해 하시고 조금도 움츠려 드는 생각이 없었다. 저 산신(山神) 천자(天子) 여덟 명은 이렇게 생각하였다. "지금 세존께서는 왕사성 금바라산의 금바라 귀신이 살고 있는 돌집에 머물고 계시는데, 쇠창에 발을 찔려 몸에 큰 고통이 일어나는데도 버리는 마음을 얻어서 바른 지혜와 바른 집중으로 잘 견뎌내면서 스스로 편안해 하시며 조금도 움츠려들지 않으신다. 우리는 지금 그곳에 가서 그의 면전에서 그를 찬탄하리라." 이렇게 생각하고는 부처님 계신 곳을 찾아가 부처님의 발에 머리를 조아려 예를 올리고 한쪽에 물러나 앉았다.'

을 보거든 중생의 형상과 부류에 따라 그의 인색함을 없애기 위해서 나와 남이라는 입장을 떠나 그를 위하여 보시를 행하고 묘색(妙色)을 얻게 하라 [이를테면 다른 이의 보시를 권하여 일으키는 것이다].

【제18권】

"비밀주여, 만약 보살이 탐심을 일으켜서 이것을 취하면 이 보살은 보리분에서 물러서는 허물이 있으며 무위(無爲)[31]의 비니법(毘尼法)을 어긴 것이다."[32]

보살이 탐심을 일으켜 취하는 것에 관한 것은 제2의 계이다. [그렇지만 탐내지 않고 오히려] 보시한다면 묘색(妙色) 등을 얻게 된다. 다른 이에게 속한 모든 물건의 뜻은 비니(毘尼[33])에서 자세하게 설명한 것과 같으니, 한

---

31) 무위계(無爲戒)의 의미로서 본성계(本性戒)를 말한다. 무위계에 대해서 유위계(有爲戒)는 십선계 등을 말한다.

32) 난탈이 있으므로 『경』의 본문에 의거하여 바로잡았다.

33) 『십송율(十誦律)』 제1권(대정장 23, 4 중하). '남의 소중한 물건을 훔치면 범하는 세 종류의 바라이가 있으니, 첫째 자신이 훔치는 것이고, 둘째 남에게 훔치도록 시키는 것이며, 셋째 사람을 보내 훔치는 것이다. 자신이 훔친다는 것은 무엇인가? 손이 절로 훔치거나 손으로 들어서 본래의 장소에서 옮기는 것이니, 이 경우 바라이를 범하게 된다. 남에게 훔치도록 시킨다는 것은 무엇인가? 만약 비구가 다른 사람에게 남의 물건을 훔치도록 시켰는데, 이 사람이 그 말을 듣고 훔쳐서 본래 있던 장소에서 옮긴다면, 이때 비구는 바라이를 범하게 된다. 사람을 보내 훔친다는 것은 무엇인가? 만약 비구가 다른 사람에게 '당신은 아무개의 소중한 물건이 어디에 있는지 아는가?'라고 말하여 '알고 있다'고 대답하기에, 그를 보내어 훔치게 했는데 그가 그 말에 따라 훔쳐서 본래 있던 장소에서 옮겼다면 이 비구는 바라이를 범하는 것이다. 다시 세 종류의 남의 소중한 물건을 훔치는 바라이가 있으니, 첫째 마음으로 훔치는 것이고, 둘째 몸으로 훔치는 것이며, 셋째 본래 있던 장소에서 옮겨가는 것이다. (…중략…) 다시 세 종류의 남의 소중한 물건을 훔치는 바라이가 있으니, 첫째 남이 주지 않은 것일 경우요, 둘째 남의 소중한 물건일 경우요, 셋째 본래 있던 장소에서 옮겼을 경우이다. (…중

순간이라도 가지려는 마음을 내어서는 안되며, 나아가 보리에 이르기까지 욕심을 내지 말아야 하거늘 하물며 방편을 지어서 취하는 것이겠는가! 그런데 보살에게는 방편으로 취하는 것이 있으니, 이를테면 어떤 중생이 인과를 믿지 않고 혜사(惠捨)를 행하지 않으며 가지고 있는 물건에 집착하여 스스로 나누어주지 못하는 것을 보거든 이런 마음을 내어야 한다.

'어떠한 방법으로 [저 인색한 사람에게] 보시의 복을 얻게 해줄까?'

이와 같이 하기 위해서 갖가지 방편으로 이끌어 교화할지라도 모두 얻게할 수 없다면, 이때에 보살은 방편으로 그 물건을 훔치지만 자기 것이라고 생각하지 않는다. 다만 그 사람을 위해서 갖가지 복이 되는 일을 짓고자 할 뿐이다. 이러한 방편으로 그를 불러서 이것을 보게 하고 그가 희유하다는 마음을 일으키게 한다. 이 보살[大士]은 물건을 아끼는 마음 없이 그 사람에게 주고 '나 스스로 내 것을 보아도 가질 수가 없다'고 한다. 이와 같이 점차로 보살이 방편으로 물건을 베푸는 이익에 이렇고 저러한 과보가 있다고 말해주면 그가 점차로 믿고 따를지라도 아직까지는 자기 물건을 스스로 놓아버릴 수가 없다. 보살은 나중에 그의 마음이 점차 넓어진 것을 보게되면 법다웁게 말해주어야 한다.

'내가 옛날부터 사용했던 시물(施物)은 바로 너의 물건이었다. 네가 스스로 사용할 줄 몰랐기 때문이니 마치 곡식을 수확하고도 다시 씨를 뿌리지 않으면 반드시 궁핍하게 되는 것과 같다. [네가] 먼저 지은 복이 이미 다하였는데 다시 바랄 것이 없으므로 너를 위해서 이것을 사용하였다. 지금 먼저 지은 보시의 복은 모두 네가 가져라. 옛부처님의 말씀처럼 보시

략…) 다시 세 종류의 남의 소중한 물건을 훔치는 바라이가 있으니, 첫째 훔칠 마음으로 취하는 경우요, 둘째 소중한 물건일 경우요, 셋째 본래 있던 장소에서 옮기는 경우이다. (…중략…) 다시 세 종류의 남의 소중한 물건을 훔치는 바라이가 있으니, 첫째 이 물건이 남의 소유일 경우요, 둘째 소중한 물건일 경우요, 셋째 본래 있던 장소에서 옮겼을 경우이다. (…중략…) 다시 네 종류의 남의 소중한 물건을 훔치는 바라이가 있으니, 이 물건에 지키는 사람이 없는 경우요, 그러나 주인이 있는 경우요, 소중한 물건일 경우요, 본래 있던 장소에서 옮겼을 경우이다.'

하게 되면 묘색력(妙色力)과 편안하고 장애없는 말솜씨 등 갖가지 큰 이익을 얻게 된다. 절대로 복이 없다고 하지 말라.'

이러한 인연으로 그로 하여금 악도(惡道)·아귀(餓鬼)의 난을 벗어나 보리의 인을 성취하게 한다. 보살은 혜방편을 갖추었기에 이러한 일을 할 수 있으나 이승·외도는 할 수 없다는 것을 알아야 한다.

"수류(隨類)"라고 하는 것은 이와 같은 한 부류의 중생이 있으면 반드시 이것[34]으로써 교화해야 한다. 또 다음에 수류(隨類)라고 한 것은 단지 이 하나의 방편만이 아니라 다시 걸림없는 묘한 방편이 있다. 요점을 말하자면 그로 하여금 불지견을 열게 하는 것을 으뜸으로 삼고 다른 것[35]을 하지 않는 것이다. 이러한 모습은 매우 많아서 모두 말할 수 없다. 반드시 상황에 따라 이것을 비유로써 설명해야 한다. 한 가지를 들어 모든 것을 비유하면 곧 견주어 이해할 수 있을 것이다.

"보살이 그 인색함을 없앤다[害]"고 하는 것에서 없앤다[害]는 것은 다스린다는 뜻이니, 영구히 수면을 없앤다고 말하는 것처럼 지금도 역시 이와 같이 그의 인색한 번뇌를 없앤다. 그러므로 이 보살은 참으로 물건에 대해 탐심을 일으켜 자기가 가지려는 마음을 낸 것이 아니다. 만일 가진다면 곧 보리의 지분(支分)을 없애게 되며 이 탐심으로 말미암아 정각을 성취할 연이 사라진다. [보리의] 지분을 갖추지 못하게 하므로 **"없앤다[害]"**고 말하였다. 또한 보살의 비나야(毘奈耶)를 어기게 되므로 풀에 묶인[36] 비구가 '부처님께서 제정한 계를 내가 감히 어길 수 없다'고 말하는 [것처럼 해야 한다].

---

34) 혜방편의 행을 가리킨다. 한 부류의 중생이란 인색한 중생을 가리킨다.

35) 세속적인 일들을 가리킨다. 한 예를 들면 훔쳐서 이끌어 교화한다고 하는 것 등을 가리킨다.

36) 『대반열반경』 제26(대정장 12, 520 상)에 등장하는 초계비구(草繫比丘)의 예를 들었다. 초계비구란 풀에 묶인 비구라는 뜻으로 옛날 인도에서 도둑에게 옷을 뺏기고 몸을 풀에 묶인 비구가 풀의 생명을 끊는 것을 우려해 다음날 뜨거운 더위 속에서도 움직이지 않고 있는 것을 마침 사냥나왔던 왕이 보고서 그것에 깊이 감명받아 불문에 귀의하였다 한다.

유위계(有爲戒)란 방편을 수행하므로 유위계라 말한다. 그런데 무위계(無爲戒)는 바로 본성계(本性戒)이어서 수행하여 이루는 것이 아니다. 이에 대해서 [유위계는] 수행하는 방편이 있으므로 유위라 말한다. 그렇지만 깊이 관찰하면 [유위계와] 무위계는 동일하다. [둘 다] 아자문을 여의지 않기 때문이다.

다음으로 부정행계(不淨行戒)란 보살이 지니는 불사행계(不邪行戒)를 말한다[이 가운데 유중범(有重犯)을 모두 지불범(持不犯)이라고 한다. 뜻이 다르지 않으므로 해석하지 않는다].

"다른 이에게 속해 있거나 자기 부인이거나 자기 종족의 [표상(標相)[37]으로] 보호해야 하는 데에는 욕심 내면 안된다. 하물며 제 길이 아닌 곳[非道][38]으로 두 몸을 교접해서야 되겠는가!"

보살이 불사행계를 지니는데 만일 다른 이에게 속해있거나 자기 부인이나 자기 종족이거나 표상(標相)에게는[말하자면 니(尼) 등이다. 즉 자기 종족의 표상이다] 스스로 탐심을 내어서는 안된다[마음 속의 일을 말한다].

"하물며 제 길이 아닌 곳[非道]으로 두 몸을 교접하는 것이겠는가! 다른 방편이 있다면"이라고 하는 것은 무엇인가?

색류(色類)의 일은 앞에 준하며 두 형상이 서로 향하는 것은 그밖의 색류의 일로서 이것은 제3의 계이다.

"다른 이에 속해 있거나"란 말하자면 다른 이의 부인·딸·자매의 부류로서 율(律)에서 말하는 열 가지 보호해야 할 대상[十種護] 등과 같다. 그런데 보살에게는 두 가지가 있다. 만일 출가보살이라면 일체의 욕심을 일으켜서는 안되니, 어찌 다른 이의 부인 및 보호해야 할 대상이나 비시(非時) 등을 논할 수 있겠는가! 그렇지만 계상[相]을 해석하고자 하므로 율에서 갖추어 설명하였다. 만일 재가보살이라면 자기 부인에게 비시(非時)[에 음행하는 것] 등을 삿된 행이라고 말한다. 『대지도론』의 시라바라밀[尸波羅

37) 위의(威儀)의 뜻이다.

38) 성기(性器) 이외의 신체를 말한다.

蜜][39]에서 자세하게 설명한 것과 같다.

또한 비시(非時)와 비처(非處)에는 탑이나 본존과 가까운 곳·밝게 드러난 곳과 같은 것이 모두 포함된다. 밝게 드러난 곳은 천신 등을 마주대하기 때문에 역시 금제한다.

"자기의 종족"이란 같은 성[同姓]과 혼인하지 않는 것 등이다. 또한 "종족"이란 산스크리트음으로 표치(標幟)의 뜻이다. 인도의 법과 같이 여인이 여색을 파는 것을 관청에서 허락했을지라도 이미 어떤 사람이 [여색의 댓가로] 그녀에게 약간의 재물을 주었으면 그때에는 그에게 속한 것이다. 그러므로 그녀에게 사람이 있을 때에는 문에다 표식을 걸고 다른 사람이 알게끔 한다. 다른 사람이 이것을 보고서 바로 그녀에게 이미 보호해주는 자가 있는 것을 안다. [그럼에도 불구하고] 만일 한결같이 범하게 되면 곧 삿된 행과 같다.

"스스로 욕심내면 안된다"고 하는 것은 이를테면 탐염(貪染)의 생각과 상응하지 말아야 하는데 하물며 제 길이 아닌 데에서 음욕을 행하거나, 바른 장소 등에서 교접하고 떨어지는 것이겠는가! 그런데 다른 방편이 있어서 저 보리의 인을 이루는 것으로 삼고자 하면 바로 범함[犯]의 뜻이 있어

---

39) 『대지도론』 제13권(대정장 25, 156 하~157 상). '삿된 음행이라 함은 어떤 여자가 부모·형제·자매·남편·아들로서 세간의 법이나 국왕의 법으로 보호된 이를 범하면 이를 삿된 음행이라 한다. 만일 지키는 이가 없는 사람일지라도 법으로써 지킴을 삼나니, 어떤 것이 법으로써 지키는 것인가? 모든 출가한 여자나 집에 있는 여자가 단 하루의 계라도 받은 이라면 이를 법으로써 지키는 이라 하는데 힘이나 재물이나 속임으로 범하거나 자기의 아내가 있으되 계를 받았거나 임신을 했거나 아기에게 젖먹일 때나 제길 아닌 곳에 음행하는 죄를 범하면 모두 삿된 음행이라 한다. 이렇듯 갖가지 물건과 나아가서는 꽃타래라도 주면서 음녀에게 요구하면 이렇게 범하는 것은 모두 삿된 음행이라 하나니, 이러한 갖가지를 범하지 않으면 사음을 않는다고 한다. 문: 사람이 지키고 사람이 성내고 법으로 지키는데 법을 깨뜨리면 삿된 음행이라 할 수 있겠지만 사람이 자기의 아내에 대해서야 어찌 삿되다 하겠는가? 답: 이미 하루의 계를 받으라고 허락했다면 벌써 법 가운데 속하니 본래는 자기의 아내였으나 지금은 자유롭지 못하다. 계를 받은 기간이 지나면 법으로 지키는 이가 아니다. 임신한 아내는 그 몸이 나른하고 무거워서 본래 익힌 습성도 싫어하기 때문이며, 또 태아를 해치기 때문이다. 아기에게 젖먹일 때에 음행을 하면 엄마의 젖이 말라붙기 때문이며, 또 음욕에 마음이 집착되어 아기를 보호하지 못하기 때문이다.'

서 성문과는 같지 않다. 『대일경』[大本]의 보살계에서 설명한 것과 같다.

어떤 보살이 있는데 태어난 이래로 동진행(童眞行)을 닦아서 아직 여색(女色)을 직접 보고도 마음에 집착이 없으며 산과 숲에서 도를 닦았다. 후에 18세가 되어 마을에 들어가 걸식하다가 어떤 동녀가 있는데 그가 단엄하며 미묘한 것을 보고서 욕정을 내어 이렇게 말하였다.

"제가 당신을 보니 깊은 욕정이 생깁니다. 어진 분이여, 당신은 묘행을 행하시니 일체를 이롭게 하셔야만 합니다. 만일 제가 원하는 대로 따르지 않으면 저는 스스로 목숨을 끊을지도 모릅니다."

[만일 이 말대로 그녀가 죽는다면] 이것은 어진 이의 본원을 거스르게 되어 중생을 해친 결과가 된다. 저 보살이 갖가지로 허물을 꾸짖어도 그녀는 끝내 [그 마음을] 버리지 않았으며 원하는 것을 얻지 못하자 이로 말미암아 곧 혼절하였다. 그때에 그의 친속(親屬)이 생각하여 말하였다.

"이 자는 반드시 야차일 것이다. 생긴 것도 보통 사람과 다르구나. 내 딸이 보고서 땅에 넘어지니, 장차 그의 정기를 뺏지 않겠는가?"

다함께 칼과 몽둥이를 가지고 결박하여 장차 이 사람을 해치려고 하자 딸이 조금 정신차린 뒤에 이것을 보고 곧 부모에게 이러저러한 사정을 자세하게 설명하였다.

그녀가 '이것은 저의 허물이지 비구의 죄가 아닙니다' 라고 말하면서 곧 비구를 놓아주었다. 딸이 다시 따르는 것을 그치지 않자 비구가 생각하고서 말하였다.

"만일 그녀가 구하는 것을 얻지 못하면 반드시 스스로 목숨을 끊고서 악도에 들어가겠구나."

드디어 그녀의 원에 따라 여러 번 관계[和合]하고 그녀의 욕구가 조금 누그러질 때를 살펴서 불법으로 권하고 인도하며 법을 설해주어서 그녀를 이롭게 하였다. 깊은 사랑과 공경심으로 대하였으므로 곧 [그녀는] 그 보살의 명(命)에 따라 함께 범행을 닦아 큰 법의 이익을 성취하였다. 그러나 이 보살은 다만 대비방편으로 하열한 것일지라도 그 일을 참아내고 탐욕에 매이지 않았으므로 비법(非法)을 행한 것이 아니다. 만일 대비에 말미암지 않고 단지 삿된 행을 하려는 마음으로 지었다면 이것은 계를 범한 것이다. 즉 지혜방편을 갖추었다면 [계를 범한 것이 아니다].

"부류에 따라"[40]라 하는 것은 바로 앞의 뜻[41]을 가리키며, 도둑질을 하지 말라는 계도 마찬가지이므로 자세하게 설명하지 않겠다. 예로써 알 수 있으며 경에서 설한 것과 같다.

도둑떼가 긴나라녀(緊那羅女)를 잡아서 보살에게 바쳤는데, 보살이 이것을 받자 이로 인하여 한량 없이 많은 재물을 얻고 그때에 보시를 행하였다. 또한 아름다운 머리털을 가진 보살이 걸식할 때에 여인이 보고 혼절하자, 여인을 보호하기 위하여[앞에서 야차인가 의심하였는데 이로 인하여 보리심을 생각하고 중생을 버리지 않기 때문이다] 보리심을 여윌까 걱정되어 [여인을] 받아들여 부인으로 삼았다. 세월이 꽤 지난 뒤에 [여인에게] 함께 도심(道心)을 발하도록 권유하니, 권속도 역시 마음을 내어서 [보살이 그 여인과 함께] 천계에 태어나게 되는 것과 같다[선교방편은 죄를 멸하는 행이다].

"또한[42] [보살은] 몸이 다하도록 불망어계(不妄語戒)를 지녀야 한다. 반드시 몸과 수명이 다하기까지 불망어계를 지녀야 한다[문장을 다시 반복한 것이다]. 설령 살아가기 위해서라도 거짓말을 해서는 안된다. 그것은 부처님의 보리를 기만하는 것이다.

비밀주여. 이것을 보살이 최상대승에 머문다고 이름한다. 만약 거짓말을 하면 부처님의 보리법을 어기게 된다. 그러므로 비밀주여. 이 법문에서 반드시 이와 같이 알고 망어의 업을 버리고 하지 말아야 한다."

"이것을 모든 부처님의 보리를 기만하는 것이라 한다. 비밀주여, 이것을 보살의 최상대승이라 하니 만일 거짓말을 한다면 부처님의 보리를 어기고 잃게 된다. 비밀주여, 법문에서 이와 같다고 알아야 한다"고 하는 것에서 참말을

---

40) 『경』에는 "제도해야 할 바에 따라"라고 되어 있다.
41) 방편으로 이끌어 교화하고 불지견을 열게한다는 뜻이다.
42) 이하에 난탈이 있으며, 〈存言因妄語〉의 구절은 내용상 필요 없으므로 생략하였다.

버리지 않는 것이 제4의 계이다. "살아가기 위해서라도"라 하는 것은 바로 갖가지 명예와 이익의 일 등이니, 혹은 다른 음식과 옷이 없거나 감옥에 갇히거나 고통스러운 액난을 만나는 이와 같은 것들에 인하는 것이다. 예컨대 거짓말을 하면 목숨을 살릴 수 있으나, 거짓말을 하지 않으면 장차 그 몸을 유지하여 살아갈 수 없으므로 "살아가기 위해서라도"라고 하였다. 보살에게 이와 같은 인연이 있으면 이때에 오히려 한 생각이라도 다른 이를 속이려는 마음을 내어서는 안되는데 하물며 방편을 일으킴이겠는가! 그렇지만 간략하게 말해서 여덟 가지의 성인이 아닌 자의 말과 여덟 가지 현성(賢聖)의 말이 있다. 이를테면 보지 않은 것을 보았다 말하고, 듣거나 접촉하여 알지 못하고서도 듣고 접촉하여 안다고 말하며, 보고도 보지 못했다 말하며 내지는 듣고 접촉하여 알고도 듣지도 못하고 접촉하지도 못하고 알지도 못한다고 말하는 것이니, 이것이 여덟 가지의 성인이 아닌 자의 말이다. 이것과 정반대인 것을 여덟 가지 현성의 말이라 한다. 이를테면 본 것은 보았다 말하고 다른 세 가지도 역시 그러하며, 보지 못한 것은 보았다 말하며 다른 세 가지도 역시 그러하니 『비니』[43]에서 설명한 것과 같다. 『오분율(五分律)』[44]에 대망어계(大妄語戒)가 있는데 만일 보살이 이와 같이 [보지 못한 것을 보았다고 하는 등의 망어계를] 범하면 곧 부처님의 보리를 비방하는 것이 된다. 왜냐하면 보리란 바로 한결같이 진실한 뜻이기 때문이다. 지금 이것은 거짓으로 속이는 원인이어서 바로 저 보리와

---

43) 『오분율』 2권(대정장 22, 10 상). '네 가지 성인이 아닌 자의 말고 네 가지 성인의 말이 있다. 성인이 아닌 자의 말이란 보지 않은 것을 보았다 말하고, 듣지 않은 것을 들었다 말하며, 느끼지 못하고서 느꼈다 말하며, 알지 못하고서 안다고 말하는 것이다. 성인의 말이란 본 것을 보았다 말하고, 들은 것을 들었다 말하며, 느낀 것을 느꼈다 말하고, 아는 것을 안다고 말하는 것이다. 또 여덟 가지 성인이 아닌 자의 말과 여덟 가지 성인의 말이 있다. 성인이 아닌 자의 말이란 보지 않은 것을 보았다 말하고, 본 것을 보지 않았다 말하며, 듣지 않은 것을 들었다 말하고 들은 것을 듣지 않았다 말하며, 느끼지 못하고서 느꼈다 말하고 느꼈으면서 느끼지 않았다 말하며, 알지 못하고서 안다고 말하고 알고서도 모른다고 말하는 것이다. 이러한 것과 반대되는 것을 여덟 가지 성인의 말이라 한다.'

44) 『오분율』 2권(대정장 22, 9 하)에 3대 망어를 설한다.

서로 위배되므로 '보리를 깨뜨림'이라 이름한다. 또한 여래께서는 한량없이 많은 겁 동안 수행하신 것이 진실하기에 말씀하신 것은 사람들이 모두 믿을 수 있으며, 나아가 불가사의한 법은 저 중생들의 마음그릇으로 헤아릴 수 없어서 믿을 수 없고 이해하기 힘들지만 부처님께서 한량 없이 많은 겁 동안 진실하셨으므로 사람들이 부처님의 말씀을 믿는다. 지금 보살로서 중생을 속이면 저 법을 속이는 인연이 되어 역시 보리를 깨뜨린다. 이러한 까닭에 보살은 이 최상대승지(最上大乘地)의 진언행에 머물러 한 순간이라도 남을 속이려는 마음이나 그와 관련된 갖가지 연을 일으켜서는 안된다. 구체적인 것은 율에서 그 상(相)을 설명한 것과 같다. 만일 위범하면 곧 부처님의 보리를 어기게 된다. 여기에 역시 부류에 따른 방편의 말이 있으므로 거기에 합해야 하나 문장이 없는 것[45]은 생략하였다. 보살계의 대본 중에서 설명한 것과 같다. 예컨대 어떤 한 여인이 있는데 부모를 살해하고, 이 무간업을 짓고 나서 스스로 이렇게 생각한다.

'나의 이 악업은 반드시 무간지옥에 떨어질 것이다. 지극한 악이 이미 성립되었으니 다시 어떤 선법이 있을 수 있으며, 나에게 가까이 올 수 있겠는가!'

이러한 인연으로 다시 허물을 고쳐서 선을 닦으려고 하지 않는다. 단지 조용히 머물면서 두 손을 맞잡고 죄받기를 기다리니, 보살이 갖가지로 그에게 권유하여 참회하고 선을 닦게 하며, 나아가 대승법 가운데의 방편이 있으니 이 죄를 멸할 수 있을 거라고 말해주어도 끝내 믿지 않는다. 보살은 대비심을 일으켜 변화로 부인이 되어서 그에게 보내어 하룻밤을 같이 잠자게 하였다. [변화로 만든 부인이 그 죄지은 여인에게] 스스로 말하기를, '나도 역시 이와 같은 죄를 지었다'고 하였다. 그때에 그 여인이 스스로 생각하였다.

'다른 사람도 역시 이러한 죄를 지었을까? 내가 지금 친구가 생겼으니

45) 『경』에서 언급하지 않은 것은 생략하였다는 뜻이다.

함께 살아야겠다.'

이와 같이 여러 번에 걸쳐서 그 변화로 만든 부인이 점차 방편을 사용하여 함께 잘못을 뉘우치고 선을 행하자고 하였다. 그러나 그가 말을 듣지 않자 [변화로 만든 부인이 죄지은 여인에게] 이렇게 말하였다.

"네가 반드시 [악을] 지을려고 하면 곧 지을 수 있을 것이다. 그러나 내가 생각하건대 끝내 이익이 없을 것이다."

저 변화로 만든 부인이 곧 그와 함께 머물면서 착한 일을 행하여 점차로 법의 이익을 얻는 것을 보였다. 큰 신통을 갖추어 보여서 이것을 보게 하고 말하였다.

"내가 지금 착한 일을 하니 먼저 지은 죄가 사라지고 지금 이 법을 얻었다. 만일 법이 죄를 멸하지 않는다면 어떤 이유로 이와 같은 일을 얻을 수 있겠는가!"

[이 말을 들은 먼저의 죄지은] 여인이 희유한 마음을 일으켜 말하였다.

"그는 나와 똑같은 죄를 범하고서 오히려 그 죄를 제거할 수 있는데 나는 어째서 제거하지 못하는가? 그와 똑같이 행하면 되겠구나."

보살이 방편으로서 그를 교화하니 죄의 더러움이 제거되고 점차로 불법에 들어간다. 이것이 바로 보살의 혜방편이다. 이와 같이 계를 지니면 이승이나 세간 사람과 공통되는 것이 아니다.

또한 『승가타경(僧伽吒經)』46)에는 다음과 같은 이야기가 있다.

한 장부가 있었으니, 그의 처는 곱고 아름다워서 장부가 매우 애지중지하였다. 훗날 [그의 처가] 임종하였으나 정 때문에 버리지 못하고 언제나 짊어지고 다녔으며, 심지어는 마르고 썩어도 버리지 않았다. 보살이 장부를 교화할 수 없자 변화로 한 부인을 만들었는데 역시 [그 변화로 만든 부인도] 남편을 짊어지고 다니면서 이렇게 말하였다.

"이 사람은 제가 사랑하는 남편입니다. 비록 목숨이 다하였지만 정은

46) 월파수나(月婆首那) 역, 『승가타경(僧伽吒經)』(대정장 13, 959 중)에 이러한 이야기는 없다.

떼어버릴 수 없어서 언제나 짊어지고 다닙니다."

그가 생각하고서 말하였다.

"이 부인은 나의 도반이다. 나와 사정이 같구나."

이 일로 인해서 함께 머물게 되었다. 나중에 보살이 그를 찾아서 방편으로 저 두 구[47]의 시체를 갠지스강물 속에 버리니, 부인과 그 장부가 시체를 찾아도 도무지 찾을 수 없자 문득 탄식하고 슬퍼하면서 말하였다.

"우리들은 그 시체가 썩어 문드러질 때까지 짊어지고 다녔습니다. 지금 다른 도반을 보니 서로가 함께 애착에 묶여서 우리 자신을 버렸습니다."

그러한 정은 보존할 수가 없다는 것을 알아야 한다. 귀신이 오히려 이와 같거늘 하물며 살아있는 것이겠는가! 그가 이러한 일을 보고 사모하는 마음이 문득 그치고 곧 발심하여 욕망을 억제하고 도를 닦았다. 보살은 이러한 혜방편이 있었기에 [그들을] 속였으나 이것은 악한 마음으로 속인 것이 아니다.

다음에 추어계(麤語戒)에 대해 설명하겠다.

보살은 부드럽고 자상한 마음으로 신수하며 중생을 섭수해야 한다.

"비밀주여. 보살은 불추악매계(不麤惡罵戒)를 수지하여 부드러운 마음이[48] 담긴 말과 다양한 종류에 따른 언어를 가지고[문장을 돌려서 위로 향하라. 말하자면 수순하여 말하라]. **모든 중생들을 섭수해야 한다. 왜냐하면 비밀주여. 보리살타의 첫 번째 행은 중생을 이롭고 즐겁게 하는 것이기 때문이다**[이 행이 최우선이다]. **그러나 어떤 보살은 악취의 인(因)에 머무는 중생을 보면 이를 절복(折伏)시키기 위하여 거칠은 말 등을 지어서 중생들의 종류에 따라 말하기도 한다."**

왜냐하면 보살의 첫 번째 행은 중생을 위하는 것이기 때문이다. 보살은 악취의 인에 머무는 중생을 위해서 [그 인에서 벗어나게 하고자] 거칠고 악한 말을 하기도 한다. 이것은 제5의 계이다. "거칠고 악하다"는 것은 어떤 말을 하는 데에 그의 마음을 [악취에] 따르지 않게 하고 [악취에 대해] 좋아하

47) 장부의 부인과 부인의 남편 시체이다.
48) 이하에 난탈이 있어 바로잡는다.

지 않은 마음을 일으키게 하는 것이다. 혹은 큰 소리를 치기도 하는데 이른바 거칠고 사나운 말 등이다. 모두 『비니』에서 그 모습을 설명한 것과 같다. 보살은 언제나 부드럽고 착하고 순하여서 급하거나 사납지 말아야 하며, 널리 설할 수 있는 곳에서는 앞사람의 마음을 기쁘게 해야 한다. 이러한 인연으로 점점 그를 섭수하여 불도에 들어가게 할 수 있다. 지금 [계율을] 어겨서 괴로워하는 인을 지으면 곧 사섭의 방편을 어기고 등지므로 죄를 범한 것이다. 그러나 방편이 있어서 거칠을 말을 하는 것은 보살계 대본에서 말하는 것과 같다.

한 사람이 있는데 언제나 거칠은 말을 하는 것을 평소의 성품으로 삼으니, 어느 누구도 교화할 수가 없었다. 이때 보살이 변화로 한 사람을 만들었는데 그 변화로 만든 사람이 거칠고 사나우며 급하고 악하게 행하는 것이 저 거칠은 말을 하는 사람보다 무량한 곱절이나 더하니, 그가 보고 나서 기뻐하며 이렇게 생각하였다.

'이 사람이 저지르는 것은 모두 나보다 월등하구나. 나는 스스로 나와 짝할 자가 없다고 말하였는데 지금 그가 하는 것을 보니 나의 스승으로 삼아도 손색이 없겠구나.'

그리하여 그에게 청하여 말하였다.

"당신의 제자가 되고 싶습니다."

이렇게 해서 함께 지낸지 오래되었다. 보살은 점차 [거칠은 말을 하는 것에 대해] 싫어하여 여의는 모습을 보이고 조금씩 유순한 행을 찬탄하며 거칠고 사나운 것을 질책하였다. 나중에 스스로 회개하고 나서 그를 권유하여 회개하게 하였으나 아직은 따르지 않았다. 보살은 나중에 악한 행동을 버리는 것을 보임으로써 조금씩 도를 닦아 큰 법의 이익을 얻고 신통을 나타내 보였다. 그가 희유한 마음을 일으키고 [이렇게 생각하였다.]

'이 사람이 행하는 것이 예전에는 나보다 월등하였는데 오히려 스스로 회개하고 이 법을 얻으니 내가 어찌 못할손가!'

다시 그를 스승으로 삼아 법의 이익에 들어가니 이것이 바로 보살의 혜방편으로 거칠고 악한 말을 보인 것이다.

다음에 불양설어계(不兩舌語戒)에 대해 설명하겠다.

"비밀주여. 보살은 불양설계(不兩舌戒)를 수지하며 간극어(間隙語)와 뇌해어(惱害語)를 여의어야 한다. 이를 범하면 보살이라 이름하지 않는다. 보살은 중생들을 갈라놓으려는 마음을 일으켜서는 안된다. 그러나 다른 방편으로 중생이 견처(見處)에서 집착을 일으키는 것을 보면 그 대상에 따라 이간시키는 언어를 설하여 그로 하여금 일도(一道)에 머물게 하라. 이것을 일제지도(一切智道)에 머문다고 말한다."

보살은 이간시키는 말이나 괴롭히는 말이 없어야 하는데 이것을 범하면 보살의 행이 아니다. 또한 모든 중생들에게 갈라놓려는 마음을 내지 말라. 어떤 유정이 견처(見處)에 따라 중생에게 집착하는 것을 보면 그 대상에 따라 이간시키는 말을 하여 그 중생이 일도(一道)에 머물게 하라. 이것을 일체지도(一切智道)에 머문다고 말한다. 이것은 제6의 계이다.

이간질하는 말의 여러 가지 모습은 『비니』 가운데 구체적으로 설명한 것과 같으며, 야간(野干)이나 사자의 인연설화에서도 볼 수 있다. 보살은 언제나 괴롭히지 않는 행을 닦고 상·중·하의 부류에 따라 모두 환희하여 화합하게 하며, 그것과 다른 인연을 짓지 않는다. 그런데 갖가지 다른 견해를 가진 중생이 각기 믿는 것에 집착하여 스스로 벗어나지 못하며, 이러한 인연으로 장차 큰 고통을 받을 것을 보면, 보살은 이때에 그를 이끌어 악한 스승을 떠나게 하기 위해서 이간시키는 말을 한다.

과거에 외도의 스승이 있어서 천여명의 대중을 이끌며 삿된 법을 설하는 경우에 보살은 그에게 교화해야 할 깊은 인연이 있는 것을 관하고 그의 비법 가운데 들어가 제자가 되어서 오래지 않아 법을 학습하여 모두 깊숙한 것까지 다 습득하였다. 지혜로 깨달아 궁극에 이르니 저 [외도의] 스승은 찬탄하며 이 사람이 나의 법을 모두 전해 받았다고 하였다. 이윽고 5백 명의 대중을 갈라서 그로 하여금 이들을 이끌게 하였다. 이때에 보살은 점차 방편으로 그 견해 가운데 들어가 조금씩 이들을 교화하였다.

이렇게 해서 세월이 흐른지 오래되었으나 그들이 자기에게 깊이 믿고 따르지 않는 것을 안 [보살은] 점차 깊은 법을 보였다. 이때에 5백 제자의 견해가 점차 바르게 되어서 혜성(慧性)을 성취하였다. 이때에 그 [외도의] 스승이 이 법과 다르다는 것을 듣고 와서 직접 이것을 듣는다. 그가 갖가지로 열어보임으로 인하여 스승도 역시 깨닫는다. 곧 그때에 [외도의 스승을 따르던] 5백인도 역시 보살을 스승으로 삼아서 새로운 법을 받으며, 여기에서 천명의 사람이 모두 정법에 들어간다.

이와 같은 것들은 바로 방편으로서 저 [외도들의] 화합을 깨뜨린 것이다. 보살의 행이 매우 광대하여 모두 설할 수 없으므로 하나를 들어서 모든 것의 예로 삼았으니 그 종류에 따라 알 수 있을 것이다.

다음에 비단 같이 꾸미는 말을 하지 말라는 계[綺語戒]에 대해 설명하겠다.

"비밀주여. 보살은 비단 같이 꾸미는 말을 하지 말라는 계[不綺語戒]를 지녀서 대상에 따른 언어로써 시방(時方)[49]을 화합하게 해서 이익을 내고 모든 중생으로 하여금 환희심을 내게 하여 이근(耳根)의 도를 정화해야 한다. 왜냐하면 보살은 차별어(差別語)가 있기 때문이다. 어떤 보살들은 익살을 우선으로 하여 중생들을 환희하게 하고 불법에 머물도록 하기 위해[50] 이익이 없는 말을 하기도 하지만 이와 같은 보살은 생사에 헤매지 [않는다]."

이것은 제7의 계이다. "비단같이 꾸미는 말"이라 함은 세간의 이야기로서 이익이 없는 것을 말하며, 『비니』 가운데에서 설명한 것과 같다. 갖가지의 왕에 대한 이론[王論]·적에 대한 이론[賊論]·중생을 다스리는 일[治生]·바다에 들어가는 일[入海]·여인·몸을 다스리는 일[治身][51] 등이나

49) 시방이란 장래 교화하려고 하는 사람의 기근이 성숙되었을 때와 한적한 곳으로 가르침이 쉽게 수용될 수 있는 장소를 말한다.

50) 『소』에는 '欲無利語除棄語不出'라는 문구가 들어있으나 내용상 중복되었으므로 번역에서 생략하였다.

51) 『유가사지론』 59권(대정장 30, 631 하). '춤에 의하여 늘어놓는 사설을 꾸밈말[綺語]이라 하며, 혹은 음악을 하기 위해서거나 또는 두 가지에 다 의해서거나 혹은 두 가지에 다 의하지 않고서 늘어놓는 사설을 모두 꾸밈말이라 한다. 부처님법 이외의 뜻 없는 것을 이끄는 온갖 글을 좋아하는 마음으로써 받아 지니어 찬미하거나 큰 음성으로

혹은 성읍(城邑)·국토의 옳고 그름·세간의 일[52]을 평가하는 것이다. 요점을 말하자면 모든 것이 세간의 법에 따라 벗어날 인연이 없는 것이다. 그러므로 반드시 불기어계를 지녀야 한다. 그 형상과 종류에 따라 말하는 것이 있으면 때와 장소에서 이익하게 해야 한다. 그 방향에서 이 말이 있으면 반드시 설명해주어야 하며, 율에 어긋난다면 설해서는 안된다. 그런데 보살은 반드시 때와 장소에 따라 이익을 주며 화합하는 말을 해야 한다. 이른바 "때[時]"라고 하는 것은 그를 깨우쳐 인도하고자 할지라도 그가 아직까지 믿고 들어올만한 근기가 전혀 아니어서 정성껏 좋아하는 것을 아직 개발하지 못하였는데도 문득 이것을 말하면 그로 하여금 불신하게 하며, 오만하여 훼방하고 나면 역시 교화할 수 없으므로 이것은 때가 아니다. 이것과 상반된 것은 적절한 때에 맞춘 언어[時語]라 한다. 혹은 시끌벅적한 사람들이 많은 대중들이 머무는 곳에서는 그 마음을 고요하게 할 수 없으므로 설한 것이 있을지라도 그 마음에 들어갈 수 없으니 이로 인해서 도(道)의 연을 잃으므로 역시 때가 아니다.

"장소[方]"란 올바르지 않은 장소[非處]를 말한다. 이를테면 그가 악을 짓고 있을 때에 그가 짓는 곳에서 설법하면 그가 자신이 하는 일에 집착하기 때문에 도리어 거역하려는 마음을 일으키며, 이로 인해서 그에게 좋지 않은 마음을 내게 한다. 그러나 이것과 반대라면 장소에 따른 말이라

써 게송을 읊으며 널리 다른 사람들을 위하여 열어 보이고 분별하는 모든 것을 꾸밈말이라 한다. 또 송사와 다툼에 의하여 말을 하거나 즐거이 대중에 있으면서 왕에 대한 이론과 신하에 대한 이론과 도둑에 대한 이론으로부터 국토에 대한 이론 등에 이르기까지를 널리 펴며 말하는 모든 것을 꾸밈말이라 한다. 또 거짓말이거나 이간질이거나 추악한 말을 하거나 최하로 생각하지도 않고 선택하지도 아니하여 뜻이 없는 말을 함에 이르기까지의 것이거나 간에 모두를 꾸밈말이라 한다. 또 일곱 가지의 일에 의하여 꾸밈말을 하게 된다. 즉 송사와 다툼의 말과, 모든 바라문들의 나쁜 주문과 술수의 말과, 괴로움이 핍박하는 말과, 놀이하고 웃고 즐기는 말과, 대중에 있으면서 지껴리는 말과, 뒤바뀌고 미친 말과, 삿된 생활의 말이니 이와 같은 모두를 비단 같은 꾸밈말의 죄라고 한다.'

52) 왕에 대한 이론이나 적에 대한 이론 등 세간의 일은 해탈의 인연이 아니기 때문에 이들을 논평하는 것도 기어계를 범하는 것이 된다.

고 이름할 수 있다.

“화합”이란 그 장소에 따라 상응화합해야 한다. “그 도리와 이익을 낸다”고 하는 것은 그로 하여금 도리와 이익이 있게 하는 것이며, “낸다”고 하는 것은 만드는 것을 말하니, 이 도리와 이익을 행하여 장소에 따르고 때에 따라 짓는 것이다.

“모든 중생으로 하여금 환희심을 내게 하여 이근(耳根)의 도를 정화해야 한다”고 하는 것은 귀[耳根]를 정화하는 것이다.

“왜냐하면 보살은 차별어가 있기 때문이다”라고 하는 것은 차별이 갖가지여서 다른 이의 뜻에 따라 말하는 것이다.

보살이 다른 방편이 있어서 익살을 우선으로 하고 중생들이 환희하게 하며 불법 가운데에 머물게 하려고 하는 것은 중생을 위하기 때문이다.

“이익”이란 한결같이 온갖 불리한 것 없이 선을 닦게 하며 그의 정서와 근기에 따라 말하는 것을 의미한다. 만일 보살이 이와 같이 행하면 유정들이 환희하며 믿고 복종하니, 자기를 유익하게 하며 남도 이롭게 한다. 그가 듣고 나서 이익을 얻으며 또한 그 공을 헛되게 하지 않기 때문이다. 그런데 “보살은 차별이 있다”고 하는 것은 이를테면 다른 방편이니 앞과 다른 것을 말한다.[53]

“익살을 우선으로 한다”고 하는 것은 놀이와 익살과 같은 것을 말한다. 나아가 노래·춤·기악·예술·담론(談論)은 바로 앞에서 설명한 갖가지 세간의 일이다. [이 세간의 일을 통해서] 보살은 저 중생들을 기쁘게 한다. 이미 환희하게 하였으면 그가 기꺼이 잘 따르게 하며 이로 인하여 그의 감정을 상쾌하게[54] 방편으로 화도(化導)하여 그로 하여금 불혜(佛慧)에 안주하게 한다. 무익하다는 것을 알고서 마음에 집착을 일으키지 않더라도 때와 장소를 보고서 도리와 이익 때문에 이것을 짓는 경우가 있다. 이익 없는 것을 짓는다 하더라도 이익 없는 것으로 그의 이익없는 일을 제거한다.

---

53) 『소』 본문에는 할주로 되어 있으나 내용상 본문으로 바꾸었다.

54) 『소』에는 ‘匠’으로 되어 있으나 『의석』에 의하여 ‘愜’으로 바꾸었다.

그 중생이 옛적에 악을 지었는데 악과 도가 상반되므로 곧바로 방편을 버리게 하면 이것을 급히 붙잡으며 도리어 다시 놀라며 거부한다. 그러므로 방편으로 그에게 친근하게 다가간 뒤에 불도에 들어가게 한다. 그러므로 이 이익 없는 것은 바로 이익의 발단이니, 마치 훌륭한 의사가 독을 변화시켜 약으로 만드는 것과 같다. 만약 이와 같이 하면 이것은 보살이 생사에 헤매임에서 벗어나는 발단이 된다. 생사 가운데에 처하여 중생을 이롭게 하고, 그 갖가지의 준비를 갖추어서 생사하는 윤회계에 돌아다니며 머물더라도 집착하는 것이 없다. 저 성문이 방편혜가 없어서 한결같이 제한적이며 오직 모든 허물을 막기만 하고 열어 통하는 행이 없으므로 혜를 만족시키지 못하는 것과는 같지 않다. 스스로 [생사의] 헤매임에서 벗어나고 또한 다른 이로 하여금 벗어나게 하므로 '생사의 헤매임에서 떠난다'고 이름한다. 『화엄경』[55]에서 선견여인(善見女人)을 설명한 것과 같으니 바로 이 뜻이다.

---

55) 『육십화엄경』 50권(대정장 9, 716 하), 혹은 『팔십화엄경』 68권(대정장 10, 365 하)에 설하는 바수밀녀의 방편의 설화를 가리킨다. '선남자여, 나는 보살의 해탈을 얻었으니 이름은 탐욕의 경계를 여윔이니라. 그들의 욕망을 따라 몸을 나타내니, 천이 나를 볼 적에는 나는 천녀의 형상이 되어 광명이 훌륭하여 비길 데 없으며, 그와 같이 사람이나 사람 아닌 이가 볼 적에는 나도 사람과 사람 아닌 이의 여인이 되어 그들의 욕망대로 나를 보게 하노라. 어떤 중생이 애욕에 얽매여 나에게 오거든, 나는 그에게 법을 말하며 그가 법을 듣고는 탐욕이 없어지고 보살의 집착 없는 경계의 삼매를 얻느니라. 어떤 중생이 잠깐만 나를 보아도 탐욕이 없어지고 보살의 환희한 삼매를 얻느니라. 어떤 중생이 잠깐만 나와 말하여도 탐욕이 없어지고 보살의 걸림 없는 음성 삼매를 얻느니라. 어떤 중생이 잠깐만 내 손목을 잡으면 탐욕이 없어지고 보살의 모든 부처 세계에 두루 가는 삼매를 얻느니라. 어떤 중생이 내 자리에 잠깐만 올라 와도 탐욕이 없어지고 보살의 해탈한 광명의 삼매를 얻느니라. 어떤 중생이 잠깐만 나를 살펴 보아도 탐욕이 없어지고 보살의 고요하게 장엄한 삼매를 얻느니라. 어떤 중생이 잠깐만 나의 활개 뻗는 것을 보아도 탐욕이 없어지고 보살이 외도를 굴복시키는 삼매를 얻느니라. 어떤 중생이 나의 눈을 깜빡이는 것을 보기만 하여도 탐욕이 없어지고 보살의 부처 경계에 광명 삼매를 얻느니라. 어떤 중생이 나를 끌어 안으면 탐욕이 없어지고 보살이 모든 중생을 거두어 주고 항상 떠나지 않는 삼매를 얻느니라. 어떤 중생이 나의 입술만 한 번 맞추면 탐욕이 없어지고 보살이 모든 중생의 복덕을 늘게 하는 삼매를 얻느니라. 무릇 중생들이 나에게 가까이 하면 모두 탐욕을 여의는 경계에 머물러 보살의 온갖 지혜가 앞에 나타나는 걸림 없는 해탈에 들어 가느니라.'

중생들을 이끌어 섭수하려고 음녀의 집안에 태어나 5백의 음녀 중에서 우두머리가 되었다. 아름답고 화려한 것이 무리보다 뛰어나며 모든 여자의 덕을 갖추고 64가지의 몸짓과 모든 교묘한 방편을 모두 다 구족하였다. 무릇 여인이란 본성이 착하여 사람의 마음을 끌어당기는데 이 여인은 또 갖추지 않은 종류가 없으니 이러한 인연 때문에 이것에 이끌리는 자가 많았다. 보살이 먼저 방편력으로써 그의 삿된 행의 인연에 동참하여 그녀로 하여금 매우 사랑하는 마음을 내게 하고 말할 때에도 남들을 거슬리게 하는 것이 없게 하였다. 그리고는 그녀의 성품을 관하여 연에 따라 열어 인도하여 욕망의 참된 성품을 보게 하였다. 즉 이 가르침에서 부처님의 혜에 들어가는 때에 저 모든 사람들은 그것을 믿고 좋아하기 때문에 곧 진실하게 그 말을 받아들일 수 있다. 이러한 인연으로 이익되는 것이 한량없이 많다. 비리(非利)[56] 가운데 있을지라도 이 큰 이익을 성취할 수 있다. 즉 보살의 혜방편을 갖추는 지계[57]이다. 경전에는 이러한 종류가 매우 많다[보리(菩提)삼장[58]은 이렇게 말하였다. 만트라(漫怛羅)는 비밀한 말이다. 인도에서는 만일 두 사람이 따로 말하는데 다시 다른 사람이 오면 곧 서로 간별(簡別)한다. 혹 어떤 사람이 있어서 그 다르게 말하는 것을 보고 말하기를 와서 다른 밀어를 하지 말라고 한다. 이것을 만트라라 이름한다].

"비밀주여. 보살은 응당 불탐계(不貪戒)를 지녀서 그 필요한 다른 물건에 대해서 물들은 생각을 일으키지 않아야 한다. 왜냐하면 보살은 언제나 집착하는 마음을 일으키지 않아야 하기 때문이다. 만약 보살의 마음에 물들은 생각이 있다면 그 일체지문(一切智門)에서 힘이 사라져[59] 일변(一邊)에 [떨어질 것이다.]

또한 비밀주여. 보살은 환희를 일으켜 이와 같은 마음을 내어야 한다. 내가

56) 음녀를 가리킨다.
57) 기어계(寄語戒)를 가리킨다.
58) 금강지(金剛智)삼장을 가리킨다.
59) 보살이 만약 염욕심(染欲心)을 가지고 있다면 육도만행(六度萬行)에서 힘을 잃게 된다.

응당 해야 할 일을 그로 하여금 자연스레 생하게 하는 것은 지극히 훌륭한 일이다. 자주 환희하고 그 모든 중생들로 하여금 자재(資財)를 손실하지 않게 할 수 있기 때문이다."

이것은 제8의 계이다. 앞에서 이미 신업과 구업의 계를 밝혔으며, 지금 다음으로 한결같은 마음의 계를 밝힌다. 이것은 마음에서 일어나는 탐심이다.[60] 말하자면 [수행하려는 마음에서] 물러나 쉬는 것[退息]이다. 그 법에 말미암아서 일체지에서 힘이 없어지게 되어 한쪽 가에 머무니 곧 불구족(不具足)의 뜻이다.

만일 보살이 다른 이에게 갖가지 뛰어난 일이 있는 것을 보는데 말하자면 색력(色力)이나 재물이든 한량 없이 많은 것이 있을지라도 보살은 이런 생각을 하면 안된다.

'저 사람에게 이렇듯 좋은 것이 있는데 왜 나에게는 없을까?'

이러한 인연으로 부러워하며 욕심내어 탐하는 조급한 마음이 있으면 모두 이 계에 저촉되니 이것을 생각하기 때문이다. 또한 반드시 고뇌를 받은 원인이 생기므로 생각해서는 안된다. 보살은 이와 같이 해서는 안된다. 만일 [보살이 마음에 물들은 생각이] 있으면 [저 일체지문에서] 힘이 없게 되는데 이것을 비유하면 어떤 사람이 한량 없이 많은 방편과 예능(藝能)을 갖추었을지라도 언젠가 병이 들게 되면 할 수 있는 것이 아무 것도 없는 것과 같다. 보살도 역시 그러하여 만일 탐욕과 애착으로 그 마음을 병들게 하면 보리심의 한량 없이 많은 세력이 모두 무력하게 된다. 일체지(一切智)란 바로 만가지 덕이 모두 갖추어졌으며 빠진 것이 없다는 뜻이다. 탐욕의 마음을 일으키면 이 만가지 덕의 완전무결한 체에서 지분을 갖추지 못하게 한다. 이러한 까닭에 일체지문에서 힘이 없다.

---

60) 다음은 중복되는 문장이므로 본문에서 생략하였다. "비밀주여. 보살은 응당 불탐계(不貪戒)를 지녀서 그 필요한 다른 물건에 대해서 물들은 생각을 일으키지 않아야 한다. 왜냐하면 보살은 언제나 집착하는 마음을 일으키지 않기 때문이다. 만약 보살의 마음에 물들은 생각이 있다면 그 일체지문(一切智門)에서 힘이 사라져."

"또한 비밀주여. 보살은 환희를 일으켜 이와 같은 마음을 내어야 하니 이것도 역시 같다."

'내가 응당 해야 할 일을 지금 자연스레 생하게 하는 것은 훌륭하고 아주 훌륭한 일이다. 자주 다른 방편을 닦아서 그 모든 중생들로 하여금 자재(資財)를 손실하지 않게 한다.'

이것은 불탐계에 대해 설명한 것이다.

보살은 다른 이가 자기보다 여러 가지 방면에서 뛰어난 것을 보면 스스로 기뻐하면서 이렇게 생각해야 한다.

'내가 옛적에 대서원을 세운 것은 모든 중생들을 위해서이다. 보살도를 행하는 것은 [중생들] 모두가 만 가지 덕을 온전히 갖추게 하려는 것이다. 이렇게 하는 데에 빠뜨린 것이 있다면 나는 오히려 몸과 목숨을 아끼지 않고 난행·고행을 하여 이들을 이롭고 즐겁게 해야 하는데 지금 [중생들] 스스로 성취하였으니 이것이야말로 나의 큰 이익이므로 진심으로 축하해야 옳다.'

보살은 또한 이렇게 생각하며 스스로 그 마음을 안위한다.

'내가 꼭 해야 할 일인데 자연스레 이루어졌으므로 기쁘다. 나는 중생을 위하여 오히려 무수한 정진으로 현병(賢甁)[61]·겁수(劫樹)[62]의 자연스러운 작용을 구하고 그의 끝없이 [윤회에 헤매게 하는] 업을 부수려고 한다. 하물며 그가 스스로 [뛰어난 것을] 이루었는데 다시 [그의 뛰어난 일]을 손상시켜 스스로 자기를 이롭게 하겠는가!'

이렇게 깨달은 마음으로써 다시 집착하지 않으면 바로 지계의 상이며,

---

61) Skt. kalaśa. 또는 갈라사(羯羅舍·羯攞賒)라고 한다. 의역하면 보병(寶甁)·현병(賢甁)·병(甁)이다. 이것은 오보(五寶)·오향(五香)·오약(五藥)·오곡(五穀) 및 향수 등을 가득 채워서 만다라의 제존에 공양하는데에 사용하는 병이다. 신에게 기원하여 현병을 감득하는 때에는 구하는 것이 병에서 나온다고 한다.

62) Skt. kalpataru. 대석천(大釋天)의 희림원(喜林園)에 이 나무가 있는데, 때에 맞추어 필요한 도구를 낸다고 한다. 또는 이 나무의 꽃이 피고 지는 것으로 시각을 알기 때문에 겁수라 하기도 한다.

『장아함경(長阿含經)』63)에서 이렇게 설한 것과 같다.

과거 구류손불(俱流孫佛) 시절에 바라나국(波羅奈國)에 왕이 있었는데 사리(思利)라고 불렀다[혹은 사익(思益)이라고도 하였다]. 언제나 모든 이들을 이익하게 하려 하였으므로 이로써 이름을 삼았다. 그때에 5백 명의 대신이 있었는데 왕에게 진언하였다.

"지금 국토는 매우 풍요로우며 인심은 넉넉하여 고난을 생각하지 않으나 적들이 쳐들어왔을 때에 감당할 수 있을지 걱정됩니다. 왕께서는 정치로써 이를 가르치시어 이로써 [무예를 닦는] 노고(勞苦)를 익히도록 하소서. 즉 난리에 대비하여 왕의 국토를 지키소서."

이때에 사익왕이 매우 인자하게 이러한 생각을 하였다.

'내가 어찌 시절에 맞지 않는 정치로 사람들을 다그치겠는가! 나의 본심을 어그러뜨리니 그렇게 할 수는 없다.'

이때에 많은 신하들이 왕의 바른 뜻을 알고 다시는 말하지 않았다. 제석천이 이것을 알고 이렇게 생각하였다.

'이 왕이 행하는 것이 보살도인지 아직 알 수 없구나. 그 마음이 견고한지 그렇지 않은지 내가 시험해보아야겠다.'

---

63) 『장수왕경(長壽王經)』(대정장 3, 386 상 이하)에 나오는 다음의 이야기와 유사하다. '옛적에 보살이 큰 나라의 왕이었던 적이 있는데 이름은 장수(長壽)였고, 왕에게 태자가 있었으니 이름은 장생(長生)이었다. 왕은 나라 다스리기를 정사(政事)로 하였고 칼이나 매 때리는 고뇌를 관리와 백성들에게 가(加)하지 아니하였으니, 바람과 비가 제때에 오고 5곡(穀)이 넉넉하게 익었다. 이웃에 나라가 있었는데, 그 왕은 다스리는 데 포학(暴虐)하고 바른 정치를 닦지 아니하여 국민이 빈곤하였으므로 옆에 있는 신하에게 말하였다. '내가 들으니 장수왕의 나라가 여기서 멀지 아니한데 크게 넉넉하고 풍락(豐樂)하지만 무장[兵革]을 갖추지 않았다 하니, 내가 가서 그 나라를 쳐서 빼앗고자 하는데, 성사시킬 수 있겠는가 없겠는가?' 옆에 있던 신하가 대답하였다. '매우 좋습니다.' 드디어 군대를 일으켜 나아가 장수왕이 다스리던 나라의 경계에 이르자 국경 초소 위의 관리와 인민이 급히 달려가서 왕에게 말하였다. '저 탐욕스런 왕[貪王]이 병사를 일으켜 명왕(明王)의 나라를 공격하려고 합니다. 오직 대비하시기를 원하옵니다.' 장수왕이 여러 신하를 불러 말하였다. '저들이 오는 이유는 다만 우리나라의 백성과 창고의 곡식·보배를 탐하는 것인데, 만일 그들과 싸우면 반드시 우리 백성들이 상할 것이오. 무릇 나라를 다투고 백성을 죽이는 짓을 나는 하지 않겠소.' (…중략…).'

그리하여 이웃나라의 장수왕(長手王)에게 가서 그 나라를 치라고 하였다. 이 장수왕이 통치하는 곳을 오지성(五支城)이라 부른다. 그가 통솔하는 경계에 단지 다섯 개의 성이 있기 때문이다. 이 나라는 소국인데 [장수왕은] 저 제석천의 말을 듣고 이렇게 생각하였다.

'내가 듣기로 부인(婦人)이 어질고 사려깊은 것은 멀리까지 미치지 못한다 하는데, 지금 이 왕이 정치하는 것은 인애(仁愛)를 넘는다 해도 부인과 같을 뿐이다. 지금 나는 겸하여 이것을 가지고 있으므로 사병(四兵)64)을 일으켜 가서 그 나라를 치리라.'

[이윽고 장수왕이 군대를 이끌고 바라나국을 쳤다.]

[바라나국의] 모든 대신들이 사익왕에게 간언하였다.

"예전에 이미 충심으로 간언하였건만 받아들이지 않으셨기에 지금 사람들은 무예를 익히지 않았으며 또한 그 준비가 없어서 난리가 나지 않을까 걱정스럽습니다. 장차 어찌하면 좋겠습니까?"

왕이 곧 생각하더니 답하여 말하였다.

"그가 원하는 것은 국토·백성과 창고일 뿐이다. 내가 그와 싸우지 않으면 곧 다른 사람에게 해가 없을 것이니, 경들은 근심하지 말라."

이윽고 몸을 피하여 달아나 깊은 산 속에 가서 범행을 닦았다. 그리하여 장수왕이 칼에 피를 묻히지 않은 채 그 나라를 점령하였다. 몇 년이 지나서 사익왕에게 현상금을 걸고 수배하였으나 잡지 못하였다. 그때에 남방에서 범행을 하는 바라문이 있었는데 과거의 업 때문에 매우 궁핍하였으므로 부모와 스승과 어른을 봉양할 수도 없었다. 그가 사익왕이 즐겨 보시를 행한다는 말을 듣고는 찾아가서 자기에게 재물을 줄 것을 구하려고 하였다. 그가 그 나라의 가서 숲속에 이르러 우연히 사익왕이 수도하는 곳에 도달하였다. 그때에 사익왕이 먼저 마음을 내어 물어보고자 불러서 편안히 머물게 하였고 음식을 내주며 따뜻하게 노고를 위로하였다.

---

64) 인도에서 전투할 때 동원되는 네 가지 병력. 곧 상병(象兵)·마병(馬兵)·거병(車兵)·보병(步兵)의 넷이다.

"지금 어떤 일로 오게 되었습니까?"

그 범행자가 찾아온 이유를 구체적으로 답하였다.

사익왕은 듣고 나자 불쌍한 마음이 들었지만 [그 어려움을 구할 수 없었기에] 기뻐하지 않았다.

'내가 일찍이 나라를 다스릴 때에는 세력이 자재하여 사람들에게 베풀 수 있었다. 지금은 몸에 가진 것이 없고 나라를 잃었으니 어떻게 저 [궁핍한 바라문의 요구를] 채워줄 수 있겠는가!'

이렇게 생각하고 나서 바라문에게 말하였다.

"사익왕은 바로 나입니다. 지금 이미 나라를 잃어버렸으므로 이 [숲속]에 숨어있습니다."

이때에 바라문이 놀래서 정신을 잃고 오래도록 번민하다가 말하였다.

"저는 박복하여 멀리서부터 구하여 얻을 것이 있기를 바랬습니다만 [이제 아무 것도 얻지 못하게 되었으므로] 다시 만날 때에는 어찌 저의 목숨이 남아있겠습니까?"

그때 왕이 위로하며 말하였다.

"그대는 크게 걱정하지 마시오. 나에게 방편이 있으니 도울 수 있을 것이요. 저 [장수]왕에게는 내가 원적이므로 언제나 현상금을 걸고 수배하고 있다오. 어떤 사람이든 나의 머리를 가져가는 자는 큰 상을 준다고 하오. 그대가 지금 나의 머리를 가져가면 반드시 큰 댓가를 얻을 것이오."

그 바라문이 답하였다.

"저는 청정한 행을 하는 자인데 어떻게 살인하란 말입니까? 절대로 그럴 수 없습니다."

왕이 말하였다.

"만일 그렇다면 단지 밧줄로 나를 묶어서 가시오. 이치에 어긋남이 없을 것이오."

그러자 그 [바라문이] 곧 [사익왕을] 묶어서 왕성의 문에 이르렀다. 이때에 옛 신하들이 보고 나서 모두 바라문을 혐오하며 꾸짖었다.

"이렇게 하고도 청정한 수행자냐? 어진 왕을 해치고 자기 이익을 구하다니 도가 아닌 것이 너무 깊으며 정법을 무너뜨리는구나! 도대체 어떠한 도가 있단 말이냐?"

그 바라문이 곧 변명하며 말하였다.

"저의 허물이 아닙니다. 이것은 이 대왕께서 보살도를 행하시고자 저로 하여금 이렇게 시키신 것일 뿐입니다."

모든 신하들이 곧 들어가 장수왕에게 아뢰자, 왕이 갑자기 듣고서 크게 놀랐다. [장수왕은] 와서 그 바라나국을 침탈하였는데 일의 자초지종을 듣고 나자 부끄러운 마음이 들었다.

'이와 같이 보살도를 행하는 자인네 내가 그 나라를 빼앗았구나. 이러고서도 내가 어찌 길이 천하의 왕이 될 수 있겠는가!'

그리고는 사익왕에게 말하였다.

"다시 왕위에 오르셔서 자재하게 보시를 행하시어 만백성을 이롭고 편안하게 하십시오. 저는 저의 나라로 돌아가겠습니다. 각기 본래의 장소로 돌아가 서로 침략하는 일이 없도록 하십시다."

이때부터 두 나라는 우호적 관계를 맺었으며 다시는 원수가 되는 재난이 없었다. 이와 같은 것들은 『본생경(本生經)』에서 자세하게 설명하고 있다. 이것이 바로 불탐의 인연이다.

다음에 부진계(不瞋戒)에 대해 설명하겠다.[65]

"비밀주여, 보살은 응당 부진계(不瞋戒)를 지녀서 모든 장소에서 두루 언제나 안인(安忍)해야 한다. [원수거나 친한 이에게] 성내거나 기뻐하는 것에 집착하지 말고, 그 마음을 평등하게 유지하여야 한다. 악한 생각을 품으면 보리살타가 아니다. 왜냐하면 보살의 본성은 청정하기 때문이다. 그러므로 비밀주여. 보살은 불진에계(不瞋恚戒)를 지녀야 한다."[66]

이것은 제9의 계이다.

---

65) 이하에 난탈이 있어 바로잡는다.

66) 『소』의 문장과 다소 다르나 『경』의 문장으로 대체하였다.

그는 모든 것에 두루 인욕하는 일이 많으며 언제나 기쁨과 노여움에 집착하지 않고, 평등한 마음으로 원수를 벗과 같이 평등하게 여긴다. 왜냐하면 보살은 마음에 악을 품어서는 안되기 때문이다. 그러므로 보살은 본성 청정한 마음을 가져야 하며, 이러한 까닭에 비밀주에게 부진계(不瞋戒)를 지녀야 한다고 하였다. 성냄이란 모든 중생들에게 해치려는 마음을 내는 것이다. 요익하지 않은 행은 마음으로부터 일어난다. 이것을 지니는 이유는 만일 보살에게 어떤 사람이 와서 갖가지로 해를 입히고 나아가 팔과 다리를 자르더라도 오히려 그를 해치려는 마음을 내지 않아야 하기 때문이다. 하물며 이것을 가벼이 여겨서야 되겠는가! 만일 그렇게 하지 않으면 보살이 아니다. 모든 장소에 두루하게 큰 인욕을 행하고 만일 다른 이가 갖가지로 해를 입힐 때에는 스스로 이렇게 생각해야 한다.

'내가 전생에 무명의 인연으로 오늘날 고통이 있는 몸으로 태어났구나. 또한 한량 없이 많은 세월 이래로 언제나 남들을 괴롭혔기 때문에 지금 그 업이 익어서 이러한 과보를 받으니 어찌 앞 사람에게 원망할 수 있겠는가!'

이와 같이 갖가지로 바르게 관찰해야 한다.

또한 이렇게 생각해야 한다.

'이 몸은 연에 따라 태어나 자성이 없으며, 나[我]나 남[人]이라고 할 것도 없으니 누가 해치는 자이고 누가 해침을 받는 자인가!'

이렇게 실상을 관하고 그를 해치려는 마음을 내지 않는다. 성내고 분노하는 마음은 온갖 악을 갖추게 한다. 공덕이 몸에 있는 것을 삼마야바게다(三摩耶縛揭多)라 이름하는데 율 가운데에서 대덕존념(大德存念)이라 말하는 뜻도 동일하다.

앞에서 본성(本性)이라 한 것은 성득계(性得戒)이며 아래에서 마음이라 한 것은 마음 따라 변하여 나타나는 법을 말한다. 본성 가운데 언제나 청정이 있으므로 보살은 부진계(不瞋戒)를 반드시 수지해야 한다.

이와 같이 [부진계를 수지하여] 환희하는 까닭에 마음은 언제나 기쁨에 차

있고 고요하며 자비롭고 인내한다. 나라든가 남의 모든 법에 대해 집착하지 않으며 언제나 평등하다. 이 평등이란 바로 원수나 친한 이가 둘이 아닌 것이다. 유익하다거나 무익하다거나 가볍고 무거운 종류의 모든 것이 평등하여서 마음에 늘거나 줄어듦이 없으며 온갖 악한 도구 만들 생각을 일으키지 않고, 언제나 타인을 요익하고 이롭게 하는 행을 한다. 평등하게 세간을 관찰하는 것이 마치 외아들을 보는 것과 같기 때문이다. 이 보살은 바르게 실상을 관하여 이 마음의 본성청정을 비추어 알기 때문이니 『현우경(賢愚經)』[67]에서 설한 것과 같다.

과거에 남방에 사자라 불리우는 왕이 있었는데 그 성(城)의 이름은 풍낙(豐樂)이었고 정법으로 나라를 다스려서 백성들을 해치지 않았다. 그런데 왕국의 법 때문에 성을 나가서 사냥하며 위용을 드러내 보였다. 비록 사람을 해칠 뜻이 없다고 할지라도 국토를 보호하고 만백성을 편안하게 하기 위하여 이웃나라가 덕을 생각하고 위엄을 두려워하게끔 하였다. 그때에 왕이 사냥하다가 달아나는 사슴을 발견하고서 내달려서 쫓아가 산을 넘고 험한 길을 밟으며 사슴에 바짝 다가갔으나 해치려는 마음이 없었기

---

67) 『현우경』 제11권(대정장 4, 425 상)에 다음과 같은 이야기가 나온다. '먼 옛날 아승기겁 전에 이 염부제에 바라내라는 큰 나라가 있었고, 그 나라 왕의 이름은 바라마달(波羅摩達)이었다. 그때에 왕은 네 종류 군사를 데리고 숲 속에 들어가 사냥을 하였다. 왕은 어느 늪 위에 이르러 짐승을 쫓아 홀몸으로 혼자 깊은 숲 속에 들어갔다. 그때 왕은 몹시 피로해 말에서 내려 조금 쉬었다. 그 숲 속에 사는 어떤 암사자는 음욕이 발동하여 그 짝을 찾아다녔으나 끝내 얻지 못하였다. 마침 숲 속에 홀로 앉아 있는 왕을 보고는 음탕한 마음이 더욱 왕성해졌다. 그는 왕을 따르려 생각하고 그 곁에 가까이 가서 꼬리를 위로 들고 섰다. 왕은 그 뜻을 알고 생각하였다.' 이것은 사나운 짐승으로서 힘은 능히 나를 죽일 수 있다. 만일 내가 그 뜻을 따르지 않으면 해를 입을지 모른다.' 왕은 두려움 때문에 그 사자를 따라 일을 치렀다. 사자는 돌아가고 또 여러 군사들도 모여 왔다. 왕은 그들을 데리고 궁성으로 돌아왔다. 사자는 그 뒤로 새끼를 배고 달이 차서 한 아들을 낳았다. 형상은 꼭 사람 같으나 오직 발에 얼룩점이 있었다. 사자는 과거를 생각해 그것이 왕의 아들인 줄 알고, 물고 와서 왕 앞에 두었다. 왕도 생각하다가 전의 일을 기억해 그것이 자기 아이임을 알고 거두어 길렀다. 발에 얼룩점이 있다 하여 이름을 가마사파타[진(晉)나라 말로 박족(駮足)이라는 뜻이다]라 하였다. 아이는 차츰 자라나자 재주와 뜻이 웅장하고 사나웠다. 부왕이 죽은 뒤에 박족이 왕위를 이어 나라를 다스렸다.'

때문에 이미 다가갔으면 단지 그 뿔을 채찍질하였으며 드디어 곧 놓아주었다. 왜냐하면 무예를 보여서 만인에게 위용을 과시하려 하였을 뿐이었기 때문이다. 이미 깊은 산의 아무도 없는 곳에 들어가서 시종도 따르지 않은채 피곤하여 산속에서 쉬고 있었다.

이때 암사자가 한 마리 있었는데 왕의 모습이 훌륭한 것을 보고 음욕이 발동하여 다가와서 위협하며 발정난 모습을 보였다. 왕은 사자가 두려워서 드디어 일을 치루었다. 이때는 겁초(劫初)였기에 짐승들도 사람의 말을 이해할 수 있었다. 그런데 짐승의 암컷으로서 지혜가 있는 동물은 수태(受胎)할 때를 바로 알 수 있었다. 그리하여 왕에게 말하였다.

"내가 이미 왕의 후사를 배었으니 나중에 탄생하게 되면 어떻게 할까요?"

왕이 손에 지니는 인(印)을 남겨두면서 말하였다.

"만일 아들을 낳으면 이것을 묶어서 나의 성문 곁에 두시오."

후에 사자가 아이를 낳으니 몸은 사람과 비슷하였으나 매우 용맹하고 굳세었으니 사자의 성품을 겸하고 있었기 때문이었다. 그 어미사자가 먼저 약속한 대로 밤에 성을 넘어서 왕이 거처하는 문 곁에 두고 사라졌다. 다음날 새벽에 문지기가 이것을 보고 매우 기이한 생각이 들었다.

'사람과 흡사한데 다시 보니 조금 다르구나. 내가 왕에게 아뢰어야겠다.'

문지기가 왕에게 아뢰니, 왕은 묵묵히 생각하면서 말하지 아니하였다. 그러다가 칙령을 내려 자기의 아들로 삼았으며 이름을 사자선노(師子奴善)라 하였다. 왕이 후에 나라의 정치에 싫증을 내고 이로 인하여 나라를 [아들에게] 물려주었다. [왕위를 물려받은 사자선노왕은] 본래 성품이 신선한 고기 먹기를 좋아하였으며 일시에 급하게 요리를 요구하였다. 요리사가 고기를 구하였으나 아직 구하지 못하였는데 방금 죽은 어린아이가 있는 것을 발견하고 곧 죽은 아이를 음식으로 만들어 올렸다는 이야기 등은 『현우경(賢愚經)』68)과 『대지도론』69)에 설한 것과 같다.

이렇게 해서 매일 사람의 고기를 구하게 하였다. 이미 어린 아이를 먹은 것이 5백 명이 넘자 성 안에서는 공공연히 이런 말이 나돌았다.

"야차가 나라에 들어온 것이 틀림없다. 모든 어린 아이들을 경계하고 보호해야 한다."

해가 아직 저물지 않았는데도 [어린아이들을] 모두 방으로 데리고 들어가 매우 엄중하게 지켰다. 요리사가 어린아이를 구하였으나 얻지 못하자, 대신 등의 집에 가서 어린아이를 잡아오니 또 5백 명이 사라졌다. 나중에 한 번은 [요리사가] 죽은 어린아이를 끌고 가는데 팔찌가 요리사의 손 위에 있었으며, 다른[70] 사람이 이것을 알아채고는 요리사를 잡아다 묶었다.

"누가 잡아가는가 했더니 바로 이 사람이 어린아이를 훔쳤다. 지금까지 잃어버린 아이는 이 사람의 훔쳐간 것이 틀림없음을 알아야 한다."

그러자 요리사가 머리를 수그리며 말하였다.

"왕이 시킨 일이지 저의 허물이 아닙니다."

[전후 사정을 알게된] 신하들이 부왕을 찾아가 아뢰었다.

"지금 이 태자는 마치 짐승의 성품이 있는 것 같습니다. 짐승의 성품을 지닌 자가 나라의 주인이 될 수는 없습니다. 바라오니 부왕께서 직접 나라를 다스리소서."

부왕이 말하였다.

"내가 이미 관정(灌頂)하여 그에게 왕위를 넘겨주었는데 어떻게 이것을 뺏으란 말이오."

신하들의 청을 받아들이지 않자 신하들은 드디어 왕을 살해할 계획을 세웠다. 왕은 이러한 일을 알아채고 날카로운 칼을 지니고서 달아나 산속에 숨었다. 처음에는 죽은 시체를 가져다 태워서 먹었고 후에는 점차로 사람을 먹었으며 나아가 [자기의] 왕자 5백 명을 데려다가 언제나 고기를 구하여 왕자들에게 먹이고 계속하여 가져다 먹였다. 이때에 백성들은 그

---

68) 『현우경』 제11권. 앞과 같다.

69) 『대지도론』에는 이러한 이야기가 없다.

70) 『소』에는 '見'으로 되어 있으나 내용상 바꾸었다.

의 아우를 왕으로 세우고 선노(善奴)라 이름하였다. 새 왕은 백성들을 사랑하며 은혜로써 화합하고 정법으로 정치하였다. 뒷날 네 명의 범행을 하는 수행자가 와서 선법(善法)을 상신하였다. 왕이 생각한 뒤에 말하였다.

"이 사람이 나를 이롭게 하는 것이 적지 않구나. 반드시 뒤에 갚아야 하는데 그에게 줄 것이 없으니 나가서 사냥하여 구하겠다."

그러자 신하들이 간언하였다.

"짐승 같은 [사자]왕이 근처 산 속에 있습니다. 혹시 왕에게 해를 끼칠 수 있으니 나가지 마십시오."

왕이 생각하더니 말하였다.

"나는 모든 이들을 이롭게 하고자 몸을 아까워하지 않는다. 그가 지금 만일 나를 잡아먹는다면 오히려 나의 본원을 채우는 것이다."

그리고는 드디어 숲 속에 이르렀다. 그 형이 되는 짐승같은 왕이 동생이 나왔다는 말을 듣고 곧 달려와서 잡아먹으려 하였다. 매우 사나웠기 때문에 [왕을 시종하던] 모든 수녀(綏女)들이 다 흩어져 달아났으며, 왕이 사로잡히게 되었고 슬퍼 통곡하기에 이르렀다고 하는 등은 『대지도론』에서 설명한 것과 같다.

[선노왕은] 아직 네 명의 범행자에게 은혜를 갚지 않았다는 뜻을 [사자왕에게 말하였고] 돌아올 것을 약속하자 [사자왕은 선노왕을] 놓아주었다.

선노왕이 가면서 말하였다.

"당신이 피운 불이 꺼지기 전에 반드시 돌아올 것입니다[사자왕이 먼저 장작을 태워서 연기 솟아오르는 것이 끝나기를 기다려 선노왕을 구워 먹으려 했다]."

사자왕은 이렇게 생각하였다.

'어떤 법이길래 이렇게 행하는가? 그래서 신명조차 아끼지 않고 돌아오려고 할까?'

이로 인하여 [사자왕이 선노왕에게] 물었다.

선노왕이 곧 불살생 등의 행을 찬탄하고 법다웁게 자세하게 설명해주었다. 사자왕이 사납고 악하다고 할지라도 혜의 성품이 있었기에 듣고나서 곧 이해하며 일찍이 없었던 것을 얻은 다음에 생각하고서 말하였다.

"당신은 곧 나의 스승입니다. 바라는 원이 무엇입니까?"

선노왕이 말하였다.

"그대는 지금 숲과 들 가운데 있어서 마치 맹수와 같으니 어떻게 원을 채울 수 있겠습니까?"

사자왕이 답하여 말하였다.

"저는 스승의 은혜를 생각할 줄 압니다. 반드시 갚고자 하니 꼭 말해주십시오."

선노왕이 말하였다.

"만일 저의 원을 구하신다면 제 마음 속에 품은 것은 오직 불살생에 있습니다. 원하는 것은 이것 뿐입니다."

사자왕은 곧 이것을 받아들여서 다시는 다른 이의 목숨을 해치지 않기로 맹세하였다. 또 5백의 왕자를 놓아주는 선한 법을 닦았다. 놓아주고 나서 선노왕과 함께 나라로 돌아왔다. 선노왕은 그가 이미 선한 행을 했다는 것을 알고 다시 왕으로 추대하여 정법으로 세상을 다스리게 하고 자신은 출가하였다.

보살은 이와 같은 두려움 속에서 오히려 성내지 않으며 그에게 이익하게 하는 행을 짓는다는 것을 알아야 한다. 하물며 그밖의 일이겠는가! 이와 같은 이야기는 『본생경』 등에서 자세하게 설명하고 있다.

제10 사견계(邪見戒)에 대해 설명하겠다.

"비밀주여. 보살은 삿된 견해를 멀리 여의고 바른 견해에서 머물며 내세(來世)를 두려워하지 말고, 해치지 말며[71] 악이 없고[72] 아첨하지 말아[이것은 수번뇌(隨煩惱)이다. 동쪽을 물으면 서쪽을 답하고 서쪽을 물으면 동쪽이라 말하는 자이니 이것을 살펴서 여쭈어라.] 그 마음을 단정하고 곧게 해서 불법승에 대하여 그 마음이 분명해야 한다. 왜냐하면 비밀주여. 삿된 견해[73]는 가장 큰 허물로서 보살의 온

71) 이하에 난탈이 있어 바로잡는다.
72) 본문에서는 무곡(無曲)이라 하는데 곡(曲)이란 악을 말한다.

갖 선근을 끊기 때문이다. 이것은 모든 선하지 않은 법의 어머니라 한다. 이 까닭에 비밀주여. 아래로는 익살스러운 인연에 이르기까지 삿된 견해의 인연을 일으키지 말아야 한다."[74]

이것은 제10의 계상(戒相)이다.

경에서 지사견계(持邪見戒)라 하는 것은 무엇인가? 사견은 착하지 않은 것의 근본이므로 이 사견을 없애어 계를 지니는 것을 지사견계라 말한다. 앞의 아홉 계와 마찬가지로 여기에도 예를 들어서 지불살계(持不殺戒)라 말하는 것을 알 수 있고 나아가 지살계(持殺戒)라 하는 것도 역시 여기에 준하여 설한 것이다.

"삿된 견해"란 각각 그 본법 가운데에서 [인과의] 이치를 보는 데에 올바르지 않으며 삿된 도에 따르는 것 모두를 말한다. 이 삿된 견해는 삼세의 선을 해치는 근본이다. 말하자면 과거의 행업(行業)에 말미암아서 금세의 오음(五陰)에 의지하는 과가 있다. 다시 금세의 행업에 말미암아서 미래의 과보가 있다. 먼저 이 인연의 법을 아는 것에 말미암아서 무상(無常) · 무아(無我) 등의 가르침에 들어갈 수 있다. 이 무상 · 무아의 지혜로부터 법공(法空)의 여실한 모습에 들어갈 수 있다. 이 세간의 바른 인과를 떠나서 밖에 따로 정견(正見) · 정혜(正慧)가 없다는 것을 알아야 한다. 만일 결과도 없고 원인도 없다고 말하면 곧 삼보(三寶) · 사제(四諦)의 법을 무너뜨린다. 삼보 · 사제의 법을 무너뜨리게 되면 사사문과(四沙門果) 등 모든 성법(聖法)과 세간 · 출세간의 선법이 있을 수 없다. 지금 세간 · 출세간의 인과를 완전히 없앤다면 이것은 바로 외도의 종(宗)에서 헤아리는 것이 된다. 반드시 정견에 머물러야 하니 곧 앞의 삿된 견해를 뒤집어서 분명하고 바르게 인과(因果)[75]의 진실한 진리의 법을 신봉해야 한다. 진리란 바로 여래의

---

73) 십선계중에서 한 가지 계를 범할지라도 나머지 계를 범하지 말아야한다. 그런데 삿된 견해를 가지게 되면 모든 계를 범하게 되는 것이다.

74) 이하에 난탈이 있으며, 또한 다음의 문장이 중복되어서 생략하였다. '復次秘密主. 菩薩捨離邪見. 彼正見他世見. 無害無曲無幻. 端直佛法僧心性決定. 是故秘密主邪見離. 諸過菩薩一切善根斷轉母等. 如是一切是不善諸法. 是故秘密主. 乃至戲笑觀看亦不起邪見.'

진실한 구절이다. 만일 이것을 비방하면 곧 모든 선을 없애는 것이다.

무해(無害)의 해(害)에서 해는 [성냄이라는] 번뇌의 지분을 말한다. 이것에 말미암아서 모든 선을 장애하게 된다. 모든 선을 장애하므로 해(害)라 이름한다. 다음에 이것을 돌려 해석하여 '어떠한 것이 무해(無害)인가 하면 무곡(無曲)을 말한다'라고 한다. 곡(曲)이란 바로 삿된 견해이다. 마치 뱀이 아직 죽통(竹筒)에 들어가지 않았는데도 기어가는 것이 구부러진 것과 같다. 보는 마음도 역시 이러하니 만일 아직 제법실상의 도 가운데에 들어가지 않았다면 구부러져서 바르지 않다.

다음에 또 돌려 해석한다. 어떠한 것이 무곡(無曲)인가 하면 환상 등과 같은 것을 말한다. 이 마음의 실상을 관하니 연에서 생겨나는 것이 마치 환상과 같다. 그 실상에 도달함으로써 익살을 떠난다. 익살을 떠난다는 것은 바로 환상이 없음이다. 만일 이와 같으면 바로 곧은 마음에 머물러 삼보의 경계에서 마음이 항상 분명하다.

"분명해야 한다"는 것은 삼보에 귀명하는 것을 말한다. 실상의 곧바른 도에 들어감으로써 곧 삼보 가운데에서 언제나 분명한 성품을 얻는다. 이러한 까닭에 모든 보살을 권하여 이 온갖 허물의 근본을 떠나게 한다.

"선하지 않은 법"이란 모든 선법을 없애는 근본이다. 선법으로써 보살은 계를 지니어 이 허물과 악을 여의어야 한다.

"바꾼다"는 것은 악을 바꾸어 선을 삼는 것으로 경에서 설명한 것과 같다. 만일 무명을 바꾸면 곧 변하여 명(明)이 되며, 지금의 삿된 견해도 역시 이와 같아서 전체를 드니 바로 혜의 성품이다. 만일 바꾸어서 바르게 한다면 이것이 바로 정견이다. 성문(聲聞)이 모든 번뇌를 싫어하여 따로 성스러운 법을 구하는 것과는 같지 않다. 불선도 역시 이러하다. 이 선한 성품을 바꾸어 불선으로 삼으니, 물을 얼려서 얼음으로 만드는 데에 다른 성품이 없는 것과 같다.

75) 인(因)은 집도(集道), 과(果)는 멸도(滅道)이다.

"어머니"란 생겨나게 한다는 뜻이다. 삿된 견해에 말미암아 온갖 불선법을 생겨나게 하는 것이 마치 어머니와 같음을 말한다. 미치 실담(悉曇)의 자모(字母)가 모든 글자를 생기게 하는 것처럼 삿된 견해도 역시 그러하여 모든 불선을 생기게 한다. 이러한 뜻이기에 보살은 익살스럽게 바라볼지라도 삿된 견해를 일으켜서는 안된다. 요점을 들어서 말하면 일념이라도 이 삿된 견해의 계를 범하려는 마음을 내어서는 안되는데 하물며 많아서야 되겠는가! 예컨대 성문경[76]에서는 익살스러운 말 등이 학처를 범한 것이 아니라 하는데 여기에서는 그렇지 않다. 즉 익살 가운데에서 삿된 견해 등의 일을 짓는 것은 안된다. 하물며 생각하는 업이겠는가! 그러나 보살에게는 혜방편이 있으므로 곧 모든 견해에서 흔들림 없이 삼십칠조도품을 닦고 삿된 모습에 즉하여 바른 모습으로 들어간다. 왜냐하면 중생은 무시 이래로 대부분 이 법을 익혀왔으므로 갑자기 바르게 하기가 어렵기 때문이다. 마치 저 어진 의원이 먼저 그의 사업에 동참하다가 나중에 그의 권리를 뺏는 것과 같다. 『열반경』[77] 등에서 설명한 것과 같다.

---

76) 『사분율(四分律)』 제20권(대정장 22, 702 중). '익살스러운 말을 하면서 재가자의 집에 들어가지 말지니, 이것은 식차가라니(式叉迦羅尼)의 법이다. 비구의 정의는 이와 같고, 익살스러운 말을 한다 함은 이빨을 드러내면서 웃는 것이다. 만일 비구가 고의로 익살스럽게 하면서 재가자의 집에 들어가면 참회하여야 할 돌길라(突吉羅)를 범하게 된다. 고의로 하였다면 위의답지 않은 돌길라를 범하거니와 고의로 하지 않았다면 가벼운 돌길라를 범한다. 비구니는 돌길라요, 식차마나와 사미・사미니도 돌길라이니, 이것들은 범하는 것이고, 범하지 않는다 함은 그러한 병이 있거나 입술이 아파서 이를 가리지 못하거나 법문을 생각하다가 기뻐서 웃을 때에는 범한 것이 아니다.'

77) 『대반열반경』 제2권 「수명품」(대정장 12, 378 상중하). '어떤 임금이 어리석어 지혜가 없었고, 또 어떤 의사도 성품이 미련하였는데 임금은 그것을 분별하지 못하고 녹을 후하게 주면서 모든 병을 다스리게 하였더니, 그 의사는 한 가지 우유약만 쓰면서 병이 생긴 원인을 알지 못하며, 무슨 병이든지 우유약만을 먹게 하건마는 임금은 그 의사가 우유의 좋고 나쁜 것을 분별할 줄 모르는 것도 알지 못하였다. 그런데 한 명의가 있어 여덟 가지 의술에 통달하여 가지각색 병을 분명하게 치료하면서 여러가지 방문과 약을 잘 아는데 먼 나라로부터 오게 되었다. 이때 그 전 의사는 이 손님에게 물으려고는 하지도 않고 제가 잘난 듯이 업신여기는 마음만 내었으나 그 명의는 일부러 그 전 의사에게 청하여 스승이 되어 달라 하면서 의술과 방문의 비법을 묻고 말하되, "나는 지금 당신을 선생으로 섬기려 하오니 저에게 잘 가르쳐주십시오." 옛 의사는 "그대가 나를 위하여 48년 동안만 섬기면 그 뒤에 가르쳐 주리라"하므로 그 명의는 "그리하

또한 『보살장회(菩薩藏會)』[78]의 본생(本生) 중에서 설명한 것과 같다.

과거에 바라나(波羅奈)라고 이름하는 성이 있었으며 그 나라의 왕은 범시(梵施)였다. 그런데 이것은 구원겁(久遠劫)의 일이다. 지금 성의 이름은 바로 저 옛날 땅의 명칭이다. 세계 가운데에는 옛 땅의 이름을 되돌아보고 [옛이름을 현재의] 본명으로 삼는 경우가 자주 있다는 것을 알아야 한다. 그런데 최근에도 바라나라 이름하고 왕도 역시 범시라 하였다. 옛 것과 동일한 명칭이다.

그때에 저 왕의 대신인 바라문에게 한 아들이 태어났다. 그 아들이 태어날 때에 허공 사방에 떠있는 구름의 색은 청·황·적·백이었으며, 각기 하나의 방향에서 비단같이 두루 펼쳐져 있었다. 나아가 염부제에도 두루하였으며 가랑비를 내렸다. 바라문의 법에서는 아들을 낳게 되면 반드시 천계의 선인이나 성인의 지혜를 지닌 사람을 청하여 먼저 관상을 보게 하고 이로써 이름을 짓게 한다. 이때에 대신이 한 분의 선인을 청하여 그 아들을 보게 하자 선인이 물었다.

"이 아들이 태어날 때에 어떠한 상서로운 모습이 있었으면 이것을 바탕으로 삼아 이름을 지어야 합니다."

겠습니다. 나의 능력을 다하여 보필하겠습니다."라고 하였다. 그런 뒤에 예전 의사는 손님의사를 데리고 임금께 가서 보이었다. 그때 손님 의사는 임금에게 여러가지 의술과 방문을 말하고 다른 기술도 설명하면서 "대왕은 잘 살피십시오. 이 법은 이러하게 나라를 다스리는 것이요, 저 법은 저러하게 병을 다스리는 것입니다"라고 하였다. 그때 임금이 그 말을 듣고는 비로소 예전 의사가 미련하여 지혜가 없음을 알고 곧 국경 밖으로 쫓아내어 버렸다. 그런 뒤에 손님의사를 갑절이나 더 공경하였더니, 손님의사는 생각하기를 이때야 말로 임금을 잘 지도할 시기라 하고 이렇게 말하였다. "대왕께서는 나라 안에 명령을 내리시어 이제부터는 예전의사가 쓰던 우유약을 먹지 말도록 하십시오. 그 이유를 말하오면 그 약이 독하여서 해가 많은 까닭입니다." (…중략…) 그때 손님 의사는 맵고 쓰고 짜고 달고 시고 한 여러 가지 재료로 약을 지어서 모든 병을 다스리니 모든 병은 낫지 않는 것이 없었다. (…중략…) 그리하여 임금과 백성들이 모두 즐거워서 손님의사를 공경하며 공양하면서 모든 병자들이 우유약을 먹고 병이 쾌차함과 같으니라.'

78) 『대보적경(大寶積經)』 제35권부터 제54권에 걸쳐 설명하는 보살장회(대정장 11, 195 이하)를 말한다.

그러자 아버지가 앞에서 일어난 상서로운 일을 이야기하였다. 선인이 말하였다.

"우리의 베다경전 중에는 태어날 때에 이러한 모습이 있는 자는 반드시 네 베다경전에 통달하여 법의 흐름을 멀리 퍼지게 하고 사방으로 펼치니 이로 인하여 이름하길 경운(慶雲)이라 합니다. 그런데 대신께서 속한 종족의 사람으로서 네 베다경전을 학습하면 마납바(摩納婆)의 종(宗)이므로 본종에 의거하여 마납바라 부릅니다. 이 어린아이는 점점 나이가 들면 그 업을 받아 익히고, 사명(四明)의 종지(宗旨)에서 훤하게 알지 못하는 것이 없을 것입니다."

[어린아이는 나이 들어 사명의 종지를 배운 다음에] 이렇게 생각하였다.

'오직 이해만 하고 도리의 이익을 얻으려 하는 것이 아니라 반드시 가려 생각하여 이를 행해야겠구나. 이 [네 베다의] 문장의 위아래의 종지(宗旨)를 찾아 구하는데에 어떤 법에 의거하여야 벗어날 수 있겠는가?'

왜냐하면 이 어린아이는 과거생에 덕의 근본을 심어 오래도록 혜의 성품을 도왔으므로 다른 견해를 가진 외도의 종에 태어난다 할지라도 스스로 이 깨달음의 마음을 일으킬 수 있었다. 그러나 낱낱이 [바라문의] 경종(經宗)을 찾아 구하였지만 단지 범천에 태어나는 것 뿐이고 출세간의 도가 없으므로 아버지에게 물어보았다.

"지금 익히는 것 중에는 아직 출세간의 도가 없습니다. 다시 어떤 법이 있어서 더욱 뛰어난 가르침을 닦을 수 있겠습니까?"

아버지가 말하였다.

"나의 조상에게서 상승받아온 이래 오직 이 법이 가장 훌륭한 것이다. 또한 이것은 범왕이 설한 것으로 오직 도를 행하는 것이다. 어떻게 다시 뛰어난 법을 구할 수 있겠느냐?"

아들이 다시 생각하더니 말하였다.

"지금 배우는 것이 아직 끝나지 않았는데 어찌 게을리하겠습니까만 반드시 더욱 뛰어난 혜를 구하고자 합니다."

아버지가 말하였다.

"내가 듣기에 눈덮힌 산속에 큰 선인이 계시는데 네 가지 베다 외에도 따로 깊은 뜻을 결택(決擇)함이 있어서 계책바(計磔婆)[이것은 문답수심(問答隨心)이라 이름한다]라 한다. 이것은 수(數)를 말하며, 따라서 이 선인을 계책바 선인이라고 이름한다."

"제가 지금 가서 그분께 여쭙겠습니다."

아버지가 말하였다.

"이 선인이 사는 곳은 험난하여 사람의 발자취가 이를 수 있는 곳이 아니다. 어떻게 갈 수 있겠는가?"

이때에 아들이 가려는 마음을 그치지 않고 찾아서 그를 방문하였다. 그때에 모든 천신이 이 [마납바]동자가 반드시 많은 사람들을 이롭게 할 것이므로 이로 인하여 함께 가지(加持)하니 드디어 선인이 머무는 곳에 도달하였다. 그 선인은 이 동자가 기특하여서 보통사람을 초월하는 표상(表相)이 있음을 보고 먼저 그 뜻을 물어보고 그를 가까이 앉게 하였다. 그때에 그 선인에게는 5천 명의 선인이 있었는데 [오히려 처음 온 이 동자를] 상수로 삼았으며 언제나 깊은 법을 연설하였다. [선인은] 곧 동자에게 물었다.

"무엇에 말미암아 여기까지 왔는가?"

동자가 구체적으로 지난 일에 대해 대선인에게 말하였다.

"저는 인간세계에서 이 네 가지 베다를 배웠습니다만 아마도 잘못 이해한 것이 있어서 본지와 부합하지 않는 것 같습니다. 청하오니 선인께서는 부연하여 설명해주십시오. 오직 대선인께서만이 인허(印許)하실 수 있습니다."

그때 곧 [동자가 자신이] 이해한 것을 자세하게 말하였다. 그러자 대선인이 찬탄하며 말하였다.

"이 동자가 깨우친 혜(慧)는 보통 사람을 넘어서지만 아직 내가 이해한 것까지는 미치지 못하였다. 그러나 동자가 말한 출세간의 도는 내가 직접 범왕에게서 들은대로 말하면 어떤 대선인이 계셔서 반드시 세간을 초월하여 일체지자(一切智者)이며 견자(見者)라 불린다고 하는데 오직 그 분께서만 이 법을 연설하실 수 있으며 우리들의 뜻으로 미칠 바가 아니다."

그리고 [선인은] 분별의 종지를 이해한 대로 구체적으로 [동자에게] 가르쳐 주었다.

이때에 동자가 선세에 지은 선근 덕택에 지금 일체지의 명칭을 듣고 일찍이 없었던 것을 얻었으며 깊이 스승의 은혜를 입고 나서 그 은혜를 갚으려고 생각하였다. 그런데 범지(梵志)들이 스승의 은혜를 보답하는 법은 반드시 사슴가죽옷의 황(黃)을 가지고 범연(梵綖)으로 삼고 5백냥의 금전(金錢)을 준비하는 것이다. 이것들을 갖추려고 생각한 뒤에 찾아 구하려고 하였다. 그 동자는 남방에 왕이 되려고 하는 자가 있는데 위덕을 보이고자 하며 관정의 위를 받고자 널리 범행자에게 보시한다는 말을 듣고서 그를 찾아가서 [사슴가죽옷과 5백냥의 금전을] 구하고자 하였다. 그렇지만 그에게 먼저 찾아온 범지 등이 있어서 왕에게 양·말 천마리와 인부 천 명을 준비하게 하고, 죽여서 위엄을 보이고 이것들을 사용하여 관정을 행하게 하며, 명칭이 멀리까지 퍼지기를 기대하였다. 마납바동자가 나중에 이르렀을 때에 왕은 그 동자의 이름을 듣고서 크게 환희하였다.

"나는 장차 왕이 되고자 합니다. 이러한 현인을 만나니 매우 길상합니다."

그리고는 곧 이끌어 귀한 손님으로 삼고 함께 의법(儀法[79])을 정하게 하였다. 동자가 모든 바라문을 불러서 하나하나 끝까지 물었다.

"지금 이 살생의 제사[80]는 어떠한 글에 근거하였습니까?"

그 실상을 조사하여 고통이라는 결론에 도달하자 그들을 모두 이치로 굴복시켰다.

이 일로 인해 [마납바동자가] 왕에게 말하였다.

"이 관정의 법은 참된 도가 아닙니다. 왕께서는 하루 동안에 네 개의 성문에 온갖 공양구를 준비하여서 와서 구하는 자에 따라 모두 공양구를

---

79) 관정의 의식작법이다.

80) 양·말·사람을 살해하는 것이다.

보시하도록 하시면 그 복이 무량하고 명칭도 멀리까지 퍼질 것입니다."

왕도 역시 먼저 심은 선근이 있었으므로 듣고 나고 곧 이해하며 공손히 그 가르침에 따랐으며 후하게 사례하였다. 동자는 단지 5백냥의 금전과 사슴가죽의 실만을 가지고 곧 떠났다. 도중에 보정성(寶定城)에 이르렀는데[이 성은 간다라(揵馱羅)국의 국경과 가깝다] 그 나라의 왕은 군승(軍勝)이라 하였다[전쟁하면 반드시 승리하기에 이렇게 이름하였다]. 연등불께서 처음에 세상에 나오셨을 때에 성과 마을을 장엄하게 장식하고 연등불을 환영하고자 하여 네거리 길을 청결하게 하고 갖가지 꽃과 향을 뿌렸는데 매일매일 특별하게 다른 모습이었다. 동자가 보고 나서 어떤 사람에게 물었다.

"어찌하여 이와 같습니까? 제가 왔기 때문에 이러한가요? 아니면 다른 이유가 있어서 그렇습니까?"[이때 이미 동자의 명성이 멀리까지 퍼져서 머무는 곳마다 후하게 접대하고 공경하기에 스스로 의아해하며 물은 것이다].

성에 사는 사람이 대답하였다.

"어떤 부처님께서 세상에 오셨는데 연등(燃燈)이라고 부르며 [그 부처님을] 왕께서 영접하려고 하신 것뿐입니다."

동자는 부처님의 명칭을 듣고 마음이 밝아지며 크게 기뻐하였다.

'지금의 이 명호는 이미 베다경전에 나오는 명호이다. 대선인께서 말씀하신 분이 아닐까?'

그리하여 받아두었던 재물을 써서 공양할 물건을 찾았으며, 가서 부처님께 바치려고 하였다. 그때 천마가 그의 마음이 광대하여 한량 없이 많은 중생들을 이끌어서 자기[천마]의 세계를 벗어나게 할 것이 두려워 모든 사람을 가려서 팔 물건이 없게 하였다. 이때 어떤 여인이 있었는데 선세에 지은 복이 있었으며 동자와 아주 오랜 인연이 있었으므로 천마가 가릴 수 없었다. 동자가 [이 여인을 보고] 꽃을 팔 것을 요구하였다. 그러자 [여인이] 답하여 말하였다.

"저는 부처님께 이 꽃을 바치려고 합니다. 설령 한 송이 꽃에 백냥의 금전을 주셔도 팔 수 없습니다."

동자가 말하였다.

“그대가 이미 값을 정해놓았으니 백냥으로 한 송이 꽃을 사겠습니다. 즉 다섯 줄기에 5백냥의 금전을 내놓겠습니다.”

여인이 곧 요구조건을 들며 말하였다.

“그래도 팔 수 없습니다. 그러나 당신이 만일 세세생생에 저의 남편이 되어주신다면 기꺼이 팔겠습니다.”

동자가 깊이 생각하였다.

‘여인이란 보살의 도를 방해하는 존재이다. 내 차라리 이 꽃을 사지 않으련다.’

그리하여 [동자는 공양물] 찾는 것을 그만두고 떠나려 하였다. 그러자 여인이 말하였다.

“저는 반드시 세세생생에 참된 [성불의] 도를 이루는 것을 도와드릴 것이며 절대 [당신이 행하는 보살도에] 장애가 되지 않겠습니다.”

그 다음은 경 · 율에서 설한 것과 같다. 그리하여 [동자와 여인은 모두 일곱 송이의] 꽃을 가지고 부처님 계신 곳에 이르러 꽃을 뿌려 공양드리자 허공에서 덮개가 되어 부처님을 따라 성안에 들어갔다. 동자는 일찍이 없었던 것을 얻었으며 부처님께서는 그를 위하여 법을 설하셔서 깊은 법의 이익을 얻게 하셨다.

또 도로의 진창길에서 사슴가죽옷을 덮어서 부처님께서 밟고 지나시게 하려 하였다. 마왕이 다섯 번이나 사슴가죽옷을 걷어내면서 말하였다.

“동자여, 그대가 행하는 것이야말로 참된 도이다. 모든 세간에서 그대가 최상이다. 어찌하여 자신의 참된 도를 버리고 사문의 삿된 도의 법을 배우려하는가?”

그러나 동자는 끝내 개의치 않았다. 앞에 좁은 길이 있었는데 진창이었다. 부처님께서 반드시 통과하여야 하였으므로 오실 때에 맞추어서 사슴가죽옷을 펼치고 머리털로 덮어서 진창을 덮어서 부처님께서 밟고 지나시게 하였다. 뒤따르던 제자들이 부처님을 따라 지나려고 하자 부처님께서 말씀하셨다.

"멈추어라. 멈추어라. 이 [사슴가죽옷과 머리털로 진창을 덮은 자는] 대심(大心)을 지닌 자이다. 너희들이 이것을 밟으면 너희들의 큰 복을 무너뜨릴 것이다."

부처님께서는 이 일로 인하여 [마납바동자의] 정수리를 쓰다듬으시며 수기를 주셨다. 이때에 곧 시방의 각기 갠지스강의 모래알처럼 많은 불국토를 보니 [그 불국토마다] 모두 [부처님께서 동자의] 정수리를 쓰다듬으시며 수기를 주셨다. 동자는 곧 보살의 제9지에 올랐다. 이때에 한량 없이 많은 백천의 천·인 대중들이 이 일대사의 인연으로 말미암아 모두 삿된 견해를 버리고 바른 도에 들어서게 되었다.

이것이 바로 보살의 혜방편을 보인 것이다. 먼저 사도에 들어감을 보이고 그 종지를 끝까지 궁구한 뒤에 방편으로 마음을 돌려서 저 한량 없이 많은 동류(同類)들을 이끌어들이므로 '혜방편을 구족한다'고 이름한다. 반드시 경전[81]을 살펴서 구체적으로 설명해야 한다.

"이때에 집금강비밀주가 부처님께 말씀드렸다.

세존이시여, 원컨대 십선도계(十善道戒)의 극근(極根)[82]을 끊는 단(斷)을 설해 주십시오."

풀과 같은 것은 끊어도 다시 자란다. 만일 타라(多羅, tāla)[83]를 끊으면 다시 생기지 않으므로 극단(極斷)이라 이름한다. 이것은 계의 공력(功力)을 설명한 것이다.

"어찌하여[84] 보살은 왕의 지위에 있으면서 궁전에서 부모와 처자와 권속에 둘러싸인채 자재하게 처하며 천계의 묘한 즐거움을 받으면서도 허물이 생기지

81) 『사분율』 등의 율과 그밖의 경들을 가리킨다.

82) 지극히 악한 것의 근본이 된다는 뜻으로 이것은 사견을 가리킨다.

83) 『오분율』에서 바라이(波羅夷)에 대한 네 가지 다른 명칭 가운데 세 번째 명칭이다. (대정장 22, 4 하). '바라이(波羅夷)란 타법(墮法)이라 이름하며, 악법(惡法)이라 이름하며, 단두법(斷頭法)이라 이름하며, 비사문법(非沙門法)이라 이름한다.'

84) 이하에서 오계(五戒)를 설한다.

않습니까?"

이와 같은 말씀드리자 부처님께서는 집금강비밀주에게 말씀하셨다.

"훌륭하구나. 훌륭하구나. 비밀주여. 잘 듣고 이를 잘 생각하여라. 내가 지금 보살의 비나야(毘奈耶)의 확고한 선교(善巧)를 설하리라. 비밀주여. 보살에는 두 가지 부류가 있음을 알아야 한다. 무엇이 두 가지인가? 이른바 재가(在家)와 출가(出家)이다. 비밀주여. 그 집에 머무는 보살은 오계(五戒)의 구절을 받아지니고 왕위에서 자재하여 갖가지 방편으로써 때와 장소에 따라 자재하게 섭수하여 [때와 장소에 따라 자재하게 이것을 지어서 삿된 견해를 보여서 큰 삿됨을 다스리는 것과 같은 것들이다]. 일체지를 추구한다. 이른바 방편을 구족하여 춤추는 재주나, 천사주(天祠主) 등 갖가지 기예를 시현한다. 그 방편에 따라 사섭법으로써 중생을 섭수하여 모두 무상보리에 뜻을 두고 구하게 한다. 이른바 불살생명계(不殺生命戒)와 불여취(不與取)와 망어(妄語)와 욕사행(欲邪行)과 삿된 견해 등[을 갖지말라는] 계를 수지하는 것이다. 이를 재가의 오계구(五戒句)라 이름한다. 보살은 설한 대로 훌륭한 계를 수지하여 부지런히 수학하여야 하며, 옛적의 모든 여래의 학처에 수순하여 유위계(有爲戒)에 머물지라도 지혜방편을 구족하면 여래의 위가 없으며 길상한 무위(無爲)의 계온(戒蘊)에 이를 수 있다."

이것은 옛적의 모든 부처님을 따라 학습하신 것을 말한다. 학습이란 혜학(慧學)이다. 그래서 얻었다고 말하였다.

이상으로 십계의 상에 대한 설명을 모두 마친다.

"금강수가 부처님께 말씀드렸다.

원컨대 십선도계의 극근(極根)을 끊는 단(斷)을 설해주십시오.

어찌하여 보살은 왕의 지위에 자재하게 있으면서 궁전에서 아들딸과 친속과 부모에 둘러싸인채 천계의 묘한 즐거움을 받으면서도 허물이 생기지 않습니까?"

이 가운데 질문하는 뜻은 다음과 같다.

'다시 어떤 법이 있어서 이 계의 근본을 없애고 선법을 생기지 않게 합니까?'

"극(極)"이란 바로 모든 선을 전부 끊는 것을 말한다.

또 질문하는 뜻은 다음과 같다.

'어떻게 세간의 법 가운데 처하면서도 물들지 않을 수 있습니까?'

부처님께서는 칭찬하신 다음에 "잘 듣고 이를 잘 생각하여라" 하시고서 곧 말씀하셨다.

"보살이 [세간을] 조복하는 것과 확고한 선교(善巧)"라 하는 데에서 확고하다는 것은 무엇인가? 모든 악은 자신을 해치며 모든 선법은 다 저 [자성청정]에 말미암아 생겨난다. 즉 자성의 선(善)을 말한다.

"보살에는 두 가지 부류가 있으니 재가와 출가이다. 만일 집에 머물면서 오계의 구절을 받아지니고."

앞과 같이 왕위에 자재하게 되면 보살도 행하는 것을 방해하지 않는다. 이 다섯 가지 일로써 하기 때문이다. 그런데 보살은 중생을 위하기 때문에 언제나 반드시 세간에 머물러야 하며 반드시 계방편을 가지고서 그 선을 없애게 하지 말아야 한다.

"갖가지 방편으로써 때와 장소에 따라 자재하게 섭수하여 일체지를 추구한다. 이른바 방편을 구족하여 춤추는 재주나, 천사주(天祠主) 등 갖가지 기예를 시현한다. 그 방편에 따라 사섭법으로써 중생을 섭수하여"라 하는 것은 경문이다. "때"란 적당한 때인가 적당하지 않은 때인가를 관찰하여 [적당한 기회를] 잃지 않는 것으로 바닷물의 조수[가 일정한 시간에 들어오고 나가는 것]과 같다. "장소"는 장소에 따라 어떤 법을 써야 도에 들어갈 수 있는지 세계실단(世界悉檀)[85]에 따른다. 방편혜를 구족함으로써 갖가지로 자재하게 베풀고

85) 실단(悉檀)은 산스크리트로 siddhānta, 의역하여 성취(成就)·종(宗)·이(理) 등이라 한다. 부처님께서 중생을 교화하여 이끄는 교법을 네 개의 범주로 나눈 것이다. 즉 세계(世界)·각각위인(各各爲人)·대치(對治)·제일의(第一義) 등의 사실단(四悉檀)이다. 간략하게 사실(四悉)이라고도 한다. ① 세계실단(世界悉檀)은 바로 세간의 법에 수순하여 인연화합의 뜻을 설한다. 또한 세간의 일반적인 사상·언어·관념 등의 사물(事物)로써 연기의 진리를 설명한다. 예컨대 인류는 인연화합하여 존재하므로 실체가 아니라고 하는 것과 같다. 사람이라는 존재는 본시 세속의 견해이므로 세속의 법에 적합하게 설하여 대중들에게 수순하여 범부로 하여금 기쁘게 해서 세간의 바른 지혜를 얻게 하

중생을 섭수하여 일체지에 머물게 한다. 저 방편이 없는 오계가 단지 자신을 구속하고 자기만을 구하는 것과는 같지 않다. 이익을 관찰하여 모든 중생들을 섭수하고자 갖가지 도에 들어가며, 나아가 그와 함께 자신도 천신을 모시는 사당에 들어가 그가 학습할 때에 함께 학습한다는 것을 보여주고 점차로 바른 견해로 그를 이끈다. 이와 같은 등의 방편은 끝이 없으므로 얻는 이익도 제한이 없다. 곧 사섭법으로 불도에 이끌어들인다. 사섭은 『보운경(寶雲經)』·『대보적경』[86] 등에 구체적으로 설명한 것과 같다.

만일 재가의 보살이라면 이와 같은 오계를 지닌다. 말하자면 불살생·불투도·불사음·불망어·불사견이다. 이 다섯 가지 중에서 방편으로 이것을 지니고 그밖에는 일체에 걸림없이 힘껏 불도에 이끌어들이게 할 뿐이다. 이 오계를 우두머리로 삼으면 일체지지(一切智地)의 여래위를 성취할 수 있다. 그래서 무루의 성계(性戒)를 성취할 수 있다고 말한다. 여기에 머물러 혜방편을 갖추게 되면 이것을 학처(學處)로 삼는다. 이것이야말로 본성의 만덕을 모두 구족한 계이며, 이것이 바로 무위계(無爲戒)라고 다시

기 위한 것이기에 이 실단을 낙욕실단(樂欲悉檀)이라고도 칭한다.

86) 『보운경』 7권(대정장 16, 238 상)과 『대보적경』 54권 보살장회(菩薩藏會)(대정장 11, 316 상)에 설명되어 있다. 이하는 『대보적경』의 내용이다. '어떤 것이 보살마하살의 거두어 주는 법[攝法]을 따라 굴리는 것인가 하면' 동자야, 알아야 하느니라. 보살마하살은 여래의 사섭법을 두루 갖추는 것이니, 이 법 때문에 보살마하살은 항상 오랜 세월 동안에 모든 중생들을 거두어 주느니라. 어떤 것이 네 가지냐 하면, 보시(布施)와 사랑하는 말[愛語]과 이로운 행[利行]과 일을 같이 하는[同事] 것이니, 이것을 사섭법이라 하느니라. 동자야, 어떤 것을 이와 같이 거두어 주는 법이라 하느냐 하면, 동자야, 보시에는 두 가지가 갖추어져 있나니, 첫째는 재물의 보시[財施]요, 둘째는 법의 보시[法施]이니라. 사랑하는 말이라 함은 와서 구걸하는 모든 사람이나 혹은 법을 듣기 좋아하는 이에게 보살이 모든 온화한 말로써 위로하고 타일러 달래는 것이며, 이로운 행이라 함은 자기 자신이나 다른 사람의 모든 의요(意樂)를 만족시켜 주는 것이요, 일을 같이한다 함은 자기가 지닌 모든 지혜와 공덕을 따라 다른 사람들을 위하여 연설하고 거두어 주고 바로 세워서 모든 중생들로 하여금 지혜와 법에 편히 머무르게 하는 것이니라. 또 동자야, 보시라 하는 것은 와서 구걸하는 모든 중생들의 마음과 뜻을 깨끗하게 하는 것이요, 사랑하는 말이라 함은 와서 구걸하는 중생들에게 좋은 말로 안부하고 위로하는 것이며, 이로운 행이라 함은 모든 중생이 지니고 있는 도리와 이익을 따라 모두 성숙되게 하는 것이요, 일을 같이 한다 함은 와서 구걸하는 모든 중생들에게 평등한 마음으로 그의 의로운 이익을 이루게 하는 것이니라. (…후략…)'

거듭 해석하였다[앞과 다르지 않지만 강설한 다음에 거듭 서술하였다. 앞에서 분명하게 하지 못하였기 때문이다].

앞의 경문에서 "보살에 두 종류가 있다. 이른바 재가와 출가이다"라고 하였는데 이 오계의 구절은 바로 재가보살이 지니는 것이다. 세간에 있으면서 갖가지 사무(事務)가 있을지라도 이 오계의 구절을 지니게 되면 이 계가 혜방편을 갖추었기 때문에 모든 번뇌와 악업이 이것을 해칠 수 없으며, 이러한 인연으로 성불할 수 있다.

그래서 경에, "이와 같이 훌륭한 계를 잘 닦고 분명히 믿으며"라 하는 것은 권하여 지니게 하는 것이다. 권하여 지니게 하는 뜻은 다음과 같다.

부처님께서는 옛부처님을 끌어와서 증명을 삼으셨다. 과거의 모든 부처님께서는 이 오계를 지니시고 세간에 처하시면서 중생의 갖가지 사업과 같게 이것을 섭취하시고 스스로 행하시는 데에 방해받지 않으셨으므로 성불하시어 만 가지 덕을 원만히 갖추실 수 있었다. 무루의 자성계도 역시 이 「오계」에 말미암아 생겨난다.

"방편의 지혜를 구족한다"고 함에서 이 방편은 바로 몸으로 인을 결하고 입으로 진언을 송하며 마음으로 본존의 삼매를 관하는 것이다. 이러한 것을 방편으로 삼으며 또한 묘혜가 이 세 가지[87]의 연에서 생한다고 관하여 실상에 들어간다. 이러한 까닭에 만가지 행을 문득 갖추며[88] 성불할 수 있다. 성문경에서 속세의 사람에게 오계를 지니게 하는 이유는 몸과 입을 방호하여 견제(見諦)에 들어가도록 하기 위함이라고 설하는 것과 같다. 지금 이것도 역시 그러하다. 이 오계의 구절을 방편으로 삼아서 이를 방호하고 진언행을 이루어 견제를 얻게 한다. 재가의 보살만 그런 것이 아니다. 이 오계의 구절은 모든 출가자들에게도 다 공통되는 행이다.

다시 네 가지 근본의 중업(重業)이 있다.[89] 진언을 닦는 수행자는 목숨

87) 법신의 삼밀을 가리킨다.

88) 법계 법신이 가지하므로 수증(修證)을 빌려와서 만 가지 행을 문득 갖추며 일시에 현현하여 성불을 이룬다.

을 잃을지라도 역시 범해서는 안된다. 무엇이 네 가지인가? 모든 법을 비방하는 것이 첫째요, 보리심을 버리는 것이 둘째요, 인색한 것이 셋째요, 중생을 해롭게 하는 진에(瞋恚)가 넷째이다. 왜냐하면 이 네 가지는 성품을 물들이는 것으로 보살계가 아니기 때문이다. 이하는 게송의 글이다.

"보살계를 지니는 것이 아니며 이 성질은 물들이는 것이다."

이상은 경문이다. 진언행을 하는 보살에게는 이 사중금이 있다. 즉 성문의 네 가지 근본죄와 같다. 만일 이 사중금을 범하는 자는 근본의 선근을 끊으므로 온갖 공덕이 전혀 생기지 않는다. 성문경[90] 중에서 설한 다라수(多羅樹)를 끊는 등의 비유와 같다. 그런데 대승에서는 영원히 끊는다는 뜻은 없고 다시 받으면[91] 자신이 새로 태어나는 것이 된다. 이 [사중금]을 범하는 자는 보살이 아니다. 마치 성문의 중죄를 범하면 비구가 아닌 것과 같다. 왜 그러한가 하면 이 네 가지 일은 보살법 중에서 성품을 물들여서 온갖 공덕을 장애하여 생기지 못하게 하기 때문이다. 그러므로 목숨을 잃게될 인연일지라도 훼범하지 말아야 한다.

다음에 부처님께서 또 증명을 이끌어서 과거·미래·현재의 모든 부처님께서는 모두 혜방편을 갖추시고 이 계를 수행하셨으므로 무상보리를

---

89) 이하에서 사중금계(四重禁戒)를 설명한다.

90) 『마하승기율(摩何僧祇律)』 23권(대정장 22, 417 하). '이 사람은 아버지를 죽인 자이니, 무간의 죄를 지어서 성스러운 종자가 썩고 무너져서 바른 법 가운데에 도의 뿌리를 낼 수 없으니, 바로 과거칠불이 일시에 세상에 출현하시어서 그를 위하여 설법하여도 바른 법에서 마침내 선을 내지 못하는 것이, 마치 다라수의 머리를 자르면 나지 아니하고 푸르지 아니하고 또는 중간에 심을 수도 없듯이 이 다섯 가지 무간죄도 이와 같아서 바른 법에서 성스러운 종자를 내지 못한다. 그러므로 다섯 가지 무간죄를 지은 자는 출가시켜서는 안되고, 이미 출가한 자는 쫓아내야 하며, 만일 제도하여 출가시키고 구족계를 받게 하면 월비니의 죄를 범한다. 나머지 세 가지 무간죄도 이와 같으니 이를 다섯 가지 무간죄라고 이른다.' 다라수(多羅樹, tāla)는 안수(岸樹)·고송수(高竦樹)라고도 한다. 인도 등지의 해안가 모래밭에 무성하게 자라는 나무로 높이는 약 22척 정도이다. 종려과(棕櫚科)에 속하는 열대교목(熱帶喬木)이다. 그 잎은 길고 넓으며 평평하고 단단하기에 예부터 경문을 서사하는데 사용되었기에 패다라엽(貝多羅葉)이라 한다. 또한 이 나무의 줄기를 끊으면 다시 싹이 트지 않으므로 여러 경전에서 비구가 바라이죄를 범하면 다시 회복할 수 없다는 데에 비유한다.

91) 참다운 혜에 따라 새로운 생명으로 다시 태어난다는 뜻이다.

수학할 수 있으셨다고 말씀하셨다. “대실지를 얻으셨다”고 하는 것에서 대실지란 바로 묘행의 과로서 보리성취를 말한다. “유루(有漏)가 없다”는 것은 성계(性戒)이다.

“그 밖의 학처(學處)[92]의 방편지(方便智)를 떠나는 데 대해 설하신 것은 대근용(大勤勇)께서 모든 성문을 이끌려 하시려는 것임을 알아야 한다.”[93]

이 경문의 뜻을 말하면 다음과 같다.

부처님께서는 성문을 위하여 구족계 및 사중금계 등을 말씀하셨다. 그런데 이것은 저 한 부류의 소근성(小根性)을 이끌기 위해서 방편으로 이렇게 설한 것이지 구경으로 삼는 것이 아니다. 이러한 까닭에 이 계는 방편을 떠나며, 방편과 지혜를 구족하지 않는다. 만일 대승에 나아갈 때에는 다시 묘계(妙戒)를 학습해야 한다. 그래야만 보살계를 갖출 수 있다.

“대용사(大勇士)”란 금강수를 가리키며 이러한 말을 하였다. 부처님께서는 하열한 유정들이 대승에 뜻이 없으므로 장자(長者)의 집안에 받아들여 가난한 마을에 있으면서 스스로 지치고 힘들며 얻는 것조차 없는 상태가 오래 지속되지 않게 하셨다. 이 [성문]법으로 그를 받아들이셨으나, 부처님께서 본래 세상에 내놓으신 뜻이 아니다. 그러므로 이 계는 부처님의 혜로 밝히신 무루(無漏)의 부사의계(不思議戒)가 아니다. 만일 부처님의 무루지(無漏智)에 들어가면 곧 스스로 증득하여 알 수 있다.

---

92) 나머지 학처란 구족계(具足戒) 및 사중금계(四重禁戒)가 성문승(聲聞乘)의 율의(律儀)라는 것을 말한다.

93) 『경』의 문장으로 대체하였다.

제19 백자생품(百字生品)

1. 대중을 관찰하다

"이때에 비로자나세존께서는 모임 가운데의 모든 대중들을 관찰하시고 불공교(不空教)[1]의 하고자 함에 따라 모든 것을 성취하는 진언의 자재[2]와 진언의 왕[3]과 진언의 도사(導師)[4]와 대위덕을 갖추는 것에 대하여 설하셨다. 삼삼매야(三三昧耶)[5]에 안주하여 삼법(三法)[6]이 원만하기에[이 안주의 위(位)는 수레 위에 있

1) 보고 듣고 느끼고 아는 것이 공하지 않아 반드시 증과(證果)의 인이 되기 때문에 불공이라고 말하는 것이다.
2) 진언의 자재란 진언공력(眞言功力)의 자재신변(自在神變)을 의미한다.
3) 아(阿)자를 의미한다.
4) 암(暗)자를 의미한다.
5) 무상등지(無上等至)의 의미를 가지고 있다. 태장만다라의 제존의 삼매(三昧 : 三摩地)를 닦아서 그 본서에 어울리어 제존과 일치하게 되는 수법은 태장계의 제존이 삼부(三部 : 佛部, 蓮華部, 金剛部)로 나누어 있기 때문이며, 따라서 그 관상에도 세 가지가 있어, 이 세 가지의 삼매야의 의미로 삼삼매야라고 한다. 곧 제불의 본체를 법계라 하고, 이 법계가 태내에 있는 위를 ① 입불삼매야(入佛三昧耶), 태내를 나오는 것을 ② 법계성

는 것으로 앉거나 눕거나 서서 이것을 타는 것과 같다] 묘한 음성으로 대력금강수에게 말씀하셨다.

부지런히 정진하는 용사[勤勇士]여. 일심으로 모든 진언과 진언의 도사를 잘 듣거라.

곧 그때에 지생삼매(智生三昧)에 머무시어 갖가지[7] 뛰어난 지(智)를 출생하는 백광변조(百光遍照)의 진언을 송하신다."

이상은 경의 문장이다.

"이때에 비로자나부처님께서는 모든 큰 모임의 대중들을 관찰하시고 불공(不空)의 실지를 가르치셨다"[8]고 하는 것은 무엇인가?

앞에서 등장했던 진언의 갖가지 방편을 설명하였지만 아직 완전하지 않으므로 다시 이것을 설명해야 한다. 다시 큰 모임을 관찰한 이유는 저들의 마음과 근기를 비추어보아 이 대중들이 모두 다 진실하여서 법기가 될만 하다면 다시 [그들을] 위하여 설명하려 하였기 때문이다. 또한 부사의한 신력으로 그들을 가지하여 법력을 얻게 하고 이 묘법을 듣고서 감당할 수 있게 하기 위하여 그들을 관찰하였던 것이다. 모든 진언은 이미 앞에서 널리 설명한 것과 같다. 이 암(暗)자는 모든 진언의 심장이며, 모든 진언 중에서 가장 상수(上首)가 된다. 이것은 바로 헛되지 않은 진실한[不空] 가르침의 진언임을 반드시 알아야 한다.

"불공(不空)"이란 모든 중생들이 보고 듣고 느끼며 아는 데에 따라 텅 비어 허물되는 것이 없으며, 모두 무상보리를 [얻는 것이] 틀림없으므로 불공이라고 이름한다. 또한 그 훌륭한 원(願)에 따라 모두 만족하게 하고 나아

(法界性), 자리이타(自利利他)의 구실을 완성하는 것을 ③ 전법륜(轉法輪)이라고 하고, 차례대로 법신, 보신, 응신의 공덕이라 한다. 또 이것을 불부삼매야(佛部三昧耶), 연화부삼매야(蓮華部三昧耶), 금강부삼매야(金剛部三昧耶)의 삼부삼매야(三部三昧耶)라고도 한다.

6) 삼법이란 이(理)·행(行)·과(果)를 말한다.

7) 이하는 『소』에 '隨樂欲一切眞言自在眞言之王眞言導師大威德說. 三三昧耶圓滿故告言.'으로 되어 있는데 열여덟 글자가 중복되어 있으므로 『경』의 문장으로 대체한다.

8) 『소』에는 빠져있으나 내용상 『경』의 글이 와야 하므로 삽입하였다.

가 중생의 대보리의 원도 역시 만족하게 한다. 마치 큰 보배[9]가 높은 당기 위에 걸려서 모든 것을 충족하게 함과 같으므로 불공이라 이름한다.

"모든 진언의 자재"란 무엇인가? 예컨대 여래가 모든 법의 왕이기에 법에서 자재한 것처럼 지금의 이 진언도 역시 이와 같이 모든 진언에서 자재하다. 이러한 인연이기에 또한 진언의 왕이라 불리며 다시 진언의 도사라 불린다. 많은 사람들이 바다에 들어갈 때에 도사에 의지하면 보배가 있는 곳에 도달할 수 있어서 큰 보배덩어리를 가지고 돌아와 수용하는 것처럼, 이 진언왕도 역시 이와 같다. 모든 진언의 도사가 되는데, 진언의 도사란 바로 구세자(救世者)이니 말하자면 이 진언은 바로 부처님과 동등하며, 또한 큰 위덕을 갖추었다. 여래의 자재한 비밀의 신통력[10]은 모두 이 [𑖀 암(暗)자]에 말미암아 생긴다. 만일 수행자가 법다웁게 행하면 곧 이 진언과 동등해지고 이 [암자가 갖춘 대위덕]을 얻게 된다.

삼삼매야좌(三三昧耶坐)란 이를테면 몸 · 말 · 마음의 삼삼매야이니, 입의 진언 · 몸의 법인(法印) · 마음의 본존[11]이다[좌(座)의 뜻은 다시 여쭈어라]. 지금 말하는 것은 바로 금강좌(金剛坐)이다.

"삼법이 원만하다"는 것은 이(理) · 행(行) · 과(果)[12]를 말한다. 교(敎)[13]는 바로 앞에서 설명하였다. 지금 교의 아래에 이 삼법을 채우고 궁극에 이르러 남음이 없다.

"부처님께서 묘한 음성으로 금강수에게 말씀하셨다. 내가 이 법을 설할터이니 그대 큰 힘 지닌 용사여, 일심으로 잘 듣거라."

---

9) 이 보배는 여의주(如意珠, cintāmaṇi)를 가리킨다. 생각대로 진귀한 보물을 낸다고 하는 보배구슬이다. cintā는 의(意) · 사유(思惟)의 뜻이며 maṇi는 보배구슬의 뜻이다. 따라서 여의보주(如意寶珠)라고도 한다. 그것을 지니는 사람의 모든 소망을 이루어 준다는 구슬.

10) 신통의 가지력(加持力)을 말한다.

11) 평등법계를 가리킨다.

12) 이(理)는 법계본래성취의 묘경(妙境), 행(行)은 성불의 지(智), 즉 자수용신(自受用身), 과(果)는 신변가지(神變加持)의 응용(應用)이다.

13) 대비의 가지로 생겨난 아(阿)자를 가리킨다.

문 앞에서 진언품을 설할 때에 곧 이것[14]을 설했어야 하는데 어찌하여 설하지 않으시고 이제야 설하려 하시는가? 그래서 저 경문을 찾는 사람을 미혹되게 하시는가? 부처님께서는 대비를 갖추셨는데 어찌하여 드러내어 설명하지 않으셔서 중생을 미혹하게 하시는가?

답 이에 대해 답변하겠다. 그것은 희유한 것이 아니며, 단지 세간에 있는 모든 논사들로서 자신의 날카로운 근기로 분별하는 자가 지혜의 힘으로 모든 법상(法相)을 설명하고 문자에 통달하여 오만한 마음으로 스승에 의지하지 않고 쉽게 경을 찾아서 곧 스스로 행하려고 하지만, 이 법[15]은 미묘하여서 밝은 도사에 의지하지 않으면 끝내 성취할 수 없기 때문이다. 또한 망녕되이 행하여 스스로 손상되고 다른 이마저 해칠 것이 걱정스럽기 때문이다. 만일 그 문장을 감추면 그는 자기 지혜의 힘으로 통달하여 이해할 수가 없으므로 교만을 버리고 스승에게 의지하게 된다. 이러한 인연으로 법을 깨뜨리는 인연이 생기지 않으니 반드시 이렇게 해야 한다.

2. 진언의 도사(導師)를 설명하다

"부처님께서 이 진언도사를 설명하시려고 곧 교지생삼매(巧智生三昧)에 머무시어"라고 하는 것은 무엇인가? 이 삼매는 여래의 보문선교지(普門善巧智)를 생기게 하므로 이로써 이름을 삼았다.

"백광변조(百光遍照)의 진언을 설한다"고 하는 것은 이 하나의 종자로부터 백법(百法)의 광명을 내어서 두루 유출하는 것이다. 이 종자를 두루함[遍]

14) 암(暗)자의 백광변조왕(百光遍照王)을 가리킨다.
15) 여래께서 내증하신 법을 가리킨다.

이라 번역한다면 그 이치에 합당한 것이 아니다. 만일 방광(放光)이라 번역해도 방광의 뜻이 역시 미흡하며, 대체로 이것은 골고루 유출한다는 뜻이다. 백 가지 위덕의 광명이 이로부터 나오기 때문이다. 이 진언은 먼저 모든 부처님께 귀명한 다음에 송해야 한다.

3. 진언의 공덕

"부처님께서 금강수에게 말씀하시길 이것은 모든 진언이며, 세상을 구제하는 진언으로 대위덕을 성취한다.

바로 이것은 정등각이신 법자재모니(法自在牟尼 : 대비로자나여래)[모든 법에서 자재하다는 뜻이다]로써 모든 무지의 어두움을 제거함이 태양이 널리 비춤과 같다.

이것은 바로 나 자체이다. 대모니께서 가지하시어 중생을 이익하게 하시고자 응현(應現)하여 신통변화를 지으시며[경의 본문에는 응화(應化)하여 변화를 지으신다로 되어 있다] 바라는 대로 중생을 이롭게 하시며[그 바라는 바에 따라 이롭고 요익하게 한다][16] 나아가 모두에게 생각대로 원을 일으키게 하니, [그들이 생각하는 대로 얻게 하심을 말한다.][17] 이것은 널리 신통변화를 베푸시는 위가 없는 구절[18]이다. 그러므로 모든 종(種)에서 깨끗한 몸으로 더러움을 여의었으니 이치대로 언제나 부지런히 수행하여 불보리를 추구해야 한다."

"이러한 까닭에 모든 뛰어난 종(種)에서"라 하는 것은[모든 바라는 것 가운데에서라 하는 것은 모든 욕망 가운데에서라는 말이다] 무엇인가? 모든 것[事][19] 가운데

16) 중복되는 구절이 있어 생략하였다. "모든 중생을 이익하게 하고"
17) 『소』에는 본문으로 되어 있지만 내용상 할주로 변경한다.
18) 위가 없는 구절이란 암(暗)자를 가리킨다.
19) 온갖 바라는 것을 가리킨다.

에 이 정각의 구절을 구하는 것만 한 것이 없다. "모든 종(種)"은 모든 방편과 색(色)의 부류에서 닦는 것이다.

"청정하여서 장애를 여읜다"고 하는 것은 수행자가 스스로 그 몸을 청정하게 하고 온갖 장애를 여의며 이것을 수행하게 하는 것이다.

"금강수여, 이것은 진언이며 세상을 구제하는 진언으로 대위덕이 있다.

부처님께서는 바로 일체법자재모니(一切法自在牟尼)이시어서 모든 무지의 어두움을 깨뜨림이 태양이 나타나 똑같이 보게 하는 것과 같다.

자체는 바로 나이다.[20] 대모니께서 가지하시어 중생을 이익하게 하시고자 나타나 변화를 지으시며 내지 이 중생들로 하여금 생각하는 대로 발생하게 하시며, 언제나 이 변화를 지으시는 최상의 구절이다.

그러므로 모든 종류의 방편에서 언제나 청정아(淸淨我)를 지으시고 이치에 응하여 부지런히 수행하고자 하신다."

이상은 경의 문장이다.[21]

"이 진언은 비로 세상을 구제하시는 분과 같다"고 하는 것은 바로 부처이다.

"큰 위덕이 있다"고 하는 것은 여래의 위신(威神)을 말한다.

"이 진언이 바로 일체법자재모니이다"라고 하는 것은 바로 비로자나의 다른 이름이다. 이 진언의 혜방편의 빛이 모든 무지(無智)의 어두움을 부수는 것은 마치 큰 태양이 나올 때에 온갖 어둠이 스스로 사라지는 것과 같으며, 널리 모든 중생들의 온갖 무명의 어둠을 단박에 제거한다. 이 종자는 바로 내가 가지한 것이고, 곧 나와 같으며, 나와 다를 것이 없고 나는 바로 부처 자체임을 반드시 알아야 한다. 나의 이 진언문으로 중생들의 종류에 따라 널리 색신을 나타낸다. 법계의 모든 중생들의 종류에 두루하여 그들이 보기 좋아하는 갖가지 몸에 따라 일시에 그 몸을 두루 나타낼 수 있으며, 그들이 바라는 대로 시현한다. 단지 몸을 나타내는 것만이 아니다. 그들이 마음으로 원하고 생각하는 것이 한량 없이 많으며 동일하지

---

20) 『경』의 본문에는 "이것은 나 자체이다"로 되어 있다.

21) 부분적인 난탈이 많이 보이는데 내용상 문맥에 맞게 바로잡았다.

않건만 잠깐 사이일지라도 한량 없이 많은 욕구가 있으면 모두 다 만족하게 한다. 그래서 생각대로 내는 지혜[思發智]라고 하였다. 또 그들로 하여금 도(道)에 들어가는 계기를 일으키므로 발지(發智)라고 한다.

"위(位)에 머문다"고 함이란 이 최상의 구절에 머무는 것이다. 그래서 이 갖가지 방편의 구절을 부지런히 수학하여야 한다. 만일 수행하면 곧 "청정아(淸淨我)"를 얻게 된다. 여기서 "청정아"란 바로 비로자나이다.

이 자륜[22]의 가장 중심에 이 진언왕을 두어라. 다음에 바깥의 일륜(一輪)[23]에 12종자가 있는데 이(伊)에서 오(奧)까지 무릇 12삼매성(三昧聲)이다. 다음에 외륜(外輪)[24]에 백자(百字)를 안포하라. 먼저 𑖎 가(迦) 등의 25종자부터, 다음에 𑖎𑖯 등의 25종자, 다음에 𑖎𑖽 등의 25종자, 다음에 𑖎𑖾 등의 25종자이다. 이 가운데 아(俄上)·자(若上)·나(拏)·나(那)·마(麽) 등의 다섯 종자는 대공점(大空點)으로 모든 장소에 두루하기 때문에 동등하게 포열(布列)한다[다른 때[25]에 해석한 것에 따르면 이 다섯 종자를 따로 두고, 밖의 열두 자와 같이 원(圓)에 이것을 안포하라. 다시 여쭈어라].

만일 다섯 겹으로 안포하려면 이 𑖎 등의 25자는 제1륜으로 삼고, 𑖎𑖯 등을 제2륜으로 삼으며, 𑖎𑖽 등을 제3륜으로 삼고, 𑖎𑖾 등을 제4륜으로 삼을 수도 있다[다시 이것을 여쭈어라. 뜻이 아직 분명하지 않다]. 그 포자(布字)하는 차례는 태양의 운행을 따라 오른쪽으로 돌려라. 다음 품에서는 이 진언왕의 과(果)를 설명할 것이다.

---

22) 백광변조(百光遍照)의 위(位)를 밝힌다. 태장만다라 중앙의 윤 가운데에 진언왕 암자를 두는 것이다.
23) 초중(初重)을 말한다.
24) 제이중(第二重)을 말한다.
25) 「자륜품」에서 해석한 것을 가리킨다.

제20 백자과상응품(百字果相應品)[1]

1. 대지관정지법문(大智灌頂地法門)

"이때에 비로자나께서 금강수비밀주에게 말씀하셨다.

비밀주여, 정각대지관정지(正覺大智灌頂地)에 들어가려면 스스로 삼삼매야구(三三昧耶句)를 보고 머물러야 한다. 비밀주여, 이 세존의 대지관정(大智灌頂)[2]에 들어가면 다라니형(陀羅尼形)으로써 불사를 시현한다.

이때에 불세존께서는 모든 중생들 앞에 머무시면서 불사를 베푸시며 삼삼매야구를 설하셨다."

이상은 경문이다.[3]

---

1) 앞 품에서 설명한 백광변조관(百光遍照觀)에 상응하여 얻어지는 과(果)를 설명한 품이기에 이렇게 이름하였다.

2) 여래의 제11지(第十一地)이다. 제11지인 등각위(等覺位)에서 대지관정(大智灌頂)에 들어 가는 것이다.

3) 이하에 난탈이 있어 바로잡는다.

"불세존께서 대지관정지에 들어가 나[佛]의 삼삼매야[4]를 얻으면 몸・말・마음을 합하여 평등하게 하나가 되니 머물러 서서 보아야 한다. 비밀주여, 대지관정에 들어가면 다라니형으로써 불사를 시현한다"고 하는 것은 무엇인가?

"대지관정지(大智灌頂地)"란 바로 여래의 제11지(第十一地)이다. 이 제11지에 머무름으로 해서 대지관정에 들어가 여래의 사업[5]을 짓기 때문에 이 대지지(大智地)를 번역하여 다라니신(陀羅尼身)[6]이라 하니 [이 몸으로] 불사[7]를 짓는다. 이로 말미암아 모든 중생들을 위하여 불사를 짓는다.

"다라니형(陀羅尼形)"이란 모든 진언륜(眞言輪[8])을 묶어서 이것을 몸으로 삼으니, 바로 보문의 몸을 성취하는 것이다. 이 총지(總持)의 몸에 머물기에 모든 중생 앞에서 그들이 보기 좋아할 몸을 보이고 근기에 맞추어 법을 설하고 착오 없이 동등하게 불지(佛智)에 들게 한다.

2. 어륜(語輪)의 상(相)

"이때에 세존께서 중생들 앞에 머물러 온갖 불사를 베푸시며 삼삼매야구를 널리 설하셨다.

비밀주여. 나의 어자륜(語字輪)의 신통변화가 넓고 길며 무량한 세계에 두루한 청정한 문을 관하라. 그와 같은 성품은 모든 중생으로 하여금 환희하게 하며, 법계로서 [중생들의] 부류에 따라 표시되는 문으로, 지금의 석가모니세존[9]

4) 삼밀평등을 의미한다.
5) 보문(普門)으로 시현하여 중생을 이익하게 하는 사업이다.
6) 진언종자를 가리킨다.
7) 법을 설하여 중생을 제도하는 것을 말한다.
8) 모든 진언자륜을 가리킨다.
9) 석존은 대일여래의 자륜에서 출생한다. 이 백자중 라자에서 출생하는 불신(佛身)이

이 훌륭하게 허공계에 두루 유출하여 세계에서 부지런히 불사를 행하시는 것과 같다. 비밀주여, 모든 유정은 부처님께서 이와 같은 어륜(語輪)의 상에서 정각의 묘음과 장엄한 영락[10])을 유출하며, 태(胎)에서 부처님의 영상을 내어서 중생의 성품에 따라 환희하게 하시고자 현생(現生)하는 줄을 알지 못한다."

이상은 경문이다. 부처님께서는 이상과 같이 말씀하시고 나서 다음에 금강수에게 말씀하셨다.

"네가 나의 어륜을 관할 수 있다면 곧 부처님의 다라니신(陀羅尼身)의 자륜 경계를 관하는 것이다."

부처님께서는 신력으로 대회(大會)를 가지하시는데 지금 비밀주에게만 "나의 어륜의 경계가 넓고 길어서 한량 없이 많은 세계에 두루 도달하는 청정문"임을 관하게 하신 것이 아니다. 모든 중생들의 본성과 같이 부류에 따르는 법계문을 나타내시어 환희하게 하는 것은 지금의 석가모니세존께서 다함 없는 허공계에 두루 유출하여 모든 국토에서 불사를 부지런히 지으시는 것과 같다. 금강수가 이것을 관할 수 있으면 모든 대회에서 역시 동등하게 이 부사의하고 신묘한 경계를 관할 수 있을 것이다. 왜냐하면 이 대지(大智)의 몸은 언제나 적멸에 머무르며 모든 인연을 여의었기 때문이다. 유정들의 마음 경계가 아니기에, 부처님의 신력으로 가지하는 바를 여의면 곧 모든 보살도 그 경계가 아닌 것이다.

부처님께서는 이미 [이러한 경계를] 나타내시고 나서 말씀하셨다.

"너희들은 또한 나의 어륜 경계가 넓고 깊어서 헤아리기 어렵다는 것을 관해야 한다."

"길다"고 하는 것은 사람[의 생각]이 미칠 수 없는 바이다. 내가 말하는 이것이 어떤 것인가 하면, 그 넓음은 가로로 모든 중생계에 두루하고, 그 길이는 어떠하냐 하면 세로로 불계(佛界)의 궁극까지 이르므로 "넓고 길다"

다. 즉 부처의 한 마디소리에서 모든 불사(佛事)가 이루어진다.

10) 언음(言音)을 형용한 것으로 암자를 가리킨다. 이 단에서는 중생이 불의 자륜을 알지 못하는 것을 나타낸다.

고 하였다. 이처럼 넓고 긴 몸이 두루 일체에 응한다. 어느 것으로부터 얻을 수 있는가 하면 이 한 글자의 진언왕으로부터 이러한 현상[11]을 나타낸다. 하나의 진언인신(眞言印身)으로 일체의 몸을 나타내며, 하나의 진언자음(眞言字音)으로 묘한 소리를 내어 법계에 널리 퍼뜨리고, 하나의 진언본존의 심(心)으로 널리 일체지혜의 경계를 보인다.

"석가모니"께서는 바로 이 불공견(不空見)[12]의 몸으로 널리 세간에 들어가 불사를 짓는다. 그러므로 이렇게 보이는 것은 바로 모니의 몸이다.

"부처님께서 불사를 지으신다"고 하는 것은 바로 이 석가가 비로자나의 자륜[13]으로부터 [세간에] 출현하지만 [비로자나와 더불어] 둘도 아니고 다른 것도 아니어서 모든 장소에 골고루 미치는 것을 말한다. 이 한 글자는 대공(大空)·본불생(本不生)과 동등하기 때문이다. 백자(百字)의 몸도 역시 이와 같이 [대공·본불생이라는 것]을 반드시 알아야 한다.

"수이(殊異)"란 여래의 삼삼매야의 몸이 세계에 두루 유출되는 것을 말한다. 그리고 시방 허공에 모두 두루한 것은 허공이 고루 미치지 않은 곳이 없는 것과 같다. 허공을 헤아릴 수 없는 것처럼 이 몸도 역시 이와 같다는 것을 반드시 알아야 한다.[14] [부처님의 몸은] 넓고 길으며, 끝없이 불사를 지으신다.

"비밀주여, 모든 유정은 세존의 이 어륜의 상에서 정각의 묘음과 장엄한 영락이 유출되는 것을 알지 못하며, 태장(胎藏)에서 부처님의 영상[형상(形相)이다]이 생기는 줄을 중생은 알지 못한다."

즉 부처님의 자륜은 보살의 경계가 아니므로 만일 신력을 여윈다면 관찰할 수가 없다. 하물며 중생이 그 생겨난 곳이나 가는 곳·머무는 경계를 알 수 있겠는가!

---

11) 넓고 긴 어륜(語輪)을 가리킨다.
12) 암(暗)자의 불공교(不空教)가 나타난 바라고 하는 뜻이다.
13) 암(暗)자륜을 가리킨다.
14) 이 이하에 난탈이 있어 바로잡는다.

이 다음에 **"미묘한 소리로써 장엄한다"**고 하는 것에서 장엄이란 언어로써 그 상(相)을 장엄하는 것이다. 『화엄경』을 살펴보면 '마음에서 나의 미묘한 소리를 낸다'고 하였다. 모든 부처님 등의 모든 언음(言音) 가운데에서 부처를 최상으로 삼는다. 갖가지의 장엄은 전부 갖가지로 마음의 태장에서 부처님의 형상을 낸다.

"태장"이란 하나의 종자[15]로부터 생하는 것을 태장이라 이름한 것이다. 이 하나의 종자로부터 생하는 것을 태(胎)라 하고 거기에 따라 생기는 것을 영상(影像)이라 한다. 하나의 거울이 원만하고 맑아서 온갖 색을 마주 비추는 데에 색이 온 것도 아니고 거울도 역시 가지 않건만 인연이 화합하여 영상이 밝게 빛나는 것과 같다. 생기지도 않고 없어지지도 않으며, 하나도 아니고 다른 것도 아니며, 오지도 않고 가지도 않으며, 항상하지도 않고 끊어지지도 않아서[不生不滅不一不異不來不去不常不斷] 곧 그 체와 동등하여 불가사의한 것처럼 여래의 영상도 역시 그러하다. 무색(無色)이고 무위(無爲)이어서 모든 것에 응하여 그 모두의 마음에 따라 환희를 얻게 하고, 모두를 위하여 불사를 나타낸다. 즉 하나의 부처님 말씀으로 온갖 불사를 일으킨다. 육근이 청정한 것과 같이 하나의 묘음으로 삼천의 세계를 가득 채운다. 하물며 여래의 구극의 원만하고 청정한 육근(六根)이겠는가! 요점만 말하자면 무상(無相)으로 장엄하는 것이다. 마음으로부터 부처님의 [중생들] 종류에 따르는 몸을 나타내고 이 묘음삼매에 머물러서 널리 그 앞에 현전하여 그 본성에 따라 환희하고 신해하게 한다.

---

15) 암(暗)자를 가리킨다.

3. 무량한 세계해문(世界海門)

“이때에[16] 한량없이 바다처럼 많은 세계의 문(門)[입이라는 뜻이기도 하다]의 법계성보리(法界成菩提)에서 보현보살의 행원(行願)을 부지런히 닦게 하시며, 보살이 이 꽃을 땅에 덮은 태장세계의 바다와 같은 종성(種性) 중에서 태어나시어, 갖가지 성품이 청정한 문(門)으로써 불국토를 청정하게 하시고 보리좌(菩提座)를 나타내시며 불사를 지으시고 그 가운데 머무셨다.”

이상은 경전의 글이다. 이 대지관정(大智灌頂)의 “한량 없이 바다처럼 많은 세계의 문”에서 “문”이란 들어가는 곳이라는 뜻이다. 한량 없이 바다처럼 많은 입[口]은 바로 온갖 흐름이 들어가는 문을 가리킨다. 이 한량 없이 바다처럼 많은 세계의 문을 알기 때문에 부지런히 보리를 닦는다. 그런데 여기에서 “보리”라고 하는 것은 하나의 보리가 아니라 법계에 두루한 보리이다. 중생들이 한량 없이 많기 때문에 법계도 한량 없이 많다. 그리하여 지금 널리 성취하게 한다.

“이때에 세존께서 한량 없이 바다처럼 많은 세계문의 법계에서 은근히 권발(勸發)되어서 보리를 성취하시고 보현보살의 행원을 만족하시었다[보현은 바로 여래의 공덕이다].”[17]

또한 보리는 자기와 같고 다름이 없어서 동일하게 법계에 들어가니 이것은 바로 대보리의 행일 뿐이다.

“보현보살의 행원을 출생한다”고 하는 것은 가지로써 모습을 나타내는 것이 나중과 같다. 만약 이와 같은 행을 일으키면 바로 보현의 행이며, 이와 같은 원을 일으킴은 바로 보현의 원이다. 보살은 이 [대보리의] 일을 위하여 이것에 말미암아 처음으로 발심한다. 이와 같은 발심은 바로 초지(初地)의 위이다.

---

16) 이하에서 한량없이 많은 세계해문(世界海門)을 설명한다.
17) 이하에 난탈이 있어 바로잡는다.

"이 아름다운 꽃이 땅을 덮은 태장세계(胎藏世界)에서"라는 경문에서 "이"란 바로 사바세계(索訶世界)[18]이다.

"꽃이 땅을 덮은"이란 평평한 땅을 깨끗하게 다듬고 청소하며 물을 끼얹어 청정하게 하고 갖가지 색이나 향기나 맛이나 감촉으로 사랑할 만한 꽃을 뿌려서 주위를 둘러 단엄하게 하여 그 위에 앉는 것과 같다. 지금 이 대비장의 마음자리도 역시 이와 같으니 태(胎)는 처음에 일어나는 것[19]으로 곧 여래가 일어나는 곳이며 여래의 성품에서 생한다. 여래의 성품에서 생한다는 것은 이 아(阿)자에서 생하는 것이다.

"종성의 바다 안에서 수생(受生)한다"에서 "종성"이란 수생하는 곳이고 "바다"는 끊임없으며 광대하다는 뜻이다.[20]

"갖가지 성품의 청정함으로써 불국토를 깨끗이 하고 보리도량을 나타내어 불사를 짓는다"고 하는 것은 가지하여 불사를 짓는데 고루 미치지 않음이 없는 것을 말한다.

"바다"란 여래 종성의 바다이다. 이 참다운 성품에서 여래의 모든 공덕을 산출한다. "태(胎)"라 하는 것은 이 [암 자문]을 근본으로 삼고 보현의 행과 여래의 행[21]에 말미암아서 여래성해(如來性海)의 태장에서 점점 모든 여래의 육근의 지분을 구족함을 말한다. 이 [여래성해에서 생겨난] 보문(普門)의 몸은 중생의 갖가지 마음작용의 차별과 성욕(性欲)이 각기 다른 것에 따라 곧 청정한 묘문(妙門)으로써 그 마음을 정화하니 구경인들 얻을 수 없겠는가! 이와 같이 그 마음을 정화함에 곧 모든 국토를 장엄한다. 수행자가 이와 같은 보살지에 머물 때에 곧 널리 세계를 볼 수 있으며 여래의 몸을 나타내고 [법계]도량에 앉아서 법계륜을 맑히며, 곧 모든 [자성의] 구절을 두루 알 수 있다. 말하자면 성불하는 것이다. 또한 하고자 하는 대로

18) 인토(忍土)・감인토(堪忍土)라고도 한다. 우리가 살고 있는 염부제(閻浮提)의 뜻이다.
19) 본초성기(本初性起)이다.
20) 『소』의 본문에는 할주로 되어있으나, 본문으로 바꾸었다. 이하도 마찬가지이다.
21) 보현의 행은 자리(自利), 여래의 행은 이타(利他)이다.

그 원을 만족하니 헛되지 않다. 그러므로 다음에 경에, "또한 정변지의 구절[22]을 구하는 자는 마음의 무량함을 알기에 몸의 무량함을 알고 몸의 무량함을 증득함으로써 지(智)의 무량을 증지한다"고 하였다. 여기에서 "구한다"고 하는 것은 되돌아 보살도를 닦으니 이것이 바로 [화타문(化他門)의] 불사이다. 중생이 그 [보살]도를 보게 되면 곧 마음을 권발하여 도를 학습한다.

"다음에 다시 정변지의 구절을 부지런히 구하고자 하는 자는 마음의 무량함을 앎으로써 몸의 무량함을 알고, 몸의 무량함을 알면 곧 지(智)의 무량을 성취한다. 지의 무량을 알면 중생이 무량함을 알고, 중생이 무량함을 증득하면 곧 허공이 무량함을 증득하여 이 [정변지의 구절을] 얻는다.

비밀주여. 마음이 무량함에 의하여 네 가지 무량한 마음을 얻으며, 얻고나서는 바르고 평등한 깨달음을 성취한다."[23]

마음에서 나머지의 몸과 지(智)와 중생의 허공을 제거함을 말한다. 이미 최고의 바른 깨달음을 얻었으면 열 가지의 힘을 갖추어 사마를 항복시키고 사자후를 한다.

"십력(十力)[24]을 갖추고 사마(四魔)를 항복받으며 두려울 바 없이 사자후(師子吼)하신다.

이 모든 용사의 지구(智句)[25]는
최상의 학처(學處)인 백문(百門)[26]에서
모든 부처님께서 설하신 마음이다."

이상은 경문이다. 이 뜻을 말하면 다음과 같다.

이 대지관정문(大智灌頂門)에 들어가 보살종성(菩薩種性)에 머무르는 까

---

22) 정등각을 말한다.

23) 이하에 '卽知衆生無量. 知衆生無量卽得知虛空界無量. 秘密主. 以心無量而得四種無量.'이라 하는 것은 중복된 내용이므로 생략한다.

24) 『경』에는 "십지력(十智力)"으로 되어 있다. 여래의 십지력을 말한다. 세속지(世俗智), 법지(法智), 유지(類智), 고지(苦智), 집지(集智), 멸지(滅智), 도지(道智), 타심지(他心智), 진지(盡智), 무생지(無生智)를 십지력이라고 한다.

25) 백광편조진언(百光徧照眞言)인 암(aṃ, 暗)자를 가리킨다.

26) 백자문(百字門)을 말한다.

닭에 곧 마음의 무량을 안다. 마음의 무량을 앎으로해서 곧 모든 몸의 무량을 안다. 몸의 무량을 앎으로 해서 곧 지(智)의 무량을 안다. 지의 무량을 앎으로해서 곧 허공의 무량을 안다. 왜냐하면 모든 법은 마음에 말미암아 있는 것이기 때문이다. 이와 같이 법의 무량을 요달하면 곧 몸의 무량을 안다. 연에 따라 시현하는 몸으로 근기에 맞추어 바라밀의 지혜를 그에게 응하여 일으키는 것도 역시 무량하며, 하나하나가 허공과 동등하다. 몸과 지와 중생과 허공이 무량하기 때문에 사무량이라 이름한다. 이 무량은 바로 마음에서 생기므로 사무량심이라 한다. 만일 이 사무량심을 얻으면 곧 바른 깨달음을 성취하고 십력을 갖추며 사마를 항복시키고, 곧 두려움 없이 사자후할 수 있다. 이와 같은 일들은 모두가 이 사무량심에 머무는데에 기인하며, 일체최상의 법구에 머물러 성취할 수 있다. 그러므로 암(暗)자실지의 과라고 이름한다.[27]

이와 같은 근용사(勤勇士) · 최상각자(最上覺者)의 구절은 백문(百門)의 학처에서 모든 부처님께서 설하신 마음이다. 용사라고 하는 것은 비밀주를 발하며 이것은 앞의 십력 등의 공덕을 가리킨다[성불하는 것은 이 백문의 마음을 배우는 데에 말미암는다는 뜻을 말하고 있다].

이 백문은 단지 나 혼자서만 설한 것만이 아니라 모든 부처님께서도 역시 설하셨다. 앞에서 「백자과수용품(百字果受用品)」이라고도 하였는데 하나하나의 문에 따라 상응하는 것이 있는 것이 곧 수용(受用)[28]이라는 것을 말한다.

---

27) 이하에 난탈이 있어 바로잡는다.
28) 과를 얻음에 의하여 말한 것이다. 즉 암자실지의 오묘한 과보를 수용하는 것이다.

제21 백자위성품(百字位成品)

【제19권】

1. 금강수의 질문

"이때에 금강수비밀주가 부처님께 말씀드렸다. 희유하오이다. 세존이시여.[이하는 게송이다] 진언구세자(眞言救世者)[1)][앞의 백문(百門)의 왕을 말한다]의 모든 진언을 생하는 것에 대하여 설하여 주소서."

이른바 모든 진언을 생기게 하는 자가 진언구세자이다.

"어느 곳에서 생기는지 어떻게 알 수 있습니까?

대모니(大牟尼)시여, 모든 진언을 누구가 생기게 하고

---

1) 암(暗)자 즉 편조법계(遍照法界)의 지법신(智法身)을 의미한다.

누구가 어떻게 이 진언을 송하며
모든 대용사(大勇士)가 설하시는지
바라옵나니 말씀해주십시오.'

이상은 경문이다.

"이때에 비밀주가 부처님께서 설하신 것을 듣고서 일찍이 없었던 것을 얻고 나서 다음과 같이 말씀드렸다.

"희유하오이다. 세존이시여, 이 진언구세자의 [모든 진언을 생하는 것에 대하여] 설하여 주소서."

여기에서 "구세자"란 바로 부처이다. 부처님은 모든 중생들이 크게 귀의하고 구호받는 곳이 되시는 것처럼 이 진언도 역시 그러하다. 모든 진언 가운데에서 구세자와 동등하니 저 모든 진언의 구호처가 된다. 마치 부처님은 일체가 돌아가 나아갈 곳인 것처럼 이 진언도 역시 그러하여 모든 진언이 돌아가 나아갈 곳이다. 이 대성자(大聖者 : 금강수)가 부처님께서 곧 하나의 종자에서 한량 없이 많은 진언의 몸·말·마음의 차별을 일으키고 중생의 성품에 따라 갖가지의 몸을 보이며 갖가지의 법을 설하고 갖가지의 신변을 나타내신다고 설하시는 것을 듣고서 이로 인하여 '이 진언은 어떻게 생기고, 또 누가 증지(證知)하며, 생긴 다음에 어느 곳에 있는가'라는 세 가지 질문을 여쭈었다[아직 분명치 않으니 다시 여쭈어라].[2]

"대모니(大牟尼)"[3]라고 한 것은 찬탄이다. "어떻게 알 수 있으며"가 첫째이고, "아는 자는 누구입니까"가 둘째이며, "어느 곳에서 또는 무엇에 따라 얻습니까"가 셋째이고, "누가 모든 진언을 출생시킵니까"가 넷째이다. 앞에서는 누가 이 네 가지[4]를 알 수 있겠는가를 여쭈었고, 나중에는 출생시키는 분이 어느 분인가를 물었다.

"대용사(大勇士)"[5]는 부처님이다.

---

2) 이 세 가지에 대한 해석이 아직 분명치 않은 것을 가리킨다.
3) 『경』에는 "마하모니(摩訶牟尼)"로 되어 있다.
4) 앞품에서 설명한 네 가지의 무량(無量)을 가리킨다.

"이 모든 원(願)을 설하시는 가운데의 으뜸인 분이시여, 이것을 설해주소서. 바라건대 소원을 들어주시는 일체지(一切智)이시여, 설해주소서"라고 하는 것은 바로 부처님의 덕을 찬탄한 것이다. 모든 원을 들어주시고 이것을 만족케 하시므로 "소원을 들어주시는 분"이라고 부르며, 이로 인하여 부처님께 설해주시기를 청하였다.[6)]

2. 여래의 답변

"세존 대법자재모니(大法自在牟尼)이시며, 널리 모든 세계에 편만하시는 일체지(一切智)의 비로자나불께서 말씀하셨다.

훌륭하구나. 훌륭하구나. 덕을 갖춘 마하살 금강수여. 나는 모든 것을 설명하겠노라[너를 위해서 모든 것을 설명하겠다는 말이다]. 비밀스러우며 가장 희유한 모든 부처님의 비요(秘要)는 모든 외도가 알 수 없다. 만약 비생만다라(悲生漫茶羅)[이 생단(生壇 : 비생만다라)에서 관정을 받는다]에서 대승의 관정을 받는다면 조화롭고 부드러우며 선행을 구족하여 언제나 비심(悲心)으로 다른 이를 이롭게 할 것이지만, 유연(有緣[7)])으로 보리를 관한다면 절대로 볼 수 없다[내심의 대아(大我)를 볼 수 없다는 것이다]."

"널리 모든 세간에 편만하시는"이라고 하는 것은 무엇인가? 이때에 부처님께서는 이 진언심법(眞言心法)을 설하시고자 곧 신력으로 가지하시었다. 법계에 두루 변만하게 해서 어디에서나 이 말씀소리가 있었으니 이렇게

---

5) 『경』에는 "대근용사(大勤勇士)"로 되어 있다.

6) 다음에 나오는 경문과 중복되는 내용이 있어 생략하였다. "대법자재모니이신 부처님께서 이와 같이 말씀하셨다."

7) 유상(有相)과 같은 뜻이다.

해서 금강수에게 말씀하셨다.

"일체지의 비로자나불께서 말씀하셨다.

훌륭하구나. 훌륭하구나. 대중생(大衆生) 금강수 대덕(大德)이여. 나의 모든 것은 제일가는 비밀로서 희유하다. 모든 부처님의 지극한 비밀이기에 모든 외도가 알 수 없다."

이상은 경문이다.

부처님께서는 금강수를 칭찬하시며 "훌륭하구나. 훌륭하구나. 집금강 대덕이여"라고 말씀하셨다. 대덕(大德)은 만 가지 덕을 갖춘 것이다. 이 법[8]은 일체여래의 비밀 중의 비밀이다. 모든 비밀한 가르침에서 가장 높이 있으며 [모든 부처님께서] 함께 수호하는 것이다. 망녕되이 [이 법을] 다른 이에게 주지 말아야 하니 제일로 희유하여서 얻기 어려운 법이기 때문이다. 지금 이 모든 법의 비밀은 모든 외도가 알 수 없다. 그런데 외도에 두 종류가 있다. 첫째는 세간의 갖가지 외도이며, 둘째는 불법 안에 있는 모든 외도를 말한다. 그러므로 불법 가운데 들어왔을지라도 여래의 비밀을 알 수가 없다. 예컨대 삿된 견해의 마음으로 이치 밖의 도를 행하는 자도 역시 외도라 부른다. 이 [비밀한] 법은 이러한 두 종류의 외도가 알 수 없는 것이다. 이 불법 가운데의 외도란 바로 이승(二乘)에 속한 사람이다. 부처님께서는 처음부터 망녕되이 다른 사람에게 전해주지 않고 오래도록[9] 그 밀요를 말씀하지 않으시고 [알맞은] 근기[가 나타나기]를 기다려서 수여하셨다. 지금 어떤 사람이 이 법을 듣기에 합당한가? 그래서 다음에 어떤 사람이 대승 가운데에서 대비생관정(大悲生灌頂)에 들어갈 수 있는 법이라고 말한 것은 이것을 듣기에 합당[한 자에게 해당]하는 것이며 그렇지 않은 자는 [이 법을] 얻을 수 없다는 것이다.

다음에 [금강수는] 또 이것[10]을 질문하였다.

---

8) 백광왕(百光王)의 오묘한 과보를 가리킨다.

9) 성도후 사십여년간의 오랜 세월 동안 비밀법을 말씀하지 않으셨다는 뜻이다.

10) 입단(入壇) 중에 제자의 근성을 살펴보아 수여할 것인가 말 것인가를 선택하는 것을

누구를 관정에 이끌어들여 관정해야 하는가? 만일 그 사람의 성품이 조화롭고 부드러우며 솔직하여서 모든 선행을 갖추었으면 이와 같은 사람을 관정법에 이끌어들일 수 있다. 또 항상한 비심(悲心)[11]이 있는 자도 만다라에 이끌어들일 수 있다. 항상한 비심[常悲]이란 어떤 사람이 어느 때에는 비심이 있더라도 어느 때에는 없으며, 여기에서는 [비심이] 있더라도 저기에서는 없고, 친한 이가 있는 곳에서는 [비심이] 있다가도 원수가 있는 곳에서는 없는 것과 같지 않다. 모든 때와 장소에서 언제나 비심이 있으며, 또한 두루 널리 평등하다. 이와 같은 사람이 관정에 이끌어들이기에 합당하다. 이미 관정을 받았으면 바야흐로 이것을 들려주어야 한다. 일상적으로 널리 유포되어 있는 경전[12]과 같게 해서는 안된다. 이것은 『법화경』의 게송[13]에서도 역시 널리 사람을 가리는 것을 설명하였기에 이것을 이끌어왔을 뿐이다.

또 다시 "유연으로 [보리를] 관하는" 자도 이 법을 듣기에 합당하지 않다. 불법은 모든 상(相)을 떠나고 모든 연(緣)을 여읜다. 만일 상이 있고 연이 있다면 멸하여 없어지는 것에 사로잡힌 생각[斷見]과 변하지 않는 실체가 있다는 생각[常見]을 여의지 못하므로 이 법을 들을 수 없다. 지금 무연(無緣)이라 말한 것이 어찌 모든 법을 폐하여서 도무지 아무 것도 없게 하는 것이겠는가! 이와 같지 않다. 불법은 연을 여의고 상을 떠나더라도 방편으로 모든 훌륭한 공덕과 신력과 부사의한 갖가지 경계를 구족한다. 상(相)에 즉(卽)하여 무상(無相)이고 무상에 즉하여 모든 상을 갖춘다. 연(緣)에 즉하여 무연(無緣)이고 무연에 즉하여 모든 연을 갖춘다. 단지 공하기만 하여서 곧바로 존재하는 것이 아무 것도 없다는 것만을 말하는 것이 아니다. 그 대의(大意)는 보살이 대행(大行)·대원(大願)을 갖추고서 대심(大心)을 일

가리킨다.

11) 원수나 친척에게 두루 평등한 비심이다.

12) 현교의 경전을 가리킨다.

13) 『법화경』 제2권 「비유품」(대정장 9, 16 상)의 다음 게송을 가리킨다. '어떤 사람이 성내지 않고 솔직하며 부드럽고 언제나 모든 중생을 애민하고 모든 부처님을 공경하면'.

으키면 이와 같은 사람을 위해서 설해줄 수 있다는 것을 말한다.[14)]

“그[15)]가 마음 속의 대아(大我)를 알 수 있다면”은 이 마음을 찬탄한 것이다.

“그 자심(自心)의 위(位)에 따라 도사(導師)께서 머무는 바가 되리라. 여덟 잎의 마음으로부터 생기는 연화는 지극히 단엄하고, 원만한 월륜 가운데에 더러움 없는 것이 거울과 같다. 그의 [마음에] 언제나 안주하시는 진언구세존(眞言救世尊)께서는 금색으로 불꽃광명을 갖추시고 독을 제거하며 삼매에 머무신다. 태양을 바라보기 어려운 것처럼 모든 중생들도 역시 그러하다.”

“여덟 잎의 마음으로부터 생기는 연화는 지극히 단엄하고, 원만한 월륜 가운데에 더러움 없는 것이 거울과 같다. 그의 [마음에] 언제나 안주하시는 진언구세존께서는 금색으로 불꽃광명을 갖추시고 독을 제거하며 삼매에 머무신다”고 하는 것은 앞의 질문에서 ‘무엇으로부터 생기는가’에 대해 지금 불심에서 생긴다고 답하는 것이다.

“도사(導師)에 따르고 머무는 곳에 따른다”고 하는 것은, 이 진언이 바로 그 [자성법신]에 따라 생기는 것으로 [그의] 모든 지분(支分)[16)]에서 생긴다는 것을 말한다. 도사란 바로 부처이다. 말하자면 이 화대(華臺)는 마음[心意]에서 생기며, 곧 이 자심의 팔엽 연화를 관하니, 이 꽃은 다른 곳에서 생긴 것이 아니라 바로 마음[意]에서 생긴다. 마음[意]이란 바로 이 꽃으로서 둘도 아니고 다르지도 않다. 이 화대가 둥글고 밝은 것이 달과 같고 청정무구하여서 둥근 거울과 같다. 세간에서는 어떤 물건도 비유로 삼을 것이 없지만 단지 둥근 거울만이 비유할 수 있기에 그 [비유를 통하여] 뜻을 이해하여 언어를 잊게할 수 있다. 그러나 실로는 그 [둥근 거울을] 초과하는 것이 백천만배나 더하기에 비유로 삼을 수 없다.

지금[17)] 이 둥근 [월륜] 가운데에 진언구세자[18)]가 계시는데 큰 공덕을

---

14) 이 이하에 난탈이 있어 바로잡는다.

15) 이하는 두 번째의 질문에 대한 답변이다. 여기에서 ‘그’는 자신의 심위(心位)를 가리킨다.

16) 자성법신(自性法身)의 모든 지분에서 생기는 만다라를 가리킨다.

17) 이하는 세 번째 질문에 대한 답변이다.

갖추었고 진금색(眞金色)으로 불꽃광명을 갖추시며 삼매에 드시어 고요하게 여기 머무신다. 이 한 글자의 진언왕을 관해야 한다. 이 진언왕에서 본존 혹은 대비로자나를 관하는데 앞의 유가법에서 설명한 것과 같다. [마음의 화대에 대한] 설명이 아직 분명하지 않으면 다시 여쭈어야 한다. 그런데 앞의 글[19]은 그것에 대해 구체적이어서 끌어다가 살펴 맞출 수 있다.

"[독을] 제거한다[害]"고 하는 것은 모든 번뇌를 다 제거하여 없애는 것이다. 그 위광은 백천의 태양을 합쳐서 위광이 맹렬하고 치성한 것이 마치 태어난지 7일[20]밖에 안되는 동자가 작열하는 태양을 우러러 보아도 그 밝음을 볼 수 없는 것과 같다. 지금 이 빛도 역시 그러하여 저 모든 중생들이 태양을 보더라도 그 본질을 볼 수 없으며, 지금 이 부처님의 광명도 역시 이와 같다.

"항상 안팎으로 두루하여 널리 가지하시고 이와 같은 혜안(慧眼)으로써 뜻을 요지하시는 것이 밝은 거울과 같다"[21]고 하는 것은 마음을 거울로 삼는다는 것이다.[22]

"안팎으로 두루하여 거울의 마음을 알아야 한다"고 하는 것에서 "거울"이란 바로 원명(圓明) 가운데의 화대(華臺)이다. 이 거울은 바로 이 마음이라는 것을 반드시 알아야 하며, 이 거울이 바로 자기 마음임을 반드시 알아야 한다. 어떠한 방편을 써야 관하여 알 수 있겠는가? 즉 앞의 방편[23]처럼 두 눈에 라(囉)자를 두고 이 혜안(慧眼)으로 실상(實相)의 둥근 거울의 마음을 관하면 명료히 현전[24]하게 된다. 누가 이것을 관할 수 있는가 하면 바

18) 암(暗)자의 진언 종자를 가리킨다.
19) 『소』 12권에 설한 '간율타원명(干栗馱圓明)의 일심(一心)'을 가리킨다.
20) 『승만경(勝鬘經)』 제12 「전도진실장(顚倒眞實章)」(대정장 12, 222 상)에 다음과 같이 설한다. '비유하면 마치 날 때부터 눈먼 자가 온갖 색을 볼 수 없는 것처럼 태어난지 7일 밖에 안된 영아는 태양을 볼 수 없다.'
21) 『소』에는 '恆常於內外. 而知於意鏡'으로 되어 있으나 『경』의 본문으로 대체한다.
22) 이하에 심한 난탈이 있어 바로잡는다.
23) 앞의 방편이란 『소』 제12권 「성취실지품(成就悉地品)」에서 밝힌 방편이다.
24) 심성(心性)이 현전한다는 것이다.

로 진언수행자이다. 이 수행자가 곧 라자의 눈의 묘혜광명(妙慧光明)으로 화대의 거울을 관한다.

처음에 마음을 지어서 밖을 관하니 완연하여서 밝고 분명하다. 이 원명 가운데에 여래 내지는 음성과 색상(色像)이 모두 끝이 없다. 이미 이와 같이 명료하게 되었으면 곧 이것[25]을 이끌어 내신(內身)으로 삼는다. 말하자면 앞에서부터 관하였던 비로자나의 몸이 적연(寂然)한 정수(正受)로서 위광이 끝없음을 관하고 자기 몸을 그 존과 같게 하라. 원명 가운데에 적연하게 머무니 저 부처와 같다. 그렇게 하는 이유는 이 연꽃이 마음에서 생기는데, 앞에서 라(囉)자를 눈에 두고 마음의 화대 거울을 관하는 것이 바로 외견(外見)이고, 곧 외견으로 내견(內見)을 이루는 것은 바로 스스로 그 마음을 아는 것이다.

그래서 경에는 다음과 같이 설한다.

"혜안(慧眼)[26]은 이와 같나니, 혜안으로 지송자가 거울을 관하여 자신의 형색을 봄에 적연하여서 부처의 모습이다. 몸과 심(心)에서 형상이 생기고 의(意)와 심(心)[27]에서 언제나 청정한 갖가지 자신의 업을 출생한다. 다음에 빛이 거기에서 번갯불과 같이 나타나 그를 둘러싸고, 진언을 지니는 자가 모든 불사를 행함에 만약 보는데 청정하게 되면, [그러한 것이] 나 [비로자나]가 모든 사업을 지으려는 의도와 같다고 설한다."

이상은 경문이다.

"진언자는 혜안으로 이 둥근 거울을 관하여 자기의 형색을 보아야 한다[자기 몸을 보는 것이다]. 적연하여서 정각(正覺)의 모습과 같으니, 몸과 몸에서 생긴 그림자의 모습이다."

"몸과 몸에서 생긴 형상"이라고 하는 것은 무엇인가? 유위(有爲)·유루(有漏)에서 생긴 몸은 무위(無爲)[28]이다. 모든 상을 떠나서 상을 나타내 보이

25) 현전(現前)의 심불(心佛)이다.
26) 이하는 네 번째의 질문에 대한 답변이다.
27) 처음의 의는 불청정의(不淸淨意), 두 번째 심은 청정의(淸淨意)이다.

는 것을 진실상(眞實相)이라 이름한다.

"마음에서 마음을 생한다"고 하는 것은 번뇌의 마음에서 청정한 마음을 생하는 것이다. 여기서 말하는 "생한다"는 것은 몸과 말과 뜻에서 생한다는 것을 의미한다.

먼저 둥글고 밝은 금색의 불상 등을 관하면서 [이러한 것들이] 의(意)로부터 생한다는 것을 알아야 한다. 즉 밖을 이끌어 안으로 향함에 몸은 부처님의 신인(身印)과 동등하며, 언어는 부처님의 진언의 언음과 동등하고, 마음은 불심과 같다. "생한다"고 하는 것은 모두 마음에서 생하는 것이다.

"언제나 청정한 갖가지 자신의 활동을 나타낸다"[염오(染汚)의 아뢰야(阿賴耶)의 업에서 청정한 업을 생한다는 것이다].

즉 이 생[29]을 생함으로써 일체의 업을 청정하게 할 수 있으므로 "언제나 청정한 갖가지 자신의 활동"이라고 하였다. 말하자면 모든 [분별망상 등 번뇌의] 업을 여의었다는 것이니, 만일 모든 업을 여의게되면 곧 부처라고 이름한다.

경에서 "자신의 활동[自業]"이라고 한 것은 바로 불사(佛事)이다. 말하자면 보현색신(普現色身)이다. 혹은 처처에서 보살의 도를 행하고 여덟 가지 모습으로 성불함[八相成佛][30]을 나타낸다. 더군다나 석존께서 과거에 보살

---

28) 법성(法性)의 무위(無爲)이다.

29) 염오의 업을 없앤 몸에서 청정한 업을 생하는 것을 가리킨다.

30) 석가모니불의 생애에서 여덟 가지 중요한 사항. 그 여덟 가지 중에서 성도(成道)가 중심이 되므로 팔상성도라 한다. 일반적으로 다음의 여덟 가지이다. ① 항도솔상(降兜率相) : 전생의 석존이 도솔천에서 흰코끼리를 타고 이 세상에 내려온다. 이때 광명을 내며 대지가 진동하고 악마가 자취를 감추고 해와 달, 별들도 빛을 잃고 천・용 등도 두려워하고 다섯 가지 상서로운 일이 있다. ② 탁태상(託胎相) : 입태상(入胎相)이라고도 한다. 마야부인의 오른쪽 겨드랑이로 들어가서 모태에서 잉태하게 된다. ③ 출태상(出胎相) : 4월 8일에 마야부인의 오른쪽 겨드랑이를 통하여 탄생하여 일곱걸음 걸으시고 탄생게를 송한다. ④ 출가상(出家相) : 무상(無常)을 관하여 수도하고자 백마를 타고 마부를 대동하여 왕궁을 빠져나간다. ⑤ 항마상(降魔相) : 6년 고행후 보리수 밑에서 깨달음을 성취하는 것을 악마들이 눈치채고 이를 방해하기 위하여 온갖 수단을 다하여 석존을 괴롭히려고 하는 장면, 그러나 악마의 유혹과 협박을 모두 무찌른다. ⑥ 성도상(成道相) : 12월 8일에 깨달음을 열고 불타의 지위에 오르다. 이때가 35세 되던 해였다.

이었을 적에 행했던 사업은 한량 없이 많고 끝이 없다. 요점을 말하자면 모두가 여래 자신의 활동이니, 만일 이와 같이 알 수 있다면 이것이 성불이다.

"다음에 거기에서 빛이 나타나 번갯불과 같이 비추어 진언을 지니는 자를 둘러싸서 모든 불사를 행하게 된다. 만약 청정하게 되면 나도 역시 모든 사업을 생각하는 대로 행할 수 있다고 설한다"[31]고 하는 것도 역시 그러하다.

"다음에 거기에서 빛이 나타나 둥글게 비추는 것이 번갯불과 같다"고 하는 것은 청정하지 않은 업을 없애고 청정한 업을 나타나게 하는 것이다. 청정한 업이 이미 나타나 빛을 내는 것이 번갯불처럼 두루 비춘다. 번개의 뜻을 가져온 것이 아니라 다만 갖가지 다양한 색의 빛이라는 [뜻을] 가져와서 원만함을 [표현하였다].[32]

"진언자가 모든 불사를 행하게 된다"고 하는 것은 만일 이와 같이 깨달아 알면 곧 원만한 빛이 두루 비추게 할 수 있다. "두루 비춘다"는 것은 바로 불사를 짓는 것이다. 몸과 입과 뜻의 변조장엄(遍照莊嚴)에 따라 모든 불사를 짓게 되니 즉 비로자나와 동등하다. 누가 이 불사를 지을 수 있는가 하면 바로 진언을 지니는 자를 말한다. 이것은 모든 부처님께서 금강수에게 진언이 생기는 곳에 대해 답하신 것이다. 말하자면 이 진언은 곧 수행자의 몸과 말과 뜻에서 생겨난다. 만약 이와 같이 알면 곧 안팎으로 청정하여서 불사를 짓게 된다.

그래서 경에, "만약 보는 데 청정하게 되면 듣는 것도 역시 그러할 것이다"라고 하였다. 즉 보고 듣고 접촉하고 아는 것이 모두 청정하게 된다. 이

---

⑦ 전법륜상(轉法輪相) : 녹야원에서 비구에게 설법하고, 이후 계속해서 45년간 교화하다. ⑧ 입멸상(入滅相) : 80세 되던 2월 15일에 구시나가라성 근처 사라쌍수 아래에서 마지막 설법을 끝내고 열반에 들어갔다.

31) 이 문장은 『경』의 본문과 매우 다르다. 여기에 해당하는 『경』의 문장은 다음과 같다. "다음에 거기에서 빛이 나타나 두루 비추는 것이 번갯불과 같고 진언자는 능히 모든 불사를 행하게 되리라. 만약 보는데 청정하게 되면 듣는 것도 역시 그러할 것이며 생각으로 사념하는 대로 모든 사업을 행할 수 있다."

32) 중복되는 글이 있어 생략하였다. '다양한 색의 빛이 원만하게 비춘다.'

가운데 능(能)자는 많이 머금었다는 뜻이다. 마음에서 생각하는 대로 모든 불사를 지을 수 있다. 진언을 지니는 자가 앞의 관의 차제방편에 머물게 되면 이 진언행으로써 이 몸에서 연에 따라 일어나는 것이 있는데, 그 뛰어난 것이 부처와 다르지 않다.

"비밀주여, 진언문에서 보살행을 닦는 보살들은 이와 같이 마음 속에서 연에 따라 일어나는 것이 부처님의 수승함과 다름이 없다."[33]

이상은 경문이다. 스승의 설명[34]에 아직 분명하지 않은 것이 있으므로 이를 다시 여쭈어야 한다[또 그 뜻을 생각하여 차례대로 형상을 배치하라].

"형상이 연(緣)으로부터 일어난다"는 것은 마음의 팔엽연꽃을 관상하는데에 꽃 위에 둥근 광명이 있어서 깨끗한 거울[35] 종류와 같다. 처음에는 아직 명료하지 않으나 라(囉)자의 혜안(慧眼)의 방편을 사용하여 점차 저절로 명료해지고,[36] 나아가 둥근 거울 속에서 자신을 보게 되면 곧 모든 부처님들과 동등하게 된다. 이와 같은 법[영상]이 생기면 곧 이것이 인연[37]따라 일어난다. 만일 연[38]에 따라 일어날 때에 이 불생문(不生門)[39]을 관하면 곧 법계체성(法界體性)에 들어간다. 혜안(慧眼)을 인(因)으로 삼고 깨끗한 거울을 소연(所緣)으로 삼아서 무량하게 스스로 짓는 불사가 인연따라 생하지만, 실제로는 저절로 생기거나 남으로부터 생기거나 [나와 남이] 함께해서 생기거나 아무 원인 없이 생기지 않으니 『중론』[40] 등에서 설명한 것과 같다.[41]

---

33) 이하에서 집착을 여의는 방편인 관지(觀智)를 밝힌다.

34) 『대일경』은 아직 완전하게 다듬은 경이 아니기 때문에 스승의 설명이 비슷하나 아직 분명하지는 않다는 것이다.

35) 나타나는 온갖 영상이 밝은 거울 종류와 같다는 뜻이다.

36) 마음 속에 부처님의 현상이 현전하여 분명하게 된다는 뜻이다.

37) 인연에서 인(因)은 혜안(慧眼)이고 연(緣)은 청정한 거울, 즉 실상(實相)이다.

38) 실상(實相)을 가리킨다.

39) 인연생(因緣生)의 본래 생겨남 없음[本不生]을 관하는 것이다.

40) 『중론』 제1권(대정장 30, 2 중). '모든 법은 저절로 생기지 않으며 다른 것으로부터 생기지도 않는다. 함께 해서 생기거나 아무 원인 없이 생기지 않으니 이 까닭에 무생(無生)임을 알 수 있다.'

문 존재하는 것이 없다고 말하면서 지금 여기에서는 본존의 몸과 말과 뜻 등의 갖가지 경계를 관하고 있다. 바로 앞에서는 모두 모든 상을 여의어 대할 것도 없고 연(緣)할 것도 없다고 말하였다. 그렇다면 지금 이러한 관상 등을 하는 것은 서로 어긋나는 것이 아닌가?

답 예컨대 아자에서 모든 종자를 생하다면 모든 자를 생할 때에 곧 본불생의 뜻이니 이것도 역시 이와 같아서[42] 부처의 방편력이기 때문이다. 그래서 무상적멸의 법 가운데에서도 이러한 유가행을 하는 것이다. 무상(無相) 가운데에 모든 상을 설한다면 이 모든 상은 바로 무상이다. 이를테면 상(相)이란 바로 연에서 생겨난 법이기 때문이다. 그러나 실제로는 저절로 생겨나는 것도 없고 다른 것으로부터도 생기지 않으며, 팔불(八不)을 여읜다. 즉 이 제일의 무상은 상을 여의었다고 설하니 따로 무상이 있다는 것이 아니다. 만일 따로[43] 이러한 주장을 하면 곧 외도의 단공(斷空)과 같다.

"또한 비밀주여, 진언문에서 보살[행]을 닦는 모든 몸에서 생겨난 영상"이라고 하는 것은 몸에서 영상을 일으키는 것을 말한다. 여기에서 "몸"은 바로 번뇌의 몸[垢身]이며, "영상"은 청정한 몸[淨身]을 말한다. "생겨난" 것은 부처님을 넘어설 수가 없다. 그 뜻을 말하자면 영상[44]이 일어나는 가운데 수승한 것으로 부처님을 초월하는 것이 없다. 이 [부처님의] 법은 수승하며 다시 이보다 뛰어난 것이 없다.

"안·이·비·설·신·의 등의 사대(四大)[45]가 모여서 섭지(攝持)된 것처럼 그것은 자성이 공하며, 오직 명자(名字)로만 있다. 집착한 바는 마치 허공과 같아서 집착할 수 없으며 인업(因業)에 따라 생겨난 영상과 같다."[46]

---

41) 이 이하에 난탈이 있어 바로잡는다.

42) '이것도 역시'란 생겨난 모든 법은 다 본불생이라는 뜻이다.

43) 모든 법을 여의고서 따로 무상을 설한다면 그것은 외도의 단공(斷空)에 지나지 않다.

44) 십계(十界)의 영상으로 이루어지는 사중(四重)의 원단(圓壇)에는 수승한 것으로 불계(佛界)를 초월하는 것이 없다는 뜻이다.

45) 지(地), 수(水), 화(火), 풍(風)의 사대를 말한다.

이 글에서 인(因)[47]은 거울과 같고, 업(業)[48]은 몸[49]과 같으니, 거울을 마주대하여 영상이 나타나는 것과 같다. 이것이 바로 상(相)이며, 상이란 바로 세간의 법이다.

지금 부처님께서 진언의 성불행을 말씀하셨는데 다시 세간삼매유상의 법을 설하신 것은 왜 그러한가? 그래서 부처님께서는 다음으로 비유[50]를 들어서 이를 밝히며 "안 · 이 · 비 · 설 · 신 · 의 등의 사대종이 모여서 섭지(攝持)된 것처럼 그것은 자성이 공하며, 오직 이름만 있다. 집착한 바는 마치 허공과 같아서 집착할 수 없음을 알아라. 인업(因業)에 따라 생겨난 영상과 같다"고 하셨다. 이것은 경문이다.

수행자는 먼저 외부를 관하고 마음의 밝은 거울을 연하며 그렇게 한 다음에 자기 몸에 이끌어들인다. 만일 나와 남이 평등하여 둘이 아니라면 이것이 바로 유가를 성취한 것이다. 자신을 인(因)으로 삼고 소연(所緣)이 연(緣)이 되어 인연이 합해져서 영상이 생기게 된다. 만일 이 인연을 알게 되면 곧 등정각을 성취한다. 누가 정각을 성취하는가 하면 진언수행자를 말한다. 이 뜻은 무엇인가 하면 세간의 오근(五根)과 같은 것들은 사대의 인연에서 생기고 업 등으로부터 생긴다. 유상(有相) · 유연(有緣)일지라도 자성은 공하니 곧 제일무상(第一無相)의 법과 같으며 지금 이 유가도 역시 그러하다. 유상으로서 연에서 생겨난다 할지라도 연에서 생겨나는 실상은 바로 아자법계의 체(體)이다. 도대체 어떤 것을 유상이라고 말할 수 있겠는가? 만일 이와 같은 뜻을 알게 되면 곧 정각을 성취한다. 그래서 경에 "안 · 이 · 비 · 설 · 신 · 의 등의 사대종이 모여서 섭취(攝取)된 것처럼 그것은 자성이 공하다. 이와 같이 공하기에 오직 이름만 있는 것을 잡아 취할려고 하나 허공과 같아서 잡을 수 없으니 인업(因業)에 따라 생겨난 영상과 같다"고 하였다.

---

46) 이하에 난탈이 있어 바로잡는다.
47) 자성청정한 원명(圓明)의 인(因)이다.
48) 삼밀평등한 부사의업(不思議業)으로 정업(淨業)을 말한다.
49) 부처의 본지신(本地身)이다.
50) 몸이 거울을 마주대하자 그림자가 나타난다는 비유이다.

"정각을 이루신 여래께서는 상호 연하여 생겨나 끊임이 없는 가운데 상속한다. 만약 연에 따라 일어나면 그것은 영상이 생기는 것과 같다. 이 까닭에 모든 본존은 곧 나이며 나는 바로 본존으로 서로 발생시킨다. 본존의 몸은 몸에서 생긴 영상으로서 천(天)의 형상을 생기게 한다." 이상은 경문[51]이다.

"정각을 이루신 여래께서는 상호 연하여 생겨나"라고 하는 것은 거울 속에 영상이 생기는 것처럼 영상이 서로 생겨나 인연이 끊이지 않는 가운데 자신의 물든 몸에서 청정한 몸을 생하여, 그것이 서로 생겨나 끊임이 없는 것이다. "끊임이 없는 가운데 상속한다"고 하는 것은 중간에 끊임[52]이 없는 것이다.

"만약 연에 따라 일어나면 그것은 영상이 생기는 것과 같다"고 하는 것은 인연을 여의지 않았음을 밝힌다.

"이 까닭에 모든 본존은 곧 나이며 나는 바로 본존으로 서로 발생시킨다."

서로 생기는 것에 말미암으므로 나의 [영상이] 일어나는 것은 둥근 거울에 말미암는다. 밝은 거울을 볼 때에 자신의 영상이 나타난다. 밝은 거울을 보지 못하였다면 영상도 없다.

스스로 몸과 마음으로 자기 몸을 정화하였으면 곧 그것과 동등하여 서로 연기하여 끊임이 없기 때문에 "연에 따라 일어나면 그것은 영상이 생기는 것과 같은 것이다"라고 하였다. 내외(內外)[53]가 서로 원인이 되어 다시 서로 분발(分發)케 하고 전전(展轉)하여 서로 보기 때문에 "모든 본존은 곧 나이며 나는 바로 본존이며" 부처는 바로 나이고 나는 바로 부처이다. "몸에서 생긴 [몸은 본존의] 형상을 생기게 한다"고 하는 것은 자기 몸[54]에서 생기는 것을 말한다. 몸에서 몸을 생기게 하며[청정한 몸을 생기게 하는 것을 말한다] 이와 같이 본존의 형상이 생김은 몸에서 몸을 생하는 것이며, 말하자면 물든 몸

---

51) 이하에 난탈이 있어 바로잡는다.

52) 물든 몸과 청정한 몸이 끊임없이 상속한다는 것은, 뒤의 것으로 앞을 보면 원인이 되고, 앞에서 뒤를 보면 결과가 되니 인과가 함께 법계를 이루어 끊임이 없음을 말한다.

53) 내(內)는 자기 몸, 외(外)는 본존이다.

54) 자기 몸은 수행자를 가리킨다. 즉 수행자 자기 몸에서 본존의 형상을 생하는 것이다.

에서 청정한 몸을 생기게 하는 것이다. 청정한 몸은 바로 부처님 본존의 형상이다. 반드시 이와 같이 이해하여야 한다.

"비밀주여, 이것을 관상해야 한다. 이 법은 통달혜(通達慧)에 연하며 통달혜는 법에 연한다. 그들은 서로 작용을 하지만 머물지 않고 성질도 공한 것이다. 비밀주여, 어떻게 하여 의(意)[55]에서 의를 나타내고 영상을 나타낼 수 있겠는가?"

"통달"은 과(果)를 증득했다는 뜻이니 도달하려는 곳에 닿은 것이다. 이 통달은 증득이라고도 말한다. "비밀주여, 이것을 관상해야 한다"고 하는 것은 앞에서 설명한 거울의 비유처럼 마음 가운데[56]의 밝은 거울에 영상을 나타낼 때에 분별이 없으며 단지 연에 따라 일어난다. 이제 이 법을 관상할 때에 거울에서 생기는 것인가, 아니면 얼굴에서 생기는 것인가? 이와 같이 이것을 구함에 모두 실다운 곳이 없다.[57] 만일 거울에 따라 있는 것이라면, 얼굴이 없어도 언제나 있어야 옳다. 얼굴에 따라 있는 것이라면 거울이 없어도 역시 사라지지 않아야 한다. 그러므로 두 가지 경우는 모두 옳지 않다. 그래서 단지 연[58]에 따라 있을지라도 실제로는 언제나 공하며, 법이란 본디 이러하다[59]는 것을 알아야 한다. 이 법을 관함으로 해서 증혜(證慧)를 성취할 수 있다. 그런데 이 혜는 희론을 영구히 끊어서 드러내 보이거나 말로 설명할 수 없다. 만일 설할 수 없어서 사람을 제도하지 못하면 또한 본원(本願)[60]에 위배된다. 다시 지(智)를 증득하고서 돌이켜 법을 생하며 부처[61]의 연으로 법을 보는 것에 말미암아 성불한다. 성불하고 나서 다시 법을 설하니 이것 또한 연으로부터 생겨나 다시 법을

---

55) 처음의 의(意)는 청정의(淸淨意)이고 두 번째는 부정의(不淨意)이다.

56) 라(囉, ra)자의 등불을 마음 거울에 비추어 자심의 영상을 나타낼 때에 거울과 영상 사이에 유무(有無)나 일이(一異) 등의 분별이 없는 것을 말한다.

57) 거울도 얼굴도 모두 함께 그림자를 만드는 실다운 곳이라 말할 수 없다.

58) 거울과 얼굴을 가리켜서 연(緣)이라고 말한 것이다.

59) 여기의 영상은 바로 소관(所觀)의 법이다.

60) 보살이 과거생에 세운 중생제도의 자비본원이다.

61) 부처의 설법에 의하여 진리의 법을 보고 스스로 증득하여 성불한다는 뜻이다.

이룰 수 있다.[62)]

이 뜻은 다음과 같다. 비밀주가 법을 관하니 법성은 공적한 상이다. 이 상을 연함으로 인하여 혜로써 통달할 수 있다. 법[63)]은 바로 모든 상[64)]을 여윈 법이고, 법은 바로 이러한 연이다. 이것을 관함으로 해서 법의 성품에 들어가 법에 통달한다. 만일 법에 통달하면 곧 이러한 연에 통달하며, 연에 통달하면 곧 이 법에 통달한다. 서로 일으키니 함께 법의 공적함을 아는 것이 바로 이 법에 통달함이다. 분별이 일어남에 말미암아서 법이 공하다는 것을 알면 [이미] 연(緣)을 아는 것이다.[65)] 연이 법에 의거하고 법이 연에 의거하며 서로 연기한다. 이것을 '모든 법의 성품이 공함[性空]'이라고 부른다. '만일 법이 이와 같이 성품이 공하다면 어떻게 의(意)로부터 영상을 생기게 할 수 있겠는가'라고 하는 것이 경문[의 뜻]이다. 저 [법과 연]들은 서로 머물러있지 않으므로 성품이 공하다.

"비밀주여, 어떻게 하여 의(意)에서 영상을 나타낼 수 있는가? 비밀주여, 비유하면 마치 백·황·적색이 생각하는 자[66)]의 [생각대로 되는 것과] 같다"고 하는 것은 비유를 끌어들인 것이다.

금강수가 [이러한 사실을] 몰라서가 아니라 중생을 위하여 의문[67)]을 일으킨 것이다. 만약 이와 같다면 저 의(意)가 심(心)에서 생기는 것을 누가 알 수 있겠는가? 부처님께서는 곧 비유를 설하여 백(白)과 같다고 하셨는데 왜냐하면 청·황 등과 다르기 때문에 마음으로 이렇게 이해한 것이다. 즉 이것이 일어나서 마음[68)]으로부터 마음을 생하니 세간이 오히려 그러하다. 물든 마음에서 청정한 마음을 생하는 것도 역시 그러하다는 것을 알아야

62) 이하에 난탈이 있어 바로잡는다.
63) 통달한 법을 가리킨다.
64) 일정한 상(相)이다.
65) 『소』에는 '智緣'이라 하였으나 문맥상 '知緣'으로 바꾼다.
66) 백백이나 적색 등의 색이나 육신도 다같이 의식작용에 의해서 출생되는 영상(影像)에 지나지 않다.
67) '어떻게 의(意)로부터 영상을 생하는가'라는 의문이다.
68) 마음으로부터 마음을 생하여 능히 영상을 만든다.

한다. 또한 물들은 마음이란 바로 세간이니, 만일 물들음을 떠난 마음이라면 곧 출세간심이다. 사람이 눈으로 처음 백색을 볼 때에 아직 명료하지는 않지만 다음에 곧 마음이 생겨나 '이것이 바로 백색이구나'라고 분별하는 것과 같다. 백색을 볼 때에 마음은 백색이라 이해하고, 이 백색으로 말미암아서 마음도 역시 백색이라고 하는 것과 같다. 예컨대 비구로서 백색을 보는 자는 모든 것도 백색으로 보며 청색을 보는 자는 모든 것을 역시 청색으로 보는 것과 같다.

"비유하면 마치 백 · 황 · 적색이 생각하는 자가 생각할 때에 물들은 집착의 의(意)를 생하는 것과 같다. 그것과 동일한 종류로서 이와 같이 몸도 전개된다."

이상은 경문이다.

"생각할 때"란 청 · 황 · 적 · 백 등을 보는 것이 십변처(十遍處)[69] 등을 수

---

69) 삼계의 번뇌를 멀리 여의는 열 가지 대상에 대한 관법. 십변입(十遍入), 십변처정(十遍處定)이라고도 한다. 이 관법은 팔해탈을 닦고서 그 다음에 수행하는데, 삼계가 지(地) · 수(水) · 화(火) · 풍(風) · 청(靑) · 황(黃) · 적(赤) · 백(白) · 공(空) · 식(識)이라는 열 가지 가운데의 하나로 편만하게 된다고 관하는 것을 차례로 행하여 물질과 정신이 무한하다는 것을 관조하며 그 진리를 깨닫는 관법이다. 『아비달마집이문족론』에 십변처에 대하여 다음과 같은 글이 나온다. '십변처란 무엇인가. 대지(地)가 두루하여 마치 위 아래로, 그리고 좌우로 널리 펴져서 둘이 아니며 끝없고 끝이 없다고 오로지 생각하는 것이다. 이것을 제1변처라고 한다. 다시 물(水)이 두루하여 마치 위 아래로, 그리고 좌우로 널리 펴져서 둘이 아니며 끝없고 끝이 없다고 오로지 생각하는 것이다. 이것을 제2변처라고 한다.' 이와 같이 십변처는 지 · 수 · 화 · 풍 · 청 · 황 · 적 · 백 · 공 · 식의 열 가지가 온갖 장소에 널리 펴져서 틈이 없다고 치우치지 않게 관하는 것이다. 지 · 수 · 화 · 풍은 물질의 본성인 사대(四大)이고, 청 · 황 · 적 · 백은 물질의 색깔을 뜻한다. 공무변처는 물질과 정신에도 공의 원리가 두루 통용됨을 나타내며, 식무변처는 식(識)이 무한하게 존재한다는 것을 의미한다. 이렇게 해서 차례대로 관하는 것인데, 십변처관이란 물질과 정신의 기본적인 요소라고 할 수 있는 열 가지가 전 우주에 두루 존재하면서 물질계와 정신계를 유지해 나간다는 진리를 깨닫는 것이다. 이는 관법을 닦는 수행자가 이미 팔해탈에 의하여 물질에 대한 청정한 모습의 진리를 얻었으므로 그 청정한 모습이 법계에 두루 가득 차 있다는 것을 관조하여 진리를 깨달아 자재하게 되고자 이 관법을 수행한다. 십변처관 가운데서 앞의 여덟 가지는 관하는 대상이 물질인 것처럼 특히 물질에 대한 탐심을 정화하는 수행이다. 물질에 대한 본질을 관찰하여 탐욕을 없애고자 하는 수행에 이어서 공무변처에서는 모든 것은 공(空)이며 공이 무변하다는 이치를 깨달아 사물에 대한 욕심이 없을 뿐만 아니라 상대적인 생각도 일으키지 않는 경지이다. 식무변처는 공무변처를 수행한 뒤에 더욱 정진하여 수승한 지혜를 증득하고 그 지혜로 말미암아 식(識)이 무량하고 무변한 것이라 사유하고, 이는 마치 허

행하는 것과 같다. 청색을 관상할 때에는 모든 것이 다 청색이다. 이 청색은 단지 마음에 말미암아 생기는데 오래도록 작의(作意)하게 되면 의(意)가 이것을 생기게 할 수 있다. 이 색은 마음에 따라 나타나니, 마음이 이미 능연(能緣)이어서 저러한 부류를 생기게 한다.

"생각할 때"란 백색 위에 백색이라는 의(意)를 지어서 성취하는 것이다. 식심(識心)은 백색이라는 마음에서 생기지 밖에서 일어나는 것이 아니다. 마치 사람이 백색을 볼 때에 곧 모든 것이 백색이라고 보는 것과 같다.

"물들은 집착의 의(意)를 생한다"고 하는 것은 『월등삼매(月燈三昧)경』[70]에서 설하는 것과 같다. 여인이 자신을 단장하기를 즐기며 거울에 비추어진 자기를 보고 도리어 스스로 [자신에 대해] 애착심을 일으키는 것과 같다. 만일 지혜로운 자라면 이것이 어디에서부터 생겨났고 어느 곳에서 왔는지를 보고, 하나하나 이것을 관함에 얻을 수 없으므로, 이것에 말미암아서 이렇게 말한다.

'마음에서 형상을 만들고 도리어 스스로 물든다. 만일 이것이 다만 연에서 생긴 것이라고 알게 될 때에는 곧 염착이 사라진다. 이렇게 스스로 증득해야 하리니 자기 마음이 마음을 일으키는 것이다.'

"그것과 동일한 종류로서 이와 같이 몸도 전개된다"고 하는 것은 곧 이 동녀가 스스로 그 몸을 보는 것이다. 만일 물들었으면 이것이 바로 생사이다. 단지 연으로부터 생긴다면 자성이 없다고 말하는 것이 바로 열반이다. 그래서 **"동일한 종류로서 몸도 전개된다"**고 하였다.

물들음[染]은 집취(執取)의 뜻이다. 마음은 이미 이와 같이 심의(心意)로부터 생겨나며 그것과 동일한 종류이다. 마음이 이미 이와 같으며, 몸과 언어도 역시 그러하다.

"비밀주여. 또한 안으로 의(意) 가운데의 만다라를 관하여 열병을 치료하면 그 중생의 열병은 즉시 치유되어"라 하는 것에서 [즉시란] 일 찰나의 순간이

공이 무량하고 무변한 것과 같다고 사유하여 정신적인 집착을 단절하는 수행이다.

70) 이 경 어디에도 여기에 해당하는 내용이 없다.

바로 이것이다. 찰나(刹那)에 제바(提婆)[71]가 의심할 것이 없다고 말한 것은 이 천자(天字)를 사용하지 않는다. 의(意)는 만(曼)[72]과 다르지 않고 만은 의와 다르지 않다. 왜냐하면 [의는] 저 만과 한 가지 모습이기 때문이다.

"안으로 의(意)를 관하는 가운데"에서부터 이하는 게송이다.

다음에 또 비유를 끌어온다. 또 의(意) 가운데 만다라를 건립하는 것처럼 삼각(三角) 등을 짓는 것도 앞[73]에서 설명한 것과 같다. 또한 열의 기운을 없애는 방편처럼 원만다라(圓漫荼羅)[74]를 만들어야 한다. 백색 가운데에 밤(鑁)자가 있거나 다른 종자가 있다. 그 [밤자] 위에 점을 찍은 것 등이다. 다른 것은 이것과 비슷하므로 이해할 수 있을 것이다. 이 점은 바로 뜨거운 번뇌를 제거하는 감로미(甘露味)이다. 이 법을 행하는데 마음에서 이것[밤자]을 쓰는 데에 따라 열을 제거하고 나아가 찰나 사이에 저 병이 곧 낫게되니 그 [병]은 마음에서 일어났기 때문이다. 그 마음은 만다라와 다르지 않으며 만다라는 마음과 다르지 않으니 하나의 모습이기 때문이라는 것을 알아야 한다. 말하자면 이 만다라는 마음과 더불어 둘도 아니고 다르지도 않다. 지금 이 법도 역시 이렇게 이해할 수 있다.

"비밀주여, 또한 환술사가 남자를 환상으로 만들고 그 남자가 또 다시 변화를 만드는 것과 같다. 비밀주여, 그대의 생각은 어떠한가? 거기에서 어떤 것이 뛰어난 것인가?"

---

71) 범명 Kāṇa-deva. 의역하여 단안제바(單眼提婆)라 하고 또는 제바(提婆, Deva)・성제바(聖提婆, Ārya-deva)・성천(聖天)이라 한다. 삼론종조(三論宗祖)의 한 분. 3세기 경 세일론 사람이다. 한 눈이 멀었으므로 가나제바(迦那提婆 : 片目天)이라 한다. 인도의 용수보살에게 불교를 배웠으며 중인도와 남인도의 외도들과 소승을 논파하여 대승의 공론(空論)을 주장하였다. 저서로는 『백론(百論)』 2권, 『백자론(百字論)』 1권, 『광백론(廣百論)』 1권 등이 있다.

72) 만다라를 가리킨다. 문장의 뜻은 의(意)와 만다라가 무이(無二)・무별(無別)임을 서술한다. 관하는 대상으로서 만다라와 능히 관하는 주체인 의(意)는 일미일상(一味一相)으로 두 가지가 아니라는 뜻이다. 곧 의의 상(相)이 만다라이고 만다라는 의의 객관화인 것이다.

73) 『소』 15권 「비밀만다라품」(대정장 39, 732 중)에, '다음에 택지(擇地)에 대해 설명하겠다. 지(地)란 바로 보리심이다'라고 설명한 부분을 가리킨다.

74) 식재용으로 사용되는 원만다라이다.

금강수가 답하여 말씀드렸다.

"세존이시여, 이 두 사람은 서로 다름이 없습니다. 왜냐하오면 세존이시여, 실제로 생겨난 것이 아니기 때문입니다. 이 두 남자의 본성은 공하기 때문에 환상이라는 점에서 똑같습니다.

이와 같다. 비밀주여. 의(意)에서 생겨나는 온갖 일['일'이란 실지 등의 일이고 '온갖'이라 말한 것은 많다는 뜻이다]과 의에서 생겨나는 이와 같은 것들은 모두 공하여서 분별할 것이 없다[무이(無二)·무별(無別)이라는 뜻이다]."

다음에 부처님께서는 다시 비유를 끌어들이셨다.

환술사가 남녀 등을 변화로 만드는 것처럼 이 변화로 만들어진 사람이 다시 변화를 지음과 같다.

경에 "거기에서 어떤 것이 뛰어난가?"라고 한 것은 바로 이 두 환술사 가운데 누가 더 뛰어난지 묻는 것이다. 이와 같은 두 환술사는 누구가 존귀하며 누구가 우수하고 누가 열등하며, 누구가 길고 누구가 짧으며, 누구가 잘생겼고 누구가 추한가?

답하기를 '이 두 [환술사가] 다 다름이 없다'고 말하였다. 왜냐하면 모두 실답지 않은 것에서 생겼으므로 둘 다 본래 성품이 공하기 때문이다. 무릇 환술로써 환술을 지은 것이다. 환술을 짓는 자에게 어떤 다름이 있겠는가!

"의(意)에서 [생겨나는 온갖 일과] 의에서 생겨나는 이 두 가지는 모두 공하여서 둘도 아니고 다름도 없다."

부처님께서 이로 인하여 말씀하셨다.

'너는 다시 이 법을 관해야 한다. 마음에서 둥근 거울 등을 생하는 것처럼 마음은 바로 이 거울이고 거울은 바로 이 마음이며 둘도 아니고 다름도 없으므로 그 차별상을 논할 수 없다.'

3. 마무리

지금까지 설명한 "「성백자위품(成百字位品)」"이라 하는 것은 아직 분명하게 설명되지 않았으므로 반드시 재차 여쭈어야 한다. 그렇지만 그 대의(大意)는 우선 [삼밀]유가를 닦고, 나아가 지극히 크고 넓으며 두루하게 성취하는 것이다. 그러나 이 혜방편으로 공의 실상을 관하고 그 마음을 씻지 않으면 마치 세간법과 같을 것이다. 그러므로 반드시 이 관행을 닦아서 만다라의 실상에 들어가 대공(大空)의 단(壇)을 성취하여 언제 어디서나 항상 필경 청정하게 해야 한다. 이것이 그 대략이다.

제22 백자성취지송품(百字成就持誦品)

1. 의생(意生)의 실지

"부처님께서 비밀주에게 말씀하셨다.

잘 듣거라. 진언구세자(眞言救世者)께서는 몸[1]과 몸은 달리 나눌 수 없고, 의[染意]는 의[淨意]로부터 생기므로 잘 정제(淨除)하게 되면 그곳[청정한 의][2]에서 두루 광명을 유출하며 모든 지분에 상응한다고 설하신다. 어리석은 범부들은 이 도를 알지 못하고 (…중략…) 또한 몸에서 생기는 지분은 무량하게 많은 종류이다."

이상은 경문이다.

"잘 듣거라. 진언구세자(眞言救世者)께서는 몸과 몸은 달리 나눌 수 없다"고

1) 처음의 신은 구신(垢身)이고, 다음은 정신(淨身)이다. 그 다음의 의(意)도 처음은 염의(染意), 다음은 정의(淨意)이다.

2) 그 곳이란 정의(淨意)를 가리킨다.

하는 것은 몸[3]이 그 몸과 다르지 않다는 것이다. 즉 이 몸은 그 몸과 다르지 않으며 자기 몸에서 생겨난 것으로써 바로 의(意)에서 생긴 것이다. 말하자면 심(心)[4]에 처하면서 저 진언의 몸을 사용한다.

"의[染意]는 의[淨意]로부터 생기므로 잘 정제하게 되면 그 [청정한 의]에서 두루 광명을 유출한다."

"의[染意]는 의[淨意]로부터 생긴다"고 하는 것에서 앞의 의(意)는 [생사에 물든] 유생(有生)의 의이고 뒤는 청정한 의[淨意]이다. [백광변조왕(百光遍照王)의] 진언을 지님에 의해서 의를 정제할 수 있게 된다. 모든 염오를 정제함으로 말미암아 온갖 [부처님의 중생교화]사업을 성취한다.

"그 청정한 의에서 두루 광명을 유출한다"고 하는 것은 청정한 마음에서 유출하는 것이다. "그"라고 말한 것은 바로 앞[에서 말한 유생(有生)]의 의(意)를 가리킨다.

"빛과 유가(瑜伽)가 상응하여 생긴다"고 하는 것은 유가와 상응함으로 해서 저 심(心)으로부터 이 빛을 생하는 것이다. 이러한 덕[5]이 있기에 모든 지분에 따라 광명을 유출하여 불사를 행한다.

"어리석은 범부들은 결코 알지 못한다"고 함이란 어리석은 범부는 알 수 없으므로 이 도를 요달할 수 없다는 것이다. 그와 같은 일들은 범부가 어리석어 알 수 없으며, 이 도를 알지 못하기에 어리석은 범부라 부른다. "이 도(道)"라 하는 것은 바로 진언행이다.

"내지 몸에서 생기는 지분"에서 지분은 몸과 다르지 않고 [더러움 없는 청정한] 몸에서 생긴 [분신(分身)의] 몸이다.

"무량하게 많은 종류가 있다"고 하는 것은 진언을 성취하여 실지를 얻기 때문에 이 몸에서 다시 몸이 생겨나게 되어, 욕계・색계 등에서 그 종류

---

3) 능생(能生)의 구신(垢身)이고 다음은 소생(所生)의 정신(淨身)이다.
4) 말하자면 수행자는 자성청정심의 연화대에 머물고 있다는 뜻이다.
5) 암자(暗字, aṁ)를 자신으로 삼아서 번뇌를 제거하는 덕이 있으므로 이로 인하여 상・중・하 모든 신체의 지분에서 법계에 가득하게 광명을 유출한다는 뜻이다.

가 아주 많다는 것을 말한다. 몸이 이미 한량 없이 많다면 "이와 같은 진언의 언설도 한량 없이 많이 있다."[6] [왜냐하면] 모두가 하나의 진언[7]에서 한량없이 많은 몸·말·마음을 유출하기 때문이다. 앞[8]에서 설명한대로 부처님의 상·중·하의 지분에서 한량 없이 많은 몸을 생하는 것처럼 이 수행자도 역시 이와 같다. 몸의 상·중·하의 지분으로부터 사불(四佛)·사보살(四菩薩) 내지 모든 팔부(八部) 등을 나타내는 것이 마치 대비장(大悲藏)[9]에서 설명한 것과 같아서 그 수가 무량하다.

2. 비유를 들어서 난적을 무찌른다

"비유하면 여의보(如意寶)[길상여의주(吉祥如意珠)를 말한다]가 [중생들이] 바라는 대로 이익하게 함과 같다. 이와 같이 세간에서 세간을 관조하는 자의 몸은 모든 세간의 도리와 이익을 이룬다.

비밀주여, 무엇 때문에 무분별의 법계에서 온갖 작업을 행하는가? 비밀주여, 또한 허공계[10]와 같이[11] [허공계와 같이 중생이 아니고 수명이 있는 것이 아니고 마노사(摩奴闍)가 아니고 마납파(摩納婆)도 아니다. 또한 작자(作者)도 아니고 베다[吠陀]도 아니며, 인식하는 주체[能執]도 아니고 인식되는 대상[所執]도 아니

---

6) 『경』에는 "또한 신(身)에서 생기는 것은 무량한 종류이기 때문에 이와 같이 진언구세자께서 나누어 설하시는 것도 역시 무량하다"로 되어 있다. 여기서 진언구세자란 암(暗)자 즉 법신의 가지신을 말한다.

7) 암(暗)자의 진언을 말한다.

8) 『소』 제13권(대정장 39, 713 중)과 14권(대정장 39, 726 상)에 설명된 것을 가리킨다.

9) 『경』의 「비밀만다라품」을 가리킨다.

10) 허공은 자성이 무상(無相)이지만 온갖 상(相)을 내포하고 있는 것과 같이 무분별의 법계에서 여러 가지 작업을 나타내는 것도 그와 마찬가지이다.

11) 『소』에서는 [ ]이하의 경문을 '云云'이라 하며 생략하고 있다.

다. 온갖 분별과 무분별을 여의어서 저 다함없는 중생계에서 모든 가고 오는 것과 모든 짓는 것에 의혹을 일으키지 않는다. 이와 같이 무분별의 일체지지도 허공과 마찬가지로 모든 중생에게 내·외로 작용한다.]"

또 의심이 생겨 말하였다.

'앞[12]에서는 진언이 무상(無相)·무연(無緣)으로 태허공과 같아서 분별할 수 없다고 설하였는데 어찌하여 이러한 갖가지의 사업이 있을 수 있는가?'

비유로 답변하면 다음과 같다.

여의보가 모든 원을 채우고 나아가 [몸·말·마음의] 세 가지 일도 청정하게 하는 것과 같다. 만일 어떤 사람이 그 몸을 청정하게 하려면 여의주의 힘을 빌어서 그 몸을 유리와 같게 한다. 또한 말과 뜻을 청정하게 하려해도 역시 뜻대로 나누면 청정해진다. 세간의 법도 오히려 이와 같거늘 하물며 여래의 오묘한 보배인 여의보로 이와 같은 일을 할 수 없겠는가! 세간의 여의보는 비록 갖가지의 사업을 행하고 갖가지 원을 채우면서도 적연(寂然)·부동(不動)·무사(無思)·무위(無爲)·불래(不來)·불거(不去)로서 모든 것을 성취한다. 하물며 여래의 대보(大寶)이겠는가! 이러한 까닭에 무분별의 법계는 마치 대룡(大龍)이 궁전에 있으면서 마음을 일으키고 생각을 움직이지 않아도 업력(業力) 등에 따라 차별된 맛[味]을 [비처럼 하늘에서] 내리는 것과 같다. 이러한 뜻이기에 무상(無相)한 공 가운데에서 한량 없이 많은 몸·말·마음의 보문(普門)사업을 나타내는 것을 곧 몸으로 할 수 있으니 절대로 의심하여서는 안된다. 또 비유하면 마치 허공은 중생들이 헤아릴 수 없으나 중생들의 의지처가 되는 것과 같다. 몸은 "수명이 아니며, 마납파(摩納婆)[13]도 아니고 작자(作者)도 아니며 수자(受者) 등도 아니다." 모든

---

12) 『소』 제19권(대정장 39, 769 하)을 가리킨다.

13) 유동외도(儒童外道)를 마납바외도(摩納婆外道)라고 한다. 유동(儒童, mānava)은 번역하여 승아(勝我)라 한다. 몸 가운데에서 아(我)가 가장 훌륭하다고 생각한다. 이것은 비뉴천외도(毘紐天外道)의 부류이다.

중생들이 의지하며 작업이 모두 이로 말미암아 성취되고 중생이 이롭도록 갖가지 사업을 성취한다. 허공이 모든 사업을 성취한다고 해서 허공을 유위(有爲)・유상(有相)이라 말할 수 없다. 지금 이 대공(大空)만다라도 역시 이와 같다. 필경 청정하여 하지 못하는 것이 없고 상주(常住)・적연하여서 헛되지 않은 모든 일[不空][14]을 성취한다. 그러므로 『경』에서는 신심을 권하면서 "반드시 이와 같이 알아야 하며 의혹을 내지 말라"고 하였다.

3. 네 구절을 널리 설함

"이때에[15] 세존께서는 다시 다함없는 중생계를 청정하게 하시는 구절[16]과, 삼매를 유출하는 구절과, 헤아리기 어려운 구절과, 다른 세계로 전성시키는 구절[17]을 설하셨다.

본래 있는 것이 아닐지라도[18] 세간에 따라 생겨난다면
공(空)[19]에서 어떻게 수행자를 생하게 하는 것인지 알 수 있는가?
자성이 이와 같이[20] 불가득(不可得)임을 알 때에
응당 허공과 같은 마음[21]을 나타내야 하는데 바로 보리심이다.
반드시 자비를 일으켜서 모든 세간에 수순하여야 한다."

---

14) 모든 상(相)을 갖추는 것이다.
15) 이하에서 사구(四句)를 널리 설한다.
16) 이 네 구절은 동일한 내용의 다른 표현이다.
17) 타(他)는 중생의 오염된 세계로서 이를 전성시켜 청정의 세계로 향하게 한다는 뜻이다.
18) 모든 법은 본래 없다는 것이다.
19) 본래 생겨남 없음[本不生]의 의미이다.
20) 불생(不生)이면서 생(生)임을 가리킨다.
21) 물들지 않고 집착하지 않는 청정지이다.

이상은 경문이다.

"다함없는 중생계에 머물러 청정하게 한다"고 함은 [보살이] 과거생에 세운 서원에 입각하여 다음과 같이 다짐하는 것이다.

'다함 없는 세계의 모든 중생들에게 번뇌가 있으나 [중생들] 스스로는 제도할 수 없다. 지금 그들을 위하여 여래의 지견을 널리 열고 청정을 얻게 하며, 그들의 몸·말·마음의 바탕을 모두 맑혀서 더러움이 없게 하리라.'

"다함 없는 중생들을 청정하게 하는 구절"은 바로 "삼매를 유출하는 구절"임을 알아야 한다. "삼매를 유출하는 구절"은 바로 "헤아리기 어려운 구절"이다. "헤아리기 어려운 구절"은 바로 "다른 세계로 전성시키는 구절"이다. 다른 이에게 있는 번뇌를 돌려서 자성의 청정으로 삼는다. 다른 이의 무명(無明)을 돌려서 여래의 명(明)으로 삼으므로 "다른 세계로 전성시키는 구절"이라고 하였다. "다른"이란 중생을 말한다. 더러움을 돌려서 청정으로 삼게 하고자 이 법문을 설한다.

4. 아자의 대공(大空)

"본래 있는 것이 아닐지라도[22] 세간에 따라 생겨난다면 공(空)[23]에서 [어떻게 모든 법이 공함을 알 수 있으며][24] 어떻게 유가자를 생하게 하는 것인지 알 수 있는가?"

이 게송 가운데에 스스로 질문하는 것이 있다. 이것은 부처님의 신력을

22) 유사한 문장이 중복되어 생략하였다. '본래 생겨남이 없을지라도'
23) 본래 생겨남 없음[本不生]의 의미이다.
24) [ ] 안의 글자는 『경』의 본문에 없는 글이다.

계승하여 이러한 질문을 한 것이다.

"본래 생겨남은 존재하는 것이 아닐지라도 세간에 따라 존재한다."

저 수행자가 어떻게 수행자로 하여금 이 공을 생기게 하는가?

성품이 청정한 대공[淨空][에서 생기게 함을] 말한다.

만일 [본래부터] 없다고 말하면 어떻게 이 성품이 청정한 대공을 생하는가?

만일 본래부터 존재하는 것이 없다고 말하면 이 생[25]도 역시 본래 없음에 따르므로 이것은 바로 본래 생겨남이 없는 것이다.

어떻게 유가자가 공[26]을 인식할 수 있겠는가?

이 공은 바로 진언[27]의 성품이다.

어떻게 유가자[28]를 생하게 하는가?

"자성이 이와 같이 불가득(不可得)임을 안다"고 하는 것은 [명자(名字)마저도 불가득이라고 관하는 것을 말한다.] 바로 관하기에 합당하니 관은 각(覺)과 같다.

"응당 허공과 같은 마음[29]을 내야 하는데 보리심을 생기게 함을 말한다."

이것은 앞[의 「주심품」]에서 열 가지 비유를 들어 밝힌 것이다. 본래 생겨남이 없으며 무상(無相)이어서 불가득이라고 깨닫고서 이 허공과 같은 마음을 얻으면 청정하고 분별할 것이 없으며 동등하다.[30] 이상과 같이 공한 것만이 아니라 지혜가 생기는 것이 있으므로 [무상(無相)의] 보리심이라고 말한다.

"반드시 자비를 일으켜서 모든 세간에 수순하여 오직 관상하는 수행에 머물러야 하리니[31] 이것을 모든 부처라 이름한다."

---

25) 부류에 따른 몸이 생기는 것이다.
26) 정공(淨空)을 가리킨다.
27) 암(暗)자의 종자자이다.
28) 관법을 행하여 이치와 상응한 유가자를 가리킨다.
29) 물들지 않고 집착하지 않는 청정지이다.
30) 자성이 청정한 무분별심으로서 허공과 동등하다.
31) 중생이 망상으로 건립하는 세계에 대해 부처는 중생에 수순하여 불국을 건립하면서도 정상(淨想)으로 불계(佛界)를 건립하는 것이다.

말하자면 여래는 모든 법이 본래 생겨남이 없으며, 본래 존재하는 바가 없다고 요달하였을지라도 세간법에 수순하여 중생을 제도하시기 때문에 존재한다. [여래가] 존재한다는 것은 보문시현의 갖가지 방편으로 중생을 이롭게 하는 사업을 말한다. 근기가 감응하는 인연에 따라 [여래가] 존재할지라도 [여래는] 본디 존재하는 바가 없다. 중생의 성품이란 본래 성품이 존재하지 않는다. 수행하게 되면 이 중생의 성품은 본래 공적한 성품임을 알게 된다. 이 성품의 공함을 깨달아 알기 때문에 오직 명자(名字)만 있으며 얻을 수 없다. 말하자면 공(空)이란 텅 비어있는 성품[32]이며 오직 명자만 있으므로 필경에 구할지라도 얻을 수 없으니 이것이 바로 불가득공(不可得空)이다. 지혜가 열등한 자가 이러한 공성을 집착하여 이것을 실제의 존재[33]로 삼는 것과는 같지 않다. 중생을 관찰하니 모두 허공과 동등하다. 허공의 본성은 관조(觀照)를 여의고 모든 망념과 희론을 여의었다. 이와 같이 허공을 앎으로써 곧 진실한 이치를 안다. 그렇다고 해서 이러한 공법을 취하지도 말아야 한다. 이 허공은 불가득이기 때문이다. 이것은 도무지 존재하지 않는 것이 아니며 실제로는 그 자성이 존재한다. 이른바 공의 자성이란 바로 불공(不空)이다. 반드시 알아야 하니 이 불공이란 바로 허공과 같은 마음이며, 허공과 같은 마음은 바로 정보리심이다. 이 정보리심에서 대비를 일으킨다. 그러한 까닭에 수행하는 사람이 이러한 보리심을 깨닫고 나서 이렇게 생각한다.

'모든 중생들은 모두 다 이와 같이 무량한 여래의 보장(寶藏)을 갖추었으나 스스로 깨달아 알지 못한다. 이러한 인연 때문에 헛되이 [육도에 생사하여 윤회하는] 괴로운 고통을 받으면서도 도무지 이익이 없구나.'

보살은 이러한 인연[34]으로 대비심을 일으킨다. 이 마음을 요지하지 못

---

32) 대공(大空)의 법신은 연상(緣相)을 여의어 완전하게 불가득의 법이라는 것을 말한다.

33) 공과 불공(不空)은 필경 불가득이면서도 모든 상을 갖추었기 때문에 도무지 존재하는 것이 하나도 없다고 말하는 것은 아니다.

34) 중생의 본성을 관하는 인연이다.

함으로 말미암아 곧 생사[의 바다]가 광대하기에 윤회가 그칠 새가 없다. 그러나 만일 알게 되면 바로 열반[35]이다. 보살은 모든 중생들에게 모두 깨달을 수 있는 성품이 있지만 스스로 깨닫지 못하므로 이러한 일을 위하여 대비를 일으켜서 장차 방편을 펼치며 구호를 더하고자 한다. 바로 이러한 대비로써 끝없는 중생들의 번뇌를 제거하기 위하여 세간에 수순해서 방편을 펼친다. 끝없는 중생계의 종류, 약간의 성욕(性欲), 무연(無緣)으로 전전(展轉)하는 차별로써 보살은 그들에 따라 이들을 교화하여 제도한다. 그래서 "세간에 수순한다"고 하였다.[36]

"유심(唯心)의 관상에 머물러야 하리니[37]
이것을 바로 모든 부처라 이름한다.
반드시 알아라. 생각으로 [모든 것을] 만드는데
만일 생각으로 만들어지는 것을 관찰하면 공·불공이 된다.
마치 셈법에서 아래로 나아가면
하나·둘·셋에서 다시 나누어지는 것처럼[38]
용사(勇士)의 저 공도 역시 이와 같으며
나아가 증장하는 것도 그 차례에 따른다.
아(阿)자[39]는 바로 머릿글자로서
자연지(自然智)에서 가지상응하는 것이다."

이상은 경문이다.

---

35) 『소』의 원문에는 '보살(菩薩)'로 되어 있으나 『대일경의석』에는 '열반'으로 되어 있으므로 『의석』에 따른다.

36) 이하에 난탈이 있으며, 『소』에서 『경』의 글이라고 밝힌 것이 실제 『대일경』과 차이가 심하다. 그래서 가급적 『대일경』 원문에 맞추어 기술한다.

37) 중생이 망상으로 건립하는 세계에 대해 부처는 중생에 수순하여 불국을 건립하면서도 정상(淨想)으로 불계(佛界)를 건립하는 것이다.

38) 사십이자문(四十二字門)은 아자의 변형으로 모든 자는 아자를 떠나지 않는다. 1이라는 숫자를 아래로 나누어가면 천이나 만의 변화가 만들어지는 것처럼 아자 하나에서 무수한 분화가 있다는 의미이다.

39) 천만 등의 수도 하나를 더한 것이기 때문에 아자 한 글자가 없으면 천이나 만도 없다는 뜻이다.

말하자면 공이라는 관상 가운데 이것을 건립한다. 유심(唯心)[40]에 머물고 나서 도리어 이 유심을 얻어 모든 법을 건립한다.

"이것[41]을 관하여 공공(空空)[42]으로 삼는다"고 하는 것의 뜻을 말하자면 공공이라는 이름은 관함에 따라 있는 것으로 단지 명칭만 있는 것이고 공은 마음[43]에서 생긴다.

"셈법에서 아래로 나아가면 하나·둘·셋에서 다시 나누어진다"고 하는 것에서 [이것을 하나·둘 등을 다르게 나누는 것이라 말한다.] 이 나눔은 거성(去聲)이다.

"근용(勤勇)의 저 공도 이와 같으며 나아가 증장하는 것도 그 차례와 같으니 이 아자 등은"이라 하는 것에서 관상이란 말하자면 유상(唯想)의 뜻이다. 앞[44]에서 이 아자가 바로 상(想)이라고 한 것과 같다. 또한 "자연지(自然智)"라 한 것은 바로 부처이니 부처에 가지된 것을 말한다.

앞에서 허공심을 얻었다고 한 것은 바로 보리심이 생긴 것이다. 보리란 깨달음이니 이 마음이 어찌 공[45]하기만 하겠는가! 실로는 갠지스강의 모래알처럼 많은 공덕을 구족한다. 여래의 한량 없이 많은 공덕을 갖출지라도 모습 없고 이름 없어서 드러내어 보여줄 수 없다. 법상가(法相家)[46]는 열여섯 가지의 공을 설하고, 『대반야경』[47]에서는 열여덟 가지의 공 등을

---

40) 아자문의 유심(唯心)을 관상하여 본래 생겨남이 없다는 경계에 이른 뒤에 중생쪽을 향하여 방향을 되돌린다는 것을 의미한다.

41) 아자를 가리킨다.

42) 대공(大空)을 말한다.

43) 공이라고 하는 것은 유심의 관상에서만 유(有)일 뿐이다.

44) 『소』 10권(대정장 39, 689 중), 또는 『소』 11권(대정장 39, 702 상)을 가리킨다.

45) 단지 공(空)하기만 한 것인가라는 뜻이다.

46) 『현양성교론(顯揚聖教論)』 제15권(대정장 31, 555 하), 『중변분별론(中邊分別論)』 상권(대정장 31, 452 하)에 다음과 같은 십육공을 설한다. ① 내공(內空), ② 외공(外空), ③ 내외공(內外空), ④ 대공(大空), ⑤ 공공(空空), ⑥ 제일의공(第一義空), ⑦ 유위공(有爲空), ⑧ 무위공(無爲空), ⑨ 필경공(畢竟空), ⑩ 무전후공(無前後空), ⑪ 불사공(不捨空), ⑫ 성공(性空), ⑬ 상공(相空), ⑭ 일체법공(一切法空), ⑮ 비유공(非有空), ⑯ 비유성공(非有性空).

47) 『대반야경』 제441권(대정장 7, 222 중)에 다음과 같이 십팔공을 설한다. 내외입처(六內入處)가 공이라는 내공(內空), 육외입처(六外入處)는 공이라는 외공(外空), 내외공(內外空), 시방세계는 공이라는 대공(大空), 공이라고 관하는 것도 공이라는 공공(空空), 모든 법 밖에 따로 실상이라고 할 만한 자성이 없으므로 열반도 공이라는 제일의공(第一義

설한 것이 모두 이러한 뜻[48]을 밝히고 있다. 만일 단지 공하기만 하여서 전혀 아무 성품도 없다면 어떻게 이와 같은 부사의한 신변의 덕을 성취하며 또한 중생을 제도할 수 있겠는가! 반드시 알아야 하니 이 공은 바로 자증(自證)의 이치이다. 생각이 이미 공하므로 존재하는 것이 없으며 이름도 역시 이와 같다. 이 곳은 보일 수 없으며 언어의 모습도 적멸하다. 만일 이와 같은 자증의 법을 어리석은 범부를 위하여 설한다면 [범부들이 이해한다는 것은] 절대로 불가능하다. 이것은 단지 공이라는 명칭만 있을 뿐임을 알아야 한다. 십팔공 중에서 가장 위에 있는 것이 바로 모든 부처님의 대공(大空)이며, 실로 허망[49]하지 않다.

이 가운데 셈법[算數]으로 비유한 것은 마치 세간사람들이 계산하는 처음에 일(一)이라는 글자를 써 놓고 그 근본으로 삼는 것과 같다[인도의 산술은 모두 흙에다가 숫자를 쓴다. 아직 끝내지 않았으면 되돌려서 이것을 쓰는 것 뿐이다]. 나아가 억(億)에 아승기(阿僧祇)를 곱하는 것 등도 모두 여기에서 출발한다. 그런데 최초에 아직 계산하지 않았을 적에는 본래 이러한 숫자는 없었다. 이 빈 땅에는 본래 숫자를 헤아리는 것이 없었지만 하나라고 계산하고 또는 둘이거나 또는 셋이거나 나아가 무량이 된다. 이에 계산을 끝내고 나서 마지막을 떨어버리면 [즉 흙을 뒤엎어버리면] 되돌아와 텅 빈 것이 본래와 같다. 그러나 계산하는 숫자는 헤아리는 자의 마음에 저절로 알게되고 분

空), 유위법(有爲法) 즉 삼계가 공이라는 유위공(有爲空), 무위법(無爲法)의 각각은 무생성(無生相)・무주성(無住相)・무멸상(無滅相)한 것이므로 역시 공이라는 무위공(無爲空), 모든 법이 다 공인 궁극도 공이라는 필경공(畢竟空), 모든 법은 그 처음 온 곳을 밝힐 수가 없는 것이므로 공이라는 무시공(無始空), 모든 법은 거짓 모임이므로 인연이 다하면 다시 흩어져 없어지므로 공이라는 산공(散空), 유위・무위의 법성은 그 누구의 지은 바도 아니므로 본래 공한 것이라는 성공(性空), 색의 괴상(壞相), 수(受)의 수상(受相), 상(想)의 취상(取相), 행(行)의 작상(作相), 식(識)의 식상(識相) 등의 유위・무위법의 자상은 공하다는 자상공(自相空), 십팔계의 일체법은 공하다는 제법공(諸法空), 모든 법은 결정된 절대적 자성을 구하여도 얻을 수 없으므로 공이라는 불가득공(不可得空), 과거와 미래의 모든 법은 공이라는 무법공(無法空), 현재의 모든 법은 공이라는 유법공(有法空), 삼세의 모든 법은 공이라는 무법유법공(無法有法空)이다.

48) 보리심이 무상(無相)이면서 대공(大空)이라는 뜻이다.

49) 『의석』에는 불공(不空)으로 되어 있으며, 그 뜻은 온갖 상을 구족하였다는 뜻이다.

명하여서 잊지 않는다. 비록 본래부터 없었던 가운데 숫자를 세웠을지라도 지금은 이미 본래와 같아져서 실제로 있는 것은 없다. 그러나 셈법은 마음에 유지되어 잊지 않으니 이것이 바로 존재하지 않으면서 존재하는 것이며, 존재하면서 존재하지 않는 것이다. 지금의 이 아자문도 역시 이와 같다. 본래 생겨남이 없는 가운데 세간에 수순하기 위하여 차례대로 몸의 한량 없이 많은 법문을 낸다. 이러한 한량 없이 많은 방편을 낼지라도 아자가 지닌 본래 성품의 뜻과 다르지 않다. 마치 저 숫자가 하나[一]를 여의지 않는 것과 같다. 처음의 셈법은 하나로부터 시작하기 때문이니 모든 셈법은 모두 하나를 여의지 않아야 이에 1만(萬)까지 이른다. 곧 1만과 하나는 서로 여읠 수 없으며, 다른 모든 숫자도 이렇게 이해할 수 있다. 지금 이 모든 법이 아자를 여의지 않는 것도 역시 이러한 이유에 말미암는다.

그런데 어떤 논사[50]가 또다시 비유를 들었다.

마치 개미가 가는 데에 한량 없이 많은 개미가 있어서 서로 따라 끊어지지 않으므로 길을 이룬다. 혹은 갖가지 각지거나 둥글거나 구불구불하거나 하는 모습이 되는데 만일 [개미들이 서로] 떨어져 있어서 이와 다르다면 각각의 자체가 하나의 개미이어서 다시 구불구불하거나 곧거나 길거나 짧은 모습 등이 없다. 지금 이 법도 이와 같다. 필경에 스스로 증득한 부사의공(不思議空)의 법 가운데에 온갖 공덕을 갖춘다. 그러나 연에 따라 생겨도 본래 성품은 존재하지 않는다. 한결같이 본래 생겨남이 없다는 이치를 떠나지 않는다. 이 아자를 머리로 삼아 상응가지하는 자연지(自然智)가 이 자문을 가지함에 말미암아 한량 없이 많은 언어를 생한다. 언어에 한량 없이 많은 소리가 있고, 소리에 한량 없이 많은 이치가 있는 것은 곧 그 숫자 하나하나가 일체에 두루한 것과 동등하며, 대공(大空)도 역시 그러

50) 『구사론』 제13권(대정장 29, 68 하)에 개미의 비유를 들고 있는 것을 가리킨다. '수많은 개미 등은 형상이 다르지 않지만 행렬과 안포(배열)에 차별이 있듯이 이와 마찬가지로 형색이 현색에 의존하는 이치 또한 역시 그러한 것이다.'

하다. 모든 법을 갖추어 모든 법에 두루하니 이 아자도 역시 그러하다. 모든 진언문은 모두 아자를 좇아 존재한다. 마치 만상(萬像)이 허공에 존재하는 것과 같다. 곧바로 모든 글자를 생하는 것이 아니다. 곧 이 생겨난 글자의 하나하나의 문에서부터 곧 생겨남이 없는 이치를 드러낸다.

다음에 "비밀주여. 이것을 관하면 공에서 흘러나와 임시로 건립된 아자에 가지되어 삼매도를 성취한다. 비밀주여. 이와 같은 아자는 갖가지로 도위(圖位)에 머문다."[51)]

"관하면"이란 비밀주에게 이것을 관하게 하는 것을 말한다. 이 아자를 관함에 공 가운데에서 세간의 만상을 유출한다. 모든 세간은 다 이 아자에서 생긴다.

"임시로 건립된 아자에 가지되어 삼매도를 성취한다"고 하는 것은 삼매를 증득하고 반야를 갖추어 만행을 성취하는 것이 모두 이 아자에 말미암으며 복과 혜를 원만히 하는 것도 모두 이 아자문을 따른다.

"위에 머문다"고 하는 것은 갖가지 장엄을 말한다. 말하자면 갖가지 형상의 장엄에 머물러 그 위(位)를 나누어 나열한다. 나아가 형상이 있거나 없거나 모습이 있거나 없거나 모든 것은 아자를 따른다. 그렇지만 본래 생겨남 없으니 아자는 이와 같다.

비밀주여, "갖가지로 위(位)에 머물러 안포할지라도 내가 관찰하여보니 본래 생겨남이 없음에 머무는 모든 법은 스스로의 모습을 드러내는 것이다."

이것은 경문이다. 이 모든 법은 본래 생겨남이 없기에 스스로의 모습을 드러내는 것이다. 스스로의 모습이란 바로 아자이다. 스스로의 모습 가운데에 본래 생겨남이 없음을 드러낸다. 이 아자의 종자는 갖가지의 색을 내니 이른바 청·황·적·백·흑색이다. 나아가 그 색깔들의 사이마다 한량 없이 많은 종류와 갖가지 형상이 있다. 이를테면 삼각형·사각형·원형·반달모양의 종류이며, 본존 등은 한량 없이 많아서 동일하지 않다. 만

---

51) 이하에서 모든 종자의 뜻을 밝힌다. 처음은 아자문의 뜻이다. 그리고 이하에 난탈이 있다.

일 이 가운데 진실한 뜻을 알 때에는 [세상만물의] 체(體)를 통들어도 아자문에 들어가며 비로자나와 동일하지 않은 것이 없다.

지금까지 설명한 아자문은 바로 자신의 아(我)를 드러내 보여준다. 즉 나 자신은 본래 생겨남이 없으며, 또한 멸함도 없다. 생겨남이 없고 멸함도 없는 것은 바로 여래의 몸이다. 반드시 이렇게 관찰해야 한다. 그러므로 아자는 자신의 모습으로써 그 덕을 드러낸다고 말한다.

다음에[52) **"불가득(不可得)의 뜻으로써 바(嚩)자의 모습을 나타낸다"**고 하는 것은 무엇인가? 이 바(嚩)는 본래 생겨남이 없음을 증득한다[는 뜻이며,] 혹은 얻을 수 없다는 뜻이다. **"바자의 모습을 나타낸다"**고 하는 데에서 이 바(嚩)는 바로 아래 문장에서 말하는 언어도단(言語道斷)의 뜻이다. 이것은 어떠한 뜻을 나타내는가? 부처님께서는 이렇게 말씀하셨다.

"아자는 모든 공덕을 완전히 갖추고 있으므로 곧바로 아자문에 따라 본래 생겨남이 없음으로써 이것을 드러내 보인다."

혹은 다른 문[異門]에 따라 이것을 드러내는데 그것은 바(嚩) 등의 모든 자문(字門)이다. 그 뜻이 다른 문이기에 다른 내용을 나타낸다고 할지라도 나 자신의 몸이 본래 생겨남이 없다는 뜻을 나타낸다는 데에는 다름이 없다. 만일 법으로서 하나라도 생기는 것이 있다면 이것은 바로 설명할 수 있는 모습이지 언어도단의 법이 아니다. 바자는 언어를 끊고 마음작용이 멸하였기에 아자문에 들어간다. 아자로써 이 바자가 설명해 보일 수 없다는 것을 곧 알게 된다.

이하는 모두 다른 문의 모습이다.

"모든 법은 조작을 떠나있기에 가(迦, 𑖎 ka)자의 모습을 나타낸다."

이것은 하나의 아자문을 밝힌 것이다. 모든 법은 본래 조작이 없음을 밝히고자 이 가자를 나타낸다. 그리고 이 가자는 바로 아자의 뜻을 밝힌다. 예컨대 가자는 만일 가자 위에 가로획을 쓰지 않으면 가자의 소리를

---

52) 이하에 난탈이 있어 바로잡는다.

이룰 수 없다. 이룰 수 없는 이유는 가자에서 아의 소리를 빠뜨렸기 때문이다. 이 가자 위의 머리부분에 아자의 획이 있어야 한다. 이 백자(百字)가 모두 이와 같음을 알아야 한다. 다음에 열거한 글자도 이와 같이 이해할 수 있을 것이다. 만일 아의 소리가 그 가운데 없다면 입을 열 수 없으니 그 글자 자체에 소리가 있을 수 없다.

"모든 법은 허공과 같기에 카(佉,)자의 모습을 나타내며, 혹은 행불가득(行不可得)이기에 가(哦,)의 모습을 나타내며, 혹은 일합상불가득(一合相不可得)이기에 가(伽,)자의 모습을 나타낸다."

아뢰야는 온갖 염·정의 종자를 머금었다. 이것이 함장(含藏)의 뜻이다.[53]

"모든 법은 생멸을 여의었기에 차(遮,)자의 모습을 나타낸다."

차(遮)를 바르게 번역하면 바로 사멸(死滅)의 뜻이다.

"모든 법은 그림자가 없기에 차(車,)자의 모습을 나타낸다."

마치 세간법에서 태양과 나무 등이 화합하여 그림자가 생기는 것과 같다.

"모든 법은 생불가득(生不可得)이기에 자(若,)자의 모습을 나타내며, 또한 모든 법은 적과 싸우는 것을 떠나있기에 사(社上聲呼,)자의 모습을 나타낸다."

이것이 있으면 저것이 있다는 뜻이다. 이것과 저것이 있으면 곧 적과 싸우는 것이 있다.

"모든 법은 비하(卑下)[54]를 떠나 있기에 타(吒,)자의 모습을 나타낸다."

타(吒)는 교만해서 자기를 높인다는 뜻이다. 이것에 대해서 곧 비하함이 있거나 또는 오만함과 비하함이 있으면 곧 생멸의 뜻이 있는 것이므로 아자와 상응하지 못한다. 아(阿)의 소리가 그 가운데 있으므로 비하함이나 오만함이 없다는 뜻을 밝힌다.

"모든 법은 양육하는 것을 떠나있기에 타(咤,)자의 모습을 나타낸다."

이것은 번성하게 양육하여 성장시킨다는 뜻이다. 마치 물과 흙 등을 잘

---

53) 『소』에는 할주(割註)로 되어있으나 내용상 본문으로 바꾸었다. 이하 마찬가지이다.
54) 『경』에는 '아만(我慢)'으로 되어 있다.

조절하여 나무 등을 길러서 번성하게 양육하는 것과 같다. 그러므로 모든 법은 아자에 들어간다.

"모든 법은 원수를 적대하는 것을 떠나있기에 다(拏, ɽ)자의 모습을 나타낸다."

원수란 한결같이 자신이 모든 장소에서 악을 짓는 것을 말한다. 악은 곧 악이 아닌 것을 상대하므로 [악과 악 아닌 것의] 둘이 된다.

"모든 법은 재난과 변고를 떠나있기에 다(荼, ढ)자의 모습을 나타낸다."

이것은 재난의 뜻이다. 세간에서 [추수때 찾아와 곡식을 다 먹어치우는 메뚜기] 같은 벌레나 홍수·화재의 이변 및 도적이 침탈하고자 오는 것 등을 말한다.

"모든 법은 여여(如如)를 여의었기에 다(多, त)자의 모습을 나타낸다."

만일 여여(如如)가 있다고 관하면 곧 관하는 대상이 있고, 관하는 대상이 있으므로 생겨남과 사라짐이 있게 되어 아자와 상응하지 못한다. 그러므로 여여 또한 반드시 여의어야 한다.

"모든 법은 주처(住處)를 떠나있기에 타(他, थ)자의 모습을 나타낸다."

만일 처(處)가 있으면 비처(非處)가 있게 되니 곧 옳고 그른 것을 따지는 마음이 생겨서 아자와 상응하지 못한다.

"모든 법은 베풂을 떠나있기에 나(娜, न)자의 모습을 나타낸다."

만일 이곳과 저곳에 보시한 물건 등이 있으면 도(道)와 상응하지 못한다. 『반야경』에서 설명한 것과 같다.

"모든 법은 계불가득(界不可得)이기에 타(馱, ध)자의 모습을 나타낸다."

계(界)란 각각의 본위(本位)를 유지하는 것이다. 모든 법계는 그 형상이 수만가지이다. 계란 온갖 형상 가운데 있는 뜻이다. 이러한 계도 불가득이다.

"모든 법은 승의제불가득(勝義諦不可得)이기에 파(波, प)자의 모습을 나타낸다."

궁극의 진리[第一義諦]도 불가득이다.

"또한 모든 법은 견고하지 않음이 물방울과 같기 때문에 파(頗, फ)자의 모습을 나타낸다."

물방울은 견고하지 않다는 뜻이다. 그러나 견고하지 않음을 떠난 것이 아자의 덕이다.

"모든 법은 계박을 여의었기에 마(麽, 𑖦)자의 모습을 나타낸다."

만일 계박에서 풀리는 것을 본다면 그것은 집착하는 마음이 있었기 때문이다. 아자에 들어가면 계박도 벗어남도 없으니 본래부터 생겨남이 없기 때문이다.

"모든 법은 관하여도 얻을 수 없기에 파(婆, 𑖢)자의 모습을 나타낸다."

관(觀)이란 관조를 말한다. 관조가 성립된다는 것은 생겨날 곳이 있다는 말이다. 만일 만물이 본래 없다는 것을 깨달으면 생겨날 것도 없으므로 관할 것조차 없다.

여기에서 파(婆)자를 해석하고 마(麽)자를 해석하여 합하지 않았다. 이것은 공의 뜻이니 따로 해석해야 한다. [그렇게 하지 않으면] 문장에 오류가 있게 된다.

"모든 법은 모든 승(乘)에서 얻을 수 없으므로 야(野, 𑖧)자의 모습을 나타낸다."

승(乘)이란 삼승(三乘)이다. 무릇 배나 수레와 같은 종류를 타고서 목적지에 도달하게 되는데 모두 이러한 뜻이다. 그런데 만일 탈 것이 있다면 얻을 것도 있게 된다[그러므로 온갖 탈 것은 얻을 수 없다].

"모든 법은 온갖 더러움을 여의었으므로 라(囉, 𑖨)자의 모습을 나타낸다."

라(囉)는 더러움에 물들었다는 뜻이다. 더러움은 청정한 색을 더럽게 물들인다. 이것이 바로 번뇌에 물드는 것이다. 그러나 모든 법은 온갖 더러움을 떠나 있다.

"모든 법은 무상(無相)이기에 라(邏, 𑖩)자의 모습을 나타낸다."

만일 유상(有相)이라면 곧 무상과 마주 대하게 되어서 아자와 상응할 수 없다.

"모든 법은 언설을 여의었으므로 바(嚩, 𑖪)자의 모습을 나타내며, 모든 법은 고요함을 여의었으므로 사(奢, 𑖫)자의 모습을 나타낸다."

사(奢)는 고요하다는 뜻이다. 만일 고요함이 있다면 산란함도 있어야 한다. 고요함도 산란함도 없으니 법의 바탕은 이와 같다.

"모든 법은 본성이 우둔하기에 사(沙, ष)자의 모습을 나타낸다."

사(沙)는 어리석은 범부는 아는 것이 없다는 뜻이다. 어리석음과 지혜로움을 잃게 되니 체와 상응할 수 없다.

"모든 법은 제불가득(諦不可得)이기에 사(娑, स)자의 모습을 나타낸다."

이 제(諦)는 진실이라는 뜻이다. 제(諦)와 비제(非諦)가 둘이 되니 이것은 세간법이다.

"모든 법은 인(因)을 여의었으므로 하(訶, ह)자의 모습을 나타낸다."

하(訶)는 인(因)의 뜻이다. 만일 인이 있다면 과(果)도 있어야 하므로 이것은 생멸하는 법이다. 생겨남이 없는 가르침에 들어가면 곧 인도 없고 과도 없다. 다른 것은 이것을 본받는다.

이상은 종자의 형체를 나타내고 있다. 종자를 나타낸다고 말하는 것은 모든 법문의 공덕이 모두 여기에 있음을 말한다.

"비밀주여. 이들 낱낱의 삼매문에 따라 들어가라. 비밀주여 이것을 관하면 삼십이종의 대인상(大人相) 등이 모두 이 가운데에서 따라 나온다. 나(仰, ṅa)·나(壤, ña)·나(拏, ṇa)·나(曩, na)·마(莽, ma) 등은 모든 법에서 자재로이 전성되어 이들이 나타남에 따라 삼먁삼붇다(三藐三佛陀, Samyaksaṁbuddha, 正覺者)의 수형호(隨形好)를 성취하리라."[55]

이상은 경문이다. 즉 이 하나하나의 종자에 32가지의 삼매문이 있다. 이 32가지의 가르침은 서로 섭입하므로 능히 삼십이상을 이룬다. 앞의 가(迦) 등의 스무 종자와 야(也)·라(囉) 등의 여덟 종자, 그리고 이 네 종자를 합치면 32가 된다. 하나하나의 종자 가운데 삼매는 모두 삼십이상을 갖춘다. 다음에 아(俄)·자(若)·나(拏)·나(那)·마(麽)의 다섯 종자는 모든 법 가운데에서 자재로이 전성한다.

---

55) 『소』 본문에는 동일한 내용을 가진 다음의 글이 중복되었으므로 생략하였다. '及此等三藐三佛陀隨形好. 秘密主一一三昧門隨入見是. 秘密主. 乃至卅二大人相等皆此中生.'

"이 등정각의 관을 이루어 수형호를 성취함에 따라 나타난다."

이 다섯 종자는 정(定)·혜(慧) 가운데 두루하며 또한 삼매를 성취하고, 또한 지혜를 성취하며 여래의 팔십수형호(八十隨形好)를 두루 성취한다. 이러한 까닭에 진언을 닦는 수행자는 이들 종자의 뜻을 알아야 한다. 만일 진언 가운데 이들의 종자가 있으면 [종자의] 뜻에 상응함에 따라 곧 마음을 알게 되니 이와 같은 일[56]을 밝혀야 한다. 이와 같은 뜻을 밝힘으로써 곧 이 진언에 이러한 공덕과 작용 등이 있는 것을 알게 된다.[57]

또한 모든 부처님께서 널리 짓는 아(我)[58]를 이해하면 모든 부처님처럼 사람 가운데 존귀한 자가 될 수 있다. 이상과 같은 삼십이상·팔십종호 등 모든 성불의 인(因)과 모든 공덕은 모두 이렇게 널리 행함에 말미암아 부처가 됨을 성취할 수 있으며, 이러한 [백광변조왕(百光遍照王)의] 행에 말미암아 천계와 인간계에서 존귀한 자가 될 수 있다. 만일 수행자가 이와 같이 행하면 인간계에서도 존귀한 자가 될 수 있다. 이 가운데 한 게송이 있다.[59]

'진언문의 보살인 비밀주'에서부터 '백자생삼매야(百字生三昧耶)'에 이르기까지인데 이 게송은 다른 곳에 있는 문장이며, 『대일경』에는 들어있지 않다. 본문에 착오가 있는 것으로 볼 수 있다.

이상으로 「백자성취지송품」을 마친다.

---

56) 삼십이상·팔십수형호 등의 사항이다.
57) 이하에 난탈이 있어 바로잡는다.
58) 아자문·백자륜(百字輪)을 널리 짓는 대아(大我)이다.
59) 『경』에는 해당되는 게송이 없다.

제23 백자진언법품(百字眞言法品)

1. 한 글자에 만덕을 섭수하여 정각을 성취함

"또 다시 비밀주여, 삼매문(三昧門)의 구절이 있는데 이 가운데에서 공(空)[1]으로 가지하면 모든 법에서 자재하게 되어 부처가 되리라. 그러므로 이 글자는 본존(本尊)이다.

아자는 제일(第一)의 구절이다.
명(明)의 법이 두루 퍼져 있으며
자륜(字輪)이 둘러싸고 있다.
그 존[2]은 모습이 없으며
모든 견해의 모습을 멀리 여읜다.
상이 없지만 그 [아자의] 존은

1) 아자를 가리킨다.
2) 아자무상법신(阿字無相法身)이다.

상을 나타내어 그 가운데에서 오신다."[3]

"또 다시 비밀주여, 이 삼매문의 구절에서 공으로 가지하면 모든 법에서 자재하게 되어 정각을 성취하리라. 그러므로 이 자는 본존이다. 아자는 제일의 구절이다."

부처님께서는 저 진언을 수행하여 채우려는 수행자로 하여금 원만하게 채우도록 하시기 위하여 다시 이 삼매의 구절을 말씀하셨다. 이 가운데 공(空)이란 아자를 말한다. 아자는 바로 본래 생겨남이 없으며 얻을 수도 없는 공이다. 이 [아자문의] 필경 얻을 수 없음을 [법문으로] 삼아 얻을 수 없는 [정보리심의] 공을 얻고, 온갖 덕을 구족하여 널리 모든 [부처님의 십력·사무소외 등의] 불법을 섭수한다. 섭수라 하는 것은 산스크리트어로 섭취(攝取)한다는 섭수이다. 모든 사물을 섭취하여 자기 몸에 두는 것과 같은 뜻이다. 이 공으로 가지하는 힘에 말미암아 모든 법을 섭수하여 성불한다. 본문 가운데 "자재"라 하는 것은 산스크리트어로 관자재(觀自在)의 자재와 다르다. 이 자재는 '섭취한다'[4]는 뜻이니, 말하자면 모든 법을 섭취하는 것이나. 왕이 자기의 국토 안에서 마음대로 끌어다 쓰는 데에 자재한 것처럼, 여래법왕이 모든 법에서 자재한 것도 역시 이와 같다.

"그러므로 이 종자를 가장 존귀한 것으로 삼는다"고 하는 것은 이 종자가 바로 본존임을 말한다. 즉 천(天)이 되고 신(神)이 된다. 천이란 대중 가운데 우두머리이니 이 종자도 역시 이와 같아서 모든 법 중에서 가장 존귀한 것이 된다. 마치 세간의 지거천(地居天) 중에서 제석천을 제일로 삼고, 모든 세간의 선성(仙聖) 중에서 범왕을 제일로 삼으며, 모든 성스러운 지혜를 지닌 이 중에서 부처님을 제일로 삼는 것과 같다. 이 아자는 모든 진언문 가운데 최고이어서 제일로 삼는다. 이 하나의 종자로 말미암아 한량

---

3) 『소』에는 내용상 동일한 다음의 문장이 중복되어 있어서 생략하였다. '阿字第一句. 明法普皆圍遶. 無相彼尊. 現離相無相尊相中而來者.'

4) 『소』 17권(대정장 39, 752 하)에도 다음과 같이 설명하고 있다. '이 계에 머무름에 말미암아서 모든 법을 섭수함을 자재라 한다. 자재란 바로 섭취의 뜻이다.'

없이 많은 공덕을 성취하므로 그 이상 가는 것이 없다.

"아자는 제일가는 구절이다.
명(明)의 법이 두루 [퍼져 있으며 자륜이]
주위를 둘러싸고 모습이 없어서
그 존이 나타나더라도 상을 여읜다.
상이 없지만 그 존은
상을 나타내어 그 가운데에서 오신다."

위 경문 가운데 "명(明)의 법이 모두 퍼져 있으며 자륜이 둘러싸고 있다"고 하는 것에서 명이란 바로 진언의 다른 이름이니 하나의 종자로부터 역시 한량 없이 많은 종자를 생한다. 한량 없이 많은 명(明)이 둘레를 빙 둘러싸고 있는 것은 앞에서 설명한 자륜과 같다. 이와 같이 둘러싸고 있다 하여도 체(體)는 공적(空寂)하여서 상이 없으며 상이 없는 가운데 상을 보이니, 곧 이 상 가운데에서 상을 여읜다. 또한 상이 없는 가운데 오고 가는 등의 일을 나타내 보여서 널리 세간에 응한다. 이 모든 것이 진언의 부사의한 가지력이라는 것을 반드시 알아야 한다. 아자를 가지고 자신을 가지하므로 곧 공과 같다. 이 공에서 모든 불법을 성취하는 것은 마치 세간의 만물이 공에 인하여 성취할지라도 공의 본체는 모습이 없으며, 모습이 없는 가운데에서 갖가지 형체와 소리를 나타내는 것과 같다. "본존"이라고 하는 것이 바로 이러한 [종자의] 뜻이고, 성자(聲字)라고 하는 것은 이러한 [종자의] 상(相)이니 곧 앞의 「구연품」[5]과 그 뜻이 같다.

---

5) 『소』 4권 「구연품」(대정장 39, 621 하)을 가리킨다. 또한 성자실상(聲字實相)의 뜻은 『소』 7권(대정장39, 657상)에 나온다. 그리고 이 문장 다음에 난탈이 있어 바로잡는다.

2. 성자(聲字)의 진언은 본래 공적하다

"소리는 자(字)[6]에서 나오고 자는 진언을 생하며
진언은 과(果)를 이룬다.
이것은 모든 세상을 구하시는 분께서 설하신 것이다.
반드시 알아야 하나니 소리의 성품은 공하여
즉 공으로써 조작되는 것이다.
모든 중생들은 말과 같은 것에 허망하게 집착하는데
이것들은 공도 아니며 소리도 아니지만
수행자를 위하여 설하노라.[7]
소리의 통달[8]에 들어가면
곧 삼마지를 증득하나니
법에 의거하여 포치[9]하여 상응하라.
종자로써 밝게 비추어 아자의 구절의
다양한 진언을 관상하라."
이상은 경문이다.

"소리는 자에서 나오고 자는 진언을 생하며 진언은 과를 이룬다. 이것은 모든 세상을 구하시는 분께서 설하신 것이다"고 하는 것은 어떠한 의미인가? 아자에 따라 소리가 생겨날지라도 아자는 이미 본래 공하다. 아자에 의거하는 것은 허공과 동등하니 본래 모든 모습을 여의었다는 것을 반드시 알아야 한다. 모습을 여의었으나 오고 가는 모습이 있다. 왜냐하면 이 소리

6) 아(阿)자를 가리킨다.
7) 『소』에 있는 다음의 문장은 내용상 중복되며 『경』의 글과도 일치하지 않으므로 본문에서 생략한다. '空知空所作世間一切隨類. 如是而妄執非彼空非及聲修行故說.'
8) "소리의 통달"이란 성자(聲字)의 실상을 증득하는 것이다. 『경』에는 통달이 '해탈'로 되어 있다.
9) 신체 각 부분에 종자를 배포하는 것이다.

는 온갖 연에 따라 있는 것이기 때문이다. 말하자면 목구멍·혀·잇몸 등[10]의 온갖 연이 서로 접촉하여 소리가 생겨나게 되지만, 단지 온갖 연[11]에 접촉하였을 뿐이지 자성은 없다. 그리고 이러한 온갖 연조차 연에 따라 생기는 것이며, 이러한 인연으로 진언이 생기는 것이다. 그러므로 이 것은 본래 생겨남이 없다는 것을 알아야 한다. 그런데 이 진언이 바로 과(果)를 성취하니, 이와 같이 것이 바로 세상을 구하시는 분께서 말씀하신 것이다. 또한 이 소리는 바로 공과 같으며 공에 따라 존재하며, 소리는 종자를 나타내고 공과 소리는 서로 의지한다는 것을 알아야 한다.[12] 소리는 공을 나타내고 공은 연을 보임으로써 서로 해석할 수 있다. 이것은 둘이 함께 공한 가운데에 들어가게 한다. 즉 이 게송은 서로 [견주어] 해석해야 한다. 만일 이것을 알게되면 세간에서 행하는 사업과 그 모습이 천태만상일지라도 모두 아자문을 벗어나지 않[음을 알 수 있]다. 세간에 수순하여 분별하고 일으키는 것이 있을 때에 이와 같이 알지 못하면 이로 인해서 갖가지 생각에 집착하여 취하는 마음이 생긴다. 그러나 실제로는 허공과 소리의 둘은 모두 [분별과 무분별을] 모두 여의었다고 이 진언행자가 설명하였다. [듣는 귀나 들리는 소리나] 자타가 모두 공하며, 공에 따라 [듣는 귀나 들리는 소리가 공하다는] 이치를 세운 것은 모두 이 [여래의 어밀(語密)로 행한] 가지의 작용이다. [이러한 소리의 해탈에] 진입하는 자는 [삼마지를] 통달하게 되니, 그 이치에 머물게 되므로 곧 이 삼매에 머무는 것이다. 만일 [이러한 실상을] 잘 알게 되면 곧 소리의 해탈에 들어간다. 이것은 소리에서 자재를 얻고 본성이 공함을 잘 알아서 곧 삼매를 증득한다는 것을 말한다. 소리와 귀

10) 『대지도론』 6권(대정장 25, 103 상)에 다음과 같은 내용이 있다. '사람이 말을 하려고 할 때에는 입 속에 바람이 있는데 이것을 우다나(憂陀那)라고 한다. 이 바람은 들어와 배꼽에 이르고, 배꼽에 닿아서 울림을 낸다. 울림이 나올 때에 일곱 곳을 접촉한다. 그 일곱 곳은 목·잇몸·치아·입술·혀·목구멍·가슴이다. 이 일곱 곳을 떠난 것을 언어라 한다.

11) 소리란 온갖 연에 종속(從屬)될 뿐이다.

12) 이하에 난탈이 있어 바로잡는다.

는 공하니 곧 이러한 이치에 즉하여 만가지 덕을 갖춘다. 공과 소리가 동등하다고 알게 됨으로써 곧 참다운 성품의 이치에 들어간다. 참다운 성품에 들어가는 것은 바로 삼매에 머무는 것이다.

"법에 의거하여 포치하여 상응하라"[13]고 하는 것은 [증득하려는 지(智)와 증득한 이치와] 화합하여 [과를 성취하라고도] 말할 수 있다. **"치(置)"**는 포(布)와 같으며, **"이 종자로써 밝게 비춤을 삼으라"**고 하는 것에서 밝게 비춤이란 그 덕을 성취한 것이다. 이 삼매와 상응하라는 것은 바로 이 법이다[다시 여쭈어라]. 본래 생겨남이 없다고 할지라도 모든 법을 생한다. 즉 백자륜(百字輪), 청·황 등 갖가지 색깔, 사각형·원형·삼각형 등 갖가지 형상, 나아가 한량 없이 많아서 말로 다할 수 없는 차별의 모습을 이 [아자]에 의거하여 밝게 비춘다.

이러한 이치를 현증한다는 것은 법에 의거하여 상응하는 종자[aṁ]를 포치하고 곧 앞의 한 종자[14] 가운데 한량 없이 많은 종자를 포치하는데 형체와 색깔이 각기 다르다. 백자륜(百字輪) 등과 같이 모두 이것에 의거하여 나타낸다. 이와 같이 비추어 알고서 이 [아자의 진언법]을 관찰하라.

또한 **"아자 등의 구절"**이라고 하는 뜻은 모든 종자의 예로 들은 것이다. **"다양한 진언을 관상하라"**고 하는 것에서 관상이란 분별하는 것이 있다는 뜻이다. 이 하나의 종자를 예로 들면 모든 진언의 뜻과 부합한다. 관상을 바꾸어 분별로 삼는다. **"다양한 진언"**이라고 부른 것은 하나의 종자에 말미암아 한량 없이 많은 뜻과 한량 없이 많은 말씀을 나타내는 것을 말한다. 모든 중생들의 종류 가운데 각기 한량 없이 많은 언어를 나타내는 것은 모두 이 하나의 종자로부터 생기는 것이다. 이 가운데에 허다한 진언의 명칭을 세운다.

아자에 한량 없이 많은 뜻이 있으며 한량 없이 많은 갖가지 차별의 진언도 역시 이와 같다는 것을 알아야 한다. 이 종자의 뜻은 그 자체가 근본

---

13) 『소』에 나오는 '證此'는 내용상 필요없는 것이므로 생략하였다.
14) 아(阿)자를 가리킨다.

에서 왔다. 지금 부처님이나 옛부처님이나 도는 동일하다. 이 진리의 종자의 뜻과 이 자연혜(自然慧)를 성취하는 묘문(妙門), 진언 등의 수행은 세간 사람이 세운 것이 아니다. 이것은 바로 여래 자연지(自然智)의 가르침이다. 다른 이에 말미암아 일어난 것도 아니고, 또는 여래께서 특정한 부류의 중생들을 위해서 [이 자연지의 가르침을] 창안하여 세우신 것도 아니다. 이에 지금의 부처님이나 옛부처님의 도는 동일하며 언제나 법위(法位)에 머무신다. 본래부터 저절로 성립되었을지라도 반드시 인연의 방편이 있어야만 명백하게 현현할 수 있다. 이 가운데 다만 하나의 종자를 밝혔지만 백자의 법문을 모두 알 수 있을 것이다. 그래서 백자문(百字門)이라고 말하는데 말하자면 하나의 종자를 들면 곧 백자를 알 수 있는 것이다.

이상으로 『백자법품(百字法品)』을 마친다.

[법에는 아주 많은 뜻이 있다. 달마(達磨)의 법이 아니라 백자(百字)의 궤의(軌儀)를 말한다. 백자 가운데 갖가지 덕을 일으키는 법이라 이름한다].[15)]

---

15) 이하에 적힌 다음의 세주(細註)는 본 품과 무관하며 다음 품과 관련되므로 자리를 옮겼다.

제24 보리성품(菩提性品)

[보리의 성품에 관해서는 마지막 권과 제2권에 널리 기록되었으며 경의 초품에 조금 들어가 있다.]

1. 구세자의 온갖 덕

「보리성품」은 곧 「백자법품」의 뜻을 비약시켜서 비유를 설한 품이다. 그래서 경[1]에 다음과 같이 설하고 있다.

"비유하면 시방의 허공상(虛空相)이
언제나 모든 곳에 두루하나

1) 『소』의 문장에 여러 가지 문제가 있으므로 『경』의 글을 그대로 가져왔다.

의지하는 바 없는 것처럼

이같이 진언구세자(眞言救世者)[2]도

모든 법에서 의지하는 바가 없다.

또한 공중에 온갖 색상이[이를테면 연기 · 구름 등이다]

비록 나타나 보인다하여도 의지할 수 없음과 같이[허공에 해 · 달 · 연기 · 구름 등을 볼 수 있을지라도 허공은 의지할 곳 없음을 말한다.]

진언구세자도 이와 마찬가지이다.

저 모든 법은 의지할 곳이 아니다.

세간을 이루는 허공의 양은

과거와 미래와 현재세를 멀리 떠나있다.

만약 진언구세자를 본다면

역시 삼세의 법을 벗어나는 것이다."

이상은 경문이다.

마치 허공이 모든 방향과 장소에 두루하고 일체 만유(萬有)가 다 허공에 의지하여 성립할 수 있을지라도 허공은 의지할 곳 없는 것처럼, 이와 같은 모든 진언은 다 이 진언구세자에 의지한다.[3] 이 진언구세자도 역시 이러한 허공과 다르지 않다는 것을 알아야 한다.

이 진언은 본래 생겨남이 없는 바탕이다. 교(敎)에 의지할 바 없는 것은 저 허공이 모든 장소에 두루한 것[4]과 같다. 또한 세간의 허공을 관함[5]에 보이는 것이 있다고 말할지라도 실제로 허공은 일체의 관을 떠나기에 눈과 마주 대하지 않는 것과 같다. 허공에 의거할지라도 모든 상을 갖추는 데에 이 공은 모든 상을 갖추는 것도 아니며, 공은 또한 저 상 가운데 들어가는 것도 아니며, 자와 타를 함께 여읜다. 이렇게 보는 것이 바로 현견

---

2) 아자의 종자에서 출생하는 가지신(加持身)이다.

3) 이하에 난탈이 있어 바로잡는다.

4) 의지하는 바가 없다는 뜻이다.

5) 『경』의 "세간을 이루는 허공의 양은 과거와 미래와 현재세를 멀리 떠나있다"는 게송에 대한 해석이다.

(現見)이다. 현량(現量)에서 연기 등을 보고 공을 물들지 않는 것도 역시 그러하다.

존재하지 않는 것이 없다고 하여도 필경에 청정하여서 바탕이 허공과 동등하다. 필경 청정하며 법으로서 얻을 수 있는 것이 없을지라도 존재하지 않는 바가 없고 성취하지 못할 것이 없다. 또한 허공이 삼세 곧 과거·미래·현재를 여의는 것과 같다. 진언도 역시 그러하여 세간에 따르기 때문에 삼세가 있다고 설한다. 말하자면 닦게 될 것이거나 이미 닦았거나 닦고 있는 것이나, 증득하게 될 것이나 이미 증득하였거나 현재에 증득하고 있는 종류이다. 진언의 체는 삼세를 초월하여 허공과 동등하다. 어찌 세간 사람에 수순하여 삼세를 설하겠는가! 구세자는 공을 분별하여 갖가지의 법을 본다. 이 법이 이미 본래 생겨남 없음으로부터 생한 것이니, 이 체도 역시 근본과 같다는 것을 반드시 알아야 한다.

"오직 명취(名趣)에만 머물고 작자(作者) 등을 멀리 떠나니 허공의 온갖 가명(假名)[6] 등"이라고 하는 것에서 "등(等)"이란 갖가지 가명이 있는 것을 말한다. 말하자면 세상사람이 허공이라 설하는 것은 단지 가명일 뿐이며, 오직 "도사(導師)가 설하신 바이다."

2. 가명으로 널리 설함

"오직 명칭과 작용에만 머물고 모든 작자 등을 떠나니
허공의 가명자(假名字) 등은 도사께서 널리 설하신 바이다.

6) 허공 중에 존재하는 모든 사상(事象)에 대해서 여러 가지 명칭을 가지고 부를지라도 이들은 모두 인연생(因緣生)으로 그 본성의 실체는 불가득(不可得)이며 공이다. 공상(空相)에 대해서 여러 가지 명칭을 붙여 부르고 있지만 그것도 역시 공(空)한 것이다.

명자(名字)는 의지하는 바가 없고
허공과 같이 진언의 자재도 역시 그러하다.[7)]
이 글자를 본다고 할지라도 [언설을 떠나 있다.]"
이상은 경문이다.

"허공과 같이 오직 명칭과 작용에만 머문다"에서 이 "작용"은 또한 나아감이라고 할 수 있으니 명칭이 나아감을 말한다. 말하자면 오직 명칭 만의 나아감이며, 또한 명이 바로 나아감이니, 오직 명칭의 나아감을 세운다[지금 말하는 것은 바로 언어의 뜻이다].[8)]

"허공의 가명 등"[이것들은 세간에 따르기에 이러한 명칭을 세웠다]은 임시로 시설된 것이다. 앞의 게송에서 공은 단지 이름뿐이라 하고, 뒤의 게송에서는 이 명칭도 역시 공과 같아서 얻을 수 없다고 하였다. 오직 명자만 있으므로 얻을 수 없는 것이다.

"작자를 떠난다"고 하는 것은 무엇인가? 세간사람들은 분별하고 희론하는 상으로써 이 공상(空相)을 취하여 이것을 실제의 존재로 삼아 갖가지로 허망하게 헤아린다. 어떤 이는 허공이 상주한다고 말하며, 어떤 이는 온통[대나무껍질(色)]로 둘러싼 [대나무 대롱과 같은] 곳의 구멍이 허공과 같다고 말한다. 어떤 이는 이 허공이 작자에 의지하여 생긴다고 주장한다. 이러한 모든 견해는 한량 없이 많고 끝없으니 경론에서 널리 설한 것과 같다. 요점을 말하자면 모두가 멸하여 없어지는 것에 사로잡힌 생각[斷見]과 변하지 않는 실체가 있다는 생각[常見]의 두 견해를 여의지 못한다. 더욱이 세간의 소승(小乘) 법사들까지도 허공의 법을 세워서 이것을 실제 존재로 삼는다. 이러한 인연으로 한량 없이 많은 허물이 있게 되니 명칭도 역시 있을 수 없고 또한 허공과 같이 텅 비어있을 뿐이다. 진언주(眞言主)도 역시 그러하여서 본다고 하여도 가명에만 머무나니 한량 없이 많은 가명이 성립한다고 말한다.[9)]

---

7) 『소』에서 이 부분에 있는 '眞言自在'는 의미상 필요없는 글자이다.
8) 내용상 본문에서 할주(割註)로 변경한다.

지금 이 가운데 허공이라 말한 것은 바로 불가득공(不可得空)이니 곧 대공(大空)의 공이다. 또한 공이라고 말한 것은 단지 명자[10]만 있고 실체는 곧 불공(不空)이다. 공과 불공은 서로 여의지 않는다. 도사께서는 방편을 사용하여 임시로 언설을 지어서 이로써 중생을 깨닫게 하신다. 그러나 또한 공이라는 명칭도 얻을 수 없다. 만일 명칭이 있다면 존재하게 되니 이것은 바로 유상(有相)이 된다. 유상이라면 곧 마음이 생멸하므로 참다운 지혜에 들어갈 수 없다. 어떻게 아자를 자연혜(自然慧)이며, 실상의 지(智)라 부를 수 있겠는가! 공이 의지할 바 없는 것처럼 진언도 역시 이와 같아서 필경에 의지할 바 없다는 것을 반드시 알아야 한다.

부처님께서는 방편으로 중생들이 널리 불혜(佛慧)에 들어가게 하시고자 공을 좇아 가(假)를 세우고 이 가에 의거하여 이치에 이르게 하신다. 공이 이미 본체가 생겨남이 없으며 공을 좇아 의지하는 것이 가(假)인데 무엇을 좇아서 존재할 수 있겠는가! 이것이 실상의 지견(知見)이 생기는 것임을 반드시 알아야 한다. 이와 같은 지견은 바로 보리의 성품이다. 보리의 성품이란 진언을 떠나지 않을 뿐이다. 이 진언의 뜻이 바로 보리이다. 이것[11]을 떠나서 그 바깥에 따로 보리가 있다고 말하면 이러한 경우는 있을 수 없다.

"화(火)·수(水)·풍(風)·지(地)가 아니며
태양·달 등의 집(執)[12]도 아니고
낮도 아니고 밤도 아니며
생도 아니고 죽음도 아니고 손상(損傷)도 아니고
찰나(刹那)나 모호률다(牟呼栗多)도 아니며

---

9) 이하에 난탈이 있어 바로잡는다.
10) 대공은 단지 공이라 하는 명자만 있으며 실제로 공이라고 하는 것이 실재하는 것은 아니다.
11) 아자본불생(阿字本不生)의 이치를 말한다.
12) 구집(九執), 즉 구요(九曜)를 가리킨다. 곧 일(日)·월(月)·화(火)·수(水)·목(木)·금(金)·토(土)와 라후(羅睺)·계도(計都)로써 모두 구집(九執)이 된다.

연세(年歲) 등도 아니고

성괴(成壞)의 겁수(劫數)도 아니며

청정한 사람이 청정하지 않은 생을 받음도 아니요

결과도 역시 생하지 않는다.

만약 이와 같은 갖가지 세간의 분별이 없으면

거기에서 부지런히 수행하여

일체지구(一切智句)[13]를 기꺼이 구해야 한다."

이상은 경문이다.

여러 가지에 대해서 부정하는 말을 하고 있다.[14] 말하자면 진언의 성품은 지·수·화·풍 등이 아니다. 허공은 지·수·화·풍에 두루하고 이 네 가지는 허공에 의지하여 온갖 사업을 성취하지만 허공은 의지할 바 없는 것과 같이 이 진언 중의 지·수·화·풍 등의 부사의한 작용이 아자문에 의지할지라도 이 아자는 지·수·화·풍에 [섭수되는] 구절이 아니다.

"태양도 아니고 달도 아니며 즉 구집(九執) 등의 요(曜)"라고 하는 것은 모두 세상 사람들이 세운 것으로 진실이 아니다. 지금[15] 이 보리의 성품은 명(明)과 무명(無明) 등의 차별도 없는데 어떻게 낮과 밤의 다름이 있을 수 있겠는가! 인연을 떠나 실상에 상주하니 이것은 바로 대일여래의 체이다. 어떻게 생사를 여의지 않겠는가! "해(害)친다"고 함은 손상의 뜻이며, 또한 쇠하게 한다는 뜻이다. 이 진언의 성품은 언제나 변함 없어서 온갖 쇠하게 하며 괴롭히며 변모하게 하는 일을 떠난다. 그러므로 시분(時分)이나 겁수(劫數)·성괴(成壞)의 모습이 없다. 반드시 이와 같이 바르게 진언의 성품을 관해야 한다. 망녕된 집착에 의거하지 않고, 내지 겁초(劫初)의 시(時)에도 이루어지지 않고 겁이 끝난 때에도 부서지지 않으며 과거에서 시작이 없고 미래에도 끝남이 없으므로 겁수로 나눔 등을 여읜다.

---

13) 여래가 내증한 지(智)이다.

14) 부정의 비(非)가 여러 번 반복되었다는 뜻이다.

15) 이하에서 『경』의 "낮도 아니고 밤도 아니며"라는 구절을 설명한다.

"청정한 사람이 청정하지 않은 생을 받음도 아니요 결과도 역시 생하지 않는다."

존재하지 않는 바가 없기에 청정하지 않고, 필경에 공하기에 청정하지 않은 것도 아니다. 모든 중생들은 이 아자로써 모든 구예(垢穢)의 법을 갖추지만, 여래께서는 이것으로써 온갖 공덕을 성취하시므로 청정이 아니고 청정하지 않은 것도 아니다. 이것은[16] 많은 뜻을 지니고 있는데 모든 과(果)도 역시 생겨남이 없다. 만일 [범부가] 관찰함에 따라 생을 받는다고 말하면 관하는 것이 있으므로 존재하는 것이 있게 되므로 행함에 따라 생을 받아야 한다.

그러나 진언은 모두 이러한 것을 떠나 있다. 나아가 청정한 관찰의 공덕에 따라 의생(意生)의 몸[17]을 받으나 이것 또한 모두 존재하는 것이 아니기에 생을 받는 결과도 없다.

"만약 이와 같은 갖가지 세간의 분별이 없으면 거기에서 부지런히 수행하여 일체지의 구절을 구해야 한다"고 하는 것은 이 [일체지지의 구절을] 한결같이 구하라는 것이다.

이것들은 모두 얻을 수 있는 법이지만, 진언의 성품은 자연의 참다운 지혜이기에 모든 법에서 전혀 얻을 수가 없다. 앞과 같은 갖가지의 분별은 진실한 견해가 아니며, 그 숫자는 한량 없이 많다는 것을 알아야 한다. 요점을 말하자면 진언의 성품은 모두 이와 같은 세간 분별의 견해를 떠나 있다. 만일 이것을 잘 알고서 이와 같은 진언의 행을 닦으면 이것이 바로 일체지의 구절이다.

"기꺼이 구하라"고 하는 것은 뜻대로 곧 성취함이고, 구절은 바로 주처(住處)의 뜻이므로 일체지의 주처란 바로 불성이다. 보리의 성품은 허공과 동등하고 허공은 보리의 성품과 같으며, 보리의 성품이란 바로 아자문 일체지의 구절이라는 것을 알아야 한다.

---

16) 이하에서 『경』의 "생을 받음도 아니요"라는 구절을 설명한다.
17) 생각하는 대로 생을 받을 수 있는 무상정각의 몸을 말한다.

제25 삼삼매야행품(三三昧耶行品)

1. 금강수의 질문

"이때에 집금강비밀주가 부처님께 여쭈었다.

세존께서 설하신 삼삼매야(三三昧耶)[1]는 어떻게 해서 이 법을 삼삼매야라고 합니까?

이와 같이 말씀드리자 부처님께서 집금강비밀주에게 말씀하셨다.

훌륭하구나. 훌륭하구나. 비밀주여. 그대는 나에게 이와 같은 뜻을 묻는구나. 비밀주여. 그대는 잘 듣고 이를 잘 생각하여라. 내가 지금 연설하리라.

금강수가 말씀드렸다.

세존이시여, 원컨대 듣고자 하옵니다."

윗 경문 가운데 앞에서 금강수가 이 삼삼매야의 법을 여쭈었다는 것은

---

1) 삼삼매야란 발심(發心), 진지(眞智), 대비(大悲)의 삼평등(三平等)을 말한다. 아울러 법신, 보신, 응신의 삼평등을 의미하기도 한다.

앞의 [「백자과상응품」]에서 이미 이 [삼삼매야를] 설명하였지만 아직 완전하지 않았으므로 [비밀주가] 공중에 올라 질문하였다. 그래서 "이 법을"이라고 하였다. 묻는 뜻을 알아보면 다음과 같다.

'이 삼삼매야는 어떠한 법이 바로 삼삼매야입니까?'

부처님께서는 이 질문이 바로 일대사의 인연임을 아시고 찬탄하시고 나서 훈계하여 잘 받아들이게 하시자, [금강수가] 가르침을 잘 받아들인 것으로 문장대로 이해할 수 있을 것이다. 이 삼삼매야는 대본(大本)에서 자세히 해석하고 있는데 가히 1,200개의 게송이 있다. 지금은 이 가운데 그 중요한 것을 들었지만, 그밖의 뜻도 이 [약본의] 법문을 벗어나지 않는다.

2. 여래의 답변

"부처님께서 말씀하셨다.

세 종류의 법[2]을 상속하는 것이 있는데[상속이란 생함이다.] **그 장애를 제거하여 장애없음과 상응하는 것을**[장애를 제거함이 바로 무상(無相)과 상응하여 생하는 것이다.] **삼삼매야라 이름한다**[유가와 상응함에 말미암는다. 장애 없음은 바로 삼삼매야의 본성이 지니는 첫 번째 성격이다]. **어떻게 해서 그 법이 상속하여 생하는가?"**

다음으로 부처님의 답변 가운데 처음의 세 종류 법이란 상속하여 끊어지지 않으니 이것이 삼매야의 뜻이다. 그런데 산스크리트어로 상속은 장애와 뜻이 같으며, 또한 두 가지 의미를 포함하고 있다. 상속이 만약 끊어짐이 있다면 곧 삼매야가 아니며, 곧바로 장애가 생기게 된다. 그래서 두 가지 뜻[3]을 겸한다. 무간상속(無間相續)이란 바로 언어와 행동이 상속하고

---

2) 몸·말·마음 세 종류 법이다.

3) 산스크리트어로 상속에 장애와 상속의 두 가지 뜻이 있다.

마음과 입이 상응하며, 한 번 발심하고 나서 몸과 입으로 행하는 것이 서로 걸림이 없으며 입으로 맹세한 것이 있고, 마음작용도 역시 이와 같은 것을 말한다. 이렇게 수행하는 것을 삼매야라 이름한다.

경전에는 다음과 같이 말하였다.

"초심(初心)[4]에서는 자성을 관하지 못하지만, 이로부터 혜를 일으켜 여실지(如實智)를 생하며 다함없는 분별의 그물을 떠나는 것이 제2심[5]이다. 보리심의 모습은 분별을 초월한 부처님의 구절[佛句][6]이다. 비밀주여, 여실하게 관하고 나서 다함없는 중생계를 관찰하면 비(悲)가 자재하게 전성하며[7] 무연(無緣)[8]의 관으로 보리심을 생한다. 말하자면 온갖 희론을 떠나서 무상(無相)의 보리심에 중생을 안치(安置)하며 머물게 한다. 이것이 삼삼매야이다."

이상은 경문이다.

"초심(初心)에는 자성을 관할 수 없다"는 것은 [본성(本性)이 초심이다.] 이 세 가지 가운데 최초는 단지 발심할 수 있어서 맹세코 성불하리라고 원할지라도 아직 바르게 여래의 공덕을 관할 수가 없음을 말한다. 어떠한 법으로 성불할 수 있을지 잘 알지 못하니 아직 관조의 혜를 온전하게 갖추지 못하였기 때문이다. 성불하고자 하는 마음만 있을 뿐 아직 자기 몸의 본성에 어떠한 공덕이 있는지 알 수 없다. 단지 이 혜(慧)의 성품만 있어서 생사윤회 가운데에서 최초로 발심하고 불과를 구할 수 있을 뿐이다. 이것이 최초의 삼매야이다. 초심에는 아직 참된 지혜를 갖추지 못했을지라도 또한 성불하여 사람들을 제도하고자 서원한다. 이것이 바로 [삼매야평]등심이다. 그래서 역시 삼매야라 부를 수 있다. 여기에서부터 혜를 내어서 참다운 지혜를 일으킬 수 있다. 말하자면 혜로써 결택(決擇)하여 이것은 공덕이고 저것은 공덕이 아니라는 것 등의 옳고 그른 것과 삿되고 바른 상을

4) 제1의 삼매야이다.
5) 제2의 삼매야이다.
6) 『경』에는 "무분별의 정등각구(正等覺句)"로 되어 있다.
7) 제3의 삼매야이다.
8) 타연(他緣)과 같은 뜻으로 다른 중생을 비념(悲念)으로 관하는 것이다.

알며, 참다운 지혜를 얻음으로써 다함 없는 분별과 망견의 그물을 끊고 모든 희론을 잘 없애며 진실한 상 가운데 안주한다. 이러한 실상이 바로 보리심이다. 삼매야는 이것과 같은 뜻이다. 그러므로 이 마음을 평등하게 발함을 삼매야라 부른다.

"다함 없는 분별의 그물을 끊는 것을 제2심"이라 이름하며, 이것이 보리의 상으로 분별을 없앤 삼보리의 구절이다.

"비밀주여, 여실하게 관하고 나서 다함없는 중생계를 관찰하면 비(悲)가 자재하게 전성하며 무연(無緣)의 관으로 보리심을 생한다. 말하자면 온갖 희론을 떠나서 무상(無相)의 보리에 중생을 안치하며 머물게 한다."

이것이 대비원(大悲願)이며, 이것을 삼삼매야의 구절이라 이름한다.

이 마음에서 "제2심"이 상속하여 끊어짐 없고 장애가 없으므로 다음에 곧 이 진실한 구절 가운데에서 참됨과 거짓을 알고 나서 모든 끝없는 중생에게 대비심을 일으키니 이것이 제3의 삼매야이다. 모든 중생들이 다 동일하게 이 성품이 있어도 스스로 알지 못하므로 생사를 받아서 윤회하는 것이 끝이 없다. 지금 이미 스스로 관하여 알고 나서 널리 부처님의 혜광(慧光)을 열어 모두 나와 같게 하는 것이 바로 대비이다. 실상을 봄으로 말미암기 때문에 참으로 스스로 제거하는 것이 아니며, 밖에 법이 있어서 몸에 들어온 것이 아니다. 망상을 제거할 때에 실상은 저절로 드러난다.

앞의 [「주심품」]에서 이 [대일]경에 삼구(三句)의 뜻이 있는데 보리심을 종자로 삼는다고 설명한 것이 바로 첫째의 구절이다. 대비를 근(根)으로 삼는다는 것은 바로 제2[의 구절]이다.

앞[의 「주심품」]에서 대비를 근으로 삼는다 하였는데 지금 [이 품에서] 제3에 두는 것은 왜 그러한가?

여기에서는 비추어 앎[照了]을 근으로 삼는다. 옳고 그른 것을 비추어 알 수 있으므로 비(悲)를 생할 수 있으며, 뜻이 서로 성립된다. [앞의 「주심품」에서] 제3의 [구절에] 방편을 구경으로 한다는 것에서 이 대비라 하는 것도 [이 품에서 말하는 제3의 삼매야의 뜻과 의미가] 서로 성립한다. 대비를 홍하게 함에 따라 방편을 베풀어 일체를 섭수할 수 있기 때문이다.

이 세 가지[9]가 처음부터 끝까지 상속하여 끊임없음을 "삼삼매야(三三昧耶)"라 한다. 참됨[眞]에 머물러 허망함[妄]을 알기에 저 중생들을 위하여 대비를 일으키고 모든 중생의 희론을 잠재운다. 이로부터[10] 이후는 바로 방편으로써 불사를 행하는 것이다.

"희론"이란 세상의 재주꾼이 산란한 마음을 가지고 갖가지로 몸과 입을 움직여서 단지 앞에 있는 청중들을 기쁘게 할지라도 참된 의미가 없는 것처럼, 지금의 망녕된 견해를 가진 자가 짓는 것도 역시 저 재주꾼과 같으므로 "희론"이라 부른다.

"보리에 중생을 머물게 한다"는 것은 중생으로 하여금 저 법에 머물게해서 나와 같아서 다름이 없게 하는 것이니, 곧 모든 제자들을 비밀장(秘密藏)에 안주하게 한다는 뜻이다.

"또한 비밀주여, 삼삼매야(三三昧耶)가 있다[최초를 부처라 이름한다].
최초의 마음은 등정각(等正覺)의 마음이며
두 번째는 법이라고 이름한다.
그로부터 계속하여 생기는 마음은
이른바 화합승(和合僧)이다.
이 삼삼매야는 도사(導師)이신
[부처님께서] 설하신 것으로
만약 이 삼삼매야 등에 머물어 보리행을 수행하면
갖가지 도문(導門)의 대표가 되어[갖가지의 도문(導門)을 유포하는 것을 말한다.]
모든 중생들을 이롭게 할 것이고
마땅히 보리를 이룰 수 있으며
삼신(三身)을 자재하게 굴릴 수 있으리라."

위의 경문 가운데 "삼삼매야"란 무엇인가? 처음에 대비방편으로 성불하

9) 이구(理具)와 실지(實智)와 대비의 세 가지이다.
10) 제3심에서 대비를 일으킨 이후를 말한다.

고 나서 다시 부처님을 따르는 법이 있고, 다음에 법에 따르고 승가에 따른다. 이 세 가지는 한 몸이며 실제로 두 가지 성품이 없으니 이러한 이유로 삼매야라 이름한다[앞에서 각각 나눈 해석으로 말하면 사(娑)가 불보이고, 마(麼)는 법보이며, 야(耶)는 승보의 뜻이다].

또 다시 "삼삼매야"란 이 삼매야에 머물면 곧 보리를 성취함을 말한다. 보리에 머물러 중생을 위하여 갖가지 색을 나타내고 갖가지 도를 설한다. 이것이 바로 마음으로 능히 [법신·보신·응신의] 삼신을 섭수하는 것이니 이것이 삼매야의 뜻임을 알아야 한다. 지금까지 설명한 것처럼 삼보는 삼삼매야이며, 삼매야는 평등의 뜻이니, 곧 이 삼보가 평등하므로 "삼삼매야"라 이름한다. 이 삼삼매야로부터 다음에 삼신을 갖추는 것도 역시 "삼삼매야"라고 이름한다. 삼신에 머무는 까닭에 이익하게 하는 일이 있는데, 누구를 이익하게 하는가 하면 바로 중생을 이익하게 한다. 삼신 가운데에 머물러 갖가지 도를 시현하고 또한 중생을 섭수할 수 있다. 섭수라고 하는 것은 자재하게 섭취한다는 뜻이다.[11]

"비밀주여. 삼먁삼붇다(三藐三佛陀)는 가르침을 안립하시고자 하나의 몸으로써 가지하신다.

이른바 처음의 변화신이다. 또 다시 비밀주여. 다음에 한 몸에서 세 몸을 시현하니 이른바 불·법·승이다. 또 다시 비밀주여. 이로부터 성립한 세 종류의 승(乘)을 설하시고, 널리 불사를 지으며, 반열반(般涅槃)을 나타내시어 중생을 성숙하게 하신다."

경문 가운데 "비밀주여, 부처님께서는 바른 가르침을 나타내 보이고자 하나의 몸으로써 가지하신다. 말하자면 처음의 화신이다"라고 하는 데에서 가르침이란 곧 십이분교(十二分教)[12]이다. 이 가운데 갖가지 방편이 있다. 중생을 이익하게 하는 것은 모두 하나의 몸으로 가지한 것이니 이른바 변화신

11) 이하에 난탈이 있어 바로잡는다.
12) 모든 경전을 그 구성 형식 또는 내용에 따라 열 두 가지 종류로 나눈 것. 12부경(十二部經)·12분경(十二分經) 등이라고도 하며, 경(經)을 구성한 문장의 형식을 말한 것이다.

(變化身)이다. 삼매야에 머무는 까닭에 이와 같은 이익이 있다.

"다음에 한 몸에서 세 몸을 시현하니 이른바 불·법·승이다"라고 하는 것은 바로 일체삼보(一體三寶)이다. [세 가지 몸이] 모두 하나의 몸을 따라 일어난다는 것을 알아야 한다. 이 가운데 삼삼매야는 모두 서로 차례대로 받들어서 앞에 인하여 뒤의 것을 생한다. 앞을 이어 받아서 다시 생겨나니 말하자면 삼승을 설하여 보이고 널리 불사를 지어 중생을 인도한다. 해야 할 일을 마치고 나서 열반에 들어가며, 열반한 다음에 다시 한량 없이 많은 중생들을 성취하게 한다. 이를테면 한 종류의 중생이 부처님께서 계실 때에는 아직 발심하지 못하였으나 부처님의 멸도(滅度)에 인하거나 혹은 상법(像法)[13)]시대에 성취하는 것이 모두 이와 같다.[14)]

"비밀주여. 저 모든 진언문에서 보리행을 닦는 모든 보살들을 관찰하라. 만약 삼삼매야 등을 이해하고 진언법칙에서 성취하며, 온갖 망집에 집착하지 않으면 장애될 것이 없을 것이다. 이와는 다른 명칭이 있으니 불욕(不欲)[15)]과 게으른 것, 이롭지 않은 담화와 신심을 생하지 않는 것과 자재를 쌓아 모으는 자는 제외한다. 다시 두 가지 일을 해서는 안된다. 말하자면 술 마시는 것과 침상에서 자는 것이다."

이상은 경문이다.[16)]

부처님께서 금강수에게 말씀하셨다. 이상에서 설명한 것[17)]을 관해야 한다. 모두가 삼삼매야에 머무는 것에 말미암는다. 이 삼매야에 머물러 법다웁게 지송함으로 해서 마음과 마음에 끊어짐 없이 [상속하니] 이른바 모

---

13) 부처님의 교법과 그 실천 수행과 교법의 증득이 모두 갖추어진 시대를 정법(正法)시대라 하고, 교설과 수행만이 있는 시대를 상법(像法), 교설만이 있는 시대를 말법(末法)이라 하고 있다. 대개는 정법 5백년·상법 1천년·말법 1만년을 말한다.

14) 이하에 난탈이 있어 바로잡는다.

15) 이것은 법성취(法成就)를 원하지 않는 자를 가리킨다.

16) 『소』에서 바로 앞에 등장하는 다음의 문장은 내용상 중복되었고, 『경』의 문장과 일치하지도 않으므로 생략한다. '秘密主. 觀彼三三昧耶. 知諸眞言門. 行修行菩薩眞言法則持誦. 彼不著一切妄執. 住無爲障者.'

17) 심(心)·지(智)·비(悲)와 삼보(三寶)·삼신(三身) 등의 설명을 가리킨다.

든 망집에 집착하지 않는다. 망집에 말미암아 모든 장애가 생기는데 만일 이 삼평등에 머물면 곧 모든 망집에 집착하지 않게 된다. 곧 이 삼평등은 바로 보리의 [성품]이다. 모든 장애가 무엇에 말미암아 생길 수 있겠는가! 이것은 바로 모든 장애를 여의는 근본이다.

그런데 그밖의 장애를 생기게 하는 것이 있다. "불욕(不欲)"이라 하는 것은 곧 이 진언행 가운데 장애가 있기 때문에 홀연히 즐겨 하려는 것에 말미암지 않는 것이다. 혹은 하지 않으려는 마음이 생겼기 때문에 장애가 사라지는 것이다. 하려고 하지 않음이란 원하여 구하지 않는 것들이다.

"해태(懈怠)"라 하는 것은[18] 부지런히 정진하지 않는 것이다. 마치 나뭇가지를 비벼서 불을 낼 때에 아직 뜨거워지지 않았는데도 여러 번 쉬면 불 피우는 데에 장애가 되는 것과 같다.

또 "이롭지 않은 담론"이나 진언행에서 염송하지 않으며 부지런히 수행하지 않고 헛되이 시간만 보내는 것이나 하루를 보내는 것도 역시 그러하여서 장애[짓는 자들이] 그 편리를 얻어 [수행자를 해치게] 된다.

"신심을 생하지 않는 것"이란 믿지 않기 때문에 장애하는 자가 그 편리를 얻게 된다. 또 "널리 자재를 쌓아 모은다"고 하는 것은 구할 때에는 바삐 움직여서 수호하며 부지런히 힘쓰지만, 잃을 때에는 고통을 받으니 이와 같은 갖가지의 인연은 수행자로 하여금 장애하는 자가 편리를 얻게 한다. 이상은 모두 장애가 생기는 연이다.

"다시 두 가지 일을 해서는 안된다. 말하자면 술 마시는 것"이라 하였는데 술은 장애를 생기게 하는 연에서 제일 가는 것이다. 술을 마시기 때문에 온갖 좋지 않은 일이 생긴다. 또 "침상에서 자지 말라"고 하는 것은 두 번째이다. 침상 위에서 편안하게 자면 갖가지 욕심과 게으른 생각이 생기므로 그렇게 해서는 안된다. 반드시 띠풀을 깔아야 한다. 인도에서는 지송하는 자가 대부분 길상초(吉祥草)를 사용하여 잠자리를 삼는다. 여기에는 많

---

18) 이하 해태에 관한 설명은 『소』에 할주로 되어 있으나 본문으로 바꾸었다.

은 이익이 있는데 첫째는 여래께서 성도하실 적에 앉으신 자리이기 때문이며, 모든 세간에서 길상하다고 여기기 때문이고, 지송하는 자의 잠자리에 장애가 생기지 않는다. 또한 온갖 독충들이 이 길상초를 깔면 모두 다가오지 못한다. 또한 성품이 매우 향기롭고 깨끗하다. 또 이 풀은 매우 날카로워서 몸에 닿으면 곧 베어지는 것이 양쪽에 칼날이 있는 것과 같다. 그러므로 수행하는 사람이 지송하는 여가나 휴식하는 시간에 이 띠풀자리에서 잠잘 때에 만일 게을러서 스스로 늘어지면 곧 상처받는다. 그러므로 늘어지거나 게으를 수 없다. 또 부처님께서 스스로 이 풀에서 주무신 이유는 세간의 교만한 마음을 제거하기 위해서이다. [부처님께서는] 태자이셨을 때에 갖가지로 게으르고 보배 침상에 앉거나 누우며 보배 안석[19]에 발을 올려놓거나 하였는데 만일 출가하여서도 이러한 행위를 지속한다면 옛날 재가에 있을 때와 다를 것이 없다. 그래서 이와 같은 일을 버리고 띠풀자리에 앉으신 것은 모든 인간과 천계가 모두 공경하는 마음을 일으키며 본받게 하고, 또한 교만한 마음을 제거하여 정법에 들어가기 위해서이다. 부처님조차 이와 같거늘 하물며 우리들이겠는가! 이와 같은 공덕을 관하고 수행해야 한다.

19) 궤(几)는 앉을 때에 몸을 기대는 기구이다.

제26 여래품(如來品)

1. 금강수의 질문

“이때에 집금강비밀주가 세존께 말씀드렸다.
어떻게 해서 여래가 되고
어떻게 해서 사람 가운데 존경받는 자가 됩니까?
어찌하여 보살이라 하며 무엇 때문에 부처님이라고 부릅니까?
도사(導師)이신 대모니(大牟尼)시여. 원컨대
저의 의심을 끊어주십시오.
보살이라는 대명칭은 의심과 걱정하는 마음을 버리고
반드시 마하연(摩訶衍)[1]을 닦는 것으로
행 가운데 왕으로서 그 이상 가는 것이 없습니까?”라고 하는 것과 다음

---

1) 산스크리트어로 mahāyāna. 대승(大乘), 특히 후기대승불교인 밀교를 가리킨다.

품[2])에서

"금강수가 또 부처님께 여쭈었다.

여래란 무엇이며 무엇이 사람 가운데 존귀한 분이며,

보살이란 무엇이며 어떻게 해서 이것을 깨닫습니까?

저의 의심을 도사(導師)께서 없애주소서.

대모니시여. 의심과 염려를 버리게 하여 주소서.

보살이라는 대명칭은 반드시 대승을 닦아야 하며

행 가운데 왕으로서 그 이상 가는 것이 없습니까?"

라고 하는 것은 질문이다. 그 뜻은 다음과 같다. 부처님께서 법을 설하여 오신 이후로 곳곳마다 부처님 혹은 보살이라 불리었다. 그런데 우리는 이것을 들었을지라도 아직 명칭과 뜻의 상을 결택하는 것에 어둡다. 어떠한 뜻으로써 보살이라는 명칭을 얻고 부처라는 명칭을 얻으며 여래라는 명칭을 얻고 인중존(人中尊)의 명칭을 얻는가? 부모로부터 태어난 이래 문득 이러한 칭호가 있었던 것인가? 덕을 성취하고 수행을 채워서 이러한 칭호를 얻게 되었는가? [이와 같은 질문을] 대승행(大乘行)의 왕으로서 위가 없는 이러한 부처님의 덕을 찬탄하며 [비밀주가 부처님께] 여쭈었다.

2. 여래의 답변

"이때에 비로자나세존께서는 모든 큰 모임의 대중들을 관찰하시고 집금강비밀주에게 말씀하셨다.

"훌륭하구나. 훌륭하구나. 금강수여. 그대는 능히 나에게 이와 같은 뜻을 묻

2) 다음 품이라 하였지만 『대일경』에 위 문장과 동일한 내용이 나오는 다른 품은 없고, 본 경과 다른 별첩(別牒)에 있다.

는구나. 비밀주여. 그대는 자세히 듣고 아주 잘 생각하여야 한다. 내가 지금 마하연도(摩訶衍道)를 설명하겠다.”

보리는 허공의 상으로써 온갖 분별을 여의었다.

저 보리를 즐겨 구하는 자를 보리살타라 이름한다.

십지(十地) 등을 성취하여 자재하고

모든 법은 공으로서 마치 환상과 같다고 통달하며,

모두가 이와 같다고 알아[말하자면 모든 법이 다 같다고 아는 것이다.]

모든 세간의 세계를 이해하니 그래서 불타라고 한다.

법은 허공의 상과 같아 둘이 아닌 오직 하나의 상이며

정각의 십력(十力)을 갖추니 이를 삼보리(三菩提)라 부른다.

오직 혜(慧)로써 [무명을] 제거하며[오직 혜로써만 없앨 수 있다. 말하자면 혜로써 번뇌를 없앤다는 것이다.]

자성[3]은 언설을 떠나있고 스스로 증득하는 지혜가 있기에

설하여서 여래라고 한다.”

부처님께서는 다음에 또 “훌륭하구나”라 찬탄하시며 나아가 “이것을 잘 들어라”고 하시면서 답하셨다.

“대승의 도는 허공과 같으며 보리는 온갖 분별을 여의었다. 저 보리를 즐겨 구하는 자를 보살이라 이름한다”고 하는 것은 보살의 명칭을 답한 것이다. 허공은 상이 없으며 보리도 역시 이와 같아서 무상이고 무분별이다. 그러나 허공이 무상일지라도 온갖 덕의 소의(所衣)가 되며, 만상(萬像)이 허공을 의지하여 서는 것처럼 보리도 역시 이와 같아서 필경에 무상이고 무분별일지라도 온갖 공덕을 갖춘다. 여실한 상에서 증득하여 통달하기를 구하는 것을 보리라고 부른다.

다음에 부처의 뜻을 해석하였다.

“십지를 성취하여 자재하고 모든 법은 공으로서 마치 환상과 같다고 잘 통달

---

3) 지혜의 본성(本性)이란 의미를 가지고 있다.

하며, 모두가 이와 같다고 알아 모든 세간의 세계를 이해하니 그래서 불타라고 한다"라고 한 것은 부처의 의미에 대해 답하신 것이다. 말하자면 십지를 만족하고 자재하게 통달한 것이다. 하나하나의 경지에서 모두 잘 통달하여 자재를 얻으며, 모든 법은 공하여 환상과 같다고 알며, 또한 중생의 깊은 마음 작용과 각각의 취향(趣向)을 아니, 이러한 덕 때문에 모든 세간에서 부처라고 이름한다. 부처라는 이름은 이것에 인하여 생긴 것이다.

"허공상의 법은 둘이 아닌 오직 하나의 상이며 십력을 지닌 부처님을 정각(正覺)이라는 명칭으로 부른다."

이것도 부처의 뜻을 해석한 것이다. 앞에서는 단지 법이 공하여 환상과 같은 줄 안다고 하였고, 지금은 허공의 법이 하나의 상이며 무상이라 하였으니 즉 이것을 요달하면 십력을 두루 갖추어 모든 법을 알아서 모르는 것이 없게 된다. 『보살장경(菩薩藏經)』[4] 가운데 십력이 매우 광대하다는 것을 설명한 것과 같다. 이 보리는 허공과 같아서 두 모습이 없고, 한 가지 모습에서도 마음에 머무는 바가 없다. 이러하기 때문에 부처의 십력을 얻고 이 십력에 올바로 머무르게 되면 정등각이라 불리운다. 부처와 정각은 명호가 다를지라도 체는 하나이다. 몸·말·마음을 잘 조절하고 섭복(攝伏)하는데 자재하기 때문에 모든 악마를 항복시킨다. 단지 외마(外魔)를 항복시키는 것만이 아니라 내부의 장애도 역시 두루 항복시킨다. 세간과 출세간에서 존귀하기 때문에 다시 인중존(人中尊)이라 부른다. 이 뜻은 경 가운데에서 문장이 누락되어 해석하지 않았지만 다른 문장을 통해서 이

4) 『대보적경(大寶積經)』 38권(대정장 11, 215 중하). '사리자야, 모든 부처님여래께서는 이와 같은 십력을 성취하시며, 성취하셨기에 여래응정등각께서는 대중들 속에서 바르게 사자후하실 수 있느니라. (…중략…) 무엇이 여래의 십력인가? 처비처지력(處非處智力)·업보지력(業報智力)·종종계지력(種種界智力)·종종해지력(種種解智力)·종종근지력(種種根智力)·일체변행행지력(一切遍行行智力)·정려해탈삼마지삼마바디잡염청정지력(靜慮解脫三摩地三摩缽底雜染清淨智力)·수념전세숙주작증지력(隨念前世宿住作證智力)·사생작증지력(死生作證智力)·누진작증지력(漏盡作證智力)이다. 사리자야, 여래께서는 이와 같은 십력을 성취하셨기에 대중들 속에서 일체 세간 그 누구도 굴릴 수 없었던 법륜을 굴리실 수 있느니라.'

와 같이 이해할 수 있다.[5)]

"오직 혜(慧)로써 무명을 제거하며 자성은 언설을 떠나있고 스스로 증득하는 지혜이기에 설하여서 여래라고 한다"고 하는 것은 여래의 명칭을 답한 것이다.

이 혜는 무명을 없앨 수 있다. 그러므로 "혜로써 제거한다[慧害]"고 하였다. 무명이라고 말하지 않았지만 해치는 대상은 바로 무명이다. 그 뜻은 저절로 드러난다. 이 자증의 경계는 언어의 길을 초월한다. 자증이란 타인에게 수여한다고 널리 설할 수 없다는 것을 알고 이와 같은 지혜에 머물기에 "여래"라는 명칭을 얻는다. 또한 부처의 이치와 같이 자연스레 증지함을 "여래"라 이름한다. 또한 모든 부처가 행하시는 도의 자연스레 증득하는 처(處)와 같이 나도 역시 이와 같이 가기 때문에 여거(如去)라 이름한다. 대본 중에 구체적으로 이것에 대해 답하는데에 각기 백여개의 게송이 있다. 법을 전하는 자가 단지 그 종요를 간추려서 각기 하나의 게송으로 이것에 대해 답하였으나 그 대의는 [빠뜨림 없이] 갖추었다.

5) 이하에 난탈이 있어 바로잡는다.

제27 호마품(護摩品)[1]

1. 외도의 44종 호마

외전(外典)인 정행베다론[淨行圍陀論] 가운데에 불을 제사하는 법이 있다. 그러나 대승진언문에도 불을 제사하는 법이 있다. 그러한 이유는 한 가지 종류를 포섭하여 굴복시키기 위한 까닭이니 부처님께서 베다의 일을 가지고서 이 [한 가지 종류]를 포섭하셨다. 그러나 그 [외도와 부처의 불을 제사하는 법의] 의취(義趣)는 마치 하늘과 땅이 서로 나란하지 못함과 같다. 지금 그 삿된 상과 올바른 상을 나누어서 수행자로 하여금 다시는 다른 의심을 없애기 위하여 불법을 [전하는] 사람이 이 품에서 널리 연기(緣起)를 내었

1) 이 품은 호마의 바른 뜻을 밝히는 것이 취지이다. 여기서 세간의 호마법이란 베다 가운데 등장하는 것으로 44종류의 화법(火法)이 있다. 이것은 화사바라문(火事婆羅門)이 행한다. 다음에 출세간의 호마법은 내호마와 외호마로 분류된다. 외호마에 12종류의 화법(火法)이 있다. 이 품에서 설하는 화(火)의 명칭은 화(火)를 가지하는 신주(神呪)의 명칭이자 화사(火事)의 명칭이기도 하다.

다. 부처님께서는 저 미래세 가운데 모든 정행자(淨行者)의 아만심을 제거하기 위하여 스스로 과거생에 범왕이었을 적에 외도 베다의 법을 연설하여 저 삿된 종(宗)[2]을 마음으로 굴복케 하고 그런 후에 이 진언문의 바른 행을 설하시었다.

"또 다시 비밀주여, 옛적에 어느 한 때에 나는 보살이 되어 보살행을 닦으며, 범천(梵天)에 머물러 있었다[바로 범주(梵住)로서 이 범천(梵天)이다]. 그때에 범천이 이것을 물어보았다.

대범(大梵)이시여, 화(火)에 몇 가지가 있는지 알고 싶습니다.

그때에 나는 이와 같이 답하였다."

[부처님께서는 범천의 질문을 받으시고] 그에게 이와 같이 말씀하셨다.[3] 말하자면 내[부처]가 과거세에 보살도를 행할 때에 범왕인 적이 있었다. 그때에 모든 범행을 학습하는 자가 있었는데 나에게 와서 '불을 섬기는 법에는 몇 종류의 불이 있는가'를 물었다. 나는 구체적으로 이것을 설명하였다. 지금 정각을 성취하고 나서 앞에서 설명했던 것을 증명하니 틀렸고 지금 말하는 것이 바른 것이다. 그러므로 수행자는 지금의 바른 행의 화법(火法)에 따르고 앞의 허망하고 바르지 않은 법을 사용해서는 안된다.

"저 불[火]을 아만자연(我慢自然)이라 부른다"의 이하에서는 삿된 종(宗)의 불 섬기는 법을 열거하였는데 모두 베다경전 가운데에서 밝힌 것이다. 먼저 화신(火神)의 근본을 설하는데 최초는 대범왕(大梵王)으로서 그가 이와 같이 일체가 모두 자기로부터 생겨났다고 헤아리는데 그것은 이와 같은 아만이 있기 때문이다. 또 자연이 항상하다고 헤아리므로 "아만(我慢)"의 이름과 "자연"의 이름을 얻은 자가 바로 대범왕이다.

다음에 범천자가 일으킨 불[火]을 "파비구(簸嚩句)"[4]라 이름하는데 이것은 세간 최초의 불이다.

---

2) 베다의 외도를 가리킨다.

3) 이하에 난탈이 있어 바로잡는다.

4) Skt. Pāvaka. 정화(淨火)의 뜻.

다음에 범천의 아들이란 바로 범왕[5])이다. 생각으로 중생이 존재하길 바라며 그 바람에 응하여 [중생이] 생겨난다. 범왕은 이것을 자기가 낳은 아들이라 여긴다. 그러한 것 가운데 저 천의 불이 처음이며, **"자연(自然)"**에서 생긴 자이다. 다음에 범천자(梵天子)라고 하는 것 이하는 게송이며, [범천으로부터] 생겨난 것을 [언급하고 있다.] **"파비구"**라고 하는 것은 세간의 불의 명칭이다. 여기서부터 이하는 차례대로 생겨난 자를 언급하는데 모두 저 법 가운데의 화신(火神)들이다. 단지 공양만 하며 사용할 곳이 없다.

"범반자(梵飯子, Brahmadānaputra)"[6)] [화천의 명칭으로 범자(梵子)의 아들이다.]

"필달라(畢怛羅, Pitira)" [그 아들이다.]

---

5) 『중아함경』 제19권(대정장 1, 547 상~하) 등에 그 내용이 나온다. '그때 악마 파순(波旬)이 그 대중들 가운데 있다가 세존께 말하였다. "비구여, 이 범천이 말한 것을 거역하지 마시오. (…중략…) 왜냐하면 이 범천은 범(梵)이요 복[福祐]이며, 변화시키는 주체[能化]이고 가장 높은 것이며, 만들어내는 주체[能作]이고 조작하는 주체[能造]이기 때문이다. 이것은 아버지로서 이미 있었고 장차 있을 일체 중생은 다 이것을 좇아 나기 때문이다. 이 범천은 알아야 할 것을 다 알고 보아야 할 것을 다 알기 때문이다. 큰 선인이여, 만일 어떤 사문 범지가 땅[地]을 미워하고 땅을 헐뜯으면, 그는 몸이 무너지고 목숨이 끝난 뒤 반드시 다른 하천한 기악신(妓樂神)으로 태어날 것이다. 이렇게 물・불・바람・신・천(天)・생주(生主 : 造物主)에 대하여도 또한 그러하다. 범천을 미워하거나 범천을 헐뜯는 자가 있으면, 그는 몸이 무너지고 목숨이 끝났을 적에 다른 하천한 기악신으로 태어날 것이다. 큰 선인(仙人)이여, 만일 어떤 사문 범지가 땅을 사랑하고 땅을 찬탄하면, 그는 몸이 무너지고 목숨이 끝났을 적에 반드시 가장 높은 범천에 태어날 것이다. 이와 같이 물 불 바람 신 하늘 생주에 대하여도 또한 그러하다. 범천을 사랑하고 좋아하며 범천을 찬탄하는 자가 있으면, 그는 몸이 무너지고 목숨이 끝났을 적에 반드시 가장 높은 범천에 태어날 것이다. 큰 선인이여, 너는 이 범천의 큰 권속들이 앉아 있는 것이 우리들과 같은 것을 보지 못하는가?" 저 악마 파순(波旬)은 범천도 아니요, 또한 범천의 권속도 아니다. 그러나 스스로 자신이 바로 범천이라고 일컬었다. 그때에 세존께서는 곧 이렇게 생각하셨다. '이 악마 파순은 범천도 아니요 또한 범천의 권속도 아니다. 그런데도 스스로 제 자신이 바로 범천이라고 일컫고 있다. 만일 악마 파순이 있다고 말한다면, 이것은 곧 악마 파순일 것이다.' 세존께서는 이미 다 아시고 말씀하셨다. "악마 파순아, 너는 범천도 아니요 또한 범천의 권속도 아니다. 그런데도 너는 스스로 '내가 바로 범천이다'라고 말하고 있다. 만일 악마 파순이 있다고 말한다면, 네가 바로 악마 파순일 것이다." 그러자 악마 파순이 이렇게 생각하였다. '세존은 나를 알고 선서(善逝)는 나를 보는구나.' 이렇게 알고 나서는 시름하고 걱정하면서, 곧 거기서 갑자기 사라져 나타나지 않았다.'

6) 이하에서 44가지 외화(外火)의 본존을 거론한다.

"베세파나라(吠稅婆囊囉, Viśvadhāra)" [그 아들이다.]

"하바노(訶嚩奴, Havana)" [그 아들이다.]

"합비바하나(合毘嚩訶囊, Havyavāhana)" [그 아들이다.]

"파설삼비도(簸說三鼻都, Pāsisavyato)" [그 아들이다.]

"아사말나(阿闍末拏, Atharvaṇa)" [그 아들이다.]

"발체다(鉢體多, Pothita)" [그 아들이다.]

"보색가로도(補色迦路陶, Puṣkarodsa)" [그 아들이다.]

이상은 모두 공양해야 할 자이다.

"태(胎)에 안치할 때"에 사용하는 자[이는 정행자(淨行者)가 처음으로 부인을 맞이하여 태(胎)에 둘 때에 마로다화(忙路多火)[7]를 사용한다. 이 화신의 명칭을 사용하여 이것을 가지한다. 불의 명칭은 경전 가운데에 있으며 여기에서 벗어나지 않는다. 아래도 동일하다.]이다.

"나중에 몸을 씻으려면" 나중에 태를 받아 6개월이 되면 남편이 그를 위하여 목욕하고 더욱이 머리를 묶은 모습을 하며 이 화신의 명칭을 진언으로 삼으며, "바하마나화(嚩訶忙囊火)[8]를 사용한다."

"아내를 목욕시키는 데에는 망가라화(瞢蘗盧火)[9]를 사용한다."

"아들을 낳은 뒤"라고 한 것은 아들을 낳고 7일 뒤에 아내를 목욕시킨다. 부모의 머리를 푸는 데에 이 화신의 명칭을 쓰는데 "발가포화(鉢伽蒲火)를 사용하라."

"아들에게 처음으로 이름을 지을 때"라고 하는 것은 그 아들이 이미 태어났으면 선인(仙人)을 청하여 이름을 지을 때에 "파체무화(簸體無火)"[10]를 사용한다.

---

7) Skt. Maruta. 부인을 얻어 수태(受胎)되었을 때에 이 불을 쓴다.

8) Skt. Vahamana. 수태해서 6개월이 지난 뒤에 남편이 부인의 머리를 감아줄 때 이 불을 쓴다.

9) Skt. Maṅgaha. 남편이 처를 목욕시킬 때 이 불을 쓴다.

10) Skt. Pāthīna. 자식을 낳고 음식을 먹을 때 부모는 이 화신주(火神呪)를 가지고 소유(蘇油)를 가지해서 삼킨다.

"음식 먹일 때 이 불을 쓴다"는 것은 아들이 음식을 씹을 수 있을 때에 부모는 먼저 이 화신의 주문을 가지고 소(蘇) 등을 가지하고 그런 다음에 이것을 씹게 한다. 베다에는 하나하나마다 사용하는 방법이 있다. 이때에는 "수지화(戍脂火, śuci)"를 사용한다.

"자식에게 머리를 올려줄 때"는 아들이 점점 자라나서 어미의 뱃속에서 자란 머리털을 깎을 때에 붉은 터럭은 남겨두며, 이 화신의 "살비화(殺毘火, ṣabhi)를 써야 한다."

"금계(禁戒)를 받을 때"는 이 어린아이가 점점 자라나서 태어난 [바라문] 족성의 계를 받아 지니게 될 때에는 이 지방의 화살 만드는 대나무와 비슷한 문사초(文闍草)가 있는데 이것을 다듬어서 밧줄을 만들어 세 가닥의 줄로 몸에 묶고 등에 둘러서 곡장(曲杖)을 지니게 한다[즉 옛날의 삼기장(三岐)이다].[11)]

[그 아들은] 군지(軍持)를 지니고 사슴가죽을 입으며 그 옷입는 법에 따라 지계하며 12년동안 언제나 걸식하는데 붉은 동으로 만든 바루를 지니고서 걸식한다. 이때 이러한 말을 해준다.

"시주하는 자가 있으면 얼마간 머물고 얻지 못하면 곧 떠나라. [시주받은 음식을 가지고] 돌아와서는 화로에 이르러 음식을 세 부분으로 나누어라. 깨끗이 씻고 나서 한 부분의 음식을 가져다가 화신에게 공양하고 재를 가져다가 세 군데를 인(印)하라.[12)] 부모와 스승을 뵙고 나서 한 부분의 음식을 드려라. 그분들이 드시는가 드시지 않는가는 그분들의 뜻에 맡긴다. 그런 다음에 자신도 한 부분을 먹어라. 12년 동안에는 부지런히 애써서 베

---

11) 『구사론』 제6권(대정장 29, 31 상)에 삼장(三杖)의 비유가 나온다. '만일 세 막대기[서방의 외도들이 쓰는 막대]가 서로서로 의지하여 머무름과 같아서 그와 같이 함께 있는 법의 원인과 결과인 뜻이 성립된다고 말한다면, 이것을 알아야 한다. 그와 같은 세 막대기가 함께 일어나 서로 의지하는 힘으로 말미암아 머무르는 것인가, 앞서 생긴 인연이 합하는 힘으로 말미암아 세 막대기로 하여금 함께 서 머무르도록 한 것인가, 또는 그 중에 또한 다른 물건인 노끈과 갈고리와 땅 따위가 닿아지니어 서도록 한 것인가.'

12) 검지손가락 · 가운데손가락 · 약손가락의 세 손가락을 모아서 이마와 양팔의 세 군데를 가지한다.

다의 법을 학습하고 12년을 채워야 범종(梵種)을 벗어날 수 있다.”

아내를 맞이하는 데에는 “삼모파비화(三謨婆縛火, samobhāva)”를 사용한다.

“금계를 채우고 소를 바칠 때”라 하는 것은 계를 지녀서 12년을 채우고 나서 스승의 은혜를 갚는 것을 말하는데 재물로써 갚고 아울러 암소와 송아지를 스승에게 바치며 스승은 [제자가 바치는 재물을] 받는다.

또 그가 혼인하도록 하며 아내를 맞이하는 인연을 설하여준다.

“과거의 겁초에[13] 대범왕이 세간에 내려와 소의 형상을 하고 음욕을 행하자 이로 인해서 종류가 생겼다. 이것에 말미암아 바라문종이 생겼으니 지금 이 암소와 송아지는 바로 그 후세에 전해진 몸이다. 너는 반드시 힘써서 바라문종을 계승하여야 한다.”

이렇게 자세하게 설명한다.

이때에 이 불을 사용하여 그것을 가호한다. 모두 화신의 명칭이니 “소리야화(素哩耶火, sūrya)”이다.

“동자가 혼인할 때”란 저 [바라문의] 혼인법에서는 아내를 맞이할 때에 화신범천의 본주(本呪)를 송한다. 대의(大意)를 말하자면 범천의 본뜻이 어떠하다고 말하며 소의 행을 행하며, 유자가화(瑜赭迦火)를 사용한다.

“온갖 사업을 하는 때”란 바로 이하의 공양 등의 모든 업이다. 처음으로 이 [온갖 사업의] 법을 받을 때에는 화신의 명칭이 다르며, 이후에 사업을 할 때에도 사업에 따라 화신의 진언 등이 따로 있으니 오파나가화(鄔波那迦火, Upandāyika)를 사용한다. “모든 천신을 공양하는” 그 법은 공양할 때에 동(銅)을 가지고 만든 주발을 사용한다. 주발의 양쪽에는 손잡이가 있고 꽃과 열매와 잎 및 쌀 등의 온갖 음식을 여기에 가득 채우는데 그 법에서는 모든 천신을 다 함께 공양한다고 한다.[14] 집안의 우물·출입문·집의 종류와 같은 데에 낱낱이 모두 두루하게 장소마다 한번 손에 쥔 음식을 지니고서 이것을 던지면서 그 신의 신주를 송하여 출입문까지 뿌려서 마

13) 이하에 난탈이 있어 바로잡는다.
14) 이하에 난탈이 있어 바로잡는다.

치고 음식이 남으면 옥상에 둔다. 이렇게 해서 조상들과 아귀에게 베푸는 데에 "파비구화(簸嚩句火, Pāvaka)를 사용한다."

다음에 "방을 만드는 데에는 범화(梵火)를 사용하라." 방 등을 만드는 데에도 역시 법으로써 이것을 가지하여 청정한 법을 성취하게 하라. 그렇지 않으면 부정하다. 여기에는 발라라범화(鉢羅羅梵火)를 사용한다.

"혜시(惠施)를 할 때"에는 곧 그 본류(本類)에 베푼다. 이 정행자에게는 [바라문을 제외한] 세 가지 종성의 말하지 않은 물건도 역시 여기에 주지 말아야 하는데 다만 자기 부류에 베풀 때에는 보시를 행하며, 베풀 때에는 이 화신의 명칭을 부르고 진언으로 이것을 가지하라. 본뜻을 말하면 다음과 같다.

'이 물건은 범천으로부터 얻은 것이므로 지금 되돌려서 범천에 보시하니 너도 역시 범천에 보시하여야 한다.'

다음의 구절도 역시 사바하(莎訶)라고 한다.

《 제20권 》

"양을 매어둘 때"란 계를 이미 만족하고 범종(梵種)[15]을 이미 내며, 사성(四姓)을 갖추고 나서야 양을 죽여 이를 먹을 수 있음을 말한다. 그 법에서 이르기를, '범천(梵天)이 [사성(四姓)이라는] 네 종류[16]를 낳았기 때문에 부인을 맞이하고, 사성(四姓)의 여인을 취하여 각각에게서 아들을 낳았다. 이것

15) 바라문(婆羅門, brāhmaṇa)의 다른 이름이다.

16) 리그베다의 원인가(原人歌)에 나오는 다음의 내용을 가리킨다. '그의 입은 바라문이며, 그 양팔은 왕족이 되고, 그 허벅지는 지금 바이샤라 불리우는 것이다. 그 양발에서 수드라가 출생하였다.'

이 바로 범천이 네 종류를 낳은 것이다.

그런데[17] 태어난 아들에게 우열이 있었으니 저 양을 죽일 때에 수드라에게서 태어난 아들은 옆에서 모시고, 크샤트리야에게서 낳은 아들이 양을 죽였으며, 바이샤에게서 태어난 아들은 양을 자르고, 바라문성(婆羅門姓)에서 태어난 아들이 양을 먹었다. 이때에 역시 진언으로서 이를 가지하니 이것이 바로 바수선인(婆藪仙人)의 유법(遺法)이고 아바하녜화(阿縛河寧火, Avahana)라고 부른다.[18]

"더러운 것을 접촉할 때"란 말하자면 청정한 법을 잃는 것으로 사문이 계를 범하는 것과 같다. 혹 어떤 때에는 방일하여서 깨닫지 못하고서 사람이 그 머리털을 자르고, 혹은 몸에 걸친 줄을 끊으며, 혹은 삼기장(三奇杖)을 꺾고, 혹은 식사할 때에 수드라와 접촉하는 것 등이다. [이러한 죄를] 참회하여 스스로 속죄하고자 하면 2~3백 명의 동일한 종성인 사람들을 모아서 대중 가운데에서 스스로 참회하여야 한다. 이때에 모든 정행자(淨行者)들이 같은 목소리로 말한다.

'해와 달과 모든 천신들이여, 이 사람을 증지(證知)하소서. 지금부터 이후로 다시 청정한 근본과 같게 되오리라.'

이때에 참회하는 자는 불을 사용하여 그들을 공양한다. 이때에 이 화천(火天)의 신주(神呪)를 사용하여 법을 가지하는데 "미폐지화(微吠至火, viveci)"를 사용한다.

"먹을 것을 익힐 때"

저 [베다의] 법은 음식을 만들려고 할 때에 먼저 생긴 나물 등을 가져다 이 화천의 명주(名呪)로 가지하여 청정하게 하고 나서야 이것을 익힌다. 만일 잘못 짓게 되면 곧 법을 잃고 청정한 음식을 만들 수 없다. [이 법에는] "사하사화(娑訶沙火, Sahasā)"를 사용한다.

---

17) 이 이하에 난탈이 있어 바로잡는다.
18) 『소』 본문에는 유(遺)가 아니라 조(造)로 되어 있고, 부른다[名]가 아니라 용(用)으로 되어 있지만 『대일경의석』 등에 의하여 교정한다. 이하 유사한 경우 이와 같이 바꾸었다.

"일천(日天)을 예배할 때"

범행(梵行)의 법은 해가 아직 뜨지 않았을 때에 합장하여 동쪽의 해를 바라보고, 해가 떠올랐으면 곧 배알(拜謁)하며 주를 송한다. 이 화신의 법을 행하는 데에 해가 지려고 하면 또 서쪽을 향하여 해를 전송하는데 앞의 법과 같이 한다. 매일 이렇게 행하며, 또한 모두 모인 장소에서는 많은 사람이 함께 행해야 하는데 "합미서야화(合微誓耶火, Haviṣya)"를 사용한다.

"월천(月天)을 예배할 때"

태양이 저물고 나서 달이 뜰 뜨게 되면 달을 맞이하고 예경하는데 사용하는 신주(神呪)가 있다. 역시 별도로 "니디화(儞地火, Didhi)"를 사용한다.

"만소(滿燒)"라 하는 것은 불에 음식을 넣는 법이다. 음식을 가져다 한 그릇에 가득 채우고 화로 속에 넣고 태우는 데에 "아밀율다화(阿密栗多火)"를 사용한다.

"식재"란 재난의 일을 그치게 하는 것으로 이 화신(火神)의 주문을 사용하는데 "나로나화(那嚕拏火)"라 이름한다.

"증익"이란 식재 등의 진언을 사용하며, '이 위맹한 겁재(劫災)의 불과 같이 그 세력이 위맹하여지이다'라고 말하는데, 이때 화신의 진언의 명칭인 "흘률단다화(訖栗旦多火)"를 사용한다.

"제장(除障)"이란 바로 항복법이며 "분노화(忿怒火)"를 사용한다. 분노화라 하는 것은 바로 신의 명칭이다.

"섭소(攝召)"란 무릇 구하는 일을 성취하여서 다른 사람으로 하여금 보기 좋게 하는 것 등이며, "가마노화(迦摩奴火)"를 사용한다.

"숲과 나무를 태운다"고 하는 것은 무엇인가? 그 법은 숲과 나무 등을 [일부러] 태워서는 안된다. 그러나 숲이 말라버렸을 때에 이것을 태워서 다시 새로 무성하게 하려고 하면 이 법을 사용하는데, "사자화(使者火)"를 사용한다.

"먹은 것을 소화시키는 데에는"이라 하는 것은 식사하고 나서 몸 속에 화대(火大)가 있는데 그 음식을 소화시켜서 병이 없게 하는 것 등의 작용이다. 그 진언의 뜻을 말하면 다음과 같다.

'나의 몸을 유지함으로해서 나의 몸으로부터 나의 자식을 낳을 수 있다.'

여기에는 "사타로화(社咤路火, Jāṭhara)"를 사용한다. 즉 모든 화식(火食) 등을 수여함에 있어서 "바차화(薄叉火, Bhākṣa)"를 사용한다[19][다시 여쭈어라].

다음에 "바다 속에 불이 있는데 바나바목거(縛拏婆目佉, Vaṇavamukha)라 이름하며, 겁(劫)을 소진할 때의 불[火]은 유건다(瑜乾多, Yuganta)라 이름한다"고 하는 것은 단지 그 명칭만 들릴 뿐 사용하는 곳은 없다. 청정한 행에 재가와 출가가 있는데 출가하였다면 동진(童眞)의 행을 따라 곧 산에 들어가 도를 학습하며, 나아가 오신통을 얻기에 이르는데 아내를 취하는 등의 법은 없다. 지금까지는 모두 청정한 행을 하며 불을 섬기는 자들의 삿된 호마법이다.

부처님께서는 다음과 같이 말씀하셨다.

"그대들 모든 어진 이들을 위하여
이미 모든 불[諸火]에 대하여 설하였다.
베다[韋陀][20]를 닦아 익히는 자는
전수받고 외운 대로 범행(梵行)을 하라.
이 44종류는 그때에 내가 널리 설명했던 것이다"

올바른 [불법의 호마]를 드러내고자 [외도의 호마법을] 거론하였다. 곧 참된 법을 설명할 것이다.

---

19) 이 부분에 난탈이 있어 바로잡는다.

20) Skt.Veda의 음역. 4종의 베다 성전의 뜻. 고대 인도 바라문교의 근본 성전인 종교 문헌. 베다는 제식(祭式)의 실시와 밀접불가분의 관계에서 발달한 관계로 각각 그 직능을 달리하는 제관(祭官)에게 제각기 소속되어 4종의 구별이 생겼다. 즉 ① 리그베다, ② 사마베다, ③ 야쥬르베다, ④ 아타르바베다이다.

2. 불교의 외호마 12종

"비밀주여. 내가 옛적에 저 모든 불의 성품을 알지 못하고
온갖 호마를 행하였으나 그것은 호마행이 아니었기에[21)]
결과를 얻을 수도 없었다.[22)]
나는 다시 보리를 성취하고 열 두 종류의 화(火)를 연설하였다.
지화(智火)[23)]가 가장 처음이 되니
이름을 대인다라(大因陀羅)라 한다."[24)]

부처님의 뜻을 말하면 다음과 같다.

"나는 그 옛날에 대범왕(大梵王)이었던 적이 있었는데 모든 범천의 대중들이 와서 나에게 물어보았다. 나는 베다경전에 의거해서 이것을 설명해주고 그들로 하여금 베다경전에 의거해 수행하고 세간의 오신통 등을 획득하게 하였다. 그러나 나는 옛적에 불의 자성과 그 업용을 완전히 알지 못하였다. 잘 알지 못하였기에 옛적에 지은 일은 잘 지은 것이라 할 수 없고, 또한 호마라 이름할 수도 없으며, [법계의 온전한] 행이 아니고, [진실을

---

21) 이 문장 다음에 '以下又偈也'라는 글이 나오지만 내용상 불필요하므로 생략하였다.

22) 이 문장 다음에 '十二種火次說之'라는 글이 나오지만 곧바로 중복되는 게송이 등장하므로 생략하였다.

23) 이하에서 십이화(十二火)를 밝힌다. 십이화란 12종의 화법(火法)을 가리킨다. 혹은 이 12종 화법의 본존을 가리키며, 십이화천(十二火天)이라고도 한다. 즉 밀교에서 외도가 설하는 44종 삿된 호마가 호마의 참뜻에 계합하지 않는 것에 대하여 다음과 같은 진실한 12종의 화법을 설한 것이다. 첫 번째의 지화(智火)는 제석(帝釋)의 내증 즉, 보리심의 혜광(慧光)이 무명을 태워부수는 뜻을 나타낸다. 식재법(息災法)과 상응한다. 제석은 제천(諸天)의 왕이므로 이로써 모든 여래공덕을 갖춘 대일여래의 지광(智光)을 뜻한다. 본존은 황색이고 둥근 광채가 둘러싸고 있으며, 정수삼매(正受三昧)에 머무는 모습이다. 이 법을 닦는 자는 방단(方壇)을 만들고 관한다.제석(帝釋)의 내증 즉, 보리심의 혜광(慧光)이 무명을 태워부수는 뜻을 나타낸다. 식재법(息災法)과 상응한다. 제석은 제천(諸天)의 왕이므로 이로써 일체여래공덕을 갖춘 대일여래의 지광(智光)을 뜻한다. 본존은 황색이고 둥근 광채가 둘러싸고 있으며, 정수삼매(正受三昧)에 머무는 모습이다. 이 법을 닦는 자는 방단(方壇)을 만들고 관한다.

24) 『소』의 문장에는 불필요한 것이 많이 포함되므로 『경』의 문장으로 대체하였다.

드러내는] 업도 아니며, 또한 [보살십지나 부처님의] 과를 얻을 수도 없다는 것을 알아야 한다. 내가 보리를 성취[하여 비밀삼매에 들어갔]을 때에야 비로소 불의 자성과 그 방편과 얻어지는 과(果) 등을 알게 되었다. 불의 자성이란 바로 여래의 일체지광(一切智光)[25]이다."

부처님께서 이렇게 말씀하신 이유는 모든 외도를 조복하여 삿된 것과 바른 것을 분별하고 그들에게 참된 호마가 있다는 것을 알려주시려 함이다. 모든 [외도의] 청정한 행[을 하는 자]들이 근본으로 받드는 베다경전에서 스스로 비밀이 있다고 말하며 오만한 마음을 일으키는 것에 대해 지금 부처님께서는 스스로 베다의 원본(原本)을 말씀하시고 그 가운데에서 다시 바른 이치의 참된 호마법을 드러내셨다. 이 부처님의 베다는 최고이며 제일가는 비밀장(秘密藏)임을 알아야 한다. 저 [외도들이] 듣고 나면 희유한 마음을 일으키며 곧 신해(信解)를 일으킬 것이다.

"나는 옛날 정각을 이루지 못하였을 적에 분명하게 아는 것이 없어서 간략하게 앞과 같은 마흔네 종류의 화법(火法)를 설하였으나 자세하게 하자면 한량 없이 많으니 베다경전 가운데 구체적으로 밝힌 것과 같다. 지금 정각을 성취하고 다시 참된 지화(智火)의 열두 가지 법을 설명하니 [모든 부처님의] 일대사인연을 성취할 수 있을 것이다. 온갖 번뇌와 장애의 어둠을 완전히 없애고 일대사인연을 성취하면 옛적 삿된 도의 비법(非法)의 행과 동일하지 않다."

"지화(智火)가 가장 처음이 되니
이름을 대인다라(大因陀羅)라 한다.
금색의 모습으로 단엄하며 위력[26]을 늘리고
힘을 불에 보태어 불꽃이 있으며,
삼매에 머물러 지지(智智)를 만족케 한다."

---

25) 세상 모든 것은 본래 처음부터 생겨남이 없다는 여래의 일체지의 불[火]에서 나오는 광명이다.

26) 십지력(十地力)을 가리킨다.

이 가운데 "가장 처음의 지화(智火)"란 바로 보리심의 혜광(慧光)이다. 형상은 네모지며, 색은 황색으로 바로 금강좌를 나타낸다.[27] 이 가운데 "방단(方壇)"이란 산스크리트로 마하인다라(摩訶因陀羅)라고 하는데 제석존(帝釋尊)의 별명이며, 또한 금강륜(金剛輪)의 별명이다. "지(智)"는 내증(內證)이니, 그 밖으로 드러난 것은 금강저 모습으로 만드는데 이 방좌(方座)의 모습과 서로 비슷하게 한다. 그러나 단지 사각의 단 중앙에 본존이 있다고 관하는 것이 이것이다[이 금강저의 끝에 사각의 형상이 있다].

그런데 이 화신(火神)은 곧 지(智)라 이름한다. 그 모습은 단엄하고 금강의 색으로 만들며 둥근 광명의 불꽃다발로 빙 둘러싸고 있고, 이 광명 가운데 있으면서 적연하게 정수삼매(正受三昧)[28]에 들어있다. 이 삼매에 머물음으로 해서 지성(智性)을 만족한다. 이 지혜의 빛은 바로 비로자나의 다른 이름이다. 즉 이 비로자나존은 이 지혜를 나타낸다. 만일 처음에 관할 때에는 곧 이 화신[29]을 관하여 모든 일을 성취할 수 있다. 만일 깊이 그 성품을 알게 되면 곧 앞[30]에서 설명한 것과 같다.

"단엄하다"는 것은 내부를 장엄한 것이다. 이 지화(智火)인 본존의 형상에 모든 부처님의 공덕을 갖춘 것을 말한다.

"위력을 늘린다"고 하는 것은 바깥의 현상이니 십력 등의 작용을 말한다. 이 지화는 그 성품이 이와 같이 안팎의 공덕이 장엄하고 원만하여서 십력을 주기 때문에 "위력을 늘린다"고 한다. 이 불을 인식함으로 해서 시작도 없는 때로부터의 무명의 장작더미를 사루고 다시 남는 것이 없게 함은 겁을 소진할 때의 불이 타다남은 재마저 모두 없애고 완전히 쓸어버려 더러움 없는 것과 같아서, 일체여래의 공덕을 자연히 성취한다.

---

27) 이하에 난탈이 있어 바로잡는다.

28) 정수(正受)는 삼매를 번역한 말이므로, 정수가 바로 삼매이다. 한자와 산스크리트어를 병기한 것이다.

29) 대지(大智)의 삼매를 가리킨다.

30) 앞에서 "저 모든 불의 성품을 알지 못하고 온갖 호마를 행하였으나 그것은 호마행이 아니었기에 결과를 얻을 수도 없었다"라는 경문에 대해 해설한 부분을 가리킨다.

앞에서 “위력을 늘린다”고 말한 것은 만일 형상을 만들어서 나타내는 것을 논하자면 이것은 바로 체모(體貌)가 원만하여 이것을 넉넉히 갖춘다고 말한다. 그러나 이치에 근거하여 말하면 마음에 즉한 법문[31]이다. 그런데 불에는 두 가지 법이 있다. 만일 유가를 닦을 수 있는 자는 오직 이 존의 형상과 나타난 모습을 관하며, 진언을 송하라[그 명칭이 바로 이것이다]. 이것을 내심(內心)의 화법(火法)이라 한다. 만일 세간에 수순하여 섭수하려고 단을 건립하면 반드시 네모진 화로를 만들어서 주위에 불꽃광명이 빙 두르게 하며, 자신도 역시 노란 옷을 입고 화로 가운데에서 이 본신(本神)이 있다고 관상하라. 삼매에 머무는 것은 앞과 같다. 그런 다음에야 하려고 하는 일을 성취할 것이나 그렇지 않으면 성취하지 못한다. 이 법은 식재와 상응하는 견고한 법이다. 이것은 처음의[32] 보리심아자문에 배당한다. 이 인연으로 말미암아 지혜를 구족하게 된다.

두 번째의 불은 “행만(行滿)”[33]이라 이름하는데 곧 이름을 통해서 뜻을 나타낸다. 그 산스크리트 음도 역시 진언이다. 처음에 보리심을 일으키고 다음에 행을 닦는다. 그 행만이란 바로 부처가 되는 것을 이름하는데 이것은 바로 대비위근(大悲爲根)과 보리심의 종자이기 때문이다. 그 형상은 가을밤의 달과 같아서 광채가 밝게 비추어서 사방을 빙 두루고 몸에 흰 옷을 입었으며 갖가지 덕을 갖추었다[몸이 단엄하고 알맞게 살펴서 보기 좋은 것을 말한다]. 그 오른손에는 수주(數珠)를 쥐었고 다음 왼손으로는 군지(軍持)를 들게 하며, 이 형상이 월륜 가운데에 머문다. 앞에서 설한 것은 바로 이 마음의 성품이 둥글고 밝아 청정하다는 뜻이니, 이 묘행의 불로써 더러운 마음과 희론의 장작을 불사른다. 만일 관법을 지을 때에는 역시 원명을 관하여 본존의 형상으로 삼는다. 앞의 문장에서 모두 여래내증의 덕

---

31) 허공무구대보리의 법문이다.
32) 사점(四点)의 처음이다.
33) 두 번째의 행만(行滿)은 대비행(大悲行)을 나타낸다. 또한 식재법과 상응한다. 그 모습은 가을 달과 같고 몸에 선명한 흰 옷을 입었으며, 오른손에는 수주(數珠)를 지니고 왼손에는 군지(軍持)를 들었다.

에 체달하여 마치고 밖으로 드러내는 까닭에 법문으로써 표시한다고 말하였다. 만일 밖에서 만들면 둥근 화로[圓鑪]로 만들어라. 백단(白檀)가루로 바르며, 흰꽃 등으로 공양하고 자신도 흰 옷을 입는다. 이것이 식재법이다. 재난은 한량 없이 많으니 모든 바깥 세간의 홍수·화재·곤충의 난·서리·가뭄 등 갖가지의 손실과 몸안의 온갖 병과 괴로움의 종류와 같아서 그 형상은 수만 가지이다. 나의 몸이나 다른 이의 몸에서 모두 이것을 청정하게 제거한다. 또 무시 이래의 의심이 있다. 깊은 법에 대해 머뭇거리며 분명하게 믿지 않으니 이것이 곧 장애이다. 이 불은 이러한 장애도 깨끗이 제거할 수 있으니 이것이 식재의 뜻이다.

이 식재의 호마에 두 가지가 있으니 [내호마는] 다만 유가상응하여 염송하는 것이고, 외호마는 화법(火法)을 짓는다.[34] 그런데 만일 공양을 갖출 수 있으면 불사를 겸하여 지어야 한다. 갖출 수 없으면 단지 마음으로 지어도 된다. 재물이 있어서 쓸 수 있는데도 이것을 짓지 않고서 단지 마음으로만 짓는다면 법다운 것이 아니다.

세 번째의 화존(火尊)은 **"마로다(摩嚕多)[35]로서"** 풍조(風燥)라 이름한다. 바람에 따라 생겨났기에 바람의 아들[風子]이라고도 하며 **"형상은 비쩍 마르고 검다."** 말하자면 안은 검은색이고 밖은 [바람에 흔들릴 정도의] 마른 모습을 하고 있으며 윗부분은 재를 칠한 것과 같다. 이 존은 풍륜 가운데에 처하는데 즉 반달 모양이다. 또한 단정히 앉아 삼매에 들어간 모습으로 만들어라. 이를테면 수행자가 처음에 보리심을 발하여 수행해나가려 할지라도 무시로부터의 허망한 미혹과 번뇌의 근본이 아직 제거되지 않아

---

34) 호마작법에는 실제로 호마단으로 행해지는 외(外)호마, 또는 사(事)호마가 있고, 화단(火壇)을 향하지 않고, 자신을 단(壇)으로 삼아 부처의 지혜의 불로써 내심(內心)의 번뇌나 업을 태우는 것을 상징하는 내(內)호마, 또는 이(理)호마가 있다.

35) 세 번째의 마로다(摩嚕多, Maruta)는 번역하여 풍조(風燥)라 한다. 바람이 능히 구름을 흩어버리듯이 온갖 장애를 산괴시킨다는 뜻을 나타낸다. 조복법(調伏法)과 상응한다. 반달 가운데 단아하게 앉아 있으며 흑색으로 손에는 비단을 들고 있는데 천의(天衣)의 모습과 같다.

서 자주 관하는 마음을 끌어당겨 깨뜨리며 어두움을 더하면 이 법을 지어야 한다고 말한다. 바람은 머물지 않는다는 뜻이다. 또한 세간의 바람이 겹겹이 쌓인 구름을 날려버리는 것처럼 이 머무름 없는 불도 역시 이와 같아서 모든 장애를 흩어서 무너뜨린다. 이 존은 풍단(風壇) 가운데에 앉으며 손에 비단[으로 만든 바람주머니]를 들고 고개를 3~5촌 정도 들고 [바람주머니의] 양쪽 끝을 잡는 것이 천의(天衣)의 모습과 같다. 그 색은 청색이다 [이것은 바람의 뜻을 상징한다. 다시 여쭈어라]. 이것은 아비차로가(阿毘闍嚕迦)의 법이니 역시 내·외의 두 가지 법이 있다.

"네 번째는 노혜다(盧醯多)[36]로서" 붉은 것이 태양의 비추는 것과 같고 삼각 가운데에 머물며 오른손으로 칼을 들고 단정히 앉아 있다. 칼은 예리한 혜가 번뇌를 끊는 것을 상징한다. 세간의 태양이 처음에 떠오를 때에 밤이 물러가고 낮이 되어 어둠이 끝나고 밝아지는 것과 같기 때문에 이 색을 취하였다. 화신에게는 이러한 형상과 색이 있고 불꽃광명도 역시 그러하며 몸의 모습은 단정하고 원만하다. 앞에서처럼 삼매에 머물러 조금 분노하는 형상으로 만든다.

"다섯 번째는 몰률다(沒嘌拏)[37]로서" 화합[38]의 뜻을 가지고 있다. 이 존은 옅은 황색으로 만드는데 말하자면 황색에 불의 색을 겸한 것이다. 화합이란 두 가지 법을 겸하는 것이니 그 형상의 왼쪽은 분노하는 모습으로 만들고 오른쪽은 기쁘게 미소하는 형상으로 만들어 각기 반신(半身)을 만든다. 이 미소는 성내거나 크게 기뻐하지 않으며 고요히 머문다는 뜻이다. 몸 위에 털이 있는데 콧수염·귀밑털·머리털의 종류가 조금 많으나 지

---

36) 네 번째의 노혜다(盧醯多, Rohita)는 번역하여 적색(赤色)이라 하며, 이혜(利慧)의 뜻을 나타낸다. 그 형상은 삼각(三角) 가운데에 단좌하며 오른손에 도(刀)를 쥐고 가벼운 노여움을 띤 모습이다.

37) 다섯 번째의 몰률다(沒嘌拏, Mṛḍa)는 자비와 지혜가 화합한 뜻을 나타낸다. 그 형상은 좌반신은 적색으로 분노한 모습이며, 우반신은 황색으로 미소하고 있다. 왼손에는 도(刀)를 쥐고 오른손에는 금강저를 쥐었다.

38) 대공법계(大空法界) 중도(中道)의 뜻을 나타낸다.

나치게 많게 하지 않는다. 만일 많이 두면 단엄하지 않게 된다. 그 목은 길고 큰 위광이 있다. 그 몸의 색은 한쪽이 적색이고 한쪽은 황색인데 [반쪽 몸 중에서] 분노하는 쪽을 적색으로 해야 한다. 그 자리도 오른쪽은 반금강좌(半金剛坐)이고, 왼쪽은 삼각으로서 반화좌(半火坐)이다. 왼쪽 몸은 칼을 지니고 오른쪽에는 금강저[跋折囉]를 지녔다. 여기에도 역시 내·외의 두 가지 법이 있는데 앞의 예와 같다. 이 화합이라 함은 모든 것에 두루하여 초소(招召)와 식재가 함께 성취됨을 말한다. 내법의 작용은 바로 지혜의 빛이니, 번뇌가 곧 멸하여 생겨나지 않는다. 만일 외법을 지을 때에는 향·꽃과 몸의 옷도 역시 두 가지를 준비해야 한다. 염송할 때에도 역시 본존과 같게 이 모습을 만든다. 거듭 한쪽 눈은 분노하고 한쪽 눈은 고요하게 한다. 그러면 재제(災除)와 원만(願滿)이 일시에 성취될 수 있으며, 이 동등하고 두루한 이치로써 이와 같은 작용이 있으니 한쪽으로 치우친 가르침[39]과 동일하지 않다.

"여섯 번째[의 화신]은 분노(忿怒)[40]라 이름한다." 즉 이 명칭의 뜻을 가지고 진언 등을 삼는 것은 앞과 같다. 그 몸이 **"연기에 그을린 색"**이라 함은 매우 검거나 매우 희지 않은 것이며, 한쪽 눈을 감았는데 부동존과 같다. 머리털은 풀어헤쳐져 있으며 그 윗부분이 쑥대머리의 모양과 같다. 크게 포효하는 모습으로 만드는데 입을 벌려 크게 부르짖는 형상과 같다. 입에는 네 개의 어금니가 모두 밖으로 삐져 나왔는데 두 개는 위로 향하고 두 개는 아래로 향하게 하라. 이것도 역시 두 가지 일[41]을 섭수하니 하나는 불[火]이고 다른 하나는 바람[風]이다.

"일곱 번째는 온복(溫腹)[42]이다." 앞에서는 세간의 불 가운데에서 몸 안

39) 타수용(他受用)신과 변화신의 한쪽으로 치우친 가르침을 가리킨다.

40) 여섯 번째의 분노(忿怒)는 항복과 식재법에 상응한다. 그 몸은 그을은 색으로 아주 검으며, 한쪽 눈을 감은 것이 부동존과 같다. 화발(火髮)과 크게 벌린 입으로 크게 우는 모습이며 네 어금니가 나와 있다.

41) 항복과 식재의 두 가지 일이다.

42) 일곱 번째의 사타라(闍吒羅, Jṭhara)를 번역하여 온복(溫腹)이라 한다. 그 모습은 오색

의 불은 음식물을 소화시키고 몸의 바탕이 된다고 말하였다. 그러나 이 정법 가운데에서의 뜻은 그렇지 않다. 뱃속의 불은 바로 내증의 지혜이다. "신속하게"라 함은 그 형상이 다시 분노를 더하는 것이 앞에서보다 심한 것을 의미한다. "매우 분노하며"라 하는 것은 이 [오색의] 오(噁)자를 만드는 것이다. "온갖 색채를 갖춘다"고 하는 것은 형상이 오색을 모두 갖춘 것을 말하며 뜻은 앞에 준하라.

"여덟 번째 비모(費耗[43])는" 보내어 없앤다는 뜻이다. 말하자면 모든 번뇌의 업 등의 일을 남김 없게 한다. 이 존은 몸 가운데의 온갖 장애를 제거할 수 있다. 즉 비나야가의 종류를 모두 사라지게 할 수 있다. 그 색은 아주 많은 "번갯불이 뭉친 것과 같아서" 쳐다보기 어려운 모습이며, 이 존은 금강륜(金剛輪)과 동일한 부류이다.

"아홉 번째는 의생(意生[44])으로" 의(意)에서 생겨난 법이니 의(意)에 따라 성취된다. 갖가지 형상은 모두 생각하는 대로 성취할 수 있다. "교묘하다"는 것은 비수갈마(毘首羯摩)를 말하니 바로 종류에 따라 몸을 나타내어 보문으로 성취한다는 뜻이다. 사재한 혜를 지음에 따라 모두 성취하는 큰 힘을 가지고 있다.

"열 번째는 수식화(受食火[45])로서" 이름을 겁미(劫微)라 하는데 불에 공양할 때에 음식을 받는다는 뜻이다. "수식(受食)"이란 불에 음식을 공양할 때에 이것을 받아서 먹는다[다시 여쭈어라]. 그 존은 옴자인(唵字印)을 결하도록 만드는데 이것은 범지(梵志)의 의법(儀法)이다. 정행자(淨行者)가 말할 때에는 모두 오른손을 옆에 대어 인의 형상을 만들고 들어서 이것을 받치며

을 갖추었으며 극히 분노한 모습이다.

43) 여덟 번째의 흘려야(吃灑耶, Krīḍaya)를 번역하여 비모(費耗)라 한다. 업장을 제거하여 없애는 뜻을 나타낸다. 그 형상은 수많은 번갯불이 생기는 것과 같아서 바라볼 수가 없다.

44) 아홉 번째의 의생(意生)은 자재한 혜를 나타낸다. 법계에 두루하게 훌륭한 몸과 말과 뜻으로써 중생에 응하여 뜻대로 대불사를 성취한다.

45) 열 번째의 갈라미(羯攞微)를 번역하여 수식화(受食火)라 한다. 삼신(三身)의 과를 받음을 나타낸다. 그 형상은 손에 옴자인(唵字印)을 지니고 있다.

옴자의 소리를 가지고서 모습을 만들기 때문이다.

"열한 번째는 [화신(火神)인데]" 범본(梵本)에 그 이름이 빠져 있다.

"열두 번째는 실성(悉成)[46]으로서" 모든 것을 다 성취함을 말하니 바로 소작(所作)이 이미 성취된 것이다. 적멸도량에서 마군을 항복시킨다는 뜻이다. 또 한 부류의 중생이 있는데 악한 일을 하는 것을 중지하지 못하므로 거짓으로 권하고 이끈다. 다시 그 악을 증가시키고 만일 이것을 용서한다면 또 악도에 빠질 것이므로 방편으로써 그를 인도하여 정법에 들어가게 한다. 『금강정경』[47]에서 금강수가 대자재(大自在)의 몸을 굴복시키고 모두 눈을 감게 해서 도무지 아는 것이 없게 하고 이러한 인연으로써 선과 악을 모두 짓지 못하게 한 다음에 점차로 천(天)을 항복시키는 뜻은 앞[48]에서 설명한 것과 같다. 이것은 모두 방편도에 머물러 행하는 것이다.

"비밀주여, 이들 화(火)가 색깔[49]을 지니는 것은
그 자체의 형색에 따르며 약물(藥物)들도 그와 같아야 한다.
이렇게 외호마를 행하면 뜻대로 실지를 성취한다."

여기에서 "자기의 색을 따르라"함은 화신(火神)의 색을 말한다.

"약물들도 그와 같다"고 함은 그 색류(色類)에 따르는 것이다. 말하자면 이 열두 가지의 형색 및 지니는 물건 등에 대해 그 성품을 알아야 한다.

"그와 같아야 한다"고 함은 나와 남이 모두 동일하다. 또 게송에 이르기를, "외호마를 행하면 뜻대로 실지를 성취한다"고 하는 것은 앞에서는 내·외호마를 합해서 논한 것이고, 지금은 외호마를 설명한 것이다.

---

46) 열한 번째의 화신(火神)은 누락되어 있다. 열두 번째의 모하나(謨賀那)를 번역하여 실성(悉成)이라 한다. 온갖 마군을 항복시킴을 나타낸다. 해야할 일을 끝낸다는 뜻이다.

47) 『금강정경』 제9권(대정장 18, 372 중)을 가리킨다.

48) 『소』 제9권(대정장 39, 679 상).

49) 여기서 색깔이란 화신(火神)의 색이다.

3. 불교의 내호마

다시 다음에 "비밀주여, [내심(內心)에서]"라 하는 것은 다음으로 내법(內法)을 밝힌 것이다.

"하나의 성질이 세 가지[50]를 갖춘다.

세 가지가 화합해 하나로 되는 것은

유기(瑜祇)의 내호마(內護摩[51])이다.

대자대비의 마음을 식재법이라 하며,

그것[悲]과 겸하여 기쁨을 갖추는 것을 증익법이라고 한다.

분노[52]는 태장(胎藏[53])에 따라 온갖 사업을 이룬다.

또 다시 비밀주여, 그 설하는 것과 같이[종류에 따라 사용하는 것을 말한다.]

상응하여 사업에 따르고

신해(信解)에 따라 분소(焚燒)하라."

다음으로 내호마의 법을 밝힌다.

"세 가지가 화합한다"는 것은 몸・말・마음을 말한다. 몸의 인계, 입의 진언, 마음의 본존, 이 세 가지가 화합하여 필경에 평등하니 이것을 "세 가지의 화합"이라 이름한다. 만일 본존을 관할 수 있으면 곧 자신이 점차 맑아지며, 맑아지면 곧 본존과 동등하다. 만일 하나의 성품을 볼 때에는 곧 세 가지가 모두 청정하니 평등이 모두 이러하다.

"내호마를 짓는다는 것"은 본존이 바로 불[火]이며 불이 바로 자신이다.

---

50) 세 가지란 화(火), 본존(本尊), 행자(行者)를 가리킨다. 본존은 대일여래이며, 이것은 천연자연있는 그대로의 지화(智火)이다. 혜화(慧火)는 자기자신의 진심(眞心)이다. 혜화와 본존, 그리고 행자의 삼화합(三和合)을 내호마(內護摩)라 한다.

51) 내호마는 정보리심(淨菩提心)의 혜화(慧火)를 가지고 무명번뇌의 장작을 태워 없애버린다는 뜻이다.

52) 여기서 분노는 번뇌에서 일어나는 것이 아니라 중생을 애호하는 대비심에서 일어나는 분노이다.

53) 여기에서는 마음이라는 뜻이다.

지금 이치적으로 해석한 것에 따르면 본존은 바로 비로자나이다. 이 비로자나는 자연의 혜화(慧火)와 다르지 않으며, 이 불은 나의 몸과 다르지 않다.

"세 가지가 화합한다"는 것은 불[火]이 신(神)과 다르지 않고 신이 자신과 다르지 않은 것이다. 즉 하나의 자성으로서 세 가지가 화합하므로 내호마라 이름한다.

"화합"이라 함은 본존이 곧 불이고 불이 곧 자기와 동일하니 세 가지 일이 평등하다. 앞의 문장에서 여의실지(如意悉地)란 세간의 상·중·하[54]의 일에 따르고 뜻에 따라 곧 성취하는 것이다. 만일 이 화법(火法)을 알지 못하면 성취할 수 없다. 내법도 역시 그러하다. 만일 이 혜화를 알면 출세간의 상·중·하의 성취에 따르고 마음에 따라 곧 성취한다. 즉 이 세 가지 일이 평등하므로 그 가운데에서 식재를 지으면 곧 대자대비를 사용하니 이것이 삼평등이며, 대자대비가 화합하는 때에는 모두가 식재의 존이고 제1의 비(悲)로 삼는다.

만일 증익을 지으려면 곧 비(悲)와 대희(大喜)를 겸해야 한다. 만일 분노법을 지으려면 화(火)를 태(胎)로 삼고 사업을 지어야 하니 태가 바로 마음이다. 인연이 있을 때에 반드시 분노의 일을 지어야 함을 말한다. 사람을 항복시키는 것은 곧 그의 내심에 따라 분노를 일으키는 것이다. 이 분노는 세간의 분노와 같지 않다. 대비심 가운데에서 성냄의 참다운 성품을 비추어 알고 방편을 사용하여 성냄을 일으키니 악법을 항복시키기 위해서이다. 이와 같은 것들은 단지 내호마를 지어서 곧 모든 일을 성취할 수 있다. 그러므로 무릇 호마의 뜻은 혜화로써 번뇌의 장작을 태워 없애어서 남는 것이 없게 한다는 뜻이다.

지금 여기에서 간략하게 화신을 사용하는 법과 내호마와 외호마의 모습을 설명하였다. 다른 모든 가르침 중에도 모두 화법 등이 있지만 어떤 일을 지어서 상응함에 따르더라도 모두 이 법에 준하여 삼매에 머물고 그

---

54) 『경』 3권(대정장 18, 17 하), 『소』 10권(대정장 39, 690 중) 참조.

상응함에 따라 이것을 지으면 곧 성취할 것이다. 만일 이것과 다르면 단지 장작만 태우고 헛되이 공양을 소모할 뿐이다. 그렇지 않으면 외법을 함부로 하여 또한 성취할 수 없다.

4. 호마의 중연지분(衆緣支分)

"이때에 집금강수가 부처님께 말씀드렸다.

"세존이시여[세존께 어떻게 해야 하는지 여쭙고 있다], 무엇이 화로삼마지(火爐三摩地)이며, 무엇을 가지고 뿌리는 데에 쓰며, 어떠한 순서로 띠풀을 깔고 [어떠한 소용되는 물건들을 갖추어야 합니까?]" 부처님께서 설하여 주시기 바랍니다."

이상은 금강수가 부처님께 여쭌 내용이다. 지금까지 이 화법에 대해 거듭 설명하였지만 아직 분명하지 않다. 어떠한 곳에 불을 안치해야 하며 어떠한 곳에 화로를 안치하여야 하는 것들에는 다시 어떠한 법이 있어야 한다. 말하자면 물을 뿌리고 띠풀을 깔며 공양물 등을 올리는 것은 모두 부처님께 여쭈어야 한다.

"다음에 부처님께서 집금강수비밀주에게 말씀하셨다.

비밀주여, 그 화로는 1주(肘)의 크기로 하는데
사방이 서로 균등하게 해야 하며,
그 가장자리는 4지(指)의 크기로 하고
금강(金剛)으로 이것을 두르라."

"다음에" 이하의 두 게송은 부처님께서 답변하신 것이다.

"그 화로는 1주의 크기로 하는데 사방이 서로 균등하게 해야 하며, 그 가장자리는 4지의 크기로 하고 금강으로 이것을 두르라"고 한 것은 머무는 곳에 따라 구멍을 깊게 1주(肘) 정도 뚫고 방향도 역시 이와 같으며 입 위에 가장자리를 안치하라는 말이다. 높이와 넓이는 모두 4지(指)의 크기이며 엄지손가락 마디의 크기를 사용한다. 가장자리를 두르는데 금강저로 이것을 둘러싸게 한다. 네 면은 각기 하나를 서로 접하게 하며, 앞의 「비밀팔인품」[55]에서 설명한 것과 같다. "균등하게 한다"는 것은 깊이와 정사각형·원형 등인데, 정사각형의 화로처럼 삼각형·반달모양·원형 등도 알 수 있을 것이다.

게송에서 다음과 같이 설한다.

"그 위에 까는 것은 생띠[生茅]를 쓰고
화로를 감싸 오른쪽으로 두르는데
끝을 가지고 본체에 겹치지 말라.
반드시 본체로써 끝을 겹쳐야 한다."

띠풀은 푸르고 축축한 것을 오른쪽으로 말아서 깔아놓는다. 즉 띠풀을 가장자리 위에 펼치는데 끝을 가지고 뿌리에 겹치게 하지 말고 반드시 뿌리를 가지고 머리를 눌러야 함을 말한다. 반드시 뿌리로 머리를 누르게 해야 한다. 머리는 줄기 윗부분의 푸른 싹이다. 가령 동쪽에 깔 때에는 뿌리를 북쪽에 두고 싹을 남쪽에 두며, 거듭 싹을 가지고 다음 남쪽의 뿌리를 누르는데 뿌리를 가지고 싹을 누를 수 없다. 차례대로 오른쪽으로 말아서 이것을 깔아라. 남쪽에 닿으면 곧 뿌리를 동쪽에 두고 싹의 끝을 서쪽으로 향하게 하며, 나아가 북쪽도 차례대로 이것에 준하라.

"띠풀을 가지고 오른쪽에 뿌려라[반드시 법의 가르침대로 해야 한다].
바르는 향과 꽃과 등을 받들어 화천(火天)에게 바쳐야 한다.
몰률다(沒栗荼)에게 한송이 꽃을 공양하며 자리에 안치하라.
안치하고 나서 진언수행자는 다시 이것을 뿌려서 정화하라.
지혜로운 자는 본진언을 가지고 원만히 보시를 행하며
다음에 식재호마(息災護摩)를 하라.

---

55) 『소』 제17권(대정장 39, 750 하). 「비밀팔인품」에서 금강저를 가지고 주변을 둘러싸는 것에 대해 설명한 것을 가리킨다.

혹은 그 사이에 증익법(增益法)을 행하라.

이와 같은 세간의 호마는 외사(外事)라 이름한다.

다음에 내호마는 업이 발생하는 것을 없앤다[업이 생겨나는 것을 없앤다].

말나(末那)[56]를 잘 알고[의(意)를 말한다.]

색(色)과 성(聲) 등을 멀리 여의라.

안(眼)·이(耳)·비(鼻)·설(舌)·신(身)

그리고 어업(語業)과 의업(意業)은

모두 마음으로부터 일어나며 심왕(心王)[57]에 의지한다."

윗 경문에서 뿌리는 물[灑水]은 알가수(閼伽水)를 말한다. 알가는 따로 방법이 있으니 『소실지경』[58]에서 설명한 것과 같다. 그런데 이 물을 뿌리는 데에 두 가지 법이 있다. 첫째는 띠풀을 가지고 작은 매듭을 만들어 알

---

56) Skt. manas. 제6식의 의지처인 의근(意根)의 역할로 팔식 가운데 제7식이다. 자체와 아뢰야식에 의지하여 활동하는 사량식(思量識)이다. 마나스는 생각한다, 이것저것 생각한다는 뜻이기에 사량식이다. 깊이 잠재하는 아집, 심층의 아집, 자아의식. 말나식의 특징을 가지고 있으며 항상 살피고 헤아린다. 아뢰야식을 대상으로 한다. 평등하고 지혜로운 무아의 심체를 착각하여 변하지 않는 내가 있다고 고집하는 생각[我執]과 법집(法執) 등 근본 번뇌를 야기하고, 제6의식 등 여타의 심식에 많은 지말적인 번뇌를 야기케 하는 영향력을 갖는다.

57) 온갖 정신적 현상을 총괄하는 말. 색법(色法)의 상대어. 마음의 작용의 주체(主體). 식(識)을 심왕이라 한다. 심왕과 같이 작용하는 종속적인 심(心)의 작용을 심소(心所)라 한다. 심왕은 대상의 전체, 곧 총상(總相)을 포착하고 심소는 대상의 부분 곧 별상(別相)에 대하여 작용한다.

58) 『소실지경』 중권(대정장 18, 614 하~615 상). '알가를 담는 그릇은 은을 사용하거나 구리를 사용하거나 혹은 돌로 만들거나, 흙과 나무로 만들거나, 소라로 만들거나 혹은 속지(束底)를 사용해 만들거나 연잎사귀를 꿰매서 그릇을 만들거나 유수엽(乳樹葉)을 사용한다. 앞에서 말한 알가기 등을 사용할 때에는 반드시 차례를 알아야 한다. 가령 선지가법에는 흰 그릇을 사용해야 하고, 보슬치가법에는 누런 그릇을 사용하며, 아비차로가법에는 검은 그릇을 사용한다. 상·중·하의 실지를 성취하는 것도 앞에서 말한 것과 같이 사용하면 옳다. 선지가법을 행하는데 소용되는 알가에는 약간의 소맥(小麥)을 넣고, 보슬치가법에는 호마(胡麻)를, 아비차로가법에는 속미(粟米)를 넣는다. 또 선지가법을 행할 때에는 우유를 넣고, 보슬치가법에는 낙(酪)를 넣으며, 아비차로가법에는 소의 오줌을 넣는다. 혹 자신의 피를 넣은 것은 두루 통용된다. 도화와 도향·꽃·호마를 넣고 모초환(茅草環)을 끼어야 한다. 뜨거운 구리 그릇을 사용해서 알가를 담으며, 이러한 그릇이 없으면 가지고 있는 것도 두루 사용할 수 있다.'

가그릇 가운데에 두고 이것을 뿌리는 것이다. 뿌릴 때에는 순서대로 뿌리는데 오른쪽으로 돌면서 뿌린다. 이때 곧바로 손을 사용하여 뿌려도 되지만 순서대로 뿌려야 한다. 여기에 또 두 종류가 있다. 만일 처음에 불[火]을 정화할 때에는 오른쪽으로 돌아서 순서대로 뿌려야 하니, 정화하여 마치고 이것을 공양할 때에는 곧바로 이것을 뿌려야 한다. 선전(旋轉)하는 것에 대해 말하지 않았지만 『소실지경』59)에서 이것을 설명한 것과 같다. 그러나 아직 뿌리지 않았을 때에는 반드시 화존(火尊)을 청해야 하며 진언과 인계가 있는데 앞의 품60)에서 이미 설명하였으니 그 [품의 설명대로] 사용하라. 뿌리는 것을 마치면 꽃을 바치며, 차례대로 모든 공양물을 공양하라.

이때에 반드시 본존의 형상이 이 화로 가운데에 있다고 관상하며, 앞의 진언을 송하면서 두루 뿌려야 한다.

"원만히 보시를 행한다"고 하는 것은 바로 이 표(杓)를 사용하여 공양물을 불 속에 던지는 것이다. 표에는 두 가지가 있는데 첫째는 커다란 사각형의 것으로 만시(滿施)라 이름한다. 반드시 가득 채워서 불 속에 던져야 한다. 다음은 소표(小杓)인데 연속해서 불 속에 넣어라. 그렇지만 역시 가득 채워야 한다. 다른 법이 있는데 역시 『소실지경』61)에서 설명한 것과

59) 『소실지경』 하권(대정장 18, 628 상중). '알가로 본존을 청해서 안치한다. 자신의 앞에 소(酥)를 안치하고, 소 앞에 불을 안치하며, 소와 불의 중간에 성취물을 안치한다. 최초에 자신, 다음에 소, 다음에 성취물, 다음에 본지존(本持尊)과 부주존(部主尊)이다. 앞과 같이 다섯 가지의 물건을 안치한다. 다음에 부주의 좌측에 뎨사니명(帝闍寧明)을 안치하고 우측에 성판제사를 안치하며, 앞의 호마법 중에서 말한 것처럼 차례대로 안치해야 한다. (…중략…) 그런 후에 산란하지 않은 마음으로 삼파다법(三皤多法)을 행한다. 마음으로 그 물건에 빛난다고 관상하며 물을 뿌린다. 손으로 표를 집어들고 천천히 소를 담아서 물건 위에 올려 놓는다. 본진언을 염송하여 사(莎)자에 이르러 화로에 쏟고 하(訶)자를 부르면서 그 물건에 접촉시키고 다시 소를 담은 그릇으로 간다. 이와 같이 세 장소를 오가면서 물건에 접촉시키는 것을 단절해서는 안된다. 이를 삼파다호마법이라고 한다.'

60) 『소』 8권 「입만다라구연품」(대정장 39, 663 상)과 『소』 16권 「비밀만다라품」(대정장 39, 744 상)을 가리킨다.

61) 『소실지경』 중권 「호마법칙품」(대정장 18, 622 상). '진언법을 성취하기 위하여 호마

같다. 지금은 간략하게 식재 · 증익 · 절복(折伏)의 세 가지 일을 가리키지만 모든 불사는 이것에 준하여 지어야 한다는 것을 알아야 한다.

5. 내호마작법

"다음에 내호마(內護摩)는 업이 발생하는 것을 없앤다. 그 의(意)를 잘 알고"라 하는 것은 무엇인가?[62] 의(意)를 알려고 하면 반드시 경계를 여의어야 한다. 이미 경계를 여의었으면 또한 근(根)을 여의는 것에 대해 알아야 한다. 그런데 그 어업(語業)은 혀[舌]에 있고 신업 · 의업은 마음 따라 생기며, 심왕에 의지하여 일어난다. 안(眼) 등의 분별이 생길 때[63]에 경계의 색(色) 등이 아직 혜가 발생하지 않았으면 심왕에 의지하여 망상이 있게 된다. 이것을 그치게 하려면 "풍조화(風燥火)를 사용하여 없앤다." 즉 지혜의 바람과 불로 태우는 것을 말한다. "허망한 집착을 태워 없애고 정보리심을 얻게 하는" 데에 청정한 언어가 있어야 한다. 그러므로 "이것을 내호마라 이름하니 모든 보살들을 위하여 설한다"고 하였다. 혜(慧)는 불[火]인데 바람에 말미암아 생기며, 혜는 바로 지(止)이고 청정한 마음을 관(觀)으로 삼는다. 여기까지는 세간의 일을 밝혔고 이제부터는 내호마에서 출세간의 사업을 설명하겠다. 말하자면 지혜의 불로써 업으로 생겨나는 것 등을 없애는 것이

를 행할 때에는 처음에 반드시 대표(大杓)로 따라야 하며, 마치려 할 때에도 대표를 사용해서 가득 채우고 쏟기를 세 번 한다. 그 중간에는 소표(小杓)를 사용해야 한다. 진언법을 성취하기 위해서 모든 호마를 행한 후 마칠 때에는 부의 심진언을 사용해서 알가에 진언을 하여 공양한다.'

62) 이하에서 내호마의 작법에 대해 밝힌다.

63) 『경』의 "안(眼) 등의 분별을 생하니 색(色) 등의 경계가 있다"는 구절에 대한 해석이다.

다. 업에 따라 태어나게 되고, 태어남에 따라 다시 업을 지으니 윤회가 그치지 않는다. 지금 호마라 말한 것이 바로 이 업을 깨끗이 없애어 청정한 법을 생기게 하는 것이다. 업이 생겼으면 처음부터 없애고 그런 다음에 의생(意生)을 사용하라. 의(意)는 바로 마음의 다른 이름이다. 이 마음에서 생기는 법은 색·성·향·미·촉을 여의며, 안·이·비·설·신·의를 여의니 이들은 모두 마음을 주인으로 삼는다. 이 심왕이 분별을 일으키니 반드시 혜를 가지고 이 심왕을 정화해야 한다. 이것이 모든 법의 정화이다. 그런데 혜가 아직 생기지 않았을 때에는 [업에서 생긴] 장애하는 법에 따라 움직이므로 반드시 앞의 문장에 준하여 풍조화를 가져다가 이를 태워 없애라. 말하자면 앞의 문장에서 깊은 뜻을 [가져다] 사용해야 한다. 깊은 혜가 아직 생기지 않았기 때문에 분별하게 되고, 분별하게 되므로 근(根)·경(境) 등의 장애가 있으니 지금 풍조화를 사용하여 이것을 깨끗이 없애어라. 이 풍조화는 바로 보리심의 다른 이름이다. 이 보리심의 불을 가지고 망녕된 생각 등을 태워서 모두 깨끗이 제거하는 것이 내호마의 의미이다. 이와 같이 하는 지혜로운 자를 보살이라 이름할 수 있다. 세간과 출세간이라 말하는 것은 바로 현상과 이치의 두 가지 법이다. 현상이란 바로 방편으로 가지한 불이고, 출세간이란 바로 혜성(慧性)의 불이다.

이상으로 「세출세호마품[世出世火品]」을 마친다. 만일 그 세간의 화천을 논하면 범천의 형상으로 만들고 지금 내법의 화신은 삼마지형으로 만들어서 적연하게 삼매에 머물라.

제28 본존삼매품(本尊三昧品)[1]

1. 금강수의 질문

“이때에 집금강비밀주가 부처님께 말씀드렸다.

세존이시여, 원컨대 제존의 색상과 위력있는 증험이 현전하는 것과 본존의 형상을 현전하시는 것에 대해 설해주십시오. 모든 진언문에서 보살행을 닦는 모든 보살들이 그 형상을 지어서 수행자로 하여금 본존의 형상을 관하도록 하기 위함입니다. 즉 본존의 몸을 자신의 몸으로 하여 의혹을 없애고 실지를 얻기 위함입니다.”

이와 같이 말씀드렸다.[2]

---

1) 본존의 삼마지를 밝히는 것이 이 품의 요지이다. 본존에 종자·인·형상이 있는데 이 종자·인·형상에 각각 두 종류가 있다. 종자에는 성(聲)과 보리심의 둘이 있고, 인에는 유형과 무형의 두 가지가 있으며, 형상에는 청정과 비청정의 둘이 있다. 이 둘은 본지가지신(本地加持身)과 진속(眞俗)이다. 이 진·속이 둘이 아니며 자심과 본존이 평등하여 둘이 아님을 밝힌다.

"의혹을 없애고 실지를 얻기 위함입니다"라고 하는 것까지는 금강수의 질문이다. "본존(本尊)"[3]이란 산스크리트어로 사야디리바다(娑也地提嚩多)이다. 만일[4] 단지 리바다(提嚩多)라고 말했다면 바로 존(尊)이라고 하는 뜻이다. 본존[尊][5]이라 한 것은 또한 자존(自尊)이라 하니 이른바 스스로 가지한[自所持] 존이다. 저 수행자가 신인(身印)과 진언과 본존을 관하는 것의 이 세 가지를 화합함에 의해서 본존이 곧 스스로 도량에 강림하여 오셔서 가피하신다. 그런데 이 수행자가 처음 행할 때에 이 범부에게는 자체의 덕력(德力)이 없으니 어떻게 불보살 등과 이와 같이[6] 상응하는 것을 감득할 수 있겠는가? 그것은 저 불보살 등이 먼저 [인위(因位)에서] 성실한 언어의 대서원을 세웠기 때문이다. 즉 '만일 중생이 있는데 내가 이 법에 의거하여 이것을 수행하여 법칙을 무너뜨리지 않으면 나는 반드시 몰래 감응할 것이며, 또는 오지 않는다 할지라도 멀리서 이것을 가호하리라'고 하였다. 만약 수행하는 사람이 법칙대로 여법하게 하는데에도 부응하지 않으면 이것은 예전에 [인위에서] 세웠던 서원에 위배되는 것이므로 부응하지 않을 수 없다. 명주(明珠)의 방제(方諸)[7]가 달을 향하면 물이 생기는 것은 인연이 상응하여 사념이 없는 것과 같다.[8] 이 법도 역시 비유로 삼을

2) 이하에 난탈이 있어 바로잡는다.
3) 본존의 뜻을 밝히면서 처음에 법신(法身) 및 종자에 의거하여 설한다.
4) 보신(報身) 및 삼매야형에 의거하여 본존의 뜻을 설한다.
5) 지금 『소』에는 '본'이라는 글자가 빠져 있으나 『의석』에 의거하여 넣는다.
6) 『의석』에는 '말씀에 따라'로 되어 있다.
7) 옥돌로 된 것으로 술잔과 같이 생겼는데, 닦아서 뜨겁게 하여 달에 향하면 진이 생겨서 물이 흐른다.
8) 『대불정여래밀인수증요의제보살만행수능엄경』 제3(대정장 19, 118 상)에 나오는 다음과 같은 비유이다. '아난아, 물[水]의 성품이 일정치 아니하여, 흐르고 그치는 것이 항상하지 아니하니라. 실라벌성(室羅筏城)의 가비라선(迦毘羅仙)·자거라선(斫迦羅仙)·발두마(鉢頭摩)·하살다(訶薩多) 등 대환사(大幻師)들이, 태양의 정(精)을 구하여 환약(幻藥)을 갤 적에 이 환사들이 백월(白月)의 밤중에, 방제(方諸)를 들고 월중(月中)의 물[水]를 받나니, 이 물이 구슬 속에서 나느냐, 허공에 스스로 있느냐, 달에서 오느냐? 아난아, 만일 달에서 온다면, 능히 먼 곳에서 방제로 하여금 물을 내게 하는 터이니, 경과하는 곳에 있는 숲과 나무마다 물이 흘러야 하리라. 흐른다면 어찌하여 방제에서 나느냐? 흐르지 않는다면 물이 달에서 오는 것이 아니니라. 만일 방제에서 난다면, 이 구슬 속에서 항상

수 있으니 모든 부처님께 [중생들과 같은] 마음작용이 있어서 범부와 동일하게 이것에 부응하는 것이 아니다. 만일 마음이 상응하지 않아서[9] 수행하는 연을 빠뜨리면 본존은 호념을 더하지 않으신다. 그러므로 응험(應驗)도 없다. 이것은 불보살 등의 허물이 아니다. 그러므로 수행자는 상황이 이러하므로 반드시 바르게 본존의 청정한 몸을 관해야 한다. 청정한 몸을 이미 관하였으면 곧 자기 몸을 본존의 몸으로 삼아라. 이와 같이 해서 의심이 없으면 구하는 실지의 과를 성취하지 못함이 없을 것이다.

경에 "연(緣)"이라 하는 것은 바로 이 수행자가 그 [스스로 가지한] 본존에 의거하여 이와 같은 관을 짓는 것이다. "의혹을 없애고"란 그 본존과 상응함으로 해서 다시 [삼평등(三平等)에 대하여] 의혹하는 마음이 없고, 이러한 까닭에 닦는 것이 반드시 성취된다. 이상으로 질문을 마쳤다.

2. 여래의 답변

"부처님께서는 집금강비밀주에게 말씀하셨다.

훌륭하구나. 훌륭하구나. 비밀주여, 그대는 나에게 [이와 같은 뜻을] 묻는구나.[10]

부처님께서 말씀하셨다.

물이 흘러야할 터인데, 어찌하여 밤중에 백월화(白月畫)를 받아야 하느냐? (…중략…) 한 곳에서 방제를 들면, 한 곳에 물이 생기고, 법계에 두루하게 들면, 법계에 가득하게 생기어서, 세간에 두루하게 나나니, 어찌 방소가 따로 있겠느냐?'

9) 수행자의 마음이 삼밀과 상응하지 않아서 수행하는 연을 빠뜨리는 경우라는 뜻이다.

10) 이하에 다음과 같은 글이 있는데 내용상 앞의 경문과 중복되었으므로 생략하였다. "이때에 금강수비밀주가 부처님께 말씀드렸다. 세존이시여, 원컨대 본존의 영험과 모든 진언에서 보살의 수행을 닦는 모든 보살들이 본존의 형상을 관하는 것에 대해 설해 주십시오." 실제로 경문과 대조할 때 빠진 내용은 다음과 같다. "훌륭하구나. 잘 듣고 아주 잘 생각하거라. 내가 지금 설하리라. 금강수가 이와 같이 말씀드렸다. 세존이시여, 기꺼이 듣고자 하옵니다."

비밀주여. 제존에 세 가지의 모습이 있으니 이른바 자(字)와 인(印)[11]과 형상(形像)[12]이다. 그 자에 두 가지가 있으니 성(聲)과 보리심(菩提心)이다. 인에도 역시 두 가지가 있으니 이른바 유상(有相)과 무상(無相)[13]이다[상(相)은 바로 색(色)의 뜻이니 이른바 유상(有像)과 무상(無像)이다].[14] 존형에도 역시 두 가지가 있으니 청정[淨]과 비청정(非淸淨)[15]이다. 그 청정한 모습을 증득하면 [모습은 바로 몸이다. 체가 공과 같으므로][16] 온갖 상(相)[17]을 떠난다. 청정하지 않은 유상(有想)의 몸은 모습을 나타내는 온갖 색이 있다. 그 두 종류의 존형은 두 가지의 사업을 성취한다. 유상이면 유상[실지]를 성취하고 무상[非相]이면 무상의 실지를 생한다."

이 경문은 금강수가 차례대로 질문한 것으로 미래의 진언행을 닦는 모든 보살을 권하고 또 다시 위유하며 훈계하여 권하기 위해서 [부처님께 여쭌] 것이다.

"다음에 부처님께서 말씀하셨다. 비밀주여. 본존의 모습에 세 가지가 있으니 이른바 자와 인과 형상이다[형상이란 바로 존형이다]. 그 자에 두 가지가 있으니 성과 보리심이다." 수행자가 최초에 자(字)를 수행하는데에 간략하게 두 가지가 있다. 자의(字義)를 관하는데 첫째는 단지 보리심을 관한다. 이 보리심이 바로 자(字)이니 말하자면 아(阿, a)·가(迦, ka)·차(遮, ca)·타(吒, ṭa)·다(多, ta)·파(婆, pa) 등이다. 단지 그 머릿글자를 들었는데 모든 종자자가 다 이러하며, 처음에 머릿글자로 삼은 것을 보리심이라 말한다. 혹은 자륜(字輪)을 관하는데 자신이 가지한 진언을 윤의 모습[18]으로 만들어서 몸에 들

11) 손으로 가질 수 있는 인(印)을 의미한다. 즉 도(刀), 윤(輪), 금강저 등이다.
12) 형상(形像)이란 신(身)을 가리킨다.
13) 본존은 마음에서 나타나 다른 외연(外緣)이 없기에 이와 같이 말한다.
14) 『경』의 본문에 없는 글로 내용상 할주와 같다.
15) 비청정이란 유상(有相)을 가리킨다. 유상은 인(因)이고 무상은 과(果)이다. 즉 유상으로 들어가서 무상에 이른다는 뜻이다.
16) [ ] 안의 내용은 경문에 없는 글이며, 내용상 할주(割註)에 가깝기에 [ ] 안에 넣었다.
17) 상(相)은 곧 색(色)을 말한다.
18) 원명(圓明)한 가운데 윤의 모습을 지어서 차례대로 연속해서 상속하여 입 속이나 정

어오게 하는 것으로 앞의 「지송품」에서 설명한 것과 같다. 혹은 종자의 자를 관하는 것도 모두 이렇다. 혹은 종자를 관하지 않는 것은 단지 소리[聲]를 염(念)한다. 말하자면 앞에서 이 소리를 관하는 데에 방울이나 목탁 소리 등과 같게 해서 차례대로 끊어지지 않게 하며 이 소리로 들고 나는 호흡을 조절한다. 앞에서 설한 것과 같으며 모두 이러하다. 이미 종자를 설하여 마쳤다.

인(印)과 형(形)에도 역시 두 가지가 있으니 형상이 있는 것[有形]과 형상이 없는 것[無形]을 말한다. 형(形)이란 바로 청·황·적·백 등의 색깔과 네모지거나 둥글거나 삼각형 등의 형태와 구부리고 펴며 앉고 서는 것 및 머무는 곳의 종류이다. 인(印)이란 들고 있는 인으로서 칼·윤·그물·금강저의 종류이다. 초심(初心)에는 별연(別緣)[19]으로 관하는데 먼저 그려진 본존 등을 관한다. 이러한 것에 의하여 관하는 것을 유형(有形)이라 하는데 나중에 점차로 익숙하게 된다. 또한 가지함으로써 [본존이] 자연히 나타나 마음과 상응한다. 이때에 이 본존은 단지 마음으로부터 나타난 것이므로 바깥의 인을 따로 둘 필요가 없기 때문에 무형(無形)이라 한다.

내 생각에는 이것이 옳다. 처음[20]에 세간의 삼매를 얻고 그 본존이 이와 같은 모습, 이와 같은 색(色), 이와 같은 주처(住處), 이와 같이 앉고 서는 것, 이와 같은 만다라 가운데에서 이와 같은 인 등을 하고 있는 것을 본다. 이렇게 모습이 있으므로 유형(有形)이라 이름한다. 나중에 진언을 지송하면 완연하여져서 곧바로 보는 것은 거울이 [거울에] 비친 영상 등을 생각[21] 없이 보는 것과 같으므로 무형(無形)이라 이름한다.

다음에 "본존의 형에도 역시 두 가지가 있으니 청정과 비청정이다"[22]라고 하는 것은 저 수행자가 처음에 유상을 수행하다가 무상으로 들어가는 것

수리에서 나의 몸에 들어온다. 앞의 「세간성취품」의 첫부분에서 설명하였다.

19) 따로 유형(有形)을 연하여.

20) 처음에 유형에서 유상유가에 머물러 세간의 삼매를 얻는다.

21) 기억하여 생각하는 분별이 없을지라도 만상을 나타내는 것과 같다는 뜻이다.

22) 청정은 무상(無相), 비청정은 유상(有相)이다.

을 말한다. 먼저 원명(圓明)과 불보살의 인신(印身)을 관한다. 처음에는 [관을 수행하여 곧바로 진신(眞身)을 관하더라도] 관할 수 없으므로 따로 형상 등을 그려서 관한다. 그러면 점차로 법력에 가지되어서 점점 분명하게 되며, 설령 장애가 있더라도 눈을 감으면 곧 보게 되고 눈을 뜨면 보이지 않는다. 다음에 점차로 눈을 뜨거나 감거나 모두 분명하게 보게 되며, 점점 작의(作意)를 더하지 않더라도 역시 볼 수 있으며, 나아가 몸으로 접촉하는 것도 다시 의심할 것이 없다. 마치 눈으로 세상 사람들을 직접 마주 대하는 것과 같다. 이러한 유상에 말미암아서 점차 청정처에 이끌려 들어가게 된다. [처음에는] 유상이므로 청정하지 않다[非淨]고 하지만, 이 삼마희다(三摩呬多)에 등인(等引)됨으로 해서 청정처에 머물러 적연하여 무상(無相)임을 청정[淨]이라 이름한다. 청정이란 바로 과(果)이다. 청정하지 않다[非淨]고 함은 인(因)이니, 청정하지 않음이란 형색(形色)·인상(印像)의 종류를 말한다. 이 청정하지 않음에 말미암아 이끌어져서 청정을 성취하며, 항상하지 않은[無常]의 인(因)에 말미암아서 항상[常]의 과(果)[23]에 이른다. [선무외삼장은] 나에게 이 세 가지 일에 각기 두 종류가 있는 것이 바로 수행하여 [증득해 들어가는] 차제라고 말하였다. 진언을 관하여 지니고 종자를 관한다. 다음에 소리를 관하는 것이 점차 세밀해지고, 다음에 존형을 관하는 것이 더욱 세밀해지며, 다음에 별연(別緣)[24] 없이 관하는 것이 더더욱 세밀해진다. 다음에 무연(無緣)에 정(淨)·부정(不淨)과 순정(純淨)[25]이 있다. 혹은 이것을 설명한다면 이 세 가지 일에 각기 세간과 출세간[26]의 방편이 있으므로 [종자·삼매야형·존형] 모두에게 두 가지씩 있다.

"거기에 두 종류가 있다[둘이란 앞에서 거론한 세 가지 일에 각기 두 종류가 있는 것을 말한다]**. 그 두 종류 가운데 두 가지[27]의 사업이 있다. 유상(有想)을 성취하면**

23) 상주(常住)하며 생멸을 초월한 과(果)이다.
24) 마음 바깥에 유형(有形) 없이 마음 안에 나타나는 부처를 관한다.
25) 정·부정·순정은 각각 초·중·후의 차제이다.
26) 세간은 유형, 출세간은 무형이다.
27) 유상(有相)과 무상(無相)의 두 가지이다.

유상이고, 비상(非相)이면 무상의 실지를 생한다.”

만일 유상(有想)의 일로써 관하는 자는 유상(有相)에서 성취를 얻게 된다. 만일 무상이라면 또한 무상의 실지를 성취할 수 있다. 또 이 세 가지 일의 두 종류 가운데 한 가지 일에 따라 곧 성취에 다다른다고 말한다. 그런데 모든 세간과 출세간의 성취 및 현상[事]의 성취와 이치[理]의 성취가 있다. 그러므로 앞의 세 가지 가운데에 각기 두 종류[28]가 있어서 두 가지 일을 성취한다.

“유상(有想)에는 유상을 성취하고 비상(非相)에 머물면 비상을 성취한다. 이 까닭에 한 가지 일을 성취하면 반드시 비상(非想)에 머물러야 한다.”

이것은 모든 상(想)을 여의고 비상에 머물도록 권하는 것이니 [이것이] 결권(結勸)이다. 앞에서도 역시 이것을 열거하였다. 다음에 부처님을 끌여들어 증명을 삼는다. 유상인 까닭에 유상을 성취하니 부처님께서는 언제나 이와 같이 말씀하신다. 만일 “마음이 비상(非相)에 머물면 곧 비상을 성취한다”고 하는 것은 부처님의 말씀으로 먼저 이것을 나타내었다. 이러한 까닭에 “모든 종류를 성취하려면 반드시 비상[29]에 머물러야 한다”고 말씀하신 것은 일이 마음에 따르기 때문에 의당히 출세간을 구해야 한다는 것이다. 이미 본존의 형상을 관하였다.

비상의 이치에 머물러 성취하므로 온갖 부사의한 신통변화는 심상(心想)을 더하지 않을지라도 자연히 묘업을 성취한다. 세간의 성취가 생멸하는 마음작용 가운데 있으며 능력에 한계가 있는 것과는 같지 않다. 또한 구경이 아니기 때문에 그 뛰어난 것을 취하라고 권한다. [선무외삼장은] 나에게 이렇게 말하였다.

“『대반야경』[30] 가운데에 구체적으로 관심(觀心)을 씻는 일을 설명하였

---

28) 성(聲)과 보리심이다.

29) 대공삼매(大空三昧)를 가리킨다.

30) 『대품반야경』 제182권에서 284권에 이르는 103권에 설해진 「난신해품(難信解品)」에 모든 법이 무상(無相)이라는 이치로써 유위와 무위의 법상(法相)에 대한 집착을 씻어버리는 것에 대해 설한 것을 가리킨다.

다. 그러므로 반드시 근본[31]이 있어야 한다. 지금 수행자는 먼저 연기[십연생구(十緣生句)]를 관하고 나아가 시방 부처님 모임의 모든 세계 등의 갖가지 경계를 모두 관하고 이것을 실지로 삼는다. 그런 다음에 반야를 씻어 깨끗하게 하여서 곧 부사의한 대용(大用)[32]을 성취하고 문득 불과(佛果)에 들어간다. 만일 수행의 차제를 알지 못하면 단지 저 문장만을 관하므로 깊고 비밀한 이치에 들어가지 못하며 경전의 뜻을 이해하는데 많은 착오가 있게 되니 돌연 [헛된] 공(空)[33]에 들어가 원돈(圓頓)의 도를 잃는다. 그러므로 이 두 품[34]은 반드시 자세하게 그[35] 뜻을 관해야 한다."

31) 아자대공삼매의 근본을 가리킨다.
32) 제11지의 대용이다.
33) 단지 공하기만 한 이치에 들어가 대공삼매인 원돈(圓頓)의 도를 잃는 것을 말한다.
34) 「본존삼매품」과 「무상삼매품」을 가리킨다.
35) 무상(無相)의 상(相)은 상을 갖추지 않은 것이 아니라는 뜻이다.

제29 무상삼매품(無相三昧品)

1. 신체의 무상(無相)

"또 다시 대일세존께서는 집금강비밀주에게 말씀하셨다.

비밀주여, 그 진언문에서 보살행을 닦는 모든 보살이 무상삼매(無相三昧)를 성취하려면 이와 같이 사유해야 한다. 상(想)은 어디에서 생겨나는가? 나의 몸인가? 나의 마음인가? 만일 그 몸이 인업(因業)에서 생긴다면 몸은 풀이나 나무 · 기와 · 돌과 같은데 자성(自性)은 이와 같다."

업에서 생겨난 몸은 자성이 이와 같다.[1] 무딘 것이 나무나 돌과 같다. 업에서 생겨났다고 하는 것은 마음[2]에서 일어난 것을 말한다. 이러한 관[3]이 바로 유상(有想)이니 유상을 밖으로 삼고 밖에 있는 몸과 언어 등을 이

---

1) 선악의 업에서 생겨난 몸은 무기성(無記性)으로 자성은 나무나 돌과 같다.

2) 『소』에는 '一'로 되어 있으나 『의석』에 의거하여 '心'으로 바꾸었다.

3) 신념처관(身念處觀)을 가리킨다.

와 같이 관찰한다. 무딘 것이 "풀이나 나무와 같고 자성은 조작됨을 여의었다"고 하는 것은 업이 [자성청정한 본래] 마음에 말미암아 생겨났다는 것이다. "인업에서 생겼다"고 하는 것은 내(內)[4]이고 외(外)는 나무나 돌을 만드는 것이 바로 외이다.

다음에 품(品)에서 "부처님께서 금강수비밀주에게 말씀하셨다. 저 비상삼매(非想三昧)를 성취하고자 하여 진언문에서 보살행을 수행하는 모든 보살은 이와 같이 사유해야 한다. 상(想)은 어디에서 생겨나는가? 나의 몸인가? 나의 마음인가?"라고 하는 것은 바로 유가를 수행하는 자가 이미[5] 본존[과 종자·삼매야형] 등을 관하고 나아가 현재에 갖가지 기묘한 경계를 얻었지만, 이 세간의 삼매를 얻었다하여도 [삼밀]평등의 혜를 얻은 것은 아니다. 지금 다시 삼평등에 들어가는 관을 열어 보이겠다.

이 관이 명백하여서 자기의 몸·말·마음의 실상을 알게되면 곧 정보리심의 초법명문(初法明門)에 들어가 보살지에 오른다[이것은 나의 해석이지만 대의는 이와 같다].[6] 먼저 몸의 실상을 관하는 것에 대해 밝히면 『경』에서 이와 같이 말하고 있다.

"저 몸의 업에서 생긴다면 풀이나 나무·벽돌·기와 등의 성품은 이와 같은 조작을 떠나서 무딘 것이 바깥에서 지은 것과 같고 혹은 업에서 생기는 형상을 보는 것 등과 같다."

이것은 경문이다.

지금까지 한 말은 비상(非想) 등에 머물러야 한다는 것이다. 지금 이 품에서는 만일 진언행을 닦는 자가 이 비상삼매를 성취하고자 하면 저 관을 지어야 함을 말하고 있다.

경에, "나의 몸인가, 나의 마음인가?"라고 한 것은 마음에 따라 생각이 생기는데 마음은 청정한 마음이고 의(意)는 분별이다[다시 여쭈어라]. 그런데

---

4) 육근(六根)·육식(六識)을 내(內)라 한다.
5) 앞의 품을 가리킨다.
6) 『소』에는 본문으로 되어있으나 『의석』에는 할주로 되어있으므로 『의석』에 따랐다.

이 "몸은 나무나 돌과 같고 그 성품은 무디고 어리석다"고 한 것은 이 사대(四大)[7]가 만일 마음을 여읜다면 곧 나무나 돌과 같다는 것이다. 『대반야경』[8]에서 신념처(身念處)를 관하는 중에 설명한 것과 같다. 예컨대 밝은 눈을 가진 사람이 자기 곳집에 갖가지 쌀과 보리 등을 관하는 것처럼 이 몸도 역시 이와 같아서 신념처관을 열 때에 스스로 삼십육물(三十六物)[9] 각각의 서로 다른 모습을 본다. 이때에 몸의 모습을 곧 제거하는 것은 마치 곳집을 열어서 쌀과 보리를 볼 때에 곳집이라는 이름을 제거함과 같다. 나아가 하나하나에 모두 연하여 생기는 차례를 깊이 설명한다. 다음에 또 한 몸이 형상과 동일하다는 것을 밝힌다. 형상을 만드는 자가 흙과 나무와 다양한 물건을 섞어서 형상을 만드는 것과 같다. 부처님이거나 천(天)이거나 혹은 다른 부모의 형상 등이니, 잘 관찰하지 않으면 존중하며 애착한다는 생각을 일으키기에 이르지만 하나하나 세밀하게 관찰하면 단지 온갖 연이 합하여 모인 것으로 도무지 자성이 없다. 지금 나의 몸도 역시 이러하니 모든 연이 임시로 모인 것을 스스로 알지 못하기에 신견(身見)을 일으킨다. 만일 세밀하게 관찰할 때에는 도무지 자성이 없고 다만 연에 따라 존재할 뿐이다. 환상 등이 경계의 연에 따라 생기지만 실제로는 얻을 수 없는 것과 같다. 또 이 몸이란 마음에 말미암기 때문에 형상이 있는

---

7) 사대(四大)가 모여서 하나의 몸을 이루는데 만일 이 사대가 마음을 여읜다면 나무나 돌과 같다는 것이다.

8) 『대반야경』 489권(대정장 7, 484 하). '무엇이 신념주(身念住)인가? 보살마하살이 깊은 반야바라밀다를 행할 때에 얻을 바 없음으로써 방편을 삼아 내신(內身)이거나 외신(外身)이거나 내외신(內外身)에서 순신관(循身觀)에 머물지라도 몸이 함께한다는 생각을 일으키지 않고 치열하게 정진하여 바르게 알아 세간의 탐욕과 근심을 제거한다.'

9) 사람의 몸을 구성하는 36종의 요소를 가리킨다. 그러나 항목의 숫자에 대해서는 이설(異說)이 있다. 『대명삼장법수(大明三藏法數)』 권48에 의하면, 삼십육물은 외상(外相)·신기(身器)·내함(內含)의 세종류로 나누어진다. ① 외상십이물(外相十二物)은 머리털[髮]·털[毛]·손톱[爪]·이빨[齒]·눈곱[眵]·눈물[淚]·점액[涎]·침[唾]·똥[屎]·오줌[尿]·때[垢]·땀[汗]이고, ② 신기십이물(身器十二物)은 가죽[皮]·살갗[膚]·피[血]·살[肉]·힘줄[筋]·혈맥[脈]·뼈[骨]·골수[髓]·기름[肪]·살진 살[膏]·뇌(腦)·막(膜)이며, ③ 내함십이물(內含十二物)은 간(肝)·쓸개[膽]·창자[腸]·밥통[胃]·지라[脾]·콩팥[腎]·심장[心]·허파[肺]·생장(生臟)·숙장(熟臟)·붉은 가래[赤痰]·흰 가래[白痰]이다.

것이다. 만일 육근(六根)이 지각하는 것이 있을지라도 실제로는 그렇지 않다. 예컨대 사람의 마음이 한 가지를 골똘히 관찰하고 있으면 해와 달이 밝아도 어떤 때에는 보지 못하며, 천둥소리조차도 어떤 때에는 듣지 못하는 것과 같다. 또한 과거에 일심으로 선관(禪觀)하는 비구가 도를 행하는데에 대군이 지나가더라도 보지못하는 것과 같다. 만일 마음을 여의면 이 몸이 눈이나 귀 등의 감각기관을 갖추었을지라도 나무나 돌과 같아서 알 수 없다는 것을 알아야 한다.

또한 형상의 비유와 같다. 만일 이 나무나 돌 등의 형상을 불에 태우거나 물에 빠뜨리거나 칼로 긋거나 금강저 등으로 부수거나 혹은 화를 내고 거칠은 말을 하여 이것을 더할지라도 그 형상의 마음을 조금이라도 움직여 슬퍼하는 마음을 일으키게 할 수 없다. 또는 [나무나 돌 등의 형상에] 갖가지로 공양하고 좋은 옷을 입히며 이름난 요리를 바치고 묘한 향을 바르며 뛰어난 색으로 빛나게 하며, 나아가 인간과 천계의 공양도구를 앞에 가득 차려놓을지라도 역시 기뻐하지 않는다.[10]

"왜냐하면 어리석은 범부는 자성이 공한 형상에서 스스로 나라는 생각을 하고 전도(顚倒)하여 실답지 않게 온갖 분별을 일으키기 때문이다. 그는 다시 [나무나 돌 등의 형상에] 공양하거나 또는 손상시킨다."[11]

위 경문에서 "손상시킨다"고 하는 것은 모두 이것을 제거하여 버리는 것이다. 형상의 본성은 그 자체가 공한데 나의 마음에서 일으킨 분별에서 늘이거나 줄인다는 것을 알아야 한다. 어떤 때에는 손상시키고 어떤 때에는 공양할지라도 모두가 [실재하지 않는 것을 실재한다고 여기는] 뒤집어진 생각에서 [일어난 행동일] 뿐 실다움이 없다. 바깥의 형상을 관하던 자가 이 [모두가 공하다는] 관으로써 자신을 관하면, 이때에 몸의 모습을 볼 수 없으므로 분별을 여의게 된다. 이와 같이 그 몸을 관찰하여 그 몸의 실상을 보면 곧 무상삼매(無相三昧)를 증득한다. 무릇 관찰할 때에 본다고 하는 것은

10) 이하에 난탈이 있어 바로잡는다.
11) 『소』의 본문에는 중복되는 글자도 있으므로 『경』의 문장으로 대체한다.

상(相)을 접촉하여 유상(有相)의 연으로써 점차로 깊이 자연스레 들어가면 상에 즉하여 무상이며, 연에 즉하여 무연(無緣)이다. 만일 이 방편을 얻지 못하고서 단지 곧바로 공을 관하여 어떠한 인연으로 공한지 알지 못하면 이 공한 법에 집착하여 많은 다양한 견해[12]를 일으킨다. 그러므로 수행의 차제는 반드시 가리켜 보여주어야 한다. 그리하여 몸을 관찰한 다음에는 언어에 대해 관찰하는 것이 합당하다. 언어에 대한 관찰은 신체에 대한 관찰에 포함되므로 따로 설명하지 않으나, 지금 간략하게 이것을 드러내겠다. 즉 [언어와 신체에 대한 관찰을] 합하여 논하겠다.

이 언어는 무엇에 따라 있는 것인가? 치아・목구멍・입술・혀・배꼽 등의 온갖 연에 따라 심장이 바람을 움직이며, 서로 접촉하기 때문에 이 소리가 날 수 있다. 계곡의 메아리와 같아서 도무지 자성이 없으나 범부는 알지 못하기 때문에 좋아하는 소리를 듣고서 기뻐하며, 싫어하는 소리를 들으면 화를 낼 뿐이다. 지금 이와 같은 소리의 실상을 보고 이 소리가 바로 생겨남도 없고 멸함도 없어서 실상과 같다고 아는 것이 바로 음성평등의 성품이다. 다음에 곧 마음을 관찰하여 법의 형상에서 보고 듣고 느끼고 알 것이 없음으로써 먼저 거칠은 것부터 관하여 이 신체의 평등과 언어의 평등을 요달하면 스스로 깨우쳐서 깊이 [법의 실상]에 들어가게 된다.

2. 마음의 무상

"비밀주여. 마음의 성품은 온갖 생각을 여의었으니 성품이 공함을 사유해야 한다[반드시 이것을 사유해야 한다].[13] 비밀주여. 마음은 삼시(三時)[14]에 구하여

12) 공에 집착하는 견해를 가리킨다.
13) 중복되는 문장이므로 할주로 변경하였다.

도 얻을 수 없다. 삼세를 초월하였기 때문이다. 그 성품이 이와 같으니 반드시 이것을 사념하여 상을 여의어야 한다.”

비밀주여, 또한 스스로 이것을 관찰해야 한다. 수행자가 이때에 이미 바깥의 [신체의] 모습[이 공하다는 것]을 관하였으면 다음에 내심도 역시 공하다고 알아야 한다. 이 마음은 온갖 모습을 여의어 삼계 가운데에서 구하여도 모두 얻을 수 없다. 허공이 삼세를 여읜 것처럼 마음도 역시 이와 같아서 삼세를 벗어나 머물고 멸하는 법을 초월하였다.15)

“비밀주여. 심상(心想)이 있다는 것은 바로 어리석은 범부가 분별하는 것이다. 마음은 모습을 취하여 알 수 있는 것이 아니건만 실답지 않은 허망한 생각이 일어나기 때문에 이렇게 말하는 것이니 그것은 실답게 알지 못하는 것이다.”

말하자면 이 망집이 있음으로 해서 실답게 알 수 없다. 그래서 어리석은 범부는 마음의 참다운 성품을 알지 못한다. “이와 같이 사념한다”는 것은 범부가 이러한 생각을 일으키는 것이다. “이와 같다”는 것은 범부에게 이러한 분별이 있는 것으로 앞의 마음의 구절에 속한다.

“비밀주여. 이 진언문에서 보살행을 닦는 모든 보살들은[상(相)을 설하여 무상(無相)을 이끈다. 말하자면 유상(有相)으로 무상을 일으킨다는 것을 알아야 한다. 모든 보살은 이와 같이 사유하여 무상삼매를 얻는다]. 무상정(無相定)을 증득하고 무상삼매에 머물기에 여래께서 말씀하신 진실어는 그 사람에게 가까이 언제나 나타나리라.”16)

이상은 경문인데 문장을 이끌어 온 것이 온전하지 않다. 반드시 경전을 검토해서 자세히 살펴야 한다.

이 뜻을 말하자면 다음과 같다.

이 진언행의 보살은 이와 같이 모습을 여의어 이것을 수행하는 때를 ‘무상정에 머문다’고 이름한다. 무상삼매에 머무를 수 있음으로 해서 비

---

14) 삼시(三時)란 초야(初夜), 중야(中夜), 후야(後夜)를 말한다.
15) 이하에 난탈이 있어 바로잡았다.
16) 『소』에는 쓸데없이 삽입된 구절이 여럿 있어서 『경』의 문장을 가져왔다.

밀주여, 이 사람은 망녕된 집착을 버리므로 진언의 실상과 실체가 현전하여 여래께서 설하신 진언 그것이 언제나 가까이 마주 대하여 머물고 가고 머물고 앉고 누울 때에 언제나 현전하는 것을 증득하게 될 것이다. 진언의 체를 인식하는 것은 앞의 열 가지 비유와 같으니 바로 실지의 상[17]이다. [그러나 중생들은] 망녕되게 나의 마음·나의 어리석음·나의 지혜·나의 수순함·나의 거역함이라 말하며, 스스로 갖가지 계박된 집착의 생각을 낸다. 앞의 것이 허망하므로 신업과 구업도 역시 모두 허망하다. 그러므로 어떠한 것도 알 수 없다. 진실을 보지 못하며 진실을 보지 못함으로 해서 어린아이가 훤히 이해하는 것이 없음과 같다. 만일 마음의 실상을 볼 때에는 자연히 이와 같은 모든 희론과 분별을 여읜다. 마음의 실상을 알지 못하는 것을 망집이 생겼다고 부르며 [망집이 생긴 자를] 어리석은 범부로 삼는다. 만일 잘 이해하는 자라면 곧 부처라 부른다. 이 무상삼매에 머물음으로 말미암아 여래께서 말씀하신 모든 진언이 모두 현전하여 증득하게 되므로 "가까이 나타난다"고 말하였다. 이와 같은 이치를 증득할 때를 곧 "언제나 머문다[常住]"고 이름한다. 머문다는 것은 바로 부처님께서 머무는 것과 같다. 지금의 「무상삼매품」은 육십심(六十心)[18]에 차례대로 이것을 설명한 것과 합해야 한다. 이러한 뜻을 설명한 순서상 저 [주심품]에서 먼저 설명하였으나, 그것은 편리하지 않았으므로 여기 이 「품」에서 결회(結會)[19]로써 설명한 것이다. 내 생각에는 지금까지의 경문의 대의는 이 [법신의 삼밀]행을 벗어나지 않는다. 말하자면 입의 진언·몸의 법인(法印)·뜻의 관불(觀佛)이다. 그러나 이 세 가지 일이 모두 연으로 생겨난 법이다. 연이 합하여 있게 된 것이므로 도무지 자성이 없으며 생겨남이나 사라짐도 없으니 바로 이것이 아자문이며, 법계의 성품이다. 이것을[20] 알

17) 진언의 체는 마음과 몸의 두 가지 모습을 여의지 않음을 말한다.
18) 「주심품」에서 설하는 60가지 마음의 모습이다.
19) 하나의 경을 마치면서 설명한다는 뜻이다.
20) 몸·말·마음 삼밀이 법계의 성품이라고 알면 곧바로 삼평등법계에 들어간다. 그러나 범부는 이것을 알지 못한다.

지 못하는 범부가 어떻게 [실상의 세계에] 들어갈 수 있겠는가! 그래서 부처님께서는 먼저 이 세 가지의 진언문을 설명하시어 점차로 삼매에 들어가게 하시고, 나아가 가까이 본존을 우러러보며, 갖가지 신변의 경계를 보게 하지만 이 [어리석은 범부들의] 마음에는 집착함이 있어 삼평등에 머물지 못한다. 지금 [본 경의 마지막 부분에서] 삼평등의 법문에 들어가는 것을 설명한다. 만일 수행자가 유가의 마음 가운데에서 다시 이와 같이 관찰하여 몸·말·마음의 분별과 희론을 여의면 곧 현전하여 진언의 실상을 증득하고 부처님께서 머무는 것과 동일하게 되며, 자체 상주하여서 여래와 같아질 것이다.

제30 세출세지송품(世出世持誦品)

1. 세간과 출세간 통용의 염송

이 「세출세간지송품」[1]은 어떠한 내용을 갖는가?

지금까지 한 부의 경의 뜻은 단지 진언행을 닦는 모든 보살들을 위해서 지송하여 도에 들어가는 법을 지었는데 지금 이 품은 오로지 [지송만 가지고] 명칭을 삼았다. [그러므로 이 품이] 한 부 경전의 요지를 설명하는 것임을 알아야 한다.

경의 처음[2]에 금강수가 이미 일찍이 부처님께 지송하는 법을 여쭈었다. 지금까지 간략하게 답한 것이 있었다. 그러나 아직 모두 구체적으로 밝힌 것은 아니기에 지금 결택하기 위하여 다시 구체적으로 그 종요(宗要)의 행을 분별한다. 그 비밀이란 지금까지 모든 품에서 밝힌 것이 비밀 아

1) 이 품은 처음부터 난탈이 있어 바로잡았다.
2) 「식장품(息障品)」의 처음에 세 가지 질문을 한 가운데 두 번째의 질문을 가리킨다.

닌 것이 없더라도 이 가운데 종요야말로 비밀 가운데의 비밀이다.

"다시 비밀주여. 비밀염송법을 설하겠다.

낱낱이 모든 진언을 염송하는데[보살 등을 위해서 따로 설한 것이다. 그 따로 설한 것을 따라 하나하나를 취하니 각각이라 말한다. 모든 진언에 따라 하나하나를 취하므로 각기 다르다].[3]

심염송(心念誦)[4]을 행하라.

두 번째로 출입식(出入息)염송을 행해야 한다.

이 두 염송법은 항상 첫 번째[5]로 상응하는 것이다."

반드시 이와 같이 이 두 법[6]을 행해야 하니 이것을 제1염송(第一念誦)이라 이름한다.

"낱낱이 염송하라"고 하는 것은 혹은 의성염송(意聲念誦)을 행하거나 출입식염송을 행하라는 것이다. 이것은 차별의 행법이 같지 않음을 밝힌다.

"낱낱이 염송하라"고 하는 것은 마음을 오롯하게 해서 입으로 진언을 송하면 진언에서 소리가 나올 때에 낱낱의 성자(聲字)를 모두 다 분명히 알고 중간에 끊어지거나 반연(攀緣)하지도 않는 것이다. "작의(作意)"란 바로 이 마음을 지니고 심상념송(心想念誦)을 지으며 소리를 내지 않는 것이다. "출입식염송"이란 앞에서 밝힌 바람을 마시는 등과 같은 것이 이것이다. "두 법이 상응한다"고 하는 것은 세 가지 염송[7] 가운데 작의염송과 출입식염송이 처음으로 상응함을 제일로 삼는다.

이 법과 다르게 하지 말라. "만약 이것과 다르면 염송에서 지분을 빠뜨리는 것이다."[8][염송에서 지분을 갖추지 못하기 때문이다].[9]

---

3) 『소』에는 본문처럼 되어있으나 내용상 할주로 바꾸었다.
4) 이 염송은 심의염송(心意念誦)이다. 마음 속으로 염송하고 밖으로 소리내지 않는 것이다.
5) 심의염송과 출입식염송을 모든 염송 중에서 제일위(第一位)로 한다.
6) 심의염송과 출입식염송의 두 법이다.
7) 음성염송(音聲念誦)·심염송(心念誦)·출입식염송(出入息念誦)이다.
8) 구족하지 못했다는 뜻으로 염송이 이루어지지 않은 것을 보인다.
9) 『소』에는 본문처럼 되어있으나 내용상 할주로 바꾸었다.

반드시 다르게 하지 말라는 것은 언제나 이 법에 의거하여 행해야 하며, 다른 연이나 다른 생각을 해서는 안된다는 것이다. 만일 그렇지 않다면 공을 들일지라도 헛되어서 이익이 없다. **"진언을 염송하는 데에 지분을 빠뜨리는 것"**이란 글자에 점이 있더라도 완성되지 못하며, 혹은 글자를 빠뜨리거나 장성(長聲)으로 해야 하는데 단성(短聲)으로 이것을 부르기도 하는 것이다. 이와 같은 종류는 매우 많은데 모두 지분을 빠뜨리고 염송하는 것이라 부른다.

"내(內)와 외(外)[10)]가 상응함을 나누니 네 종류[11)]가 있다."

내가 앞에서 이미 설하였지만 지금 아래에서 다시 설한다. 앞의 내와 외가 상응함에 합하여 네 가지 염송이 있다[곧 사색(四色)이 이것이다].

"저 세간의 염송은 반연하는 것이 있다."

세 가지 종류 가운데에 단지 하나의 자(字)·인(印)·신(身)을 관하며, 이것을 관하여 그 본성품을 안다. 인(印)은 곧 자(字)이며, 자는 곧 신(身)이라고 알고 걸림없이 마음이 담연함은 바로 의염송이다. 만일 자로써 출입식을 지으려면 자가 곧 진언의 체라고 알고 이 출입식으로써 힘을 보태는 것을 출입식이라 이름한다. 그런데 이 둘 가운데에서 출입식에 말미암게 되면 조금 반연하는 것이 있게 되니, 그러므로 의염송이 최상이라는 것을 알게 된다. 자(字)·인(印)·존(尊)을 분별하는 바가 없으며 출입식을 짓는 것도 역시 가능하다.

"세간의 염송은 연(緣)에 따라 상속한다."

즉 세간의 지송은 저 연하는 모습이 있는데 자(字)와 자구(字句)를 연한다.

말하자면 앞에서 이미 출세간의 염송의 신(身)과 자(字)와 인(印)이 합하

---

10) 한 자(字)를 취해서 그것을 관하고, 구(句)를 취해서 심상(心上)에 있다고 관하는 것이 외염송(外念誦)이고, 무상삼매(無相三昧)에 들어가는 염송이 내염송(內念誦)이다.

11) 네 종류의 염송이란 황·적·백·흑의 사색염송(四色念誦)을 말한다. 네 가지 색 가운데 황색은 출세간의 지(地)를 나타내며, 삼마지염송이다. 적색은 금강의 화색(火色)으로 사염송(事念誦)을 말하며, 백색은 연화의 수색(水色)으로 기식염송(氣息念誦)이고, 흑색은 지심(持心)의 풍색(風色)으로 심염송(心念誦)을 나타낸다.

여 하나로 되어서 곧 성취한다고 설하였다. 지금 세간의 염송은 이것과 다르다. 혹은 자를 관하거나 존을 관하거나 인을 관한다. 이른바 구(句)와 본존이니 세간의 염송 중에서는 출입식염송을 최상으로 여긴다.

"자구(字句)"라 하는 것에서 구(句)는 발을 들고 걸어가는 것이니 이를테면 이 자(字)를 관하는 것은 한걸음씩 걷는 것과 같으며, 글자는 바로 종자(種子)의 자이다. 진언 가운데에서 분별하여 [세간과 출세간의] 둘로 삼는다.

앞에서 출입식염송을 최상으로 여긴다고 한 것은 앞의 출입식염송은 자(字)를 변화시켜 들고 나는 숨으로 삼는 것이다. 지금 세간의 염송은 들고 나는 숨 가운데 자(字)가 있다고 매우 분명하게 보니 이것은 분별이 있는 것이고, 앞의 출세간염송에서는 이와 같은 분별을 짓지 않는다.

이 가운데 혹은 하나의 글자를 취하여 이것을 연하고 혹은 구(句) 등을 취하여 본존의 심장 위에 있다고 관상하니 앞에서 갖추어 밝힌 것과 같으며, 이것은 외염송(外念誦)[12]이다. 하나의 글자를 취한다는 것은 바로 종자의 글자이다. 혹은 진언의 첫머리 글자를 쓰거나, 진언이 작으면 혹은 그 구(句)를 모두 관상하라. 앞에서 설명한 것처럼 고리로 연결한 것 등과 같이 본존의 심장 위 원명 가운데에 안포하라. 이 두 종류, 즉 자(字)이거나 구(句)를 호흡이 들고 나는 데에 따라 끊어지거나 중간에 떨어지지 않게 하라. 염송하고자 할 때에는 연결되는 것이 고리와 같게 하라. 경에 이러한 뜻을 밝히고 있는데 예컨대 거울 속의 영상을 볼 때에 분명하게 보는 것과 같다고 한다. 지금 글자를 관하여 글자를 보고, 인·존을 관하여 곧 이것을 본다. 이것은 바로 유상이다. 만일 수행자가 이 진실한 모습을 볼 때에는 곧 유상에 머무는 것은 아니지만 그렇다고 해서 아직 무상에 들어간 것도 아니다. 만일 보리심을 관하기에 이르면 이것이 한결같이 무상이다. 이 마음이 바로 부처이고 부처가 곧 나 자신이며, 자신이 곧 성불한다. 성불하게 되면 하나의 상으로서 다른 것이 없으니, 그리하여 무상이라 부

12) 유상(有相)의 염송을 말한다.

른다. 혹은 오거나 혹은 가거나 마음에 따른다고 말한다. 세간의 염송에서 출입식염송을 최상으로 여긴다고 한 것은 출세간의 의염송이 모든 글자를 멀리 떠나서 "나와 본존이 하나의 합한 모습으로 된다"는 것임을 반드시 알아야 한다.

"무너뜨리지도 않는다"는 것은 나누어서 둘로 삼을 수 없는 것을 말하며, "취한다"는 것은 분별하여 모습에 집착하는 것이다. "하나의 합한 모습"이란 합하여서 하나로 되어서 취착하지 않게 하고 이 상을 무너뜨리지도 않는다. "의(意)와 색상(色像)을 무너뜨리지도 않는다"고 하는 것은 마음과 서로 다르지 않기 때문에 무너뜨리지 않는다고 말한 것이다.

"3락차를 송한다"는 것은 앞에서 설명한 것과 같다.

"법칙과 다르게 하지 말라"고 하는 것은 교법이 이와 같으므로 이와 같은 법칙에 머물러야 함을 말한다.

내가 설명한 여러 가지의 염송이 있는데 편수와 시절과 현상(現相)과 증익(增益) 등이다. 3락차는 헤아리는 숫자로서 바로 세간의 숫자이다. 출세간의 락차는 세 가지의 실상을 보는네 말하자면 자・인・본존에서 그 하나의 실상을 취하여 하나로 합한 모습이 이것이다. 자・인・존이 평등하고 몸・말・마음이 평등한 것을 실상을 보았다고 이름하며, 나아가 지송자로 하여금 청정하게 하여 모든 죄를 제거하게 한다. 만일 청정하지 않으면 다시 한 달 등을 앞과 같게 한다. 지금 설명한 염송의 수와 같게 하는데 앞의 문장과 중복된다.

"이 법칙과 다르게 하지 말라"고 하는 것은 이러한 까닭에 지금 귀로 들어서 호흡이 나올 때에 자(字)도 나오고 들어갈 때에는 자도 들어가는 식으로 호흡에 따라 들어오고 나가게 한다. 요즈음 천태(天台)의 송경(誦經)[13]은 원돈가(圓頓家)의 수식(數息)이라고 하는 것이 바로 이 뜻이다. 지금 이 글자로써 하나의 연에 호흡을 주어 나오고 들어가게 하면 자연히 생각생

---

13) 『마하지관』 2-2(대정장 48, 194 상)에 『청관음경(請觀音經)』을 인용하여 송경법(誦經法)을 밝힌 것을 가리킨다. 이것은 호흡할 때에 일심삼관(一心三觀)을 관하는 것이다.

각이 상속하여 마음이 산란하지 않게 되며, 활연하게 삼매에 들어가기 쉽다. 이것을 세간의 염송 가운데 최상으로 삼는다. 또 앞의 존신(尊神)을 밝힌다[14]는 것은 이 자·구의 염송의 법을 말하며, 모든 존이 다 이러하다. 위의 불부(佛部)에서부터 아래로 팔부(八部)에 이르기까지 무릇 염송이 있으며 모두 반드시 이와 같이 지어야 한다. 그 출입식염송도 역시 본존법에 따라 하나하나에 이러한 행법이 있다.

2. 출세간 무상(無上)의 염송

"출세간(出世間)"이란 의념송(意念誦)의 법임을 알아야 한다. "문자를 여의었다"고 하는 것은 무엇인가? 어찌 앞의 진언의 글자 등을 없앤 것을 문자를 여의었다고 말했겠는가! 이와 같은 것이 아니다. 말하자면 자(字)의 본성이 바로 원명이라 통달하고 본래 생겨남 없음에 머무는 것이 바로 그 마음[15]이다. 마음의 체성은 원명하고 청정하니, 온갖 덕을 구족하여 분별하는 것이 없다. 반드시 이와 같은 글자를 관해야 한다. 이 "글자[字]"라 하는 것은 곧 앞의 본존 진언의 글자와 구(句)일 뿐이다. 다만 이 글자는 마음에서 생긴다고 알아야 하며, 마음이 이미 원명하고 맑으며 고요하니 마음에서 생긴 글자도 그 성품이 역시 그러하다.

"글자와 소리 등을 여의었다"고 말한 것은 분별과 연(緣)을 생각하는 마음 및 소리에 대한 생각 등을 여읜 것이다. 그런데 지송할 때에는 송할 수도 있고 관할 수도 있으며 관행(觀行)도 가능하고 혹은 겸해서 행할 수도 있으며, 혹은 단지 관조(觀照)만을 닦기도 한다. 송한다는 것은 앞의 소리나

---

14) 『경』의 게송 가운데 "마음이 본존을 따르게 되므로"를 말한다.
15) 문자가 바로 청정한 마음의 법계라는 말이다.

글자, 혹은 들고 나는 숨 등을 연하는 것과 같다. 관조한다는 것은 이 글자의 체성을 관하는 것이다. 그런데 처음에 관할 때에는 언제나 유상(有相)으로 한다. 만일 종자의 한 글자와 그 원명을 관하면 처음에는 작게 하고, 만약 구체적으로 구(句) 등을 관하면 곧 크게 해서 원명을 지어서 형상이 연결된 고리와 같게 하라. 마음으로 관조하여 완연하며 분명하게 하라. 나중에는 곧 이에 따라 그 성품을 관하게 된다.

"자신과 본존이 하나의 모습으로 되고 취의(取意)를 무너뜨리지 말고, 법칙과 다르게 하지 말라."

여기에서 "본존"이라 함은 처음에는 원명의 글자를 관하고 다음에 곧 본존을 관하는데 앞에서 이미 설명한 것과 같다. "하나의 모습"이란 곧 몸·말·마음이다. 본존의 심장 위에서 이 원명을 짓는다고 관상하는데 이것은 바로 심밀(心密)이고, 그 신(身)·인(印) 등은 바로 신밀(身密)이며, 그 진언의 글자 등은 바로 어밀(語密)이다. 지금 이미 분명하게 본존을 보고 본존의 삼밀을 관하는 데에 한 가지 모습으로 평등한 것이 실상과 같다. 또한 본존의 삼밀이 평등한 한 가지 모습으로서 곧 나와 동일하고 나의 삼밀도 역시 한 가지 모습으로 평등하여서 본존과 다름 없으니 자타평등하다고 관상한다. 관하는 글자가 같지 않더라도 모두가 삼매문이다. 만일 한 글자의 성품과 모습을 이해할 때에는 곧 모든 성품과 모습을 이해한다. 글자는 바로 본존이며, 본존은 바로 마음이고 마음은 바로 법계의 체성이다. 이러한 까닭에 이 아자는 바로 부사의한 글자이다. 아와 같이 일체도 역시 그러하다. 글자와 같이 인(印) 등도 역시 이와 같다. 이 부사의한 세 가지 모습, 즉 삼밀에서 글자의 진언상과 몸의 인상(印相)과 본존의 심상(心相)을 보내지 않고 세우지 않고 더욱 늘리지 않고 줄이지도 않으며 반드시 하나로 평등한 모습의 관을 지어야 한다. 그리하여야 모든 법에 통달하고 일체지를 성취한다. 반드시 이 법칙에 의거하고 이것과 다르게 지어서는 안된다. 이것은 바로 3락차의 뜻이니, 락차라고 하는 것은 산스크리트어로서 모습의 뜻, 또는 본다는 뜻이다. 나의 갖가지 경전의 가르침 가운데에서 지송하여 상응하는 처(處)가 있으면 대개는 1락차 혹은 3락차 등을 송한다고 말하며, 혹은 죄의 장애를 제거하기 위하여 1락차를 지송하고, 매우 지중한 장애라도 3락차를 넘기 전에 문득 죄업이 청정해지는 것을 얻을 수 있다고 말한다.

그런데 이 뜻[16]에 다른 것이 있으니 지금 반드시 이것을 분명히 해야 한다. 말하자면 락차란 모습[相]이다. 만일 세 가지 모습을 얻으면 반드시 죄를 없앨 수 있다. 먼저 몸의 모습을 밝히면 신체가 [아직 세 가지 모습을 얻지 못하였을] 과거에는 매우 무겁고, 지금[17]은 가볍고 편안하다. 나아가 백 리나 천 리를 가더라도 신속하여서 가는 데에 피로를 느끼지 않으며, 빠른 것이 평상시와 다르다. 과거에는 고요히 앉아서 계연(係緣)하면 수많은 작은 벌레와 파리·등에 등 때문에 괴로웠는데, 지금은 모두 생기지 않으며 또한 더럽고 싫어할 만한 모습이 없다. 자세하기는 『대품반야경』[18]에서 설명한 것과 같으니 이것이 바로 몸의 모습이다.

입의 모습이란 염송하는 바에 따라 잠깐 소리를 낼 때에 본존이 곧 이르게 된다. 또한 『대지도론』[19]에서 설명한 것과 같다. 입으로 진실한 말을 내면 사람 아닌 존재가 다른 부류를 희롱하지 않으니, 모두가 어업의 청정한 모습이다.

의업도 역시 특별한 모습이 있다. 말하자면 한량 없이 많은 혜해(慧解)

16) 이 뜻은 일반적으로 말하는 뜻으로 완전한 이치가 아니다.
17) 지금 실상을 얻으면 몸이 가볍고 안락하다.
18) 『마하반야바라밀경』 제18권(대정장 8, 354 상)을 가리킨다.
19) 『대지도론』 제13권(대정장 25, 157 상). '거짓말이라 함은 부정한 마음으로 남을 속이고, 사실을 숨기기 위하여 사실이 아닌 말을 하여 입의 업을 내는 것이니, 이를 거짓말이라 한다. 거짓말의 죄는 말을 서로 이해함으로써 생기나니, 서로 이해하지 못한다면 비록 거짓말을 해도 거짓말의 죄가 성립되지 않는다. 이 거짓말은 아는 것을 모른다 하고 모르는 것을 안다고 하며, 본 것을 보지 못했다 하고, 보지 못한 것을 보았다 하며, 들은 것을 듣지 못했다 하고, 듣지 못한 것을 들었다 하는 것이니, 이를 거짓말이라 한다. (…중략…) 또 진실한 말은 그 이익이 매우 넓음을 보아서 알라. 진실한 말의 이익은 자기에게서 나오니, 매우 쉬운 일이다. 이것이 모든 출가한 사람들의 힘이다. 이런 공덕은 집에 있거나 집을 떠난 이나 다 같이 그 이익, 즉 착한 사람으로서의 모습을 차지한다.'

를 발생하니, 예컨대 한 달이나 넉 달을 경과하여 분별하더라도 끝이 없는 것 등과 같다. 혹은 예전에 이와 같고 이와 같은 음식 맛을 탐하여 즐겼는데 혹은 [그 음식을] 얻지 못하면 몸이 곧 편안하지 않았다. 지금은 적연하여서 다시 생각하지 않으며, 나아가 여러 날 동안 먹지 않더라도 편안하여서 희열의 맛을 얻고, 다른 음식에 대한 생각이 없고 몸도 역시 부족함을 느끼지 않는다. 혹은 예전에 갖가지 번뇌가 많았으나 지금은 모두 청정하게 그쳤으니 이러한 모든 것이 의(意)의 청정한 모습이다.

이러한 세 가지 청정한 모습을 갖춤으로 해서 3락차라 이름한다. 만약에 그렇지 않다면 입으로 편수를 지송하여 채울지라도 헛되어서 이익이 없다. 이미 이 세 가지 모습을 얻었으면 반드시 다시 뛰어난 수행을 더욱 닦아야 한다. 어떤 때에는 모든 천(天)과 팔부(八部)가 공중에 날아다닐지라도 감히 그 그림자를 밟지 못하며, 혹은 와서 공경히 예를 올리며 문안드릴 것이고, 모든 천계의 동자들이 심부름꾼이 되어서 무엇이 필요하시냐고 여쭐 것이다. 이와 같은 것은 누가 알 수 있겠는가? 다만 지송하는 자만이 스스로 알 수 있을 뿐이며, 이것도 역시 죄를 제거한 청정한 모습이다. 그런데[20] 지금까지 모든 모습을 여의는 것을 밝혔고 지금은 세 가지 모습을 설명하였는데 이것[21]과 어떻게 상응하는가?

지금 답변하겠다. 이 세 가지 모습은 아자이기 때문에 이 세 글자는 바로 하나의 모습이고, 또한 하나도 아니고 다르지도 않다. 천태대사가 해석한 것[22]과 같아서 이것과 대략 동일하다. 하나의 모습이 모든 모습이라면 하나도 아니고 모든 모습도 아니다. 즉 모습이 모습 없음에 즉하면 모습도 아니고 모습이 없음도 아니다. 모두가 이러한 뜻이다. 이와 같은 세 가지 모습은 평등하여서 실상에 머무니 이것이 3락차의 뜻이다. 몸의 실상은 1락차이니, 모든 몸의 더러움을 제거한다. 언어의 진실한 모습은 2락차

20) 이하에서 문답을 통해 의심을 해결하는 양상이 전개된다.
21) 이 세 가지 모습과 저 모든 모습이 어떻게 상응하는가 라는 질문이다.
22) 『마하지관』 제9권 상(대정장 46, 121 상).

이니 모든 언어의 더러움을 제거한다. 마음의 실상은 제3락차이니 모든 마음의 더러움을 제거한다. 세 가지 더러움을 제거하고 나서 세 가지 공덕을 생하니, 이것은 바로 부분적으로 여래의 공덕을 증득하는 것이다.

또한 락차라고 하는 것은 살받이라는 뜻이며 표적의 뜻이다. 『문수사리소설반야바라밀경』[23]에서 활쏘기를 학습하는 것에 대해 밝힌 것과 같다. 처음에는 살받이에서 멀다고 느낄지라도 나중에는 점차 가깝다고 여기게 되고 나아가 마음대로 표적을 맞힐 수 있다. 수능엄삼매(首楞嚴三昧)[24]도 역시 이렇다. 이러한 인연으로 락차라고 이름한다. 또한 몸의 인(印), 입의 진언, 뜻의 본존, 즉 이 세 가지 행이 차별되어 같지 않은 것이 바로 세 가지 [차별의] 모습이나, 이 세 가지 모습이 아자문에 들어감으로 해서 세 가지 모습을 여의어 하나의 모습으로 평등하니, 이와 같이 비추어 보는 것이 바로 3락차의 뜻이다. 락차란 보는[見] 것이다. 그러므로 "다르게 하지 말라"고 한 것은 다른 관을 하지 말라는 것이다. 또한 앞에서 말한 삼구(三句)[25]의 뜻은 보리심을 종자로 삼은 것이 바로 인(因)이고, 대비를 근으로 삼으며, 방편을 구경으로 하는 것을 말한다. 처음부터 끝에 이르기까지 모두 이 세 가지 일을 밝히는데 혹은 스스로 이 세 가지 덕을 드러내고, 혹은 다른 이의 세 가지 행을 성취하게끔 한다. 3락차라 말한 것은 바로 이것과 상응하는 것이다. 이를테면 수행자가 최초에 먼저 보리심과 상응해야 하니, 이것은 모든 불법의 인(因)이다. 만일 보리심을 내지 못했다면 묘한 인(因)을 여읜 것이니 어찌 나아갈 수 있겠는가! 이미 보리심을 내었어도 만일 길을 바라보고서 나아가지 않는다거나, 원(願)이 있어도 행하지 않으면 어찌 대비태장생(大悲胎藏生)의 모든 공덕의 몸을 성취할 수 있겠는가! 혹은 나아간다 하더라도 방편을 여의면 의심이 있어서 의심 때문에

23) 대정장 8, 736하. '마치 어떤 사람이 활쏘기를 오래도록 배우면 곧 능숙해져서 나중에는 아무 생각없이 쏠지라도 오래도록 배웠기 때문에 화살이 적중하는 것과 같다.'

24) 『수능엄삼매경』 상권(대정장 15, 634 상). '비유하면 활쏘기를 배워서 한 터럭을 맞힐 수 있으면 다시 학습할 필요가 없는 것과 같다.'

25) 삼구(三句)에 의거하여 락차의 뜻을 밝힌 것을 말한다.

모두 성취하지 못하니 역시 실상에 들어갈 수 없다. 그러므로 부처님께서 모든 수행하는 사람을 훈계하시어 반드시 스승에 의지하여 학습해야 한다고 하셨다. [스승에 의지하지 않는다면] 스스로 오로지 자기의 날카로운 분별의 힘으로 번번이 경전의 문구를 찾더라도 곧 스스로 이것을 행할 수 없으며 듣는 데에 따라 곧 사용하여 만다라에 들어갈 수 없고, 삼평등계(三平等戒)를 받을 수 없으며 방궤(方軌)를 전체적으로 이해할 수도 없다. 알지 못하기 때문이니 비록 발심하여 수행하고 용맹하게 정진하더라도 방편에 차질이 있기 때문에 하려고 하는 것이 성취되지 못하며 의심만 생긴다. 의심하기 때문에 여래의 비밀장(秘密藏)을 훼방한다. 이것은 오무간(五無間)죄의 원인으로서 오무간도에 나아가고 이러한 인연으로 반드시 삼구(三句)의 뜻에서 모자란 것조차 얻지 못한다. 이것이 3락차의 뜻이다. 이러한 일 때문에 다음 품에서 부촉(付囑)하는 가운데 거듭 제자의 상(相)을 밝혔으니 문장이 서로 연이어서 맞닿게 할 뿐이다. 다음은 「관촉품(觀囑品)」이니 경에서 말하지 않았더라도 그 뜻은 이와 같다.

제31 촉루품(囑累品)

1. 법을 수여하지 않는 대상

다음에 "부처님께서 모든 대중들에게 말씀하셨다"고 하는 것의 대상은 이 경문의 처음에 등장한 "열 세계의 티끌의 수처럼 많은 금강보살"이다. 지금 경을 설하여 알려주고자 부촉(付囑)을 더한다.

"그대들은 게으르지 말아야 한다"고 한 것은 바로 앞의 문장을 계승한 것이다. 이 대승밀교(大乘密敎)는 반드시 이 법과 같이 상승해야 한다. 만일 수수(授受)하기에 알맞지 않으면 곧 제멋대로 자자(自恣)하여서 법칙을 어기므로 게을러서는 안된다고 말하였다. 또 다시 앞과 같은 삼구(三句)의 뜻은 자리이타(自利利他)의 행이다. 그대들은 반드시 아자의 뜻에 머물러 비밀한 가르침 가운데에서 불사를 해야 한다. 만일 이 가르침에 따르지 않으면 곧 방일[1]에 머무는 것이다. 근기와 다르게 받게 되면 저 선근을 손상시킬 뿐이다. 그래서 경전에서는 지혜가 있으면 듣고서 곧 신해할 수 있고, 지혜가 없으면 의심하여서 영구히 잃게 되며, 만일 보살이 깊이 중생의 본말의 인연과 종상(種相)과 체성을 관하지 못하고서 졸속으로 법을 전하면 이것은 바로 인간과 천계의 원한이 될 것이니, 이것을 큰 방일의 행으로 삼으므로 다음에 "만약 저 근성(根性)[2]을 알지 못하면 수여할 수 없다"고 하였다. "근(根)"이라 하는 것은 신(信) 등의 오근(五根)이 예리하거나 둔한 모습이다.

2. 법을 받는 자의 표상

"나의 제자 [중에서 표상(標相)을 갖춘 자][3]는 제외한다"고 하는 것은 이미 나의 가르침에 의거하여 머물고 [안의] 마음과 [바깥의] 모습과 체를 [이해하고] 신심과 [인욕을 지닌] 자는 이 가르침을 수여하기에 알맞다는 것을 말한다. 만일 다른 세간 외도의 부류로서 아직 정법에 들어가지 않았으며 신심이 아직 견고하지 않으면 반드시 다른 깊은 법으로 가르쳐 보이고 이익을 주어 기쁘게 해야 한다. 번번이 [정법에 들어가지도 않은 자에게 비밀한 법을] 설해주어서는 안된다. 만일 보살이 근기를 비추어보아서 견고한 것이 자기의 지력(智力)에 말미암거든, 지금 미래세의 전법할 사람들을 위하여 다시 밖으로 드러난 전법할 수 있는 모습을 밝힌다.

앞에서 경의 처음[4]에 제자의 상을 간택하는 것에 대해 밝혔는데, 지금 다시 이것을 설명하겠다. 그러나 [앞이나 지금이나] 모두 간략하게 근본을

---

1) 법성에 통달하지 못하고 법성에 위배된다는 뜻이다.
2) 진언행에 들어간 보살이 제자의 성품과 능력을 깊이 알지 못하고 전법하면 도리어 천(天)의 재앙을 불러들이게 된다는 것을 뜻한다.
3) 스승의 가르침을 몸에 익히고 그의 법을 온전하게 받을 줄 아는 사람을 말한다.
4) 「구연품」에서 제자의 열 가지 덕을 설한 것을 가리킨다.

거론할 뿐이고, 대본(大本)에 구체적으로 밝혀져 있다.

"길상한 별이 뜰 때"란 대본 가운데에 구체적으로 이와 같은 수차(宿次),[5] 이와 같은 집요(執曜)가 시절따라 생기면, 이와 같은 근성(根性), 이와 같은 상모(相貌)가 있다고 하니 반드시 이와 같은 교법(敎法)을 주어야 한다. 그 말은 매우 광대하고 또한 하나하나 모두가 일반적인 것과 깊은 비밀의 두 가지 설이 있다. 지금 여기에서는 단지 그 강목(綱目)만을 거론한다.

"뛰어난 불사를 구하며"라고 하는 것은 곧 발보리심이다. 무릇 불사를 행하는 것은 오직 여래의 구족도(具足道)의 행[6]을 구할 뿐 다른 일을 구하기 위해서가 아니기에 그 행하는 것은 넓고 두루하며 훌륭하다.

"미세(微細)한 혜(慧)"란 한 글자 한 구절을 들어도 곧 자신의 지력(智力)으로써 널리 무량한 의취(義趣)를 이해하고 널리 연설하는 데에 잘못됨이 없다.

"언제나 은덕을 생각하며"라 함은 스승을 따라 한 구절의 뜻을 듣고 나서부터 성불에 이르기까지 잊지 않으며 이 은혜를 갚고, 언제나 은혜를 알아서 은혜를 갚는 것이다.

"간절하게 [믿는 마음을 일으켜서]"란 마음에서 은근하게 뛰어난 법을 희구하는 것이 마치 살타파륜(薩陀波倫)[7]의 부류와 같으므로 그를 위하여 설할 수 있다.

"[법을 듣고] 환희에 머물며"란 묘법을 듣고서 마음에 환희하여 기쁨이 몸과 마음에 고루 미친다. [그 제자는 원래] 그 법을 구하지 않았던 자이며, 나아가 다른 경전의 한 글자라도 받지 않았던 부류의 사람이었다[그러나

---

5) 이십팔수(二十八宿)이다. 다음의 집요(執曜)는 구집칠요(九執七曜)이다.

6) 여래의 오지(五智)를 구족한 법계체성삼매의 행이다.

7) Skt. sadāpralāpa. 상제보살(常啼菩薩)을 말한다. 『대지도론』 제96에 등장하는 보살로 반야경의 수호자라고도 한다. 상제란 언제나 운다는 뜻인데, 중생들이 고통세계에 살고 있는 것을 보고 울며, 부처님 없는 세상에 나서 조용한 숲속에서 걱정하며 운다고 하고, 남에게 좋은 일을 못해서 우는 보살이다. 이 보살에 관해서는 『대품반야경』 「살타파륜품」에 상세히 나오고 있다. 이 보살은 지금 대뢰음(大雷音)부처님 처소에 있으면서 보살도를 행하고 있다고 한다.

지금은 법을 받고서 환희에 머물고 있다].

다음에 또 그 겉모습을 말하는데 간략하게 그 색을 설명하면 청백색이다. 즉 백색도 아니고 또 대흑(大黑)도 아니니 이것은 길상의 색으로서 대본에는 자세하게 설명하였으나 여기에서는 단지 일부분만 거론했을 뿐이다.

"머리는 크고"라 함은 라운(羅云)[8]의 정수리와 같고 산개(傘蓋)의 종류와 같음을 말한다. 그러나 지나치게 크거나 넓지 않고 또한 작지도 않다. 요점을 말하면 바로 풍성하고 고우며 중앙이 불룩하여 [단엄한] 상호를 갖추고 있다.

"목은 길며"란 목이 크거나 길지 않고 또 너무 짧지도 않은 것이다. 요점을 말하자면 수직으로 곧바르며 목의 중간부분이 너무 지나치게 굵지 않은 것이다.

"이마는 넓고 평평하며"라 하는 것도 아주 바르고 크고 넓으며 또한 반드시 단엄한 모습을 구족한 이마를 말한다.

"코는 수직으로"란 너무 높이 솟은 것도 아니고 너무 낮은 것도 아니며 반드시 금으로 만든 것과 같아야 한다.

이상으로 간략하게 몸과 마음이 도를 받아들일만한 그릇이 되는 상에 대해 설명하였다. 이와 같은 사람이라면 전하여 익히는 데에 감당할만하다. 그 상을 구족한 자를 불자(佛子)라 말한다. 이와 같은 사람에게는 반드시 [비밀한 법을] 수여하여야 한다. 은근히 섭수하여 그를 가르쳐라. 『유가사지론』[9]의 「십지품」에서 설명한 것과 같다. 또 반드시 계승하여 전하기

---

8) Skt. Rāhula. 라후라의 구역(舊譯)이다.

9) 『유가사지론』 제49권(대정장 30, 566 하). '무엇이 여래의 삼십이대장부상인가 하면 첫째는 대장부의 발은 편안하게 잘 머물러서 땅을 똑같이 딛는 몸매를 갖추었나니, 이것이 대장부로서의 몸매이다. 둘째는 두 발바닥에 천폭륜상을 나투어서 바퀴통과 바퀴테의 여러 가지 모양이 원만하지 아니함이 없음이며, 셋째는 대중부로서의 섬세하고 긴 손가락의 몸매를 갖추었다. 넷째는 발꿈치가 긴 것이고, 다섯째는 손발이 가늘고 부드러움이며, 여섯째는 손발에 무늬 없는 그물이 있고, 일곱째는 서면 손이 무릎에 닿으며, 여덟째는 예니야의 발뒤꿈치이고, 아홉째는 몸이 굽지 아니함이며, 열째는 생식기가 감추어져 있음이다.'

에 감당할 만한 자에게는 은근히 이것을 교수하여 때를 잃지 않게끔 권하여 부촉하여야 한다.

3. 대중이 일심으로 받든다

"이때에 금강수 등의 큰 위덕을 갖춘 자들이"[곧 앞에서 모인 대중들이다.] 즉 그때에 저 청중들로서 이것을 들은 자들은 모든 본존이 설한 법에서 나의 법을 정수리에 이고 수지하여 얻고 나서 이렇게 말하였다.

"이미 왕의 명령을 받고 나서 [신하들이] 받들어 행하며 널리 전하는 것처럼 [저희들도] 반드시 공양하겠습니다."

이때에 대중들이 거듭 일어나서 부처님께 예하며 법이 오래도록 머물게 하기 위하여 부처님께 가지해주시기를 청하였다. 부처님께서 설하신 것을 듣고서 정수리에 받아서 받들어 지니며 일체지(一切智)[의 부처님]께 예를 올리고 여래의 가호를 청하였다. 왜냐하면 부처님께서 이미 이와 같은 비밀한 가르침을 부촉(付囑)하셨는데 중요한 임무를 짊어지고 여래의 사업을 행하는 그 직책은 가볍지 않기 때문이다. 이 묘법은 여래께서 세상에 계실 적에도 원한을 품거나 질투하는 자가 많았는데 하물며 말세의 악한 세상 가운데에서이겠는가! 그러나 우리들은 이미 정성스럽게 원을 내었다. 반드시 이와 같은 경전을 널리 행하여 유포하게 하리라. 그래서 모든 부처님께서는 자재신력으로써 우리들을 가호하시어 원하는 것을 성취할 수 있게 해주십사 청한 것이다.

"법안도(法眼道)로써 모든 장소에 두루하시며 세간에 오래 머무소서."

이것은 경을 널리 펴려는 원이다. 부처님의 가지로써 이 법안(法眼)을 오래도록 세상에 머물게 하도록 원하니 이것은 바로 부처님의 지견(知見)

을 여는 대혜(大慧)의 도이며, 모든 부처님께서 가시는 길이므로 법안도라 부른다. 반드시 이 도가 오래도록 세상에 머물러 중생을 끝까지 다 제도하며, 또한 가로로 세계에 두루하여 유통하지 못하는 일이 없게 한다. 즉 이 상행(上行)[10] 등이라 말하니 부처님의 자취가 있는 곳에 따라 우리 모두는 맹세코 이 법을 전하겠다고 다짐하였다. 이것이 본문(本門)에서 경을 널리 전하는 뜻이다. 이때에 부처님께서 저 [금강수보살 등의] 청을 받아들이셨으므로 곧 진언으로써 이 법을 가지하셨으니 경[11]에서 설명한 것과 같다[아직 구절의 뜻을 설명하지 않았으니 다시 여쭈어라].

이때에 모든 상수의 보살들이 부처님께서 설하시는 것을 듣고 나서 정수리에 이고 받아지녔다.

이상으로 『마하비로자나성보리가지신변경(摩訶毘盧遮那成菩提加持神變經)』을 설하여 마친다.[12]

---

10) 『법화경』 「종지용출품(從地涌出品)」(대정장 9, 40 상)에 상행(上行)·무변행(無邊行)·정행(淨行)·안립행(安立行)의 네 분의 도사(導師)가 있어서 부처님의 교법에 수희(隨喜)하는 것에 대해 설하고 있다.

11) 이 품의 끝에 설하는 11구절의 진언을 가리킨다.

12) 이것으로 「촉루품」의 해석은 끝나고 그 다음은 여론(餘論)으로서 문답으로 해석한 뜻을 보인다.

문답해석(問答解釋)

1. 삼구(三句)의 사중동이(四重同異)

문 앞의 [「주심품」에서 언급한] 삼구(三句)라 하는 것은 첫째로 보리심을 종자로 삼고, 둘째로 대비를 근(根)으로 삼으며, 셋째로 방편을 구경[後]으로 삼는다. 지금 대비장만다라(大悲藏漫荼羅)에서 이것을 설하면 중태(中台)를 보리심으로 삼고 다음에 여덟 연잎을 대비로 삼으며, 밖의 3원(院)을 방편으로 삼는다는 것인가?

답 여기에는 두 가지가 있다. 수행자가 인지(因地)에 있을 때에 설할 수가 있고, 여래의 과지(果地)에서 이것을 설하기도 한다. 또한 최외원(最外院)의 팔부(八部) 등 세간의 천신과 같은 부류는 곧 앞의 팔심(八心)[1] 가운데 최초로 재(齋)를 지키는 것에서부터 이래로 과(果)를 수용

1) 순세(順世)의 팔심.

하기에 이르기까지이다. 그리하여 선근을 개발하고 정도(正道)와 상응하는 것이 있다면 이것은 바로 대비태장화대(大悲胎藏花臺)의 인(因)이다. 여래께서 방편으로 이들을 인도하시어 세간의 팔심을 성취하게 한 이후는 바로 외원(外院)의 위(位)에 해당한다. 다음에 점점 내부를 향하는데, 이승(二乘)도 역시 이 내부에 속한다. 다음에 또 무상(無上)의 뛰어난 [대승]법의 보리심이 있다는 것을 알고 조금씩 나아가 제2・제3[2]에 인입되는 것은 모두 대비의 구절에 해당한다. 다음에 불과(佛果)를 성취하여 중태에 들어가는 것은 바로 방편의 구절이다.

문 그런데 이 팔엽 및 중태의 오불과 사보살은 어찌하여 다른 몸인가?

답 오직 한 분 비로자나일 뿐이며, 여래 내증의 덕을 분별하여 밖으로 표시하고자 하기에 하나의 법계 안에서 팔엽으로 분별하여 설했을 뿐이다.

문 또 사보살 중에서 동남쪽의 보현(普賢)이란 무엇을 의미하는가?

답 보현이란 보리심이다. 만일 이 묘인(妙因)이 없으면 끝내 무상(無上)의 대과(大果)에 이를 수 없으므로 최초로 이름을 얻었다.[3]

『보현관경(普賢觀經)』[4]의 차제와 같으며, 나아가 비로자나께서 모든 장소에 두루하심과 상락아정(常樂我淨)・바라밀 등에 섭수하여 성취되는 것은 모두 정보리심이다.

다음에 문수사리(文殊師利)라 함은 대지혜이다. 먼저 정보리심을 발하고 다음에 곧 제일의공(第一義空)을 설하여 나의 마음은 자체가 공하여 선이나 악도 주인이 없으며 마음이란 무심이라고 관하고, 법은 법에 머물지 않는다고 말하는 것들이 바로 묘혜이다. 이 제일의공의 묘혜로써 저 모든 장소에 두루한 정보리심을 밝힌다. 평등한 혜(慧)의 날카로운 칼로 무시로부터의 무명의 뿌리를 끊고 곧 보살의 정위(正位)에 들어간다. 보리심이 있

---

2) 제2는 대권속(大眷屬), 제3은 내권속(內眷屬)이다.

3) 이하에 난탈이 있어 바로잡는다.

4) 『관보현보살행법경(觀普賢菩薩行法經)』(대정장 9, 389 중)에 참회・발보리심・자비 등이 차례대로 설해져 있다.

다고 하더라도 혜의 행이 없으면 과를 성취할 수 없으므로 [보현보살] 다음에 문수보살을 밝혔다.

다음에 서북방의 미륵보살은 바로 대자대비로서 [대비를 근으로 삼는다고 하는] 제2 구절의 뜻을 갖춘다. 이 대비장(大悲藏)으로써 묘한 보리수의 가지와 꽃과 잎을 성취한다. 그러므로 다음에 미륵보살을 거론하였다. 만일 혜만 있고 비(悲)가 없다면 방편을 갖추지 못하게 되어 보리를 성취할 수 없으며, 육바라밀을 갖추어 중생을 섭수할 수도 없다.

다음에 동북쪽의 관음보살은 증득을 의미한다. 증득이란 행원(行願)을 성취하여 채워서 이 화대삼매(花臺三昧[5])에 들어감을 말한다. 만일 아직 과를 성취하지 못하였을 때에 이것을 관하면 잘못된 것이다. 또한 여기에 얕고 깊음이 있다. 지금 여래의 평등한 혜로 관하면 인에서 과에 이르기까지 단지 여래의 한 몸 하나의 지(智)의 행일 뿐이다. 이러한 까닭에 여덟 잎이 모두 대일여래의 한 몸이다. 만일 여래가 단지 스스로 증득한 법에만 머문다면 다른 사람을 제도할 수 없다. 왜냐하면 이 곳은 오묘하고 적절(寂絶)하여서 마음으로 헤아릴 수 없으니 어떻게 설명하여 다른 사람에게 보일 수 있겠는가! 그러므로 점차로 유출하여 점차 제1원에 들어가고 다음에 제2원에 이르고 다음에 제3원에 이른다. 이와 같이 유출할지라도 보문의 몸을 여의지 않으니, 그 팔부의 대중은 모두가 보현색신의 경계이다. 만일 유정들의 근기에 따라 설하면 곧 삼중(三重)의 단(壇)으로 깊은 데로부터 옅은 데에 이르게 한다. 세간 천신들의 진언의 뜻은 옅으나 이것은 단지 응신(應身)의 도이며, 방편이 아직 궁극에 이르지 않은 것이다. 만일 참다운 성품을 열면 곧 세간 천신의 진언과 대일여래가 어떻게 서로 다를 수 있겠는가! 여래에 따르면 곧 깊은 데에서 옅은 데에 이르고 안에서 밖으로 점차 삼중의 단이 이루어진다. 중생에 따르면 곧 옅은 데에서 깊은 데에 이르고 밖에서 안으로 점차 삼중의 단이 이루어진다.

---

5) 화대란 마음을 말하고 이 마음이 화대에 머물러 법계의 체성을 증득하는 삼매이다.

글자의 뜻도 바로 이러한 차제와 같다. 처음의 아자가 동방에 있으면 산스크리트어로 아자에 곧 머리를 움직인다는 뜻이 있는 것과 같다. 세간의 법에서는 모든 방향 중에서 동쪽을 상(上)으로 삼아 따르므로 보리심에서 가장 뛰어난 만행의 처음에 비유하였으며, 그 명칭을 보당불(寶幢佛)이라 한다.

다음은 바로 아(阿平)자로서 행을 의미한다. 만일 단지 보리심만 있고 만행을 갖추어 닦지 않으면 끝내 과를 성취할 수 없다. 앞의 사보살의 뜻과 다르지 않으니 그 부처가 바로 화개부(花開敷)불이다.

다음은 바로 암(暗)자로써 삼보리를 의미한다. 만행으로써 정등각을 성취하니 그 부처는 아미타(阿彌陀)불이라 이름하며 바로 서방이다.

다음으로 고음(鼓音)은 바로 대열반(大涅槃)이다. 그 아(惡)자는 정등각의 과(果)이다. 과인 까닭에 그 다음으로 말하였다.

다음으로 입중(入中)의 아(惡長聲)자는 방편이다. 이것은 비로자나불의 본지신(本地身)으로서 화대(花臺)의 체(體)이다. 여덟 잎을 초월하여 방향이나 장소에 제한되지 않으며 [중생들이] 마음으로 알 수 있는 경계가 아니니 오직 부처와 부처만이 알 수 있다. 본서(本誓)를 기억하여 대비장을 열어보여서 널리 중생들을 이끌어 부처의 혜에 들어가게 하기 때문이다. 다시 가지신력으로써 널리 몸·말·마음을 나타내어 생사윤회하는 세계에 가득 채운다. 이것이 바로 방편임을 알아야 한다. 만일 방편을 떠나면 여래의 본지도 오히려 설할 수 없거늘 하물며 다른 이에게 보일 수 있겠는가! 모든 상수(上首)의 보살들을 위하여 설할 수도 없다. 하물며 생사의 세계에 흘러 들어갈 수 있겠는가! 이 방편은 대공(大空)과 동등하여 온갖 형상을 나타내니 모든 큰 모임의 만다라는 모두 한 몸으로 다른 몸이 있는 것이 아니다. 곧 [비로자나여래의] 보문신(普門身)이며, 법계신(法界身)이며, 금강계신(金剛界身)이다.

또한 보리는 황색(黃色)이며 금강의 성품이다. 다음의 행은 적색인데 이것은 불[火]의 뜻이며 곧 문수의 뜻과 같다. 만행(萬行)은 묘혜(妙慧)를 도(道)

로 삼으며, 혜를 떠난다면 지을 수 있는 것이 없다. 다음의 성보리(成菩提)는 백색인데 곧 원명구극(圓明究極)의 뜻이며 또한 물[水]의 뜻이다.

내가 옛적에 바라던대로 지금 이미 모든 중생을 교화하고 모두 불도에 들어가게 하는 것을 만족하였다. 이러한 [중생교화하는] 일을 하고자 대비를 일으켰다. 다음은 바로 대열반의 자취가 끝나서 근본으로 돌아오니 중생이 유연(有緣)의 땔감을 다 태우면 곧 여래의 방편의 불[火]이 그치므로 열반이다. 부처의 태양이 이미 열반의 산에 숨었기 때문에 색은 흑색이다. 중심은 텅비어서 온갖 색을 갖추니, 이것이 바로 가지세계의 만다라보문의 회(會)이고 필경 청정하여서 없는 것이 없다. 그 백자륜(百字輪)이 밖에서 안으로 향하는 이유도 이러한 뜻이다. 중태(中台)처럼 모든 본존도 역시 이와 같다고 설해야 한다. 금강수의 종자인 [illegible]자와 같이 곧 다섯 가지 일을 성취한다. [illegible]는 보리심이고 [illegible]는 행이며, [illegible]는 삼보리이고, [illegible]는 열반이며, [illegible]는 방편이다. 방편을 뒤에 말하는 이유는 바로 이러한 뜻이다.

연화존(蓮花尊)도 역시 다섯 가지 일이 있다. [illegible]는 보리심이고, [illegible]는 행이며, [illegible]는 성보리이고, [illegible]는 열반이며, [illegible]는 방편이다.

문수의 경우에는 [illegible]자를 종자로 삼는데 역시 다섯 가지 뜻이 있다. [illegible]는 보리심이고, [illegible]는 행이며, [illegible]는 성보리이고, [illegible]는 열반이며, [illegible]는 방편이다.

그밖의 모든 존의 종자자도 모두 역시 이와 같이 자세하게 설명해야 한다. 이러한 뜻이기에 금강수는 곧 대일여래이고, 관세음도 대일여래이며, 문수사리도 역시 대일여래이고, 나아가 귀신과 팔부의 낱낱도 역시 이러한 뜻이 있어서 역시 대일여래가 된다. 체는 비록 하나이지만 뜻은 각기 다르다. 『유가경』 중에서 비로자나께서 이렇게 설하셨다.

"나는 바로 문수이며 관음 등이고, 나는 바로 천(天)이며 바로 사람이고, 즉 귀신이며 용이고 새이다."

이처럼 바로 이것 아님이 없다는 것은 이러한 뜻에 말미암는다. 또 이렇게도 말한다.

“이 대비장에서 본존의 위차(位次) 등과 형색이 각기 다르다는 것은 아직 유가에 깊이 들어가지 않은 자가 처음 학습할 때에 본존을 바르게 관하지 못하므로 부처님께서 방편으로 이것을 보여서 그 마음에 연하는 바가 있게 하는 것일 뿐이다. 관이 성취하게되면 법력으로 가지하므로 자연히 언제나 부처의 모임에 상응한다. 설령 생각하지 않더라도 스스로 명료하다. 하물며 관을 가지하는 것이겠는가! 이와 같을 때에 자연히 진실로 만다라를 본다. 이 경지가 바로 정보리심이다. 지금까지 나타낸 것은 모두 대일여래 법신의 묘하게 장엄한 모습이다. 또한 관음·문수·보현·미륵이 이미 여덟 잎 가운데 있는 것은 바로 대일여래의 대법신으로 사람들을 제도하기 위하여 점차로 밖으로 유출한 것이다. 그러므로 다음의 도(圖)에 다시 문수·관음 등이 있으니 견주어서 이해할 수 있다.”

또 이렇게도 말한다.

“여덟 잎처럼 보현은 보리심이고, 문수는 혜이며, 미륵은 비(悲)와 같다. 이 보리심은 바로 대일여래로서 보리심이 있고, 대혜는 바로 대일여래이다. 이 대일여래를 떠나서 따로 혜가 있는 것이 아니다. 비(悲)가 바로 대일여래이니 대일여래를 떠나서 따로 비가 있는 것이 아니다. 반드시 알아야 하니 이것에 준하여 설명하자면 만덕이 모두 이러하다. 마치 천태교학에서 설명하는 법신·반야·해탈의 뜻과 같으며 단지 법신만을 주로 하여 명칭을 얻은 부류가 이것과 서로 일치한다.”

2. 백자륜(百字輪) 안팎의 차제

문 백자륜(百字輪)의 밖에서 안으로 하나하나 이와 같은 차제를 짓는 것은 만다라에 이끌어들여 점차 섭수하여 중앙에 이르게 하려는 뜻인가?

답 이것은 인과에 대해 말한 것이다. 만일 수행하면 처음에 보리심을 내고 다음에 행하여 나아가며 다음에 정각을 성취하고 다음에 열반에 머무르며 다음에 방편을 일으키니 즉 이와 같은 차례대로 행한다. 만일 과지(果地)에서부터 설하면 곧 가(迦, ࠀ)자가 가장 안에 있고 다음이 행이며 다음이 보리이고 다음에 방편이 가장 밖에 있다. 그 가자는 아자의 체와 같으며 바로 법체의 과(果)로 삼으니 보리심의 인지(因地)라고 말하지 말라. 법신과 상응하고 다음에 유출하여 밖을 향하며 중생을 제도하는데 마치 만다라의 중태(中台)로부터 유출하여 팔부·세간 천신의 위에 이르는 것과 같다. 또한 밖에서부터 불과로 이끌어들이는 것은 만다라 내지는 팔심의 처음부터 곧바로 보리성취와 방편 등에 이르는 것과 같다. 나(仰, ṅa)·나(壤, ña)·나(拏, ṇa)·나(那, na)·마(麼, ma) 등의 글자도 출입의 뜻에 따라 혹은 백자(百字) 안에 두거나, 백자 바깥에 두어라[다시 여쭈어라].

3. 수행해 나가는 차례

문 수행자가 마음 속으로 관행(觀行)을 하는데 만다라의 대비장의 뜻을 지으려면 곧 중태로써 보리심을 삼고 점차로 밖을 향하여 나아가 세간의 천위(天位)를 방편으로 삼아야 하는가?

답 무릇 수행해 나가는 데에는 차례가 있다. 먼저 법에 의거하여 지송할 때에는 진언·수인 등을 지어서 원명을 관하고, 혹은 단지 종자를 관하며, 혹은 단지 인(印)을 관할지라도 한 가지 일을 지음에 따라 성취하는 때에는 세 가지 일을 동시에 성취하게 된다. 처음에 원명을 관하여 볼 수 없을지라도 수인·진언 및 본존을 염함으로 해서 삼업이 점차 맑아진다. 마음의 장애를 정화하기 때문에 곧 점차로 원명을 보는 것이다. 만일 원명을 보게 되면 그 가운데에서 본 종자의 글자가 완연하여서 분명하며, 그 형색과 같을 것이다. 만일 이와 같이 볼 수 있을 때에는 자기 마음의 어지러운 생각이 그쳐 사라지니 맑고 고요한 마음이 언제나 한결같아 바깥 연에 따라 움직이지 않게 된다. 이미 이와 같이 바깥의 연을 보았으면 다음에 반드시 바깥을 이끌어서 안으로 향하도록 하고 이와 같이 관찰해야 한다. 이 원명이란 바로 나의 마음에서 나오는 것이며 내부도 역시 이와 같다고 알아야 한다. 무릇 원명의 청정은 바로 마음의 체성이며 따로 법이 있는 것이 아니다. 방편에 힘써서 원만한 마음을 관찰하니 즉 이 원명의 글자를 보며 [이 글자가] 오직 나의 마음이며 다시 밖에 연이 없다. 나아가 밖의 원 가운데에 분명하게 본존 등을 보는 것은 앞의 방편과 같다. 지금 내관(內觀)하는 때에는 곧 자기의 몸을 비로자나불 등의 본존으로 만든다. 이미 이와 같이 유가의 이치에 상응하면 이것이 바로 부분적으로 성취한 것이다. 유가와 상응함으로써 관하는 바가 뜻대로 성취되니, 곧 이 심장의 여덟 잎을 관하는 것은 앞의 방편과 같다. 즉 이 심장의 화대(花臺) 위에서 만다라의 중태를 만들고 그 바깥에 여덟 잎도 부처의 위차(位次)에 따라 나열하라[또는 이 여덟 잎이 바로 대비장의 제1중이라고 말한다]. 이때에 수행자는 심장의 여덟 잎을 관하여 중태를 만들고 그 몸이 바로 만다라라고 관한다. 심장부터 윗부분은 제1원으로 삼으며, 심장에서 배꼽에 이르기까지는 제2원이고, 배꼽부터 이하를 제3원과 세간천(世間天)의 원(院)으로 삼는다. 모든 존의 형식과 상호가 각각 차별되어서 완연하다. 그들을 자기 몸 가운데에 나타내어 이것을 대하는 것은 마치 친히 부처님의 모임에 들어가는 것과 같다. 그런데 아직 진리를 보지 못한 사람은 비로자나처럼 갖가지 신통변화를 지을 수는 없다. 단지 이러한 관심(觀心)만 성취할 뿐이다. 그렇지만 한 가지 일이 있으니 진실하여서 헛되지 않다. 이른바 '내가 바로 이것'이란 분명한 확신이다. 나는 바로 법계이고, 나는 바로 비로자나이며, 나는 바로 보문의 모든 몸이다. 이 일이 틀림이 없으니 앞[6]의 진언가지의 뜻 가운데에서 '나는 곧 법계이다'라고 말한 것과 같다.

또 이렇게도 말한다. 법신은 자재한 신변의 가지가 있고, 이것은 의심할 수가 없다. 『유가금강정경』 가운데에서 수백 가지 비유를 이끈 것과 같으니 대본에는 자세하게 그 뜻을 설명하였다.

또 이렇게도 말한다. 제석천의 궁전 중에 머무르는 것과 같으니 그 땅은 모두가 다 유리보배로 되었고, 안팎으로 청정하다. 하나하나의 천의 대중들은 자기 궁전의 방 안에 머물지라도 제석이 언제나 그 궁전이 있는 것을 분명하게 마주 대하듯이 볼 수 있다. 왜냐하면 이 땅은 모두가 다 묘한 보배로 만들어졌기 때문에 서로 번갈아 비추며 다시 서로 끌어당기기 때문이다. 저것이 오지도 않고 이것이 가지 않으며 또한 서로 화합하지 않아도 연을 갖추었기 때문에 이와 같다. 실로는 생겨남이 없어서 존재하지 않을지라도 믿지 않을 수가 없다.

또한 모든 천의 환희원(歡喜園[7])에 있는 것과 같다. [천(天)들이] 방일(放逸)함이 매우 심하자 이때에 그 숙업의 힘 때문에 나뭇잎 속에서 교법의 소리가 있어서 그 천들을 꾸짖어서 바른 행에 머물게 한다. 이때에 천들이 곧 방일을 멈추고 마음에 선행을 생각한다. 그러나 실로는 하나하나의 나뭇잎 속에서 [소리가 나는 곳을 찾아] 구하여도 얻을 수 없다. 또한 천의 몸 속에서 생기는 것도 아니고 자기나 남으로부터도 생기는 것이 아니지만

---

6) 『소』 9권(대정장 39, 675 상)의 법계생(法界生)의 진언을 설한 곳을 가리킨다. 그리고 『소』 12권 「성취실지품」(대정장 39, 704 중)의 해석에도 있다.

7) 환희원은 가회단(嘉會壇)에 비유한다. 따라서 이하의 방일은 자수법락(自受法樂)의 뜻이다.

이러한 일이 이루어진다.

또한 아수라와 전쟁할 때와 같다. 천고(天鼓)[8]가 [저절로] 소리를 내어 천의 대중들을 안위하고 용맹한 생각을 내게 하며, 아수라로 하여금 두려워 떨며 흩어지게 하지만, 실제로 이 천고는 형체도 없고 머무는 곳도 없다. 단지 모든 천의 공덕과 온갖 연으로 이루어진 것으로 모두가 불가사의하니 하물며 법신[의 공덕과 연으로 이루어진 것]이겠는가!

또한 대범왕(大梵王)[9]이 본궁 가운데에 있는 것과 같다. 모든 천의 대중들이 [대범왕을] 보고자 생각하면 모두 그 앞에 나타나지 않음이 없으며, 모든 천들이 다 그의 청정행과 또 단엄한 상호가 제일간다는 것을 알기 때문에 번뇌·탐욕 등의 마음이 그치고 무량한 선원(善願)을 일으키며 분수에 따라 청정행을 닦아 나아가게 된다. 그러나 범왕은 본궁 가운데에서 움직이지 않고 흔들리지 않으며 또한 생각을 일으키지 않더라도 '내가 널리 저들에게 응하여 각각에게 모두 그 앞에 나타나야 한다'고 생각한다. 그러나 [천의 대중] 모두는 이렇게 생각한다.

'홀로 나를 위하여 나타나시어 나를 위하여 법을 설하시는구나.'

이들 세간조차 적은 복의 원으로써 오히려 이와 같은 불가사의한 작용이 있으니 하물며 여래의 법신으로서 이와 같은 자재신력가지신변을 성취할 수 없겠는가!

그런데 일상적인 설법에서는 혹은 법성이라 말하고 혹은 법신이라 말하며 적정한 것이 공과 같아서 동작하는 바가 없고, 도무지 이와 같은 힘과 작용을 구족한다고 설하지 못한다. 무릇 신변을 일으키는 것을 모두 유위(有爲)의 마음이 삼매의 힘이라고 여긴다면 법체라고 말할 수 없으며, 이와 같다면 이것은 아직 깨닫지 못한 것이다.

---

8) 도리천(忉利天)의 선법당(善法堂)에 있는 북. 두드리지 않아도 저절로 묘음(妙音)을 낸다고 한다. 여기에서는 등류신(等流身)의 설법에 해당한다.

9) 자성법신(自性法身)에 해당한다.

4. 변지원의 세 가지

문 만다라의 제1원의 동방에는 오직 삼각 · 허공안(虛空眼) 및 여의보(如意寶)의 세 가지만 있고 나머지는 텅비어서 빠뜨린 것은 왜 그러한가?

답 진언 및 수인과 같이 여래의 호상(毫相) · 여래의 혀 · 여래의 어금니 · 여래의 치아 · 여래의 배꼽 · 여래의 갑옷[10] 등과 같은 것은 모두 이 제1원에 있어야 한다. 반드시 다음에 이것을 나열해야 한다. 그 불정(佛頂)은 제3원에 있고 이 가운데에는 없다.

5. 사불의 차례

문 보당불(寶幢佛)은 어떤 뜻인가?

답 바로 보리심이다. 마치 세간의 군대에 깃발이 있으면 이 대중 가운데 대장의 표치로서 모두 우러러보며 진군하며 멈추는 규칙이 깃발을 따르지 않을 수 없는 것과 같다. 그와 같이 모든 만행(萬行)이 모두 이 보리심을 따른다. 그리하여 이것[당]을 표치로 삼으며 주인으로 삼으므로 [보당불이라는] 명칭을 얻게 되었다.

문 보당 다음에 화개부불(華開敷佛)이라 함은 무엇인가?

답 이것은 바로 행(行)의 뜻이다. 십바라밀 만행으로 보리심을 도와 차례대로 번성하게 하니 싹 · 줄기 · 잎이 번성하여 훌륭하므로 이러한 이름을 얻었다.

10) 여래의 대비를 의미한다.

문 화개부불 다음에 아미타라고 함은 무엇인가?

답 이 부처는 바로 수용불(受用佛)이다. 즉 큰 과실(果實)을 성취하여 그 과를 수용하는 무량하고 부사의한 현법(現法)의 낙(樂)이니 이로 인해 명칭을 얻었다.

다음에 고음불(鼓音佛)이란 방편이다. 이미 대과를 얻었으므로 스스로 수용할 뿐만 아니라 널리 모든 중생들을 위하여 이것을 연설한다. 갖가지의 방편을 지어 성취하는 지혜이다. 마치 천고의 소리가 생각 없이 사업을 성취하므로 이로 인해 이름을 얻는 것과 같다. 또한 앞에서 북방 아촉(阿閦)이라 한 것은 경의 오류이다. 이것은 유가의 뜻이니 이것과 상응하지 않고 고음불로써 정(定)으로 삼는다.

『대비로자나성불경소』 제20권을 모두 마친다.

가보(嘉保) 2년 2월 20일에 금강봉사(金剛峯寺)의 오원(奧院) 동암실(東菴室) 관음원(觀音院)에서 근 스님들이 모두 [황제의 부촉을] 받들어 [번역하여] 마쳤다.

가보(嘉保) 2년에서 관영(寬永) 6년까지 535년이다.

광택사[廣澤]의 수법제자 가운데 막내 제자가 기록하다.

대비로자나경공양차제법소
(大毘盧遮那經供養次第法疏)

상권

불가사의(不可思議) 찬술

귀경서(歸敬序)

비로자나부처님과
실상법지(實相法智), 연기(緣起)의 법[1]과
성자(聖者)이신 묘음[2]아사리(妙音阿闍梨)께
머리숙이나이다.
은혜를 드리워서
법성의 바다를 증득케 하소서.

---

1) 실상법지는 본래 생겨남 없는 이치가 드러나는 지(智)이며, 연기의 법은 실상의 법지가 연기하여 중생을 깨치게 함을 말한다. 이것은 법보(法寶)를 가리킨다. 앞의 비로자나는 불보(佛寶)이다.
2) 문수사리를 보통 묘길상(妙吉祥)이라 하며 또는 묘음(妙音)·묘덕(妙德)·묘락(妙樂)이라고도 칭한다. 문수보살은 제7권의 설자(說者)이며 또한 실상지(實相智)를 증득하여 드러내므로 승보(僧寶)의 대표로서 귀경한다.

제1 진언행학처품(眞言行學處品)

이 『공양차제법』을 네 문으로 나누어서 해석하겠다.

[첫째는 대의(大意)를 서술하는 것이며, 다음은 유래를 설하고, 셋째는 제목(題目)을 풀이하며, 넷째는 문장에 따라 해석한다.]

1. 대의

처음에 대의(大意)를 서술하겠다. 무릇 참된 성품의 지극한 이치는 언어와 형상을 여의었을지라도 근기에 따라 시현하여 상으로써 나타내지 않는 것이 없다. 말하자면 아(阿)자문 등으로써 오묘하게 그 이치를 밝혔다. 지금 이 경은 이치가 언어에 덮혔고, 뜻은 글 밖으로 막혔다. 이 까닭에 여래의 가지신력으로 [이러한 덮히고 막힌 것을] 대치함에 비인(秘印)으로써 하고, 인도함에 진언으로써 한다. 그러므로 스승으로부터 배우지 않으면 그 문에 들어갈 수 없으며, [제자가 되기에] 알맞은 사람이 아니면 망녕되이 전수하지 못하게 하니, 아직 관정을 받지 않았다면 잠깐이라도 듣는 것을 허락하지 않는다. 만일 보고 듣고 정례할 수 있다면 갠지스강의 모래알처럼 많은 죄를 없애고, 설한 대로 받들어 행한다면 바다와 같은 덕이 그 몸에 모일 것이다.

2. 유래

다음으로 유래를 설명하겠다.

옛날 중인도의 어느 왕에게 네 명의 왕자가 있었다. 그 왕이 붕어(崩御)하려고 할 때에 왕후가 대왕에게 여쭈었다.

"만일 붕어하시면 어느 왕자로 왕위를 잇게 할까요?"

왕이 곧 대답하였다.

"막내 왕자가 왕위를 계승하게 하시오."

부왕이 붕어한 뒤에 대신과 백관이 모두 모여서 유제(遺制)를 청문(請問)하였다. 왕후가 곧 대답하였으니 왕의 마지막 유언과 같았다. 이때에 왕후와 모든 형(兄)들 및 대신들이 막내 왕자를 받들어 청하여서 장차 왕위를 계승하도록 하였다. 막내 왕자가 답하였다.

"저에게 서원이 있으니 출가하여 도를 배워서 중생들을 제도하고자 바랄뿐 왕위를 계승하는 것은 감당치 못합니다."

모후(母后) 등이 두 번 세 번 부왕의 유언대로 거듭 청했으나 막내 왕자는 전처럼 사양할 뿐이었다. 그러나 모후 등은 두 번 세 번 청하고 난 뒤에 억지로 왕위를 계승하게 하였다. 막내 왕자는 거스를 수 없어서 드디어 왕위에 즉위한 뒤에 다시 생각하였다.

'내가 이 나라에 머물면 출가하지 못할 것이다. 나의 이모[阿姨]가 인근 나라의 왕후이신데 부탁드리면 반드시 출가할 수 있을 것이다.'

그리고 방편으로 도망쳐서 그 나라로 달려갔다. 그 나라의 국경에 도착하니 국경을 지키는 장수가 물었다.

"당신은 누구입니까?"

막내 왕자가 곧 대답하였다.

"저는 중인도국의 왕입니다."

국경을 지키는 장수가 말하였다.

"만일 나라의 왕[國主]이시라면 어찌하여 홀로 오셨습니까?"

"저는 본래 출가하여 도를 배우기를 바랬습니다. 만일 오래도록 본국에 머물면 절대로 출가하지 못할 것 같습니다. 출가하여 도를 배우고 [부처님께] 예배하기를 깊이 바랍니다."

국경을 지키는 장수가 사신을 보내어 상소를 올렸다. 왕후가 상소를 듣고 사신을 맞이하였다. 막내 왕자는 왕후를 알현하고 한쪽 무릎을 꿇고 앉아서 뜻하는 원을 말씀드렸다. 왕후는 그 말을 듣고 슬피 울며 눈물을 떨어뜨리고 가엾어 상심해하며 오래 침묵하다가 말하였다.

"그대는 종성(種姓)이 크샤트리야로서 정반왕(淨飯王)의 자손으로 석가여래의 먼 종질(從姪)[3]이다. 내가 듣기에 석가는 태자의 위를 버리고 성을 나와서 출가[入道]하여 마침내 정각을 이루었다고 한다. 천하에서 버리기 어려운 것은 오직 보위(寶位)[4]를 버리는 것이다. 그대는 석가와 마찬가지로 국왕위를 버리고 큰 서원을 일으켰으니 반드시 성불하게 될 것이다. 그렇지만 오늘부터 이후로 백성들의 문으로 가서 발우를 지니고 걸식하며 거칠은 밥으로 몸을 유지해야 한다니 매우 슬프구나! 그렇다해도 대장부가 바라는 것으로 지극한 마음으로 서원한 것이라면 어찌할 수 있겠느냐!"

---

3) 종형제(從兄弟)의 아들.

4) 제왕의 위(位).

곧 출가를 허락하고 막내왕자를 위하여 나라 안에서 덕이 높은 법사를 청하여 제자로 삼게 하고 출가하여 배우게 하였다. 막내 왕자는 품성이 명철하고 지혜로워서 하나를 들으면 바로 오묘한 근본을 이해하고 둘을 들으면 백천 가지를 비교하여 알았다. 비록 학습한 것이 몇 년 되지 않았지만 배운 것을 모두 통달하였다.

이때에 그 법사가 말하였다.

"내가 아는 것은 다하여서 다시 말해줄 것이 없구나. 내가 듣기에 저 나라에 현성(賢聖)의 태덕(太德[5])이 계시다고 하니 반드시 그가 계신 곳으로 가서 배우도록 하여라."

막내 왕자가 가르침을 받들어 사례하고 물러나 현명한 스승이 계신 곳에 이르러서 수학하는 것이 전과 같았다. 나아가 오십여국을 편력해서 이에 북천축에 도착하였다. 여기에 하나의 성이 있으니 건다라(乾陀羅, Gandhāra)라 이름하였다. 그 나라의 왕은 화상(和上[6])을 받들어 초빙하여 수법(受法)하며 염송하였다. 그 경[7])문은 광대하고 뜻이 깊어서 공양의 차제를 찾는 것이 쉽지 않았으므로 화상에게 공양의 방법을 청하여 구하였다. 화상이 청을 받들어 카니쉬카왕이 만든 탑의 주변에서 성자(聖者)의 가피를 구하니, 이 공양법이 홀연히 공중에서 나타나 금색글자가 찬연하였다. 화상이 한 번 간략히 독송하여 분명히 기억하고, 공중을 우러러 말씀드렸다.

"어느 분께서 만들었습니까?"

그러자 다음과 같은 말이 들렸다.

"내가 만들었다."

"나라고 하는 분은 누구십니까?"

"나는 바로 문수사리이다."

[화상은] 곧 글쓰는 사람을 불러서 따라 적게 하고 그 왕에게 한 부를 드

---

5) 중인도의 용지(龍智)아사리를 가리킨다.
6) 선무외(善無畏)아사리를 가리킨다.
7) 『대일경』을 가리킨다.

렸으며, 스스로 한 부를 베껴서 가는 데마다 가지고 다녀서 사방에 유통하였다.

여기에서 막내왕자[小子]는 바로 선무외삼장화상(善無畏三藏和上)이다. 소승(小僧) 불가사의(不可思議)는 다행하게도 화상에게 면전에서 여쭐 수 있었으며 들은 법요를 여러 부분으로 나누어서 초기(抄記)하였다.

3. 제목 풀이

세 번째로 제목을 해석하겠다.

"대비로자나성불신변가지경공양차제법진언행학처품(大毘盧遮那成佛神變加持經供養次第法眞言行學處品) 제1"

"대(大)"란 곧 가장자리를 찾을 수 없도록 넓다[無邊]는 뜻이다. "비로자나"는 태양[日]이니 이른바 지혜의 광명이다. "성불(成佛)"이란 바른 깨달음과 바른 지혜를 증득한다는 뜻이다. "신변가지"란 신력(神力)의 소지(所持)이다. "경(經)"이란 꿰고 연이어서 표현한 것으로 여기에 있다. "공양(供養)"에는 이공양(理供養)과 사공양(事供養)이 있는데 이(理)란 이치를 만나 들어가 증득하는 것으로 이것을 이공양이라 한다. 사(事)란 진심으로 힘껏 향과 꽃을 마련하여 바다처럼 많은 부처님들께 공양드리는 것으로 이것을 사공양이라 한다.

"차제(次第)"란 예를 올리는 데에서 발견(發遣)하기까지 전후의 차례이다.

"법(法)"이란 궤칙(軌則)의 뜻이다. "진언(眞言)"이란 허망한 것을 간별한다.

"행학(行學)"이란 진언을 행하고 학습하는 것이다. "처(處)"에는 네 가지가 있으니 첫째는 여법계자성(如法界自性)이고, 둘째는 교본(敎本)이며, 셋째는 전교사(傳敎師)이고, 넷째는 묘산(妙山)·보봉(輔峯) 등이다. "품(品)"이란 품류(品類)이다. "제1"이란 이 법에 다섯 품이 있는데 이 품이 첫째이므로 제1이라 말하였다.

이렇게 해서 "대비로자나성불신변가지경공양차제법진언행학처품 제1"이라 말한다.

4. 문장 해석

네 번째로 문장에 따라 해석하겠다.

이 가운데 세 가지 나눔이 있으니 서분·정종분·유통분이다. 제1품은 서분이고, 다음의 세 품은 정종분이며, 마지막의 한 품이 유통분이다.

서분 가운데에서 처음에 두 게송이 있다. [첫 게송은] 귀경하며 신심을 권장하는 서분이고, "그런데 처음에" 이하는 부지런히 정진하며 수행하는[精懃修行] 서분이다.

처음 [귀경하며 신심을 권장하는 서분] 가운데 네 문이 있다. 첫 번째의 두 구절은 경주탄덕문(敬主歎德門)이고, 다음의 두 구절은 의경소현문(依經所現門)이며, 다음의 두 구절은 성법득익문(成法得益門)이고, 다음의 두 구절은 계본결이문(契本結而門)이다.

"비로자나"는 태양이라 말한다. "정안(淨眼)을 뜨시는 것"이란 오묘한 이치를 깨치는 것이다. "나"는 문수이며, "공양"이란 이공양(理供養)과 사공양(事供養)이다.

"소자(所資)"란 모든 본존이다. "온갖 의궤"란 모든 인계와 진언 등이다. "차례대로 [진언법을] 성취하기 위하여"란 예배하고 발견(發遣)해 드리는 것이다. "그와 같게 한다"는 것은 혜일존(慧日尊[8])을 가리킨다. "본심(本心)으로 하여금"이란 본래 생겨남 없는[本不生] 이치를 마음으로 깨닫는 것이다.

"내가 지금"의 한 구절은 앞에서부터의 뜻을 결론짓는 것이다.

부지런히 정진하며 수행하는[精懃修行] 서분을 나누어서 여섯 문으로 삼는다. 처음의 한 게송 전부는 성취신해문(成就信解門)이며, 두 번째의 한 게송 반은 권신삼보문(勸信三寶門)이다. 세 번째로 "유정들의 신해(信解)에는" 이하 25게송은 권행제계문(勸行制戒門)이다. 네 번째로 "이것에 의지하여 [평등한 계에] 바르게 머물러야 하며"의 한 게송은 의정계중금문(依正戒重禁門)이다. 다섯째로 "신묘한 진언문"의 한 게송은 각심득익문(覺心得益門)이다. 여섯째로 "[이 생에서 실지에 들어가고자] 하면" 이하의 열 게송은 일생성불문(一生成佛門)이다.

첫째 단 가운데에서 "그러나 처음에 자타(自他)의 이익을 성취하는 것"이란 성취한 과(果)를 든 것이다. "무상(無上)의 지(智)와 원(願)의 방편에 의한다"고 한 것은 능히 성취하는 지(智)를 밝힌 것이다. "그것을 성취하는"이란 증득한 과를 가리킨다. "[실지를] 내어 일으키는 것" 등이란 과(果)를 들어서 인(因)을 드러낸 것이다.

둘째단에 의거하면 "실지의 온갖 뛰어난 원을 만족케 하는" 등의 두 구절은 통틀어서 불보(佛寶)와 승보(僧寶)를 나타낸다.

"그들" 등의 한 게송은 다른 해석이다. "진언형(眞言形)"이란 바로 진언자(眞言字)의 장엄한 몸이다. "머무는 바의 갖가지 인과 위의(威儀)"[9]란 인(印) 및 오른쪽 옆구리로 눕는 것을 밝혔다. "[훌륭한 진언을] 수행하는 도(道)"[10]는 바로 법계와 같은 자성(自性)이다. "방광승(方廣乘)"이란 바로 『대일경』이다.

이상은 삼보를 진실하게 믿는 것에 대해 명료하게 한 것이다.

[問] 이 가운데 삼보에 귀경(歸敬)하는 것과 첫 부분에서 삼보에 귀경하는 것은 그 뜻이 어떠한가?

---

8) 대일존(大日尊)을 가리킨다.
9) 잠잘 때 오른쪽 옆구리로 눕는 것 등이다.
10) 법계의 자성에 안주하는 것을 가리킨다.

답 첫 부분에서는 문수가 스스로 공경하는 것을 드러내었고, 여기에서는 훗날의 수행자의 법칙을 밝혔다.

문 문수는 삼보를 귀경하지 않는가?

답 문수도 귀경한다. 말하자면 "저[11]는 대일경왕(大日經王)에 의거하여"[라는 게송이] 바로 [불보에] 귀경하는 법이고, 자신을 가벼이 여기지 않는 것이 바로 승보에 귀경하는 것이니 동체(同體)의 삼보[12]를 알 수 있을 것이다.

제3단 가운데 "유정들의 신해에는 상・중・하가 있는데"라고 하는 것에서 [유정들이란] 바로 육취(六趣)[를 윤회하는] 중생이다. "만약 가장 뛰어난 [방광승에서]" 등은 앞의 『대일경』을 가리킨다. "조복행(調伏行)"[13]이란 삼매야를 범하지 않는 것이다. "별율의(別律儀)"[14]란 『대일경』을 말한다. "구연(具緣)[15]의 온갖 지분"이라 하는 것은 도량을 닦아 만든 지분(支分)이다. "일심(一心)[16]에 머물러야 하며"란 일심을 스승이 가르친 것에 매어두는 것이다. "삼매야(三昧耶)"란 평등・본서(本誓) 등을 밝히는 것이다. "도량(道場)"이란 묘하고 원만한 단(壇)이다. "교본(敎本)"이란 『비로자나경』이다. "직접 존(尊)이 계신 곳에서"라 함은 관정하는 스승[이 계신 곳]을 가리킨다. "뛰어난 삼매야와 호(護)를 획득해서"라 함은 전법관정을 받는 사람이 얻는 것이다. "바른 진언의 평등한 행을 섭수[17]하는 것"은 본래 생겨남 없는 이치 가운데에서 마음을 움직이지 않는 것이다. "이 진언의 최상승(最上乘)[18]에 들어간다"

---

11) 문수(文殊)의 자칭(自稱)이다.

12) 삼보에 대한 세 가지 해석 가운데 하나이다. 불법승의 삼보가 각각 독립적인 존재라 하는 병상삼보(別相三寶)의 해설법이 있으며, 의미상으로는 불법승이 각각 다른 것이나 그 본질상으로는 다르지 않은 일체(一體)라 하는 동체삼보(同體三寶)의 해설법이 있고, 불상과 경전과 출가비구로서 후세에까지 불교를 계속해서 지키고 전승하게 한다는 주지삼보(住持三寶)의 해설법 등이 있다.

13) 불범삼매야(不犯三昧耶)이다. 삼매야란 평등본서(平等本誓)의 뜻이다.

14) 『대일경』에서 설하는 내용을 가리킨다.

15) 만다라의 건립 등을 말한다.

16) 스승이 전수한 것을 일심으로 염송해야 함을 뜻한다.

17) 본불생의 이치에 안주하는 것을 말한다.

에서 들어간다는 것은 이해함이고, 최상승이란 바로 비로자나께서 증득하신 이치 자체이다. "밀행(密行)"이란 진언행을 행하는 자이다. "궤범사(軌範師)"란 바로 아사리 등이다. "광대한 모든 공덕"이란 궤범자(軌範者)가 바로 큰 바다 같은 공덕을 지니고 있으며, 바다와 같은 공덕이 그 몸에 머물고 있다. 왜냐하면 『경』에 이르길, "만일 부처님을 뵙고 예배하고자 하거나 또는 부처님을 공양하고자 하면 이 사람을 부처님과 다름 없이 예배하고 공양해야 한다. 왜 그러한가 하면 [부처님과 이 사람은] 다름이 없기 때문이다."[19] [이 사람은] 다섯 가지의 진언심(眞言心)과 인 등으로 그 몸을 장엄하기 때문이다. "계경(契經)"이란 『비로자나경(毘盧遮那經)』을 가리킨다. "성냄의 잘못을 내지 말고"라 함은 『화엄경』[20]에서 자세하게 설명한 것과 같다. "정보리심"이란 바로 진언이다. "언제나 인욕을 품고 허물을 보지 않으며"라 함은 세간의 법에서 인욕 가운데 참기 어려운 인욕은 오직 은덕을 배신하는 자이다. 그래서 인욕하기를 권하였다. "기다린다"고 하는 것은 준비하는 것이니 말하자면 "때를 기다린다"는 것은 바로 진언수행자가 삼매를 닦고자 하는 때이다. 이때 갑자기 어떤 단월(檀越)이 강설해주기를 청하면 곧 이렇게 말해주어야 한다.

"내가 삼매를 닦은 이후에 그대를 위해서 강설하겠습니다만 지금은 [삼매를 닦고자 하기에] 안됩니다."

"청백(淸白)하고 순정(醇淨)한 법"[21]이란 체리(體理) 가운데에 언제나 갠지스강의 모래알처럼 많은 성품이 무루(無漏)인 공덕과 보시 등의 모든 바라밀문을 얻는 것이 있다. "모든 술[酒]에 말미암으니"라 함은 이 술은 방일의

18) 대일여래가 증득한 이치인 본불생에 들어가는 것을 말한다.
19) 『경』 「구연품」(대정장 18, 12 중)의 글을 가져왔으나 원문과 약간 차이가 있다. "부처님께 공양하려고 한다면 반드시 이 선남자 선여인을 공양해야 하며, 부처님을 뵙고자 하거든 반드시 그들을 관해야 한다."
20) 『화엄경』 49권초(대정장 10, 257 하). '성내는 마음을 일으키면 백만 가지의 장애가 생긴다. 등등.'
21) 본성이 무루(無漏)인 모든 공덕을 나타낸다.

근본이기에 만일 마시면 삼매를 어지럽힌다. "아만(我慢)을 키우는 것"이란 망집을 늘리는 것이다. 망집이 깊으면 선정을 수습하는 것에서 멀어진다. "지금 이미 차례대로 간략히 설하였다"라 함은 말이 간략하나 뜻이 깊은 것에 대해 찬탄한 것이다. "널리 분명한 지해(知解)를 생하게 하였다"고 함은 다문(多聞)의 이익을 찬탄한 것이다. 이상으로 계(戒)・이(理)・정(定)・혜(慧)[22]를 간략하게 설명하여 마쳤다.

제4단 가운데에 "이것에 의지하여 평등한 계에 바르게 머물러야 하며"라 하는 데에서 바르게 평등계에 머문다는 것은 계성심(戒性心)[23]에 머물러야 하며, [주체와 객체로 분별된 지계상(持戒相)에 빠진] 지계(持戒)의 마음을 일으키지 말라는 말이다. 앞에서는 덕을 밝혔는데 여기에서는 범하는 원인을 금제하고 있다.

제5단 가운데에 "묘한 진언문(眞言門)에서 그 마음 깨친 자"[24] 등이라 하는 것에서 [그 마음 깨친] 지혜로운 자는 본래 생겨남 없는 이치를 깨우친 자이다.

제6단 가운데에서 "명법(明法)"이란 진언이나. "상응"이란 두 가지가 있는데 먼저 본존을 관하고 본존을 관하는 것이 익숙해지면 자신을 본존으로 만들며 이 마음을 산란하지 않게 하는 것을 상응이라 말한다.

"지혜로운 자는 스승의 허가를 받고 나서"의 두 구절은 앞의 문장을 매듭짓고 다음 문장을 일으키는 것이다. "묘산(妙山)과 보봉(輔峰)" 이하의 세 게송 반은 수행자가 의지하여 머물 곳을 나타내었다. 여기에 네 장소가 있으니 각기 열거하면 다음과 같다. 첫째로 "묘산"이란 높고 뛰어난 명산이다. "보봉"이란 큰 산의 봉우리로 안온하고 거주할 만한 곳을 말한다. "반

---

22) 계(戒)는 "뛰어난 이익을 짓는 천(天) 가운데의 천" 등의 열한 게송이며, 이(理)는 "만약에 널리 요익하게 할 세력이 없다면"의 두 게송, 정(定)은 "지혜로운 자는 육정근(六情根)을 제어하여"의 한 게송, 혜(慧)는 "나는 올바른 삼매야의 도에 의거하여"의 한 게송이다.

23) 무위계(無爲戒)의 자성 평등한 마음에 머물라는 뜻이다.

24) 이하에 난탈이 있어 바로잡는다.

암(半巖)의 사이”란 벼랑에 뚫린 구멍으로 사람이 살 수 있는 곳을 말한다. “갖가지의 감(龕)”에서 감(龕)에는 세 종류가 있는데, 첫째는 실감(室龕)이고 둘째는 토감(土龕)이며, 셋째는 석감(石龕)이다. 말하자면 굴과 같은 곳으로 불상을 안치할 수 있는 곳을 감이라 말한다. “굴(窟)”이란 석실(石室)이다. “두 산의 중간”이란 샘과 바위가 청결하여서 수행하기에 안은한 곳이며, 하천 등이 있는 곳이다. “문(芠)”이란 수초이며 “하(荷)”는 연꽃잎이다. “흐르는 내”는 언제나 흐르는 물이 끊어지지 않는다. “섬”은 물 속에 머물 수 있는 곳이고 “기슭”은 강가이다. 말하자면 강의 옆 기슭으로 청결한 곳에 머물러 도를 닦을 수 있다.

다음의 한 구절은 현재에 마땅치 않은 곳을 떠나라는 것이다.[25] “소란스럽게”란 마음이 어지럽고 고요하지 않은 것이다. 말하자면 사람이나 동물들이 번거롭고 어지러우며 시끄럽게 하는 것이다.

세 번째 [구절]에서는 풀과 나무가 우거진 숲을 밝혔다. “무성하여”라 함은 나무가 번성하여 무성한 모습이다. 숲과 덤불이 고요하여 머물러 수행할 수 있는 곳이다. “유목(乳木)”이란 뽕나무이다. “길상초”는 중국땅의 누런 띠풀과 같다.

다음의 두 구절은 그 옳고 그름을 밝힌다. 네 번째 [구절]에서는 절과 탑이 있는 곳을 밝혔다. “난야(練若)”[26]에는 세 가지가 있다. 첫째는 달마[27][가 있는 장소]이고, 둘째는 단타가(檀陀伽)[28]이며, 셋째는 마등가(摩登伽)[29]이다. 달마란 보리도량이며, 단타가는 더러운 풀이 없는 곳이고, 마등가는 떠들썩한 움직임이 없는 곳이다. 여기에서 말한 것은 마등가라 할 수 있다.

---

25) 『경』의 구절은 다음과 같다. “사람과 동물들이 소란스럽게 하는 것에서 멀리 떠나있으며.”

26) Skt. āraṇya의 음역으로 적정처(寂靜處)·무쟁처(無諍處)라고 번역한다. 시끄러움이 없고 한적해서 수행하기에 좋은 곳으로 처음 도를 닦는 사람은 반드시 세속의 인연을 끊고 아란야에서 수행하도록 되어 있다.

27) 법이 있는 장소를 가리킨다. 또는 법에 상응하는 곳, 즉 보리도량을 말한다.

28) Skt. dāntaka. 모래가 쌓여있는 곳이다.

29) Skt. mātaṅga. 무덤 사이의 곳이다.

다음의 한 구절은 옳고 그름을 분별하는 것에 대해 밝혔다. "무(務)"는 일이며, "오욕(五欲)"이란 색·성·향·미·촉[의 다섯 가지 감관의 욕락을] 말한다. "온갖 덮개와 얽힘"이란 오개(五蓋)[30]이니, 간탐(慳貪)과 성냄과 혼침수면(昏沈睡眠)과 들떠 산란함[掉擧散亂]과 의심의 덮개[疑蓋]이다. "실지"란 성취이며 또한 성보리(成菩提)라고도 말한다. "청정한 생활[淨命]"이라 말한 것은 적은 욕심으로 만족할 줄 아는 행이니 인도말로는 두타(頭陀)[31]이다. 이것을 갖추는 데에 16가지가 있는데 경전과 논서[32]에서 감추거나 드러

---

30) 심성을 가리워 선법(善法)을 낼 수 없게 하는 다섯 가지 법. ① 탐욕개(貪欲蓋) : 오욕에 집착함으로써 심성을 가리움. ② 진에개(瞋恚蓋) : 성냄으로써 심성을 가리움. ③ 수면개(睡眠蓋) : 마음이 흐리고 몸이 무거움으로써 심성을 가리움. ④ 도회개(掉悔蓋) : 마음이 흔들리고 근심함으로써 심성을 가리움. ⑤ 의법개(疑法蓋) : 법에 대하여 결단성이 없이 의심하고 미룸으로써 심성을 가리움.

31) Skt. dhūta. 두다(杜荼)·두다(杜多)·두수(抖擻)·두수(斗藪)·수치(修治)·기제(棄除)라 하기도 하며 의식주에 대한 집착을 버리고 심신을 수련하여 번뇌의 때를 떨어버리는 것을 말한다. 이 두타에 12조항이 있는데 이를 12두타행이라 하며 그 내용은 다음과 같다. ① 인가와 떨어진 조용한 숲속에 머물 것. ② 항상 걸식할 것. ③ 걸식할 때 빈부를 가리지 말고 순서에 따라 할 것. ④ 하루에 한 번 먹을 것. ⑤ 과식하지 말 것. ⑥ 정오 이후에는 아무 것도 먹지 말 것. ⑦ 헤진 옷감으로 만든 옷을 입을 것. ⑧ 3의 외에는 소유하지 말 것. ⑨ 무덤 곁에 머물며 무상관(無常觀)에 도움이 되도록 할 것. ⑩ 나무 밑에 기거할 것. ⑪ 지붕이 없는 한데에 앉을 것. ⑫ 항상 단정하게 앉아 있고 눕지 말 것. 후세에 이르러 두타란 말의 의미는 산이나 들 그리고 세상을 편력하며 온갖 고행을 인내하는 운수행각(雲水行脚)의 수행이란 개념으로 변화되었으며, 이때 삼의를 더럽히지 않기 위해 옷을 자루 속에 넣어서 목에 걸고 다녔는데 이 자루를 두타대(頭陀袋)라 했다.

32) 『불설십이두타경』(대정장 17, 720 중), 『대지도론』 49권(대정장 25, 415 중), '두타의 공덕을 버리지 않는다는 것은 뒤의 「각마품(覺魔品)」 중에서 무생법인(無生法忍)을 말하는 것과 같다. 이 가운데에서는 무생법인을 두타로 삼나니, 보살은 순인(順忍)에 머무르면서 무생법인을 관한다. 이 십이두타는 계율을 청정하게 지니기 위한 까닭이요 계율을 청정하게 지니는 것은 선정을 위한 까닭이며, 선정은 지혜를 위한 까닭이다. 무생법인은 곧 진실한 지혜요, 무생법인은 바로 두타의 과보이니, 결과 가운데에서 원인을 말하기 때문이다.' 『대지도론』 68권(대정장 25, 537 상). '수보리야, 법을 설할 이는 첫째 아란야에 있고, 둘째 항상 걸식을 하며, 셋째 누더기를 입고, 넷째 한 자리에서 먹고 거듭 먹지 않으며, 다섯째 바리 안에 있는 밥만으로 만족하고, 여섯째 정오가 지나면 과일즙 따위도 먹지 않으며, 일곱째 무덤 곁에 머물러 있고, 여덟째 나무 밑에 있으며, 아홉째 한데에 앉아 있고, 열째 항상 앉아만 있고 눕지 않으며, 열 한째 빈부를 가리지 않고 차례대로 걸식하며, 열 두째 세 가지 옷만을 가지고 있는 등의 십이두타를 받들고 있는데 법을 들을 사람은 아란야에 있지도 않고 나아가 세 가지 옷만을

내기 때문에 열두 가지만 설명했다. 16가지[의 자구(資具)]라 하는 것은 옷에 네 가지, 음식에 여섯 가지, 장소에 여섯 가지이다. 옷의 네 가지라 함은 분소의(糞掃衣)를 입을 것·취의(毳衣)를 입을 것·납의(納衣)를 입을 것·삼의(三衣)를 준비할 것이다. 분소의라 함은 불에 그을리고 소가 씹었으며 쥐가 갉아먹었고 죽은 사람이 입었던 옷 등이며, 외국인이 이와 같은 옷을 거리나 들에 버린 것이 똥을 버린 것과 같으면 분소라 이름한다. 수행자는 이런 옷을 가져다가 빨래하고 물들이며 꿰매고 다듬어서 몸을 가리는 데에 사용한다.

문 어떻게 이런 옷을 받아야 하는가?

답 삼품(三品)이 있다. 하(下)는 생활해나가기 위해서 갖가지로 술을 팔거나 삿된 생활을 해서 옷을 얻는 것이다. 중(中)은 앞의 허물을 멀리 여의고 승의(僧衣)와 단월(檀越)이 보시한 옷을 받는 것이다. 상(上)은 승의나 단월이 보시한 옷을 받지 않고 분소의를 받는 것이다.

문 어찌하여 승의를 받지 않고 분소의만 받는가?

답 승법(僧法)에서는 반드시 함께 [무리한 보시로 인해 빚어지는 잘못된 경우의] 이치를 끊고 [그때의 형편에 맞도록] 승사(僧事)를 처분하여 지어야 한다. 어떠한 일을 끊는데 가난한 사람을 [억지로 보시하도록] 시키면 [그 부담감 때문에] 마음이 어지러워져서 도에 나아가지 못하기 때문이다.

문 어찌하여 단월이 보시하는 옷을 받지 않는가?

답 만일 단월이 보시한 옷을 받으면 좋은 옷을 구하는 마음이 생겨서 대부분 삿된 생활에 떨어지며 또한 집착이 생겨나서 벗어나기 어렵기 때문이다. 또 [보시한 옷을] 얻은 곳에서는 지나치게 친밀감을 느끼며 얻지 못한 곳에서는 문득 소홀해져서 [보시한 사람이나 보시하지 않은 사람에게 동일하게 행하는] 평등한 교화를 방해한다. 또 자주 얻으면 교

가지지 않는 등의 십이두타를 받들지 않으므로 양쪽이 화합하지 않아서 반야바라밀을 써서 지니거나 읽고 외우면서 뜻을 묻거나 바르게 기억할 수 없으면 이것도 바로 악마의 일인 줄 알아야 한다.'

만한 마음이 생기고 얻지 못하면 미워하여 말하게 된다. 그는 무지하여서 복전(福田)에 반드시 보시하거나 보시하지 말하야 하는데 대해서 알지 못한다. 혹은 스스로 천하게 여기고 부끄러워하며 근심과 후회하는 마음을 일으키며, 또한 자주 가면 도에 나아가지 못하고, 가지 않으면 서운함을 품는다. 또 좋은 사람을 미워하여 질투하며 착한 이를 비방하고 문득 가려고 하지 않는 이와 같은 많은 허물을 본다. 그래서 단월이 보시한 옷을 받지 않는다.

問 왜 분소의만을 받는가?

答 일하는 것을 줄이고 도를 늘리며 허물을 떠나 죄가 없으므로 오직 분소의만을 받는다.

"취의(毳衣)"라 말한 것은 습기차고 [오래되어서] 빠지는 새[33]의 가는 털이다. 수행자가 분소의를 얻을 수 없으면 이것을 얻어서 옷으로 삼는다.

"납의(納衣)"라 말한 것은 [옷이] 오래되어 썩고 헤졌으나 이리저리 꿰매어 가지고서 몸을 가리며 좋은 옷을 입지 않는다. 왜냐하면 만일 좋은 옷을 구하면 번뇌가 생겨서 죄를 부르며, 공덕을 낭비하고 도에서 멀어진다. 또 좋은 옷은 아직 도를 얻지 못한 사람이 탐착을 일으키는 대상이다. 광야에서 [좋은 옷을 입고] 있으면 도적의 난을 만나기 쉽고 혹은 목숨을 뺏기기에 이른다.

"삼의(三衣)"[34]라 말한 것은 오조(五條)와 칠조(七條)와 대의(大衣)이다. 상

---

33) 새의 깃털이나 짐승의 털이 습기차고 썩어 냄새나면 스스로 그 몸을 씻어서 빠지는 오래된 가는 털을 말한다.

34) 삼의(三衣)는 다음과 같다. ① 승가리(僧伽梨, Saṁghāti)는 중의(重衣)·대의(大衣)·잡쇄의(雜碎衣)라 번역한다. 9조(條)부터 25조까지 있으며 마을이나 궁중에 들어갈 때 입는다. ② 울다라승(鬱多羅僧)은 상의(上衣)·입중의(入衆衣)라 번역한다. 7조가사로서 예불·독경·청강·포살 등을 할 때 입는다. ③ 안타회(安陀會)는 5조가사로서 내의(內衣)·중숙의(中宿衣)라 번역한다. 절 안에서 작업할 때 또는 잠잘 때 입는 옷이다. 이 삼의는 본래 부처가 더운 지방에 사는 이를 위하여 만든 법의로서, 이것만으로 몸을 가리기 때문에 의(衣)라 하였으나, 우리나라·중국 등지에서는 추운 날씨 관계로 가사 아래 장삼을 입어 가사와 구별하였다.

행(上行)의 부류는 오직 이 삼의만을 받고 그밖의 옷을 비축하지 않는다. 왜냐하면 백의(白衣)[35]는 쾌락을 추구하여 갖가지 옷을 비축하고, 외도[36]는 고행하며 나체로서 부끄러움을 모른다. 부처님께서는 중도에 머물러 두 가지 극단을 멀리하므로 삼의만을 비축한다.

또한 많은 옷을 구하면 공덕을 낭비하여 도를 방해하며, 적으면 불사를 할 수 없으므로 삼의를 비축한다. 그리하여 삼의로써 몸을 가리면 불사를 원만히 할 수 있다. 만일 힘써 일을 경영하며 크고 작은 일에 가고 오는 데에는 오조를 입는다. 좋은 일을 위해서는 칠조를 입으며, 재가신도들을 교화하며 공경과 믿음에 이르게 하려면 반드시 대의를 입어야 한다. 또 남들이 보지 않을 때에는 오조를 입고, 대중들 속에 있을 때에는 칠조를 입으며, 왕궁이나 마을에 들어가게되면 반드시 대의를 입어야 한다. 또 기후가 고르고 따뜻할 때에는 오조를 입고 차가울 때에는 칠조를 덧입으며, 추위를 막으려면 대의를 덧입는다. 그러므로 옛적 어느 한 때 겨울에 밤하늘이 얼어서 갈라지자 여래께서는 그 초저녁에 오조를 입으시고 한밤중에 다시 추워지면 칠조를 덧입으셨고, 새벽녘에 하늘의 한기가 더욱 심해지자 대의를 덧입으셨다. 부처님께서는 문득 생각하셨다.

'미래 세상에서 추위의 고통을 이겨낼 수 없는 모든 선남자들에게 이 삼의가 있다면 몸을 충분히 가릴 수 있을 것이다.'

이러한 많은 뜻이 있었기에 삼의를 비축한다.

음식의 여섯 가지란 첫째는 걸식(乞食), 둘째는 차제걸식(次第乞食), 셋째는 다른 식법(食法)을 짓지 않은 음식, 넷째는 일좌식(一坐食), 다섯째는 일췌식(一揣食)이며 또는 절량(節量)이라고도 한다. 여섯째는 정오 이후에는 물을 마시지 않는 것이다.

걸식하는 사람에 세 종류가 있는데 하·중·상이다. 하품의 부류는 출

35) 재가자를 가리킨다. 출가자는 흑의(黑衣)라 한다.
36) 석가모니 당시의 외도 가운데 자이나교는 나형외도(裸形外道)라고도 하며 나체로 수행하는 종교집단이다.

가하고도 제멋대로 하거나 삿된 생활로 살아가고, 밭을 갈고 씨를 뿌려서 생활하며 드디어는 널리 온갖 공교(工巧)를 지으며, 갖가지 삿된 생활에 스스로 머물러 지낸다. 중품의 부류는 앞의 잘못을 버려 여의고 승식(僧食)과 단월(檀越)이 청하여 제공하는 음식을 받는다. 상행의 사람은 승식과 단월이 제공하는 음식을 받지 않고 오직 걸식만 한다. 왜 승식과 단월의 음식을 받지 않는가하면 그 [승식과 단월의 음식을 받음으로써 생기는] 허물은 앞[의 옷의 경우]와 같다.

문 어떠한 뜻에서 오로지 걸식만 행하는가?

답 말하자면 두 가지가 있다. 첫째는 스스로 번잡한 일을 줄이고 오로지 도를 닦기 위해서이다. 둘째는 다른 사람들에게 [복지을 기회를 주어] 세간사람을 이롭게 하기 위해서이다.

차제걸식(次第乞食)이란 걸식에 포함되는 것으로 걸식할 때에 [특정한 사람들에게서만 보시받거나 하는] 치우치는 허물에서 떠나는 것을 드러낸다. 따로 논하면 어리석은 범부는 음식맛을 탐하며 가난한 자를 버리고 부자를 따르지만, 좁은 [소견으로 의로운 행을 한다고 자부하는] 자는 비심으로 부자를 버리고 가난한 자에게 보시받는다. 상행의 부류는 탐욕도 떠나고 좁은 마음도 버리고서 중생들을 평등하게 사랑하기에 가난한 자나 부자를 가리지 않고 차례대로 걸식한다.

다른 식법을 짓지 말라고 하는 것에 대해 율에서는 이렇게 말하고 있다.

어떤 사람이 비록 차제걸식을 한다고 하여도 구하는 곳에서 자주 정식(正食)을 얻고 다른 음식의 법으로써 자주자주 먹는다. 수행자가 생각하기를, 이 다른 음식의 법은 세존께서 병든 자에게 받을 것을 허락하셨지만, 나는 지금 병이 없으므로 받아서는 안된다. 이 까닭에 다른 음식의 법을 짓지 않는다. 이것은 일좌식(一坐食)에 섭수된다. 그러므로 경론 가운데에서 대부분 따로 설하지 않았다. 율과 다른 점은 저 일좌식이 정오(正午) 이전에 다른 소식(小食)을 먹는 것이 아니다. 이것은 자주자주 정식을 멀리 여의는 것에 의거하니 이러한 다름이 있다. 이러한 까닭에 따로 설명하였다.

일좌식(一坐食)이란 어떤 사람이 비록 자주 정식을 먹지 않더라도 정오가 되기 전에 자주자주 다른 과자·과일·죽 등을 먹는 것을 보면 수행자는 이렇게 생각한다.

'어리석은 범부는 몸을 보양하기 위하여 번뇌를 늘리며 받는 것이 자주 있지만 나는 지금 도를 위한 것이지 몸을 보양하기 위함이 아니다. 번뇌를 부수기 위해서이며 번뇌가 늘어남을 막기 위해서이므로 오직 한번만 음식을 받는다.'

또 이렇게 생각한다.

'한번 음식을 구한다해도 이미 도를 방해하는데 하물며 여러번 걸식함이겠는가! 그러므로 오직 한번만 음식을 받겠다.'

또 이렇게 관한다.

'음식은 많은 고통 속에서 생긴다. 만일 많은 음식을 받으면 괴로움이 아주 많게 되므로 한번만 음식을 받아야겠다.'

또 이렇게 관한다.

'음식은 신심으로 보시한 것이니 한번만 음식을 받아도 소화시키기 어렵다. 하물며 많은 음식이겠는가! 그러므로 한번만 음식을 받아야겠다.'

일췌식(一揣食)이란 경전[37] 중에서 절량식(節量食)이라고도 이름한다. 한번 받고서 곧 그치는 것을 일췌식이라 이름하며 절약하고 근검하여서 적게 먹는 것을 절량식이라 한다. 어찌 머리가 맑지 않겠는가! 어떤 사람이 한번만 식법을 받는다고 하여도 한번 음식을 받는 가운데에 제멋대로 배

---

37) 『대품반야경』 14권(대정장 8, 320 하)에 십이두타를 설하는 가운데 절량식을 언급하고 있다. '법을 설하는 자는 십이두타를 받아야 한다. 첫째는 아란야(阿蘭若)를 지을 것, 둘째는 언제나 걸식을 할 것, 셋째는 납의(納衣)이며, 넷째는 일좌식(一坐食)이고, 다섯째는 절량식(節量食)이며, 여섯째는 정오 이후에는 음료수를 마시지 말 것이고, 일곱째는 무덤 사이에 머물며, 여덟째는 나무 아래 머물며, 아홉째는 벌판에 머물고, 열째는 언제나 앉아있고 눕지 말며, 열한째는 차례대로 걸식하고, 열두 번째는 삼의(三衣)만을 지닌다.'

부를 때까지 먹어서 배를 채우고 배가 불러서 잠이 들면 소화시키는 데에 반나절이 걸려서 배가 줄어들지 않으면 도법을 닦는 데에 방해가 된다. 그러므로 반드시 절량해야 한다.

또한 많이 먹는 것은 번뇌를 증장하여 굴복시키기 어려우므로 반드시 절량해야 한다. 또 많이 먹으면 수면이 늘어나서 소화시키기 어려운 것이 마치 병들어서 몸이 불안한 것과 같다. 그러므로 반드시 절량해야 한다.

또한 수행자가 법신을 구하기 위해서 점차로 음식 먹는 몸을 버려야하므로 마땅히 절량해야 한다.

절량은 얼마까지 허락해야 하는가 하면 자기가 감당할 수 있는 데까지 셋으로 나누어서 한 부분을 남겨두어 온갖 새나 짐승들에게 보시하고 남는 것을 자기가 먹는다. 적게 먹을수록 선근을 돕는다.

정오 이후에 물을 마시지 말라는 것은 정오 뒤에 갖가지 음료·과일 음료·꿀 음료·석밀(石蜜) 음료 등을 마시지 말라는 것이다. 이러한 음료를 구하기 위해서 삿된 생활을 하게 되고 공덕을 낭비하며 도를 막는다. 그러므로 마시지 말아야 한다.

또 이렇게 관한다.

'이 마음이 방종하는 것을 잡기 어려운 것은 마치 말에게 고삐를 채우지 못해서 좌우로 풀을 뜯어먹으며 날뛰는 것을 조련사의 뜻대로 하기 어려운 것과 같다. 그러나 고삐를 묶으면 조련사 뜻대로 빨리 가게할 수 있다. 그러므로 [마음의 방종을] 끊어 절단해야 한다.

장소의 여섯 가지란 첫째는 아란야처에 있는 것이고, 둘째는 무덤 사이에 있는 것이며, 셋째는 나무 아래에 있는 것이고, 넷째는 노지(露地)에 있는 것이며, 다섯째는 언제나 앉는 것이고, 여섯째는 따라 앉는 것이다.

아란야를 번역하면 공한처(空閑處)라 한다. 『잡아비담심론(雜阿毗曇心論)』[38]에 설명한 것과 같다.

---

38) 『잡아비담심론』 2권(대정장 28, 887 상).

1궁(弓)은 4주(肘)이며 마을에서 떨어진 거리가 500궁(弓)인 것을 1구로사(俱盧舍)라 이름하며 아란야처라고 이름한다. 계산하면 3리(里) 정도 되는데 두타수행자가 [마을에서] 매우 가까운 것이 이 정도이며 [마을에서] 멀면 멀수록 좋다. 그런데 왜 여기에 있어야 하는지 수행자가 생각하였다.

'나는 본래 집에 있을 때에는 부모나 친속과 함께 서로 얽혀져서 이것을 버리기 위하여 지금 출가하였다. 만일 돌아가서 스승이나 함께 배우는 도반, 아는 사람들과 함께 서로 얽히면 속세와 아무런 다름이 없다. 그러므로 반드시 [속세를] 버리고 아란야에 있어야 한다. 또 마을은 남녀가 뒤섞여서 속세의 물들음을 늘리므로 이 가운데에 머무는 것은 옳지 않다.

또한 마을에 가까우면 말소리나 씨끄러운 소음이 선정을 수행하려는 뜻을 방해한다.'

[문] 무덤 사이라 말한 것은 어떤 의미인가?

[답] 무덤 사이에는 대부분 썩어 문드러지며 종기와 창자에서 썩은 악취가 나는 죽은 시체가 있다. 시체가 더러운 것을 보면 부정관문(不淨觀門)에 쉽게 들어갈 수 있다. 또 무덤 사이에서는 죽은 시체가 부서지고 벌레가 먹으며 불에 그을리고 분해되어 흩어져 사라진다. 이것을 보면 무상관문(無常觀門)에 들어가기 쉽다. 또 무덤 사이는 해골이 흩어져 있어서 이것을 보면 공무아관(空無我觀)에 들어가기 쉽다. 그래서 무덤 사이에 있는 것이다.

[문] 나무 아래라 하는 것은 어떤 의미인가?

[답] 앞에서는 무덤 사이에 있으면서 죽은 시체를 관찰하여 득도하는 일을 이야기하였으므로 무덤 사이를 떠나서 나무 아래로 옮긴다. 또한 앞의 무덤 사이에서는 죽은 시체의 모습을 가지고 수행하는데 거기에는 많은 곡성 등의 울음소리가 있어서 지관의 수행을 방해한다. 그래서 나무 아래로 옮겨서 생각을 묶어두고 관찰한다. 또한 나무가 그늘로 덮은 것은 절반 정도는 집과 같아서 몸을 편안하게 해서 도를 닦기 쉽게 하므로 나무 아래에 있는 것이다. 또한 부처님이나 현

성들이 득도하여 과를 증득한 것은 대부분 나무에 의존하였기에 나무 아래에 머문다.

노지(露地)에 앉는다는 것은 나무 아래 그늘은 습기가 많아서 오래 머무르면 병에 걸리므로 노지로 가는 것이다. 또 나무 위에는 새 · 참새가 많아서 울음소리가 시끄러워서 선정을 닦는 데에 방해되므로 노지에 머문다. 또한 수행자가 나무 아래에 오래 있게되면 나무에 집착하는 마음이 생기거나 혹은 이 나무는 좋고 저 나무는 나쁘다는 식으로 분별한다. 이러한 병폐를 없애기 위해서 반드시 나무 아래를 떠나 노지로 가야 한다. [노지는] 명료하여 드러나 있으므로 걸릴 것이 없다. 그러므로 노지에 머물러야 한다. 또한 노지는 달빛이 밝게 비추어서 심상(心想)이 밝고 깨끗하여서 정에 들어가기 쉬우므로 노지에 머물러야 한다.

문 언제나 앉는다는 것은 무엇인가?

답 네 가지 [行 · 住 · 坐 · 臥]의 위의 중에서 가거나 서는 것[行 · 立]이 가장 힘들고 눕는 것[臥]이 가장 쉽다. 앉는 것[坐]은 두 가지 극단을 떠나며 오래도록 견딜 수 있으므로 반드시 언제나 앉아야 한다. 또한 가거나 설 때에는 마음이 흔들려서 거두어 지키기 힘들고 눕는 것은 혼침하여서 잠들게 되지만 그 중간인 앉는 것은 혼침과 흔들림을 떠나므로 반드시 언제나 앉아야 한다. 또한 도를 구하는 자가 대사[일대사인연]를 아직 성취하지 못하였으면 모든 번뇌의 도적이 언제나 해칠 틈을 엿보고 있어서 편안하게 눕는 것은 마땅치 않으므로 반드시 언제나 앉아야 한다. 또한 정오에는 대부분 일을 마치고 음식을 소화시키기 쉬우며 호흡이 조화로우므로 반드시 언제나 앉아야 한다.

따라 앉는다는 것은 풀밭이 있는 데에 따라 문득 앉기 때문에 따라 앉는다고 하였다.

다른 것에 따라 세분하면 16가지나 되지만 경론에서는 이것에 대해서 감추이거나 드러난 것을 합해서 열두 가지라 하였다. 『사분율(四分律)』[39]에 의거하면 옷에 관한 것으로 두 가지를 세우고, 음식에 대해서는 네 가지를 세웠으며, 장소에 대해서 여섯 가지를 세우니 합하여 열두 가지가 된다. 옷에 관한 것 두 가지는 첫째 납의(納衣)를 입는 것이고 둘째 삼의(三衣)를 입는 것이다. 그밖에는 모두 논하지 않겠다.

음식에 대한 네 가지란 첫째 걸식, 둘째 다른 식법(食法)으로 짓지 않은 음식, 셋째 일좌식(一坐食), 넷째 일췌식(一揣食)이다. 차제걸식은 걸식 가운데 포함된다.

정오가 지나면 음료를 마시지 말라고 하는 말은 일좌식 중에 포함되므로 따로 논하지 않는다. 장소의 여섯 가지도 앞과 같다. 『십이두타경(十二頭陀經)』에 의하면 옷에 관한 것으로 세 가지를 세우고, 음식에 대해서 세 가지를 세웠으며 장소에는 여섯 가지를 세우니 모두 열 두 가지이다.

옷에 관한 세 가지란 첫째 분소의(糞掃衣)를 입는 것이요, 둘째 취의(毳衣)를 입는 것이요, 셋째 삼의(三衣)를 모으는 것이다. 나머지는 모두 논하지 않는다.

음식에 대한 세 가지란 걸식 · 일좌식 · 일췌식을 말하며 다른 것은 모두 말하지 않는다. 차제걸식은 걸식 가운데 포함된다. 다른 식법으로 짓지 않은 음식과 정오가 지나면 음료를 마시지 말라는 것은 일좌식에 포함된다. 장소에 대한 여섯 가지는 앞과 같다.

『대지도론』 12권에서는 앞과 다른 점이 있다. 옷에 대한 두 가지는 납의를 입으라는 것과 삼의를 입는 것으로 『사분율』과 같다. 음식에 대한 것은 다섯 가지인데 첫째는 걸식, 둘째는 차제걸식, 셋째는 일좌식, 넷째는 절량식, 다섯째는 정오가 지나면 음료를 마시지 않는 것이다. 다른 식법으로 짓지 말라는 것은 일좌식에 포함되며 다시 따로 세우지 않는다. 장소에 관해서는 다섯 가지만 설하고 따라 앉는 것을 생략하였는데 그밖에는 앞과 같다. 만일 지금까지 설한 것에 의거하여 수행하는 자가 있다면 청정한 생활을 하는 자라고 불러야 할 것이다. 만일 이와 같이 지금까

---

39) 『사분율』 제6권(대정장 22, 601 하) 이하에서 옷에 관해 상세하게 규정한 것을 가리킨다.

지 설한 것에 의거하였을지라도 명예나 이익을 구하는 자가 있다면 청정하지 않은 행을 하는 사람이 된다. 또한 삿된 생활을 하는 사람이라 이르며 또한 불법 가운데 큰 도적이라 부른다. 그래서 『경』에 '귀신들도 이 사람을 보면 그 자취를 감춘다'고 한 것이 곧 그 뜻이다. 청정한 생활에 대한 설명을 마친다.

이하에서는 삿된 생활과 청정하지 않은 행에 대해 설명할 것이다.

삿된 생활에 네 가지가 있다. 첫째는 방구식(方口食)이고, 둘째는 앙구식(仰口食)이며, 셋째는 유구식(遺口食)이고, 넷째는 하구식(下口食)이다.

『십주비바사론(十住毘婆娑論)』 제2권[40]에서 이렇게 말하고 있다.

다섯 가지 삿된 생활의 법이라 하는 것은 첫째 교리(矯異), 둘째 자친(自親), 셋째 격동(激動), 넷째 억양(抑揚), 다섯째 이익에 인하여 이익을 구하는 것이다.

교리(矯異)란 무엇인가? 어떤 사람이 이양을 탐내어 구하기 위해 아란야를 짓거나 납의를 입거나 언제나 걸식하거나 일좌식을 하거나 언제나 앉거나 정오 이후에 물을 마시지 않는 것이다. 이와 같은 등의 두타행을 받고 이렇게 생각한다.

'이 행을 지어서 공양과 공경을 받아야겠다.'

자신이 이러한 행을 하거나 혹은 이것을 증득하며, 이양을 얻기 위해 위의를 바꾸는 것을 교리라 이름한다.

두 번째로 자친(自親)이란 어떤 사람이 이양을 탐하여 단월의 집에 가서 이렇게 말한다.

"나는 부모・형제・자매와 같아서 친밀함이 다르지 않다. 만일 필요한 것이 있으면 나에게 제공해주어야 하며, 해야 할 것이 있으면 반드시 나를 위해 해야 한다. 내가 있는 곳이 멀고 가까운 것을 따지지 않고 와서 물어야 한다. 내가 여기에 머무는 것은 바로 서로를 위해서일 뿐이다."

---

40) 대정장26, 29중.

이처럼 공양을 구하기 위해서 단월에 탐착하고 잘난 말솜씨로 사람의 마음을 흔들어 놓는다. 이와 같은 것들을 자친이라 이름한다.

세 번째로 격동이란 무엇인가? 어떤 사람이 탐욕의 죄를 꾀하지는 않으나 재물을 얻고자 재물을 얻으려하는 모습을 지어서 이와 같이 말한다.

"이 바루는 참 좋구나, 이 옷도 참 좋다. 지게와 갈고랑이도 좋고 니사단(尼師檀, Niṣidaña)[41]도 좋다. 내가 얻으면 잘 쓸 수 있을텐데."

또 이렇게 말한다.

"뜻대로 보시할 수 있는 이러한 사람은 구하기 힘들다."

또 단월의 집에 가서 이렇게 말한다.

"당신들 집안의 밥과 과자는 향기롭고 맛있으며 의복도 역시 좋습니다. 언제나 나에게 공양하세요. 나는 친구이니까 반드시 보여주어야 합니다."

이와 같이 탐욕스런 모습을 보이는 것을 격동이라 이름한다.

네 번째로 앙양이란 어떤 사람이 이양을 탐하기 때문에 단월에게 이렇게 말한다.

"당신은 매우 인색하여서 오히려 부모나 형제·자매·아내와 자식·친척에게조차 베풀지 않으니 누가 당신에게 재물을 주겠습니까?"

이러한 말을 들은 단월이 부끄러워하며 머리 숙이고서 보시한다.

또 다른 집에 가서는 이렇게 말한다.

"당신은 복이 있어서 사람의 몸을 받아 헛되지 않습니다. 아라한이 언제나 당신의 집에 드나들며 당신과 함께 앉고 일어나며 대화합니다."

이러한 말을 하여서 단월에게 다음과 같은 착각을 일으키게 한다.

'다시는 다른 사람이 나의 집에 드나드는 일이 없어야겠다. 이 사람이 바로 아라한이구나.'

이것을 앙양이라 이름한다.

다섯 번째로 이익에 인하여 이익을 구하는 것이란 무엇인가? 어떤 사람

---

41) 좌구(坐具), 곧 비구가 앉거나 누울 적에 땅에 펴서 몸을 보호하는 네모진 깔개를 말한다.

이 옷이나 바루・승가리(僧伽梨)[42]・니사단 등의 생활용품을 가지고 이 사람에게 이렇게 말한다.

"어떤 왕이나 왕과 비슷한 다른 귀인이 나에게 이러한 물건을 주었다."

그리고 이렇게 생각한다.

'단월은 이러한 생각을 내어야 한다. 저 모든 왕과 귀인조차 이렇게 공양하는데 하물며 나에게 주어야 하지 않겠는가!'

이 사람이 이러한 이익을 얻음으로 인하여 다시 다른 이익을 구하므로 이익에 인하여 이익을 구한다고 말한다.

"만일 모든 부처님과 보살들의 행을 따라"라 하는 것은 수행자가 마음을 받들어 부처님께 보이고 이 몸과 마음으로써 사람들을 마주 대하는 것이다. 또한 사람의 얼굴 보는 것을 담 보듯이 하고 머무르면서 악을 짓는 것이 없으므로 부처님께서 환희하신다. 그러므로 **"부처님과 보살들의 행을 따른다"**고 하였다.

"올바른 진언에 굳게 신해(信解)하고"라 함은 이 진언지(眞言知)가 청정한 법계에서 흘러나왔으므로 이 시혜력을 금강과 같게 해서 움직이시 말고, 흔들리지 말며, 견고하게 신해함을 말한다.

"청정한 혜력(慧力)을 갖추어 능히 감당할 수 있으며"라 함은 이 몸과 마음은 망상에서 일어나지만 망상이 쉴 때에는 태허의 여덟 가지 바람(八風)[43]이 지나가도 생각을 움직이지 않으므로 **"혜력을 갖추어 감당할 수 있다"**고 하였다.

"정진하며 온갖 세간을 구하지 않고"라 함은 명예와 이익을 버리는 것은

---

42) 승가리(僧伽梨, Saṁghāti)는 중의(重衣)・대의(大衣)・잡쇄의(雜碎衣)라 번역한다. 9조(條)부터 25조까지 있으며 마을이나 궁중에 들어갈 때 입는다.

43) 불도를 수행하는 사람이 경계해야 할 여덟 가지. ① 이풍(利風) : 나에게 이익이 되는 것, ② 쇠풍(衰風) : 나에게 손실이 되는 것, ③ 훼풍(毁風) : 헐뜯고 중상모략하는 것, ④ 예풍(譽風) : 지나치게 칭찬하고 올리는 것, ⑤ 칭풍(稱風) : 여러 사람들 앞에서 칭찬하는 것, ⑥ 기풍(譏風) : 여러 사람들 앞에서 나를 비방하는 것, ⑦ 고풍(苦風) : 고생스러운 것, ⑧ 낙풍(樂風) : 즐거운 것.

눈물이나 침을 뱉는 것과 같으며, [명예와 이익을] 마음에 새기지 않음은 문드러진 시체[를 마음에 새기지 않는 것]과 같고, 곧바로 실지를 구하는 것은 머리에 붙은 불을 끄는 것과 같으므로 "정진하여 세간[의 이익]을 구하지 않는다"고 하였다.

"언제나 견고함에 머물러 겁약하지 않으면"이란 용맹정진하는 것이 금강과 같고 따라 잃는 것 없음이 사자와 같으며, 이러하기에 견고하여서 겁약하지 않다.

"자신이나 다른 이가 현재의 법에서 성취한다"고 함은 다른 이가 이익을 얻는 것을 보고 자기도 같이 얻으며, 만일 자신이 얻은 이익을 보면 반드시 다른 이에게 베푼다. 그러므로 "자신이나 다른 이가 성취한다"고 하였다.

"다른 천(天)의 무외(無畏)에 의지하여 따르지 말라"고 함은 마음이 본존에 머물러 곧바로 이것을 닦아 나아가며 곁에서 천(天)을 찬탄하는 것을 들었을지라도 마음이 흔들려서는 안된다. 그러므로 "다른 천의 무외에 의지하여 따르지 말라"고 하였다.

"이것을 갖추어야 어질은 조반(助伴)이라 한다"고 함은 세간과 출세간에 있는 선은 범부나 성인이 보고서 모두 환희한다. 그러므로 "이것을 갖추어야 어질은 조반이라 한다"고 하였다.

제2 증익수호청정행품(增益守護淸淨行品)

이 품을 해석하고자 하는 데에 네 문으로 분별하겠다.

1. 명칭 해석

처음에 명칭을 해석한다는 것은 무엇인가? 성품과 이치의 청정한 행을 닦는데에 따라 계를 지키고 몸을 보존하여 수호하는 것을 말한다. 수행하면 반드시 과를 얻는 것을 증익이라 말한다.

2. 품의 유래

둘째로 [이 품이] 오게 된 뜻[來意]은 무엇인가? 앞 품에서 설명한 것은 청정계이고, 이 품에서는 설한 것을 지키는 사람에 대해 말한다. 이 까닭에 둘째로 이 품이 오게 되었다.

3. 종취

셋째로 종취(宗趣)란 수행하는 수행자가 법력을 입어서 이 품을 활용하여 소종(所宗)으로 삼는다. 무너지지 않는 몸으로 부처의 마음에 머물러 스스로 깨닫고 다른 이를 깨닫게 한다. 이것이 이 품이 지향하는 바이다.

4. 문장의 섭수

1) 총서(總序)

넷째로 문장을 섭수함이란 무엇인가? 이 품은 크게 둘로 나눌 수 있다. 처음에 두 게송 반은 이 품의 총서(總序)이고, 다음으로 "다음에 제실(齋室)이나" 이하는 별석(別釋)이다. 처음의 총서 가운데에 첫 두 구절은 앞의 내용을 마무리하고 뒤의 내용을 일으키는 것이다. "매일 먼저 염혜(念慧)에 머무르며"라 하는 것에서 "매일(每日)"이란 법을 받은 그 날에 처음 닦기 시작해서 성불에 이르기까지 그 중간에 삼시(三時)[불공]을 빠뜨리지 않는 것을 "매일"이라고 말한다. "염혜(念慧)"란 스승을 생각하는 혜(慧)이다. "법에 의거하여 잠자리에서"란 오른쪽 옆구리로 눕고 오른손을 배게삼으며, 왼손을 길게 펴서 넓적다리 위에 붙이는 것이다. "처음 일어날 때[44]에"란 법을 받는 밤, 즉 그 후야(後夜)에 광명의 모습이 나오는 때이다. "장애 일으키는 것"이란 생사의 헤매임은 삼독의 번뇌가 그 근본이다. 삼독의 번뇌가 본래 생겨남이 없다는 것을 깨닫는 것이 바로 제장(除障)이다. "이 밤"이란 법을 받기 이전의 생사의 긴 밤이다. "방일하여 생긴 죄"는 근(根)·진(塵)이 화합하여 생긴 죄이다. "은근히"란 머리칼에 붙은 불[45]을 끄는 것처럼 법에 의거하여 염송하는 것이다.

"오근을 가라앉히고"란 근본을 깨달으면 [오근으로 인한 욕망이] 일어나지 않는다. "자비로써 이익하게 하려는 마음을 갖추고"란 혜(慧)로써 열등한 소승을 구별하고 대비의 용맹을 드러냄이다. "제도하리라 서원해야 한다"고 하는 것은 중생계가 끝남이 없으므로 나의 서원도 쉬지 않는다는 것이다. "법다웁게 조욕(澡浴)하거나"라는 것은 외욕(外浴)을 가리키며 반드시 향탕수(香湯水)를 사용해야 한다. "혹은 조욕하지 않더라도"라는 것은 내욕(內浴)을 가리키며 몸을 씻는 법으로 씻을 수 없는 [마음의 정화]에 도달하는 것이다.

2) 별석(別釋)

둘째로 별석(別釋) 가운데 열다섯의 진언이 있으니, 이것이 바로 십오문(十五門)이다. 문에는 모두 게송과 진언이 있다.

---

44) 수법의 후야(後夜), 명상(明相)이 나타날 때를 말한다.
45) 『대지도론』 제19권(대정장 25, 204 하). '일심으로 불법 구하기를 머리칼에 붙은 불을 끄듯 한다.'

(1) 작례방편(作禮方便)

게송 중에서 "제실(齋室)이나 텅비고 고요한 곳"이란 뛰어난 산이나 보봉(輔峯) 등에 만든 단으로서 염송하여 실지를 성취하는 방이다. "묘한 꽃 등을 뿌리고"라 함은 봉헌하는 모든 존 각각의 성류(性類)와 만다라의 자리 등에 따라 하나하나 이를 잘 분별하고 반드시 색깔과 향기와 맛과 촉감으로 사람의 마음을 기쁘게 해야 한다. 백·황·적의 세 가지 색 가운데 여래부(如來部)의 종류는 흰색을 사용해야 하며, 연화부의 권속은 황색으로 하고, 금강부의 권속은 적색으로 한다. 또한 만다라(漫荼羅)의 방위 가운데 원단(圓壇)은 백색으로 하고 사각단[方壇]은 황색으로 하며 삼각단(三角壇)은 적색으로 하며 모든 세간의 천신은 적색으로 한다.

발두마(鉢頭摩, Padma)는 홍련(紅蓮)이다. 청·황·백 등 물 속에서 자라는 연꽃들은 모두 모든 존에게 바칠 수 있다. 용수화(龍樹花)는 미륵세존(彌勒世尊)께서 이 나무 아래에서 성불하신다. 그 꽃은 곧바로 용화(龍花)라고도 하는데 용들이 숭상하는 꽃이기도 하다. 인도에는 그 종류가 매우 많은데 예를 들면 계살라화(計薩羅花)·사라수화(娑羅樹花)는 모두 인도에 있는 것이고 중국에는 없다. 다만 사람들이 마음 속으로 좋아하게 하고 세간에서 길상한 것으로 여기면 모두 공양할 수 있다. 반드시 하나하나마다 뜻을 지니고 있으므로 이것을 잘 가려서 채집한 다음에 꽃다발을 만들며, 여러 가지를 섞어서 장엄하거나 혹은 연잇거나 맺는다. 수행하는 사람은 은근하고 맑으며 두터운 마음을 가지고서 모든 존들이 환희하고 호념하시게 하라.

"따라 안치하라"고 하는 것은 앞에서 지은 당(堂)이다. "경전"이란 『대일경』이다. "반드시 본존이 계시는 방향에 의거하여"라 하는 것은 첫째로 앞의 염송당(念誦堂)의 본존이 있는 방향이다. 둘째는 시방세계의 근기에 따라 드러나는 방향이다. 예컨대 동방의 약사여래, 서방의 아미타여래, 청량산(清涼山)의 문수보살 등과 같은 것이다.

"일심으로 머물고"란 마음을 본존에 붙들어매어두고 눈을 잠시라도 떼어놓지 않는 것 등이다. "오륜(五輪)"이란 신체 가운데 다섯 부분으로 [오체투지할 때 땅에 닿는 둥그런 부분이다]. "귀명(歸命)"이란 중생이 소중하게 여기는 목숨을 가장 귀한 것으로 삼고 이 보장(寶藏)을 가지고 삼보에 봉헌하며 진언과 인계를 결하는 등이다. "몸 · 말 · 마음의 청정한 업"이란 목숨 바쳐 존께 귀명함을 청정한 업이라 말한다. 진언 가운데에 "작례방편(作禮方便)"[46][의 진언]과 "이 작례(作禮)의 진실언(眞實言)으로 말미암아"라고 하는 게송에서 진언은 바로 실상지(實相智)이다. 제존은 실상지로써 몸과 마음을 삼으시며, 실상지의 진언을 송하시므로 곧 널리 실상지의 존(尊)에 다다른다. 실상지의 존은 한 때에 문득 진언례(眞言禮)를 받으신다. 그래서 "곧 시방의 부처님께 두루 예 올릴 수 있다"고 하였다.

(2) 출죄방편

"오른쪽 무릎을 땅에 대고" 이하의 한 단[47]은 [제2의] 출죄방편진언문(出罪

46) 이하에서 구방편을 설한다. 구방편(九方便)이란 밀교에서 태장법을 수행할 때에 송하는 아홉가지 게송으로 없애는 방편이 아홉가지가 있으므로 구방편이라 칭한다. 즉 ① 작례방편(作禮方便)은 불 · 법 · 승 삼보에 예경하는 것이다. ② 출죄방편(出罪方便)은 죄장을 참회하는 것이다. ③ 귀의방편(歸依方便)은 불 · 법 · 승 삼보를 신앙하는 것이다. ④ 시신방편(施身方便)은 여래의 가르침에 헌신하고 법대로 수행하는 것이다. ⑤ 발보리심방편(發菩提心方便)은 불교의 진실한 목적을 성취하고자 발원하는 것이다. ⑥ 수희방편(隨喜方便)은 다른 사람의 선한 행위에 수희하는 것이다. ⑦ 권청방편(勸請方便)은 여래께서 가르침을 널리 펴시기 청해올리는 것이다. ⑧ 봉청법신방편(奉請法身方便)은 여래께서 자신의 몸으로 진리를 얻게 하시도록 희구하는 것이다. ⑨ 회향방편(迴向方便)은 이상의 공덕을 모두 모든 중생들에게 회향하며 나와 남이 동시에 보리 증득하기를 원하는 것이다. 인위(因位)의 구식(九識) · 태장만다라의 구존(九尊)으로 이를 나타낸다.

47) 『경』의 게송은 다음과 같다. "오른쪽 무릎을 땅에 대고 손바닥을 합치며 이미 지은 죄업을 참회한다고 사유하라. '제가 무명(無明)으로 인하여 쌓아모은 몸과 입과 뜻의 업으로 지은 온갖 죄는 탐욕과 성냄과 어리석음이 마음을 덮었기 때문입니다. 부처님과 정법과 현성(賢聖)과 승가와 부모의 두 스승과 선지식(善知識) 및 한량없이 많은 중생들이 있는 곳에서 시작도 없는 생사의 헤매임 가운데에서 아주 무거운 다함없는 죄를 지었습니다. 시방에 계신 현재의 부처님께 모두 다 참회하오며 다시는 짓지 않겠습니다'라고."

方便眞言門)이다. 진언을 송하는 것은 앞과 동일하다. 실상지 자체는 죄가 없으나 만일 집착하면 죄가 있다. 이 실상지는 죄가 없다는 것조차 풀려나게 하므로, 죄에서 벗어난다고 말한다.

(3) 귀의방편

"시방 삼세의 부처님께 귀명합니다" 이하는 제3의 귀의방편진언문(歸依方便眞言門)이다. 이 진언지(眞言智)는 밖으로 허망함이 없다. 밖으로 허망함이 없는 것이 바로 진언이다. 자신이 만약 이 진언을 송하면 자기의 진실을 깨닫게 되므로 귀의한다고 말한다. 또한 진언을 송하는 것에도 있다. 게송 가운데 "나무(南無)"란 '저를 제도하소서'이며, 또한 '예경드립니다'이다. "세 가지 항상한 몸"이란 법신・보신・응신의 세 가지 몸이니, 생사가 본래 생겨남이 없다는 것을 깨달았으므로 항상한 몸이라고 말한다. "정법장(正法藏)"에서 정은 삿된 것을 가려낸 것이고, 법이란 궤칙(軌則)이며, 장이란 갠지스강의 모래알 같은 덕을 품은 것이다. "대심(大心)을 지닌 대중"이란 보살승(菩薩乘)이다.

(4) 시신방편

"저는 이 몸을 청정히 하고 [삼세(三世)의 몸과 말과 뜻에서] 온갖 더러움을 여의며" 이하는 제4의 시신방편진언문(施身方便眞言門)이다. 역시 진언을 송하는 것이 있다. 진신(眞身) 밖에 따로 몸이 없으므로 삼세의 여래도 역시 동체이다. 중생들은 망녕되이 다른 몸이 있는 것으로 집착한다. 이 진언문은 나의 몸과 부처의 몸이 동등하여 다름이 없다고 이해시키므로 시신(施身)이라 말한다.

(5) 발보리심방편

"정보리심(淨菩提心)의 승원보(勝願寶)를" 이하[48]는 제5의 발보리심방편진언문(發菩提心方便眞言門)이다. 진언을 송하는 것이 있고, 장행(長行)은 다음과 같다.

'나의 몸과 부처님의 몸은 이미 다름이 없으며, 부처님의 보리의 지혜와 나의 지혜도 동일하다. 이 진언은 이 법을 깨닫게 하는데 능히 알게 하는 것을 발보리라 한다.'

"증가구(增加句)"[49]라 하는 것은 진언의 뜻을 더하여 나타내는 것이다. "보리심"이란 자성의 청정한 자각(自覺)이다. 심(心)이란 그 가운데의 실다운 뜻이므로 "모든 것을 여의었다"고 말한다. "온(蘊)"이란 오온(五蘊)이며, "계(界)"란 십팔계(十八界)이고, "처(處)"란 십이처(十二處)이다. "인식하는 주체[能執]"란 망심(妄心)이고, "인식되는 대상[所執]"이란 망경(妄境)이므로 버려 여의어야 한다. "법에 아(我)가 없으며"[50]라 하는 것은 허망한 경계 등을 여의는 것이다. "자심평등(自心平等)[51]이며"란 허망한 생각이 없는 것이다. 또한 "자심"이란 허망한 생각의 자심이다. "평등"이란 허망한 생각의 자심이 본래 생겨남이 없다는 것이다. 그래서 "인식하는 주체와 인식되는 대상을 [버리기에 법에 아가 없으며 자심평등이며] 본래 생겨남이 없다"고 하였다. "대공(大空)[의 자성][52]과 같다"고 하는 것은 대혜(大慧)의 태양에 생사나 낮과 밤의 다름이 없는 것과 같다. "자성"이란 혜일(慧日)을 곧 몸으로 삼아

---

48) 『경』의 게송은 다음과 같다. "정보리심(淨菩提心)의 승원보(勝願寶)를 제가 지금 일으켜서 뭇 중생들을 제도하겠나이다. 태어나는 괴로움 등의 것들에 얽매이고 무지하기 때문에 몸을 해치는 바 되니 이들을 구제하고 귀의하면 받아들여 해탈케 하며 언제나 모든 함식(含識)들을 이롭게 하겠나이다."

49) 진언의 뜻을 나타내기 위하여 더하는 구를 말한다.

50) 망령된 마음에 의해 집착된 허망한 경계를 떠난다는 뜻이다.

51) 망령된 자심도 본래 불생이라는 뜻이다.

52) 대공의 자성이란 대혜(大慧)의 일륜(日輪)을 가리킨다. 태양은 본래 밤낮으로 비추는데 중생의 마음 속에 빛나는 지혜의 태양도 미혹에 가리워졌더라도 그것은 일시적인 것임을 말한다.

서 허망함이 생기지 않음을 받들어 참된 성품과 같게 하므로 여(如)라고 말한다. 이 "증가구"라 하는 것은 번역하는 사람이 산스크리트본을 찬탄하는 것이다. 만일 산스크리트본을 송할 수 있다면 이것이 제일 좋지만, 한문으로 번역된 것에 의거하여 뜻을 알고 독송하는 것도 역시 좋다. "도량(道場)"이란 고요한 장소이다.

(6) 수희방편

"시방의 무량한 세계 가운데" 이하[53]는 제6의 수희방편진언문(隨喜方便眞言門)이다. 역시 진언을 송하는 것이 있다. 여실지(如實智)는 자체에 시기가 없으며 자체에 시기가 없는 지혜는 성냄과 시기를 사라지게 한다. 지성껏 이 참된 지혜를 염송하여 진실한 지와 다름없게 하므로 수희방편법(隨喜方便法)이라 말한다.

(7) 권청방편

"저는 지금 모든 여래와 [보리의 대심(大心)지닌 세상을 구하시는 분들께] 권청(勸請)합니다" 이하[54]는 제7의 권청방편진언문(勸請方便眞言門)이다. 게송과 진언이 있는 것은 앞과 같다. 참된 지혜의 대비로써 언제나 만물을 이롭게 한다. 만물을 이롭게 하기 위하여 법의 비를 내린다. 지성껏 이 진언을 염송하여 법을 청하고 [부처님께서] 세상에 머무시게 하므로 권청이라 말한다.

---

53) 이하는 다음과 같다. "시방의 무량한 세계 가운데 모든 큰 바다같은 정변지(正遍知)의 대중들께서 갖가지의 선교한 방편의 힘으로 모든 불자들과 뭇 중생들을 위하여 닦으시는 온갖 복업 등에 대해 제가 지금 그 모두에 수희(隨喜)하나이다."

54) 이하는 다음과 같다. "오직 바라오니 시방의 세계에 두루하도록 언제나 큰 구름으로 법의 비를 내려주소서."

(8) 봉청법신방편

“원하오니 범부들로 하여금 그 머무는 곳에서” 이하[55]는 제8의 봉청법신방편진언문(奉請法身方便眞言門)이다. 게송과 진언이 있는 것은 앞과 같다. 법신은 언제나 근본의 참됨에 머물며, 언제나 머물면서 법신에 이르게 한다. 이 진언을 송하여 곧 봉청(奉請)하므로 봉청방편법(奉請方便法)이라 한다.

(9) 회향방편

“닦은 바의 온갖 선업은” 이하[56]는 제9의 회향방편진언문(迴向方便眞言門)이다. 게송과 진언이 있는 것은 앞과 같다. 본각(本覺)의 참된 지혜는 바깥으로 흩어짐이 없으며, 흩어짐이 없으므로 동일하게 회향한다. 부지런히 힘써 이 진언을 염송하여 참된 본법에 돌아오는 것을 회향(迴向)이라 말한다.

(10) 입불삼매야

“또한 다른 온갖 복된 일” 이하는 제10의 입불삼매야명문(入佛三昧耶明門)이다. 이것은 법을 일으키는 몸이다. 이 가운데 게송과 인과 진언이 있다. “다른”이란 진언을 염송하는 이외의 일이다.[57] “[몸과 마음을] 두루 청정하게 하며”[58]란 자신의 삼업에서 청정하지 않은 것을 생기지 않게 하는 것이다. “[나와 남을] 애민하여 구제하는 것이다”라고 하는 것은 곧 다른 이의 삼업에

55) 이하는 다음과 같다. “속히 온갖 괴로움이 모인 몸을 버리고 마땅히 더러움 없는 곳에 이르러 청정한 법계신(法界身)에 안주하도록 해주소서.”

56) 이하는 다음과 같다. “모든 중생을 이롭게 하기 위함입니다. 제가 지금 모두 다 바르게 회향하니 생사의 괴로움을 없애고 보리에 이르소서.”

57) 『경』에는 “독송(讀誦)과 경행(經行)과 연좌(宴坐) 등을 행하는 것”이라 한다.

58) 자신의 삼업 중에서 부정한 것이 생기지 않게 하는 것이다.

서 부정한 것이 생기지 않게 하는 것이다. "마음의 성품[이 이와 같이 모든 더러움을 여의면]" 마음의 본성과 같이 스스로 청정하다. "몸이 상응함에 따라"라고 하는 것은 얼굴을 본존에 향하는 것이다. 또 삼부(三部) · 오부(五部) 중에서 어떤 존이 나의 본존이 되신다. "안좌(安坐)하게 된다"고 하는 것은 정수리와 코와 배꼽을 모두 일직선이 되게 하고 결가부좌하거나 혹은 반가부좌하는 등이다. "삼업도를 깨끗이 없애는 것이다"라고 하는 것은 삼업의 부정을 일으키지 않는 것으로 이것이 바로 도(道)이다.

입불삼매야지명(入佛三昧耶持明)은 경에서[59] 다음과 같이 서술되고 있다.

"이때에 박가범께서는 광대한 법계의 가지(加持)로서 곧바로 그때에 법계태장삼매(法界胎藏三昧)에 머무셨고, 이 선정에서 깨어나서 입불삼매야(入佛三昧耶)의 지명(持明)을 설하셨다."

산스크리트어로 비부라(毘富羅, Vipula)는 '광대(廣大)하다'는 뜻으로 깊고 넓고 끝이 없어서 헤아릴 수 없는 것을 말한다. 이와 같은 모든 법의 자체를 비부라법계(毘富羅法界)라 부른다. 모든 부처님의 실상과 진언의 실상과 중생의 실상은 모두 비부라법계이다. 이것으로 다시 서로 가지하는 까닭에 "법계가지"라고 한다. 또한 남녀가 몸을 섞는 인연으로 종자가 모태에 의탁되어 잃거나 부서지지 않는 것처럼 이것은 서로 가지한다는 뜻이다. 이와 같이 모든 불국토의 왕이 명비(明妃)를 부인으로 삼아 화합하여 함께 비부라의 종자를 생한다. 대비태장에 의해 가지되어서 잃거나 부서지지 않는 까닭에 법계가지라 부른다. 세존께서는 두루 모든 중생들을 가지하시어 모두 평등의 종자를 지어 마치고 즉시에 법계에 두루한 태장삼매에 들어가 이 낱낱의 종자를 관하시는데 모두 연화대 위의 비로자나이고, 보문의 권속이며, 다함 없는 장엄이 또한 대비만다라와 동등하여 다를 것이 없다. 모든 중생들은 아직 스스로 증지할 수 없기에 성태구사(聖胎俱舍)[60]

59) 이하에서 본권의 끝까지는 『대일경』「구연품」에서 설명한 입불삼매야(入佛三昧耶) 등을 해석하는 『대일경소』 9권의 글을 비교적 그대로 인용하고 있다.

60) 구사는 Skt. kośa. 또는 구사(句捨)라 하며 번역하여 장(藏) · 견(繭) · 초(鞘)라 한다. 즉

에 있다고 한다. 만약 장(藏 : 俱舍)에서 벗어날 때에는 곧 여래의 해탈이다. 세존께서 이와 같이 현재에 관찰하시고 나서 곧 그때에 삼매로부터 일어나 삼매야지명(三昧耶持明)을 설하셨다.

삼매야(三昧耶, samaya)는 평등의 뜻이며 본서(本誓)의 뜻이며 제장(除障)의 뜻이며 경각(驚覺)의 뜻이다. 평등이라고 함은 여래께서 이 삼매야를 현증(現證)하실 때에 모든 중생들의 갖가지 몸과 말과 뜻이 모두 다 여래와 동등하고, 선정과 지혜와 실상의 몸도 역시 필경 동등하고, 처음으로 발심할 때와 지바라밀(地波羅蜜)을 만족할 때도 역시 필경 동등하다고 관하는 것이다. 이러한 까닭에 진실한 언어를 내어서 중생들에게 '내가 말한 것이 절대로 헛되지 않은 것은 모든 중생들이 이 진실한 언어를 낼 때에 삼밀의 가지를 입어서 [수행자의] 다함 없는 장엄이 여래와 동등하게 되기 때문이다'라고 하셨다. 이러한 인연으로써 금강의 사업을 지으시는 까닭에 삼매야라고 부른다.

본서(本誓)라고 말한 것은 여래께서 이 삼매야를 현증하실 때에 모든 중생들에게 다 성불의 뜻이 있음을 보셨기 때문에 곧바로 대서원을 세우시기를, '나는 지금 반드시 보문으로부터 한량 없이 많은 방편으로써 모든 중생들로 하여금 다 무상보리에 이르게 하겠다. 중생계가 아직 다하지 않았으므로 나의 사업도 끝내 쉬지 않으리니 만일 중생이 있으면, 나의 본서에 따라 이 성실한 언어를 낼 때에 그가 하려는 사업이 모두 다 금강의 성품이 될 것이다'라고 하셨다. 그래서 삼매야라고 부른다.

제장(除障)이라 함은 무엇인가? 여래께서 모든 중생들이 모두 여래의 법신이 있으나 다만 일념의 무명 때문에 눈앞에 언제나 있는 것을 깨달아 알지 못함을 보신다. 이러한 까닭에 진실한 말씀을 하신다.

'나는 지금 갖가지 방편을 시설하여 널리 모든 중생들을 위해서 눈의 막을 제거하겠다. 만일 내가 서원하여서 반드시 성취한다면 모든 중생들

포함(包含)·섭지(攝持)의 뜻이다.

로 하여금 나의 방편에 따라 이 진실한 언어를 말할 때이거나 내지 일생 가운데에서 무구안(無垢眼)을 획득할 때에 덮힌 장애가 모두 사라질 것이다'라고 하신다. 그래서 삼매야라고 부른다.

경각(警覺)의 뜻이라 말한 것은 무엇인가? 모든 중생들은 다 무명의 잠속에 있기 때문에 이와 같은 공덕을 스스로 알지 못한다. 그래서 여래께서는 진실한 언어로써 [중생을] 감동시키어 깨닫게 하신다. 또한 이것으로써 모든 보살들을 경각시켜서 깊은 선정(禪定)의 굴에서 일어나 사자빈신(師子頻申)을 학습하게 한다. 만일 진언을 행하는 사람이 있어서 이 삼매야를 설하면 우리들 모든 부처들도 역시 본서를 기억하여 거스르지 않을 것이라고 하신다. 마치 국왕이 스스로 법을 제정하고 나서 도리어 스스로 공경하고 따르며 이를 행하는 것과 같기에 삼매야라고 부른다.

지명(持明)이란 산스크리트로 다라니(dhāranī, 總持)라 한다. 명이란 이른바 모든 진언문[明門]의 진언행[明行]을 모두 지니고, 나아가 이 삼매야를 서원한 이래로 끝내 잃지 않기 때문에 "입불삼매야(入佛三昧耶)의 지명"이라고 한다.

첫 구절은 모든 부처님께 귀명하는 것으로 앞에서 해석한 것과 같다. 다음 구절에서 무등(無等)이라 하고 다음에 삼등(三等)이라 하는데, 뒷 구절과 연결해서 말하면 이것은 바로 무등삼평등(無等三平等)의 삼매야이다. 또 다음에 아(阿)는 모든 법이 본래 생겨남이 없다는 뜻으로서 바로 법계의 체성(體性)이다. 사(娑, 저)는 자세하다는 뜻이고, 미(迷)는 삼매야의 뜻이며, 마(麽, 피)는 스스로 증득하는 대공(大空), 또는 아(我)의 뜻이다. 세존께서는 이 삼매를 증득하실 때에 자세하게 낱낱 중생의 마음 가운데의 보문만다라(普門漫荼羅)가 모두 부처와 같음을 관하시었다. 이러한 까닭에 다시 마주 대할 수 없으며 비견할 수 없는 것을 무등(無等)이라 한다. 삼등(三等)이란 이른바 삼세(三世)가 동등하고, 삼인(三因)이 동등하며, 삼업도(三業道)가 동등하고, 삼승(三乘)이 동등한 것이다. 즉 앞의 구절을 돌려 해석한 것으로 무등의 뜻이다. 달리(呾㘑, tri, 三)란 이른바 마음의 여실한 모습은 모든 번뇌가 본래 생겨남이 없으며, 삼세 여래의 갖가지 방편은 모두 다 이 일대사인연을 위한 것이다. 이것은 바로 제장(除障)의 뜻이다.

'결하여 삼매야라고 한다'는 것은 바로 반드시 사자후하여 모든 법의 평등한 뜻을 설하고자 하며, 대서원을 세우고 일체로 하여금 부처님과 같게 되도록 하고자 하며, 두루 중생을 위하여 부처의 지견을 열게 하고자 하며, 이것으로써 중생과 모든 부처님을 경각시키고자 하므로, 이러한 까닭에 이 삼매야를 이름하여 일체여래의 금강서계(金剛誓戒)라 한다. 만일 먼저 염하여 지니지 않으면 모든 진언의 법사를 지을 수 없다. 세존께서는 모든 불국토를 두루 채우시는 신어심륜(身語心輪)으로써 이 삼매야를 설하시니, 모든 불자의 대중들로서 이를 듣지 못한 자가 없었다. 이것을 듣고 나면 모든 진언법 중에서 감히 거스르지 못한다. 왜 그러한가 하면 만일 보살이 중생과 모든 법 중에서 갖가지 평등하지 않은 견해를 지으면 바로 삼매야의 법을 어기는 것이기 때문이다. 만일 이 평등한 서원 가운데에서 갖가지 한계를 헤아리는 마음을 지으면 역시 삼매야의 법을 어기는 것이다. 온갖 짓는 행위와 세간의 명예와 이익에 수순하여 대사의 인연을 위하지 않으면 역시 삼매야의 법을 어기는 것이다. 게으르고 나태하여 그 마음을 깨치지 못하면 역시 삼매야의 법을 어기는 것이다. 삼매야를 어기면 갖가지의 장애가 생기고 스스로 손해보며 남에게도 피해를 주어 도무지 이익이 없다. 이러한 까닭에 모든 보살들은 이 삼매야를 받들어 지니는 것을 목숨을 보호하는 것과 같이 하고 감히 어기지 말아야 한다.

"[이 밀인을 결하자마자] 여래지(如來地)를 청정케 하고"라 하는 것은 진언을 염송하고 인계를 결하여 곧 번뇌장과 소지장을 제거하는 것이다. "지바라밀(地波羅蜜)을 만족케 하며"라 하는 것은 모든 장애를 깨끗이 없앰으로써 모두 불지의 공덕을 출현하게 한다. "삼법도계(三法道界)를 성취"하는 것은 인계와 진언 및 의밀(意密)이다. "도계(道界)"란 바로 과(果)이다. 합하여 삼법(三法)의 과(果)를 성취한다고 말한다.

(11) 법계생

"다음에 법계에서 생하는 [밀혜(密慧)의 표치를] 결하라" 이하는 제11의 법계생진언문(法界生眞言門)이다. 이 법이 몸을 양육한다. 이 가운데 인계와 진언과 게송이 있다.

"박가범께서는 다시 법계생(法界生)의 진언을 송하셨다."

세존께서는 앞에서 법계태장삼매(法界胎藏三昧)에 들어가셨을 때에 모든 중생들에게 모두 보리의 씨앗이 있어서 모든 부처님과 동등하다는 것을 보셨기 때문에 입불삼매야의 지명을 송하셨다. 이 지명으로 부처님의 평등계(平等戒)에 들어가게 하니, 이것이 바로 성태장(聖胎藏)에 의탁하는 뜻이다. 이때에 세존께서는 다시 보안(普眼)으로 자세하게 모든 중생들이 다 성태를 구족하여 부처님 집안에 태어나며, 그때에 다함없는 장엄도 역시 여래와 동등하다는 것을 관하셨다. 그리고 [여래께서는] 이 삼매로부터 일어나시어 곧 법계생의 진언을 송하셨다.[61]

달마타도(達摩馱覩, dharma-dhātu)는 '법계'라는 뜻이다. 살바바바(薩嚩婆嚩, svabhāva)는 '자성(自性)'이며, 또는 '근본성(根本性)'이라고도 한다. 구흔(句痕, aham)은 '아(我)'의 뜻이다.

이 구절의 뜻은 '내가 바로 법계자성이다'라고 하는 것이다. 반드시 사자후(師子吼)하여서 '나와 모든 중생들은 모두 법계의 자성이다'라고 말하니 이는 평등의 뜻이다. '내가 언제나 갖가지의 방편을 시설하여 모든 중생들이 다 증지하게 하리라'고 하니 이는 본서(本誓)의 뜻이다. '내가 곧 법계의 자성'이라고 알기 때문에 모든 분별을 없애고 청정한 지견을 여니, 이것은 제장(除障)의 뜻이다. '모든 부처님께 오직 바라옵나니 본원을 기억하시어 저의 이 몸으로 하여금 곧 비로자나법계의 자성과 같게 하소서'라고 하니 이것은 경각의 뜻이다. 자문(字門)으로써 이것을 자세하게 해석해야 한다.

---

61) 이하에 난탈이 있어 바로잡는다.

"법계의 자성과 같이"라 하는 것은 관하는 대상인 법체를 드러내는 것이니 이것은 바로 대일여래의 지체(智體)를 말한다. "자신을 관하라"고 하는 것은 관하는 주체인 수행자의 지혜를 드러낸 것이다. "또한 진실어로써 세 번 반복하여 송하라. 법체에 머물러 허공처럼 더러움 없다고 관해야 한다. 진언과 인의 위력으로 수행자를 가지하라"의 두 구절은 다만 의업(意業)만이 아니라 입으로 진언을 송하는 것을 가리킨다. "세 번 반복하여"라 하는 것은 세 편이다. "법체에 머물러 [허공처럼 더러움 없다고] 관해야 한다" 이하의 네 구절은 수행자가 얻는 이익을 밝혔다.

(12) 금강살타

"그를 견고히 하기 위해" 이하는 제12의 금강살타진언문(金剛薩埵眞言門)이다. 이것은 견고한 법의 몸이다. 역시 인계와 진언 및 게송이 있다. "그를 견고하게 한다"고 하는 것은 법계생에 의하여 수행하는 자로 하여금 그 몸과 마음을 견고하게 하는 것이다. "자신을 금강신(金剛身)으로 관해야 한다"고 하는 것은 금강살타의 몸과 같다고 관하는 것이다.

"금강의 지인(智印)을 결하는데" 이하 두 행의 게송은 결하는 인계에 대해 밝혔다. "이 사람은 오래지 않아" 등의 두 구절은 인계를 결하는 이익을 드러낸 것이다. "성취자는 진언과 인의 위력을 보게 될 것이며" 등의 두 구절은 구세자가 보인 모습을 나타내었다. "언제나 보륜(寶輪)[62]을 굴리는 것처럼" 등의 두 구절은 구세자가 보인 것 가운데 현상적인 보륜을 들어서 법의 보륜을 비유한 것이다.

금강살타진언문의 첫 구절은 장차 금강살타의 진언을 송하려고 하는

62) 부처의 가르침을 전륜성왕(轉輪聖王)의 윤보(輪寶, cakra)에 비유한 것. 고대 인도에서는 우주의 바퀴를 범천의 바퀴라 하여 이를 돌리는 자는 신들 가운데서 최고의 신이라 생각했으며, 지상에서도 이상적인 왕은 일곱개의 보물을 소유하고 그 하나인 윤보를 굴리는 자라고 하여 전륜성왕이라 불렀다. 부처의 설법도 이와 같은 의미에서 법륜을 굴린다고 비유되었다.

것이다. 그래서 모든 금강에 귀명하니 곧 이 한량 없이 많은 문(門)에서 여래의 금강지를 지니고 모두 기억하여 호념하게 한다.

다음 구절에서 "벌절라지마구흔(伐折囉咀麽句痕, vajr'ātmako'ham)"이라 하는 것은 나의 몸이 곧 금강과 같다고 말하는 것이다. 금강은 바로 법계의 자성으로서 크게 견고한 힘을 성취하여 막거나 무너뜨릴 수 없기에 달리 설하여 금강이라고 한다.

여래께서는 보안(普眼)으로 모든 중생들의 금강지체(金剛智體)가 부처와 다름이 없음을 관하시니, 이것이 평등의 뜻이다. 중생들이 스스로 알지 못하기에 한량 없이 많은 금강지문(金剛智門)으로부터 갖가지 금강의 사업을 지으신다. 요컨대 이와 같이 큰 장애를 부수어 실제에 이르게 하시는 것이 본서의 뜻이다. 이와 같은 실제를 이름하여 무구안금강(無垢眼金剛)이라 하는데 이것이 바로 제장(除障)의 뜻이다. 이 사자후의 음성으로써 시방의 불국토를 진동시키니 이것이 바로 경각의 뜻이다. 그래서 삼매야라 부른다.

또한 입불삼매야(入佛三昧耶)로 말미암아 태장 가운데에서 요절하는 일이 없고 법계생(法界生)으로 말미암아 처음에 태에서 나올 때에 온갖 장애를 떠난다. 금강살타에 말미암아 가업(家業)을 유지하며 온갖 기예를 갖춘다. 또 입불삼매야로써 비밀의 태장을 가지하여 법계생으로써 금강보살의 두 겹의 권속을 가지하고 금강살타로써 갖가지 [중생들의] 부류에 따른 형상을 가지한다. 입불삼매야는 연화장(蓮華藏)과 같고 법계생은 연꽃이 핀 것과 같으며 금강살타는 연꽃이 열매를 맺어 다시 씨앗이 되는 것과 같기에 이 세 가지를 모두 삼매라 부른다.

또 다음에 진언수행자는 처음의 삼매야에 들어가 여래의 비밀스럽고 몸·말·마음이 평등한 몸과 동등해지고, 제2의 삼매야로써 여래께서 가지한 법계궁의 존귀하고 특수한 몸과 동등해지며, 제3의 삼매야로써 이 생신(生身)으로 하여금 모두 금강과 같게 하여 한량 없이 많은 지금강(持金剛)의 대중들로 하여금 자신을 둘러싸게 한다.

부처님께서 처음의 삼매야를 설하신 것은 자수용(自受用)을 위한 까닭이며, 제2의 삼매야는 법성신(法性身)의 모든 보살을 성취하기 위해서이며, 제3의 삼매야는 중생들의 부류에 따라 절복하고 섭수하기 위해서이다.

부처님께서 처음의 삼매야를 설하신 것은 대비태장만다라를 건립하기 위해서이며, 제2의 삼매야는 비로자나아사리의 사업을 짓기 위해서이며, 제3의 삼매야는 집금강 제자의 사업을 [행하기] 위해서이다.

처음의 삼매야는 여래부의 권속을 가지하기 위해서이며, 제2의 삼매야는 연화부의 권속을 가지하기 위해서이며, 제3의 삼매야는 금강부의 권속을 가지하기 위해서이다. 이러한 까닭에 부처님께서 삼매야를 설하시었다.

이 집금강이란 바로 금강살타이다. "의혹심을 내지 말라"고 하는 것은 수행자를 권하여 신심을 확고하게 하는 것이다.

(13) 금강갑주

"다음에 진언과 인으로서" 이하는 제13의 금강갑주진언문(金剛甲冑眞言門)이며, 역시 게송과 진언과 인계가 있다. 처음의 두 게송은 모두 인계의 덕을 나타내었다. "이 가운데 밀인(密印)의 상은" 이하의 한 게송 반은 바르게 인상(印相)을 드러내었다. 다음 두 구절은 앞의 내용을 끝맺고 다음의 내용을 일으키는 것이다. "무구자(無垢字)[를 관해야 한다]"에서 무구란 람(覽)자이다.

다음에 "금강개(金剛鎧)의 진언을 설하신다"는 것은 금강살타의 몸을 장엄하기 위해서이다. 수행자가 이미 금강의 서원을 내어서 모든 중생들을 위하여 온갖 장애를 최멸하고자 하기에 굳센 정진으로써 금강의 갑옷을 입는다. 또한 육바라밀 낱낱의 진실한 모습이 모두 금강처럼 부술 수 없는 것과 같다. 또 하나의 바라밀 가운데 모두 다섯 바라밀을 갖추니 이러한 까닭에 몸 전체가 치밀하여서 빈 틈이 없는 것과 같다. 육바라밀과 같이 삼십칠품(三十七品)·십팔공(十八空)·백팔삼매(百八三昧)·5백다라니(五百陀羅尼) 등도 모두 자세하게 설명해야 한다. 이와 같은 금강갑옷을 입었기 때문에 육도를 돌면서 생을 벗어나 죽음에 들어갈지라도 모든 번뇌업의 괴로움에 손상되지 않는다. 만일 일반적으로 해석하면 수행하는 사람이 이 진언으로 스스로 가지함에 말미암아서 모든 천·용 등이 모두 금강살타의 몸과 같아지며 몸 전체에 다 금강의 갑옷을 입고 견고하고 치밀하여 빈 틈이 없으며, 그 광명이 치열한 불꽃 같음을 본다. 이러한 까닭에 온갖 장애를 짓는 모든 것들이 [수행자를] 손상시킬 수 없다.

벌절라(伐折囉, vajra)는 금강(金剛)이고 가바차(迦嚩遮, kavaca)는 갑옷[甲]이라 한다. 여래께서는 금강안(金剛眼)으로 두루 중생을 관하시는 데에 이 금강의 갑주를 입지 않은 적이 없으셨다. 그리하시고서 성실한 언어로써 이 [진언]을 연설하셨다. [이 진언에서는] 최초의 바(嚩)를 진언의 체로 삼는다. 바는 모든 법이 언설을 여의었다는 뜻이다. 만일 희론의 언설로 행하는 것이라면 모두 다 부술 수 있고 돌릴 수 있으며 견고한 것이 없다. 이러한 까닭에 바자로써 [체를 삼으며] 모든 글자는 이 [바자를] 돌려서 해석한 것이다. 왜 모든 법은 언설을 여의었는가 하면 생은 얻을 수 없기 때문이다. 왜 생을 얻을 수 없는가 하면 자성이 청정하기 때문이다. 자성청정은 바로 금강살타의 몸이다.

다음에 갑(甲)의 뜻을 밝힌다. 만일 법이 조작해서 이루어진 것이라면 단지 가명만 있을 뿐임을 알아야 한다. 연에 따라 변천하여 오히려 자체의 성품이 견고할 수 없는데 하물며 육진(六塵)의 날카로운 화살을 막을 수 있겠는가! 지금 이 금강체의 다함없는 장엄을 관하니 모두 다 온갖 조작을 떠나 있어 견고하여 부서지지 않아서 백비(百非)도 막을 수 없다. 이러한 까닭에 금강갑주라 부른다. 마지막의 훔(吽)자는 바로 무소외(無所畏)의 소리이며, 또한 자재력을 뜻하고, 또한 환희를 의미한다. 정(定)과 혜(慧)를 구족하여 이 훔자문을 증득할 때에 스스로 반드시 모든 장애를 최멸하고 두루 중생을 보호함을 알기에 크게 환희하는 것이다.

(14) 람자진언문

"라(囉)자는 선명한 흰색이다" 이하는 제14의 람자진언문(嚂字眞言門)이다. 역시 게송과 진언이 있다. 처음의 한 게송은 안치하는 곳을 밝혔다. 이 가운데 처음의 한 구절은 자체(字體)의 색상이 밝고 깨끗한 것을 가리킨다. 다음 한 구절은 장엄한 람(嚂)자의 법용을 밝혔다. "저 [상투에 다는 밝은 구슬처럼"은 금강을 가리킨다. 다음 한 구절은 지송자가 람(嚂)자를 안치하는 곳을 나타낸다.

라(囉)는 더러움[垢]을 의미하며 위에 점이 있는 것은 대공(大空)의 뜻이다. 말하자면 더러움을 여의어서 대공과 동등하니, 이는 법계심(法界心)의 뜻이며, 또한 무구자(無垢字)라 이름한다. "진언은 법계와 같아"라고 하는 것이 바로 이것이다. 즉 참된 법계 외에는 그 진언이 올 곳이 없음을 말한다. 그래서 다음에 "무량한 모든 죄를 없애며"라고 하였다. 이른바 진언의 덕용(德用)을 드러내었다. "오래지 않아 [불퇴지(不退地)에 머물게 하니]"의 두 구절은 진언을 지송하는 자가 얻는 위(位)를 밝혔나.

"더러움에 물든 모든 장소들을 [이 자문(字門)으로 가지해야 한다]"의 두 구절은 지송자가 더러운 곳을 드나들을 때에 [이 자문을] 사용해서 몸을 장엄하는 법을 밝힌 것이다. "붉은 색이 [위광과 불꽃을 갖추고 두루 둘러싸리라]"의 두 구절은 람자를 둘러싸는 불꽃광명의 모습이며, 그 글자는 산스크리트 문자를 사용한다.

「공양의식품(供養儀式品)」에 다음과 같은 게송이 있다.

> 바로 앞에 라(囉)자를 관하라.
> 점을 찍고 널리 장엄하게 장식하는데
> 이른바 맑은 빛과 광채가 찬란한 것이
> 이른아침 태양의 광채와 같다.

「지송법칙품(持誦法則品)」에는 다음과 같은 게송이 있다.

람(囕)자는 동터오는 햇빛과 같은
붉은 색으로 삼각(三角)[63]에 있다.
본심위(本心位)를 가지하는데
이것을 지화광(智火光)이라 한다.

「입만다라구연진언품(入漫茶羅具緣眞言品)」에는 다음과 같은 게송이 있다.

무구자(無垢字)를 머리에 이고
대공점(大空點)으로써 장엄하게 하라.
두루두루 불꽃 같은 머리털이 갈라지면서
자문(字門)에서 하얀 빛을 발생하여
유출하는 것이 보름달과 같으리라.

『소』 제8권에서는 다음과 같이 설명하였다.

'또 그 정수리 위에 하나의 라(囉)자가 있다고 관하라. 라자 위에 점을 찍는데, 그래서 장엄하게 대공점으로써 한다고 하였다[이것은 바로 람(囕)자이다]. 이 글자의 네 변에 두루 불꽃광명이 있는 것은 꽃다발이 고리 형태로 이어져 끊어지지 않은 것과 같다. 글자 가운데 또 두루 흰 광명이 흘러나오는 것은 깨끗한 보름달이 비추는 것과 같다. 이 청정한 법계의 심명으로 가지함으로써 안팎의 모든 장애를 없앨 수 있다.'

이른바 윤택하고 이익하게 하는 뜻이다.

「실지출현품(悉地出現品)」에는 다음과 같은 게송이 있다.

제1의 섭지상(攝持相)은
대공점(大空點)을 써서 안치하라.[64]
라(囉)자는 뛰어나며 진실하기에

63) 람자가 안주하는 곳이다.

64) 라(囉, ra)자 위에 대공점이 있는 것을 말한다. 이것은 화륜만다라(火輪曼荼羅)의 종자이다.

부처님께서는 화(火) 가운데 최상이라고 설하신다.

『소』 12권[65]에서는 다음과 같이 설명하였다.

'다음에 라(囉)자[66]의 제장만다라(除障漫荼羅)를 설해야 한다. [라자의 제장만다라를] 제장(除障) 가운데에서 최고이고 제일이며 진실한 법으로 삼는다. 이 라자는 적색 가운데의 적색[67]이고, 불 가운데의 불이며, 태움 가운데의 태움이다. 갖가지의 번뇌업고를 태워 없애며, 나아가 현생에 오무간죄를 지었을지라도 이 자문을 닦으면 역시 깨끗이 없애어 남음이 없으며, 이미 멸죄하고 나면 곧 온갖 뛰어난 공덕을 일으킨다.'

[라자에는] 출현의 뜻이 있기 때문이다.

(15) 무감인대호

"다음에 마구니를 항복시키고" 이하[68]는 제15의 무감인대호명문(無堪忍大護明門)이다. 역시 진언을 송하는 것이 있다. 여기에서 항복시켜야 할 마구니에 네 종류가 있는데 번뇌마(煩惱魔)·음마(陰魔)·천마(天魔)·사마(死魔)이다. "무능감인(無能堪忍)"이란 마귀 등이 이 진언을 지송하는 사람을 언뜻 보고 나서, 눈을 크게 뜨고 자세히 보려고 하여도 볼 수 없기 때문에 무감인(無堪忍)의 명(明)이라 말한다. 만다라의 법사를 할 때에 필요한 진언지분문(眞言支分門)이다.

---

65) 대정장 39, 703상.

66) 이하에서 『경』의 "라(囉)자는 뛰어나며 진실하기에 부처님께서는 화(火) 가운데 최상이라고 설하신다" 이하의 구절을 해석한다.

67) 이 라자가 상징하는 화대(火大)는 법성(法性)의 지화(智火)로서 세간의 불처럼 인연으로 생긴 것이 아니다. 세간의 불보다 뛰어남을 보이고자 현색(顯色)[적색 가운데 적색], 형색(形色)[불 가운데 불, 즉 불의 모양], 표색(表色)[태움 가운데의 태움]의 삼색을 내는 것이다.

68) 이하는 다음과 같다. "모든 큰 장애를 제압하기 위해서는 대호자(大護者)인 무능감인(無能堪忍)의 명주를 염송해야 한다."

“이때에 비로자나세존께서는 다시 모든 대중들을 관찰하시고 집금강비밀주[와 모든 지금강자 및 대중]들에게 말씀하셨다”라고 한 것부터 이하는 만다라의 법사를 행하는 때와 필요한 진언의 지분을 밝혔다.[69] 아사리가 의당 잘 이해하여야 하기 때문에 다음에 이것을 설명한다.

[세존께서] 여래의 어밀장(語密藏)을 나타내보이시려는 까닭에 다시 두루 대중을 관하시면서 이를 가지하셨다. 예컨대 생신불(生身佛)께서 성심으로 진실한 말씀을 하시려할 때에는 광장설상(廣長舌相)[70]을 보여서 그 얼굴을 두루 덮으시고 제도해야 할 자에게 말씀하시기를, “그대는 경서 가운데에서 자못 이와 같은 상호를 갖춘 사람이 허망한 말을 한 것을 본 일이 있는가?”라고 하시는 것과 같다. 또한 마하연[경]에서는 긴 혀[長廣舌相]를 내보여서 두루 삼천세계를 덮는다고 하였다. 지금 세존께서 장차 여래의 평등한 언어를 설하시고자 이 어륜이 가로·세로로 모두 일체법계에 두루함을 밝히셨다. 그래서 “광장어륜상(廣長語輪相)”이라고 하였다. 이 상(相)이라는 글자를 산스크리트본에 의거해서 제대로 말하면 만다라이다. 앞에서 이미 보문의 신만다라(身漫荼羅)를 열어 보였는데 지금 다시 보문의 어만다라(語漫荼羅)를 드러내어 보이신 것은 마치 여의주가 적연하여서 무심하며 또한 일정한 모습 없을지라도 널리 일체에 응하여 모두 그 마음을 기쁘게 맞추어주는 것과 같다. 그래서 “교색마니(巧色摩尼)”라 이름한다. 교색마니의 몸에서 교색마니의 언어를 내고 교색마니의 마음을 보여서 두루 법재(法財)를 비처럼 뿌려서 법계 중생의 갖가지 바라는 원[希願]을 채운다. 이와 같이 사물에 응하는 자취가 언제나 시방삼세에 두루하여 한량 없이 많은 문으로서 온갖 덕의 뿌리를 심어 끝날 때가 없다.

“침해받지 않는 행에 머문다”고 하는 것은 바로 이 모든 사업 가운데에서 모두 다 재앙으로 남을 수 없고 파괴할 수 없다는 뜻이다. 그래서 “삼세에

69) 이하에서 대력대호(大力大護)의 진언을 밝혀 설한다.
70) 또는 대설상(大舌相)이라 한다. 삼십이상(相)의 하나로서, 넓고 얇고 보드라운 부처님의 혀 모양이며, 이는 허망한 말을 아니함을 나타내는 상(相)이다.

비할 바 없는 힘을 가진 진언구(眞言句)"라 부른다. 이것은 바로 통틀어 모든 진언이 출생하는 곳을 설한 것이다. 뒤의 문장에서 밝히는 대력대호(大力大護) 등이 바로 여의주륜(如意珠輪)으로부터 출생하는 근기에 맞는 적용이다.

이때에 모든 대중들은 마음 그릇이 순수하게 청정하며, 또 여래의 부사의한 가지에 힘입어 대법을 받아 감당할 수 있음을 스스로 알아서 곧 그때에 한량 없이 많은 문[71]으로써 각기 모두 함께 같은 소리로 부처님께 청하여 말하였다.

"세존이시여, 지금이 바로 그때입니다. 선서시여, 지금이 바로 그때입니다."

산스크리트본에 의거하면 앞의 때[時]는 가라(迦羅, kāla)라고 하는데 이는 긴 시간의 때이다. 예컨대 1년에 세 부분 등이 있는 경우이다. 뒤의 때[時]는 삼마야(三摩耶, samaya)라고 하는데 이 시(時) 가운데 소시(小時)이다. 낮과 밤을 여섯으로나눈 때[晝夜六時] 가운데 또 다시 작게 나눈 시간[小分] 등이 있는 것과 같다. 어떤 사람이 '지금은 바로 봄농사를 지을 시기인데 우연히 단 비가 내리니 이 시기에 맞추어 씨를 뿌려서 그 기회를 잃지 말아야 한다'고 하는 것과 같기에 거듭 그것을 말씀하셨다.

"이때에 세존께서는 이미 청을 받으시고서 장차 대력대호의 명비(明妃)를 설하시어 모든 원을 채우시고자 넓고 긴 혀의 모습[廣長舌相]을 내어서 두루 일체의 불국토를 덮으시고 청정법당고봉관(淸淨法幢高峯觀)삼매[72]에 머무시었다."

이 가운데 **"내어서[出]"**라고 말한 것은 산스크리트본을 바르게 번역하면 '발생(發生)'이라고 해야 한다. 옛번역에서는 '분신(奮迅)'이라고도 하였다. 이 **"넓고 긴 혀의 모습을 내었다"**는 것은 바로 여래의 큰 신통력을 분신하여 시현하신 것을 회의(會意)하여 말한 것이다. 이 삼매는 여래의 넓고 긴 혀의 모습이 모든 불국토에 편만한 교색마니의 보문대용(普門大用) 가운데에서 가장 상수(上首)가 되니 마치 대장의 깃발과 같기에 **"청정법당(淸淨法幢)"**이라고 한다. 산스크리트로 다바자(馱嚩二合若, dhvaja)라고 하는 것을 번

71) 대중 각자의 성욕(性欲)에 순응하는 삼마지법문의 갖가지 상을 의미한다.
72) 정보리심(淨菩提心)에 안주한다는 뜻이다.

역하면 당(幢)이 된다. 산스크리트로 계도(計都)도 번역하면 기(旗)라 하는데 그 모습이 조금 다르다. 당은 단지 갖가지 다양한 색의 비단으로 표치(摽幟)하고 장엄한다. 계도의 모습도 역시 대략 같지만 다시 깃발의 비밀한 이름을 붙인다. 예컨대 병가(兵家)에서는 거북이 · 용 · 날짐승 등의 갖가지 유형을 그려 만들어 이로써 삼군(三軍)을 절도있게 통솔하는 것과 같다. 어떤 번역가는 당(幢)이라 번역하기도 한다. 그래서 이것을 합하여 말했다. 만일 온전한 산스크리트본이 남았다면 청정법당기(清淨法幢旗)라고 말했을 것이다. 대장이 높은 봉우리 위에 당기를 건립하고 미리 산천에 의탁하여 매복하고 있는 적군의 정황을 살펴보고 백만의 군사를 지휘하여 그 움직이고 멈춤을 말 한마디에 따르게 하고 마음대로 이합집산케 하니 이 [깃발]로써 싸우면 반드시 이기고, 이로써 공격하면 반드시 뺏는다. 만일 우둔한 장수라면 형세 판단에 어둡고, 더군다나 당기까지 잃으면 군사들이 각기 다른 마음을 갖게 되어 패퇴하며 발뒤꿈치조차 돌릴 수 없게 되는 것과 같다. 정보리심 만행의 당기도 역시 이와 같아서 [진언행을 하는 보살이] 중도제일의제(中道第一義諦)의 산 위에 머물러 편안하여 흔들림이 없이 건행삼매(健行三昧)로써 시방을 잘 관찰하여 무량하게 제도하는 방편문에서 종성(種姓)의 우열과, 상응하는 바의 용처(用處)와, 모든 지(地)의 통하고 막힘과 도를 장애하는 연을 모두 보기 때문에 한량 없이 많은 공덕을 섭지(攝持)하여 두루 모든 중생들을 보호하고 무릇 해야 할 바에 방해받거나 파괴됨이 없다.

이때에 세존께서 이와 같이 생각하시었다.

'내가 처음으로 뜻을 낸 이래로 언제나 이 용건한 보리심으로써 정법과 중생을 호지하였다. 갖가지 난행과 고행의 일 가운데에서 마치 금강과 같이 물러나지 않았다. 바르게 이와 같은 삼매를 성취하여 두루 시방의 모든 불국토를 보호하기 위한 까닭이다. 지금 내가 바라는 것은 모두 이미 만족하였고, 지어야 할 바를 짓는 것은 지금이 바로 그때이다.'

곧 그때에 널리 일체여래의 법계에 두루하여 중생계를 남김없이 애민하시는 음성을 내시어 이 지명의 법구를 설하시었다.

"내가 말한 것이 진실하여서 헛되지 않다면, 그 진언을 지송하고 닦아 익힐 때에 그 세력이 나와 아무런 차이가 없게 될 것이다."

그래서 대력대호라 부른다.

[선무외]아사리는 다음과 같이 말하였다.

'명(明)이란 대혜광명(大慧光明)의 뜻이다. 비(妃)란 산스크리트로 라서(囉逝, rājñī)[73]라 하는데 바로 이 왕(王)이라는 글자를 여성(女聲)으로 지어서 부르기 때문에 불법을 전하는 자가 의역(意譯)하여 비(妃)라 하였다. 비(妃)란 삼매의 뜻으로 대비태장삼매(大悲胎藏三昧)를 말한다. 이 삼매는 모든 불자(佛子)의 어머니이다. 이 불자는 바로 청정법당의 보리심이다. 예컨대 저 태장이 처음 가라라(歌羅羅, kalala)에서 비롯될 때로부터 함장하고 덮어 보호하여 갖가지 원인과 조건에 의해 손상되지 않게 하고, 점차로 증장시켜 태어나게 한 다음 길러내고 정성스런 마음으로 보호하며 젖을 먹여 기르는 것과 같다. 이러한 까닭에 어머님의 은혜가 가장 깊어 그 은덕을 갚기 어렵다고 말하는 것이다.'

"이 삼매로부터 일어난다"고 하는 것은 들어가고 머물고 나올 때 모두가 부사의 법계이다. 움직이고 고요함에 서로 장애되고 퇴실하며 간극(間隙)의 때[時]가 있는 세간의 선정과는 같지 않다.

첫 구절은 모든 여래께 귀명함이다. 다음 구절에서는 모든 장애와 공포 등을 없애시는 일체여래의 대력대호(大力大護)의 덕을 찬탄한다. 또 다음 구절은 한량 없이 많은 법문을 찬탄한다. 비습바(毘濕嚩, viśva)는 또한 '교묘하다'는 뜻이다. 이른바 한량 없이 많은 교도문(巧度門)이다. 바로 이 법당고봉관삼매(法幢高峰觀三昧) 보문의 업용(業用)이다. 지금 이 명비를 설하고자 하기에 먼저 일체여래의 이와 같은 공덕에 귀경하는 것이다.

다음 살파타(薩婆他, sarvathā)라고 하는 것은 모든 부처님의 이와 같은 공

73) 왕후(王侯)를 의미하는 남성형(男聲形) rājan의 여성형(女聲形)이 rājñī이다.

덕을 모두 가리킨다. 동등하게 하나의 자문에 들어가게 하고자 하기 때문이다. 다음에 함캄(唅欠)의 두 글자가 있는데 바로 이 진언의 체이며, 또한 종자라 부른다. 이하의 모든 구절은 다 이 두 자문을 돌려 해석한 것이다. 하(訶)자는 인(因, hetu)의 뜻이니 이른바 대승의 인(因)이란 바로 보리심이다. 모든 인은 본래 생겨남이 없으며 내지 인연을 여의었기에 정보리심이라 이름한다. 정보리심은 성불의 참된 인으로서 정법 깃발의 종자이다. 위에 공점을 찍으면 입증(入證)의 뜻이므로 소리를 바꾸어서 함(唅)이라고 말한다. 카(佉)는 대공인데 위에 점을 찍으면 소리를 바꾸어서 캄(欠)이라 한다. 즉 이 대공을 증득함을 반야불모(般若佛母)라 부르며 이것이 바로 명비(明妃)의 뜻이다. 이 허공장 가운데에서 참된 인의 종자를 함양(含養)하니 이는 바로 대호(大護)의 뜻이다. 또 다음으로 카자문(佉字門)은 마치 허공이 필경 청정하여 존재하는 것이 없는 것과 같으니, 이것은 바로 고봉관(高峰觀)삼매에서 대상이 되는 경계이다. 하(訶)자는 보리당(菩提幢)이며, 또한 자재력이다. 이 두 글자가 상응하기 때문에 대장이 적들을 부술 수 있는 것과 같다. 또 하(訶)자문은 보리심의 보배이다. 카(佉)자문은 허공장과 화합하기 때문에 교색(巧色)의 마니(摩尼)를 이루어 모든 바라는 원을 채운다. 지금 이 진언 가운데에는 이 캄(欠)자가 빠졌는데 뒤의 문장에는 제대로 있다.

다음 구절에서 라걸차(囉乞叉, rakṣa)란 옹호(擁護)의 뜻이다. 예컨대 사람이 액난을 두려워하여 힘 있는 대인(大人)을 믿거나, 혹은 높은 성과 깊은 연못의 견고함을 얻으면 곧 태연해져서 걱정하지 않는다. 그래서 모든 원적이 갖가지의 방편으로 [해치려] 할지라도 이를 어떻게 할 수 없는 것처럼 수행하는 사람도 역시 그러하다. 보리심의 왕에 의지하고 기대어 반야의 태장으로써 성곽을 삼으면 마치 허공을 부술 수 없는 것과 같으니 바로 앞의 뜻을 돌려 해석한 것이다.

다음 구절의 마하미려(摩訶沫麗, mahā-bala)를 번역하면 대력(大力)이다. 하(訶)자의 보리심 가운데에 일체여래의 힘을 구족한다. 지금 카(佉)자와 합하기 때문에 모든 계박을 풀고 또한 걸림이 없는 것이 마치 허공 가운데에서 바람이 자재롭게 부는 것과 같으므로 대력이라 이름하였다. 또 하자의 자재력과 카자의 한량 없이 많은 교도문(巧度門)이 합하여 마치 기운센 장수가 천 가지의 기능을 갖추고, 이 때문에 많은 사람이 이길 수 없는 것과 같으므로 대력이라 부른다.

일곱 번째의 구절은 이 대력이 말미암은 바를 해석한다. 그래서 "일체여래의 공덕으로부터 생겼다"고 한다. 그 뜻을 말하면 다음과 같다.

이 크게 견고한 힘은 본래 모든 부처님의 금강종성(金剛種性)에서 생긴다. 또 한량 없이 많은 겁 이래로 언제나 이 하자의 참된 인으로써 카자의 만가지 덕을 갖추어 닦으니 하나하나가 모두 금강의 부술 수 없음과 같다. 지금 온갖 덕을 이미 채우고 모든 힘을 다 준비하고서 이 법당고봉관삼매로써 법계의 원적을 크게 부수고 두루 중생을 보호해야 한다.

다음에는 바로 성실(誠實)의 언어를 낸다. 이른바 훔(𤙖)[·훔(𤙖)][74]자이다. 훔(𤙖)은 바로 그들을 두렵게 하는 소리이다. 거듭 이것을 말한 까닭은 하나는 밖의 장애를 부수고, 하나는 안의 장애를 부순다. 또한 밖은 번뇌장(煩惱障)이고 안은 지장(智障)이다. 자문을 해석하면 다음과 같다.

여래께서는 어떠한 법으로써 모든 장애를 두렵게 하셨는가? 바로 이 하(訶)자문으로써 하셨다. 아래의 삼매의 획(ᨈ)은 바로 만행을 갖추어 닦음이다. 위에 대공점이 있는 것은 바로 이미 성취한 만덕이다. 하(訶)자는 바로 법의 깃발이며, 삼매(ᨈ)와 공점이 합하기 때문에 바로 고봉관삼매이다. 하자는 일체여래의 종자이다. 위의 점(·)은 명비(明妃)이고 아래의 획은 [명비의 뱃속에 있는] 태분(胎分)이 날마다 자라는 것이다. 이와 같은 뜻을 갖추었기에 알맞게 소리를 낼 때에 마군이 부서져 흩어진다.

다음에 달라타(怛囉吒, trāṭa)란 꾸짖으며 협박하여 굴복시킨다는 뜻이다. 사자가 분노하여 크게 울부짖을 때에 온갖 짐승들이 두려워 굴복하지 않

74) 여기에는 중복되지 않았으나 『소』 9권에 의거하여 중복시킨다.

는 것이 없음과 같다. 역시 거듭 말한 것은 근본번뇌와 수번뇌를 대치하고 또 계내(界內)의 번뇌와 계외(界外)의 번뇌를 대치함이다.

마지막 구절에서 아발라디하데(阿鉢囉底訶諦, apratihate)라 한 것은 맞설 수 없고 비교할 수 없는 힘의 뜻으로 앞의 문장을 맺어 유지한다. 이러한 인연으로 대력대호(大力大護)의 명비라 이름하는 것이다.

사바하(莎訶, svāhā)는 모든 부처님을 경각하여 증명하시게 하며, 또한 억념지(憶念持)의 뜻이니 앞에서 이미 해석한 것과 같다.

"그때에 일체여래와 불자들이 이 명을 송하고 나자 즉시 불국토가 두루 여섯 가지로 진동하였다."

이것은 대일여래께서 이 법계에 두루한 소리를 내셨을 때에 모든 부처님과 보살이 무이(無二)의 경계인 까닭에 모두 다 같은 소리로 함께 이를 설하신 것이다. 지금 이 가지된 [진언의] 구절은 위세를 갖추고 있다. 여래의 진실한 진리의 말씀이기에 바로 그때에 시방의 불국토가 여섯 가지로 진동함으로써 부처님의 본서가 진실하여 헛되지 않음을 밝혔다. 여섯 가지로 진동한다는 뜻은 다른 경에서도 그 상을 자세히 설하기는 하지만, 지금 이 종(宗)의 비밀한 해석에 의하면 여섯 가지란 탐(貪)·진(瞋)·치(癡)·견(見)·만(慢)·의(疑)의 여섯 가지 근본번뇌를 말한다. 모든 중생들의 마음자리는 언제나 이러한 무거운 번뇌로 유지되어 스스로 일어나지 못한다. 지금 세존께 지성으로 감동됨으로써 모두 다 두꺼운 껍질을 갈라 흩고 불종의 싹을 틔우기에 여섯 가지로 진동한다고 하였다.

이때에 모든 보살은 이 일반적인 해석과 비밀스런 해석의 두 가지로 땅이 흔들리는 인연을 이해하고, 마음의 눈이 열리어 일찍이 없었던 것을 얻지 못함이 없었으므로 미묘한 게송으로 대일세존을 찬탄하였다.

경에, **"모든 부처님 앞에서"**라고 하는 것은, 부처님께서 이 명(明)을 송하실 때에 시방세계의 모든 보살들이 각각 그 부처님 앞에서 역시 모두 이 [명]을 송하는 것을 본다는 것이다. 이러한 까닭에 동일한 음성으로 함께 함을 이해할 수 있다. 즉 이 문장에 의거해보면 [모두가 이 명을 송할 때에]

대호(大護)의 위력을 증득하여 이루는 것이다. [이러한 사실을] 이해하게 하는 게송 가운데 "모든 부처님께서는 심히 기이하며 특별하시다"라고 하는 것은 산스크리트본이 제대로 남아있다면 '기이하오이다. 모든 부처님께서는 이 대호력(大力護)을 설하시나이다'로 말했을 것이다. 즉 이 낱낱 세계의 모든 보살이 모두 다 동시에 시방의 모든 부처님께서 설하신 진언을 깨닫는 것이다. 시방의 모든 부처님께서는 함께 호지하시므로 마치 금강성(金剛城)이 매우 견고하고 높아서 오를 수 없으며, 또 둘레에 물길이 깊어서 넘을 수 없는 것과 같다. 이러한 까닭에 모든 장애는 침노할 수 없다.

"그로 말미암아 마음을 보호하며 머문다"고 하는 것은 모든 수행하는 사람이 이 진언과 밀인으로써 몸과 마음을 수호하여 머무는 것이다. 이러한 까닭에 장애를 짓는 자들로 예컨대 모든 비나야가와 추악한 몰골의 나찰 등이 자연히 물러나 흩어진다.

또 이 "머문다"는 글자는 만일 산스크리트음에 의하면 '있다'인데 그 마음에 눌러 있는 것이다. 만일 깊이 있는 해석으로 하면 '이 정보리심의 사람은 이 명비의 진실한 뜻으로써 마음을 보호하여 머문다'가 된다. 이러한 까닭에 세 가지의 무거운 장애와 모든 악한 나찰 등이 모두 다 흩어져 달아나고 그 선근을 손상시키지 못한다. 마음에 억념을 생할 때에 이르기까지 역시 이와 같은 세력이 있기 때문이다. 마지막 구절[75]은 다시 끝맺는 것이다.

"방금 억념하자마자"[76]라고 하는 것은 처음 시작할 때의 "나무[南麽]"에서 "사바하[莎訶]"까지 그 중간을 "방금[纔]"이라 한 것이다. "그들 모두가"라고 한 것은 비나야가의 부류이다. "도망쳐 흩어지리라"고 하는 것은 시방으로 흩어져 달아나니 가는 곳을 알 수가 없다.

75) 진언의 맨 마지막 '사바하'를 가리킨다.
76) 지금까지는 『소』 9권의 내용이 중복되었고, 지금은 『경』 7권의 내용이다.

하권

제3 공양의식품(供養儀式品)

장차 이 품을 해석함에 네 문으로 분별하고자 한다. 첫째는 명칭을 해석함이요, 둘째는 품의 뜻을 밝힘이요, 세 번째는 종취(宗趣)이며, 네 번째는 문장을 해석함이다.

1. 명칭 해석

첫째로 명칭을 해석한다는 것은 무엇인가?

수행자의 공양이 바다처럼 많은 성인들에게 바쳐지면 성인들이 환희하여 받으신다. 처음으로 한 번 공양을 올리면 갖가지의 공양이 바다처럼 많은 성인들을 만족케 하기에 「공양의식품(供養儀式品)」이라 이름한다.

이른바 공양에 세 가지가 있다. 첫째는 외공양(外供養)으로 향과 꽃과 음식, 그리고 연등(燃燈)과 도량을 장엄하는 것 등을 말한다. 둘째는 행공양(行供養)으로 말씀대로 받들어 행하고 예배하며 계를 지니는 것 등이다. 셋째는 이공양(理供養)으로 마음을 법체(法體)에 머물게 하고 바깥의 연에 끄달리지 않는 것을 말한다.

2. 품의 유래

둘째로 이 품에서 말하려고 하는 뜻은 무엇인가? 앞 품에서는 계를 지키는 자를 수호하는 것과 올바른 공양의 시(時)를 밝혔다. 그래서 다음으로 이 품이 오게 되었다.

3. 종취

셋째로 종취(宗趣)란 무엇인가? 마음을 다해 본존을 공양하면 본존이 받아들이는 것을 종(宗)으로 삼는다. 그렇게 해서 미래세에 부처가 되고자 하는 것이다.

4. 문장 해석

넷째로 문장을 해석한다는 것에도 두 가지 문이 있다. 먼저 섭송(攝頌)을 나타낸 다음에 따로 설명하겠다.

1) 섭송

그 섭송(攝頌)이란 세 게송 반이다.

첫 구절에 "이와 같은 정업(正業)으로 그 몸을 청정하게 하고"라 하는 것은 별설(別說) 중에서 "바로 앞에 라(囉)자를 관하라" 등의 세 게송 반[77]을 섭수한다.

두 번째 구절에 "선정에 머물러 본진언주(本眞言主)를 관하라"고 하는 것은 별설 중에서 "최초에 하위(下位)에 있어서"부터 "종류에 따라 상응한다"에 이르기까지를 섭수한다.

세 번째의 구절에 "혹은 모든 부처의 훌륭한 불자[勝生子]" 등의 두 구절은 별설 중에서 "만일 관세자재(觀世自在)"에서부터 "착하지 않은 마음의 중생"에 이르기까지를 섭수한다.

네 번째로 "진언과 인으로써 소청하라"에서부터 "착하지 않은 마음의 중생"에 이르기까지를 섭수한다.

다섯 번째로 "먼저 삼매야를 시현하여야 한다"의 한 구절은 별설 중에서 "다음에 삼매야를 받드는 것에는"에서부터 "모든 명(明)으로 환희하게 하는 까닭에"에 이르기까지를 섭수한다.

여섯 번째로 "머리 조아려 알가수를 봉헌합니다"의 한 구절은 별설 중에

77)『경』의 게송은 다음과 같다. "바로 앞에 라(囉)자를 관하라. 점을 찍고 널리 장엄하게 장식하는데 이른바 맑은 빛과 광채가 찬란한 것이 이른아침 태양의 광채와 같다."

서 "봉헌한 알가수는"부터 "삼마사바하(三摩莎訶)"에 이르기까지를 섭수한다.

일곱 번째로 "수행자는 다시 진언의 좌(座)를 바쳐라"의 한 구절은 별설 중에서 "다음에 자리를 펼쳐 받들어라"부터 "이것이 바로 연화인(蓮華印)이다"에 이르기까지를 섭수한다.

여덟 번째로 "진언과 상응하여 장애를 제거하라. 겸하여 부동혜도인(不動慧刀印)으로 하라"의 두 구절은 별설 중에서 "또 다시 피제(避除)함에는"에서 "모두 다 이것을 지켜야 한다"에 이르기까지를 섭수한다.

아홉 번째로 "다음에 꽃과 향 등을 공양해야 한다" 등의 네 구절은 별설 중에서 "그리고 다른 공양의 도구"에서부터 품의 끝부분의 "비방하거나 의심하거나 후회하지 말라"에 이르기까지를 섭수한다.

2) 별설(別說)

(1) 첫째 구절

별설 가운데 첫째 단락에 의거하여 간략하게 관하는 마음이 머무는 곳과 관하는 대상인 본존이 머무는 곳을 설명하겠다.

(2) 둘째 구절

제2단 중에 다섯 문이 있다. 처음에 나오는 세 게송과 세 진언은 세계성취문(世界成就門)이다. 두 번째로 "이 윤(輪)은 금강과 같고"부터 "아자를 그 가운데에 안치하라"까지는 장엄도량문(莊嚴道場門)이다. 세 번째로 "다음에 아자를 전성시켜"부터 "자연스럽게 만들어진 발계관(髮髻冠)을 쓴다"까지는 성화대일문(成畫大日門)이다. 네 번째로 "또한 석가모니에는"에서부터 "진언수행자가 머무는 곳이다"까지는 성화석가문(成畫釋迦門)이다. 다섯 번째로

"만약 묘길상(妙吉祥)을 수지하려면"에서부터 "만(瞞)"자까지는 성화문수문(成畫文殊門)이다.

① 세계성취문

초문(初門)의 "최초에 하위(下位)로부터"라 하는 것은 세계를 이루는 풍륜(風輪)이다. 저 풍륜이란 하(訶 ᄏ)자이다. 처음에 안치하는 곳은 반달 모양의 윤이다. "검은 빛의 광채가 널리 퍼지리라"고 하는 것은 바로 하자의 광명이다. 하자의 진언문에서 하자[78]는 보리의 깃발[菩提幢]이며 또한 자재한 힘이니, 마치 대장이 원적을 무찌를 수 있는 것과 같다. 또 하자는 보리심의 보배이니, 마치 마니보왕(摩尼寶王)이 모든 원을 채워줄 수 있는 것과 같다.

"다음으로 그 위에"라고 하는 것은 세계를 성립시키는 수륜(水輪)이다. "수륜을 안치하라"고 하는 것은 바(嚩)자를 안치한 만월륜(滿月輪)이다. "눈이나 젖과 같다"고 한 것은 만월의 색이다. "파지(頗胝)[79]빛이나 달[月]빛 · 번개빛"은 바(縛)자의 색이고, 바자는 모든 법이 언설을 여의었다는 뜻이다. 만일 이러한 희론이나 언설로 말해지는 것은 모두 다 부술 수 있으며 돌릴 수 있으니 [그러한 희론과 언설에] 견고함이 없기 때문이다. 어찌한 까닭에 모든 법이 언설을 여의었는가 하면 생겨남을 얻을 수 없기 때문이다. 어찌하여 생겨남을 얻을 수 없는가 하면 자성이 청정하기 때문이다. 자성이 청정한 것은 바로 금강살타의 몸이다. 견고하여 부서지지 않아서 백비(百非)[80]도 굽히게 하지 못한다.

---

78) 『소』 9권에서 하(訶)자에 대해 설명한 것과 비슷하다.

79) Skt. sphaṭika, 팔리어로 phalika. 칠보 가운데 하나로서 의역하면 수옥(水玉), 백주(白珠), 수정(水精)이라 한다. 또는 파리(玻璃), 파려(玻瓈), 파지(頗胝), 파치가(頗置迦), 파치가(破置迦), 살파지가(薩頗胝迦), 사파치가(娑婆致迦), 새파치가(塞頗致迦), 솔파치가(窣坡致迦)라 음역한다.

80) 많은 부정(否定). 사구(四句)를 근본으로 하여 세우는 비(非)의 범주. 4구×4비(非)×3세(世)×2기(起)와 아직 일어나지 않은[未起]+4구(句)의 비(非)라고 해석한다.

"다시 수륜의 위"는 지륜(地輪)이며, "금강륜(金剛輪)"은 아자를 안치한 사방륜(四方輪)이다. "본초(本初)의 종자"란 아(阿)자며, "황색(黃色)"은 아자의 색이다.

비로자나의 진언심문(眞言心門)에서 "비로자나께서 진언심(眞言心)을 송하신다"고 함은 무엇인가? 이상의 모든 진언들은 하나하나에 따라 근본진언 · 심진언 · 수심진언(隨心眞言)이 있으며, 이와 같은 것들은 한량 없이 많고 끝이 없어서 그 수를 헤아릴 수 없다. 지금 통틀어서 모든 진언심을 설하면 바로 이 아자이다. 이것은 바로 모든 법이 본래 생겨남이 없다는 뜻이다. 만일 아 소리를 여의면 다른 글자도 있을 수 없다. 아자는 바로 모든 글자의 어머니이다. 즉 모든 진언이 태어나는 곳이다. 말하자면 모든 법문과 보살 등은 모두 비로자나께서 스스로 증득한 마음으로부터 중생을 요익하게 하기 위하여 가지력으로써 이러한 일[81]을 나타내신다. 그런데 실제로는 체가 생겨나지 않는 것이 아자의 법체와 동등하다. 이 [아자의] 종자는 진언 가운데에서 가장 뛰어난 것이다. 이러한 까닭에 진언수행자는 언제나 이와 같이 수지하여야 한다. 그래서 모든 진언은 아자에 머물며, 이 [아자에] 머물러 송하면 곧 다른 온갖 종자가 생겨나게 된다.

② 장엄도량문

둘째로 장엄도량문(莊嚴道場門)이다.

"금강과 같고"라 함에서 같다는 것은 이치[理]이다. "대인다라(大因陀羅)"는 이치적으로 덕을 갖추었다는 뜻이다. "널리 두루 유출된다"[82]고 하는 것은 아자에서 나온 광명이다. "도사(導師)[83]인 모든 불자"라 함은 광명이 지어낸 존(尊)이다. "물[水]"이란 능관(能觀)의 정(定)이다. "희다[白]"는 것은 본래 생겨남이 없다는 이치이다. "연꽃"이란 물든 집착을 여읜 이치[理]이

81) 무진장엄의 만다라를 가리킨다.
82) 아(阿)자에서 유출되는 광명이 시방에 두루하다는 뜻이다.
83) 아자의 광명 중에 나타나는 불보살로서 대일여래의 가지신(加持身)이다.

다. “묘한 색”이란 이치의 광명이다. “금강의 줄기가 있고”는 이치 아닌 것이 없다는 뜻이다. “여덟 꽃잎”은 비로자나불의 덕을 [여덟 가지로] 간략히 나타낸 것이다. “꽃술을 갖추었으며”는 갠지스강의 모래알처럼 많은 성품의 대비(大悲)이다. “온갖 보배”는 갠지스강 모래알 같이 많은 이치의 덕이다. “언제나 한량 없이 많은 광명을 내며”라 함은 앞에서 부처님이 내신 불보살이다. “백천의 수많은 연꽃들에 둘러싸여 있다”는 것은 화주(化主)가 앉는 자리로서 앞의 세 게송은 아자의 덕을 나타낸다.

“그 위에” 이하의 네 게송은 도량의 장엄을 드러내었다. “대각(大覺)의 사자좌”란 바로 사자가 [사냥감을 잘 잡듯이 대각이] 번뇌를 항복시킨다는 뜻이다. “보왕(寶王)”이란 능히 중생의 원을 채운다. “큰 궁전”[84]이란 금강법계궁(金剛法界宮)이다. “보주(寶柱)”란 모든 바라밀이다. “깃발과 덮개”에서 깃발은 항복시킬 수 있으며 덮개는 이익하게 함이다. “주만(珠鬘)”이란 방편바라밀 등이다. “보배 옷”은 허물을 여의었다는 뜻이다. 왜냐하면 스스로 허물을 여의고 다른 이의 허물을 여의게 하기 때문이다. “향(香)”이란 계(戒)이며, “꽃”은 혜(慧)이고, “구름”은 정(定)이며, “온갖 보배”란 보시 등의 사섭(四攝)이고, “다양한 꽃”은 자비 등의 사무량심(四無量心)이다.[85] “어지럽게”란 많이 펼쳤다는 뜻이다. “땅을 장엄하며”는 성불의 지혜를 일으켜 머물러 지니기 때문이다. “조화롭고 사랑스러운 소리로”라 하는 것은 단지 보배만 있는 것이 아니라 상(常)·락(樂)·아(我)·정(淨)의 소리를 내는 것을 의미한다. “온갖 음악”은 듣는 자의 귀[耳根]를 청정하게 한다. “현병(賢甁)”[86]이란 무릇 지혜 아닌 것이 없음을 의미하며, “알가(閼伽)”는 번뇌의 때를 씻을 수 있다. “보배나무왕이 꽃을 피우고” 이하의 두 게송은 교화하

---

84) 금강법계궁으로 대일여래의 주처를 말한다.

85) 이하에 난탈이 있어 바로잡는다.

86) Skt. kalaśa. 보배로 만든 병으로 법구의 하나. 현병(賢甁)·덕병(德甁)·여의병(如意甁)이라고도 하며, 용도에 따라 알가병(閼伽甁)·관정병(灌頂甁)이 있다. 오보(五寶)·오곡(五穀)·오약(五藥)·오향(五香)의 20가지를 넣어서 정토에 가득하게 한다는 향수병으로 입구에는 보배꽃과 묘한 꽃을 꽂아서 막고, 손잡이 부분에는 비단 등으로 장엄한다.

는 주체[主]의 덕을 드러낸다. 첫 구절이 바로 교화하는 주체를 나타낸 것이다. "마니등(摩尼燈)"이란 염부금색(閻浮金色) 등과 같은 것이다. "삼매(三昧)"란 정(定)이고, "총지(總持)"는 혜(慧)이며, 삼매·총지가 바로 이 지(地)이다. "채녀(綵女)"는 반야지(般若智)인데 이 지(智)는 [보리수왕의 종자를] 양육시킨다는 뜻이다. "부처님의 바라밀"이란 불부(佛部)의 진언이다. "등(等)"이란 금강을 동등하게 취하는 것이다. "보리의 묘하게 장엄한 꽃"이란 연화부의 진언이다. 보리는 깨닫는 경계이고, 묘하게 장엄한 꽃은 깨닫는 주체이다. "방편"이란 근기에 응하는 것이다. "온갖 재주"는 설하는 주체이다. "묘한 법음"은 모든 존의 진언이다. "나의 공덕력으로써" 이하의 한 게송은 자타(自他)의 법력의 덕을 드러내려는 것임을 알 수 있다.

이상은 깊고 비밀한 도량장엄을 해석한 것으로 일반적으로 해석해도 알 수 있다. 발원(發願)은 앞에서 설한 것처럼 진심으로 본존에 공양드리는 것이다. 다음에 진언을 송하고 인계를 결하며, 다음에 허공장전명비(虛空藏轉明妃)의 진언문을 해석한다.

"이때에 여래께서 다시 허공장력허공장전명비(虛空藏力虛空藏轉明妃)의 진언을 송하셨다."

허공은 파괴할 수 없으며 어느 누구도 이길 자가 없는 것과 같기에 허공등력(虛空等力)이라 부른다. 또한 "장(藏)"이란 예컨대 어떤 사람에게 큰 보배창고가 있어서 보배를 원하는 사람에 따라 자재하게 보배를 가져다 주어서 빈곤하지 않게 하는 것처럼, 여래의 허공장(虛空藏)도 역시 이와 같다. 이와 같이 중생을 이롭고 즐겁게 하는 모든 일은 다 [여래의 허공장에서] 한량 없이 많은 법보를 내어서 자재하게 가져다 사용하는데에 모자람이 없기에 "허공장"이라 부른다. "전명(轉明)"에서 전(轉)은 능생(能生)의 뜻으로 능히 이 창고를 생기게 하고 모든 불사를 생기게 하니, 앞에서 내었던 비원(悲願)과 같다. 이를테면 한 송이의 꽃으로 공양할 때에 운심(運心)하는 것처럼 모든 부처님과 범부와 성인께 모두 바치고 나서 곧 일체지지를 회향하며 '제가 바치는 것을 받으시는 모든 분께서 원컨대 이 힘으로써 저로

하여금 앞과 같은 원을 얻게 해주십시오'라고 한다. 이와 같이 원하고 나서 이 진언으로 이것을 가지하면 성취하지 못할 것이 없다.

처음은 일체여래들께 예경하는 훌륭한 가르침 등이다[또한 갖가지 가르침들이다].

사바타(薩嚩他, sarvathā)[일체(一切)이다.]

캄(欠, kham)[평성(平聲). 공(空)이다. 위에 통하여 모두가 공이라 말한다. 이것이 바로 종자의 글자이다.]

오디게데(鄔持揭二合帝, udgate)[태어남이다. 허공장(虛空藏)이다.]

살반라혜문(薩泮二合囉醯門, sphara he māṁ)[널리 두루함이다.]

가가나검(伽伽那劍, gagana kaṁ)[허공이다.]

이것은 바로 허공등력(虛空等力)의 뜻이다. 일체법공(一切法空) 가운데에서 만물을 생하여 널리 모든 중생을 이익하게 한다. 이 진언을 송하여 지닌다는 것은 한 송이 꽃을 봉헌함에 따라 법계에 두루하게 하니, 위로 모든 현성께 바치고, 아래로는 모든 유정들에게 베푼다. 그런 다음에 앞과 같이 큰 원을 내고 이 진언으로 가지하면 모두 성취할 수 있다. 이 진언을 세 번 송하면 생각하는 대로 모두 성취한다. 바치는 꽃 등은 삼종력(三種力)으로 회향하고 이 진언으로 가지하면 온갖 것이 뜻에 따라 이루어진다. 이를테면 꽃을 모든 부처님들께 바치면 자재하게 되는 등이다.

"이것으로 말미암아 일체를 지니는 것은"에서 "이것"이란 진언과 인계이고, "일체"란 원하여서 바치는 공양이다. "진실"이란 금강법계궁의 공양과 같다. "모든 법은 본래 생겨남이 없으며 [자성은 본래 적정한 것이므로]"의 두 구절은 아자의 뜻을 나타낸다. "[이 진실을] 생념하며"란 관하는 주체의 마음이다. "[아자를] 그 가운데에 안치하라"고 하는 것은 여덟 연꽃잎의 중대(中臺)이다.

③ 성화대일문

세 번째는 성화대일문(成畫大日門)이다.

"다음에 아자를 전성시켜"에서 "다음에"란 본래 생겨남 없는 법이니, 언어가 끊어지고 자취가 고요하며 마음작용이 멸하였을지라도 언어를 빌려서 강하게 계도하면 대비의 법이 근기에 응하여 현현한다. 이른바 아자를 드러내는 것이다. 다음에 양족(兩足)의 중생에 응하여 양족을 위하여 곧 아자를 전성시키면 양족존(兩足尊)이 되므로 "다음에 아자를 전성시켜 대일모니(大日牟尼)를 이루어야 한다"고 하였다. "둥근 광명"이란 대일여래의 둥글고 충만한 광명이다. 마치 밝은 거울이 밝은 거울 속에 모든 만물을 나타나게 하는 것과 같다. 하물며 번뇌조차 본래 생겨남 없다는 [이치를 의미하는] 여래의 둥근 광명이겠는가! "천계(千界)"라 하는 것은 삼천대천세계(三千大千世界)이다. "수를 증가시켜"란 대천(大千)을 하나로 치고 수를 세기 시작해서 불가설불가설[87]에 이르기까지이다. "불꽃 광명"이란 도달한 법이다. "유출"이란 대일여래에게서 방사되는 것이다. "윤(輪)"이란 덕을 갖추었다는 뜻이니 번뇌를 항복시키고 선한 싹을 틔우므로 윤이라 이름한다. "광명"이란 신업(身業)이다. "깨달음을 열게 한다"는 것은 구업(口業)에 연유하므로 "몸과 말이 모든 곳에 두루하며"라 하였다. "염부정금색(閻浮淨金色)"이란 염부(閻浮) 연못에서 나온 금이다. 이 연못은 염부수(閻浮樹)의 곁에 가까이 있기에 이로 말미암아 이름을 얻었으며 금 중에서 가장 뛰어나다.

"가부좌(跏趺坐)"란 무엇인가? 나[불가사의]는 좌법을 성선사(聖善寺)에 계신 [선무외]삼장화상의 곁에서 직접 배웠다. [그 방법은 다음과 같다.]

먼저 왼쪽 발을 오른쪽 허벅지 위에 붙이고, 오른쪽 발을 다음에 왼쪽 허벅지 위에 놓는 것을 연화좌(蓮華坐)라 하며, 한쪽 발을 왼쪽 허벅지 위

---

87) 지극히 많은 대수(大數)를 나타내는 수사(數詞)로 『화엄경』 제45권 「아승기품(阿僧祇品)」(대정장 10, 237 중)에 다음과 같은 숫자의 단위가 열거되어 있다. 아승기(阿僧祇)·무량(無量)·무변(無邊)·무등(無等)·불가수(不可數)·불가칭(不可稱)·불가사(不可思)·불가량(不可量)·불가설(不可說)·불가설불가설(不可說不可說)의 십대수(十大數)이다.

에 놓는 것을 길상좌(吉祥坐)라 한다. 이 좌법과 다른 것은 성좌(聖坐)가 아니다. 만일 보리를 구하고자 하면 부처님의 좌법을 학습하여야 얻을 수 있다.

"정수(正受)"[88)]란 선정에 든 모습이며, "모든 독"이란 삼독의 모습이다. "초곡의(綃縠衣)"란 금라문(金羅文)이다. "자연스럽게 만들어진 발계관(髮髻冠)"은 사람이 만든 것이 아니다.

④ 성화석가문

네 번째로 성화석가문(成畫釋迦門)이다.

"그 가운데에서"라 하는 것은 여덟 잎 연꽃의 중대(中臺)이다. "파(婆)자를 관상하라"는 것은 산스크리트 문자를 저 중대에 안치하라는 것이다. "근용(勤勇)"이란 부처님의 다른 명칭이다. "가사(袈裟)"는 건타색(乾陀色)이다. "사팔(四八)"이란 부처님의 삼십이상(三十二相)이다. 석가의 종자심진언문(種子心眞言門)의 파(婆)는 삼유(三有)이며, 곁에 두 점이 있는 것은 바로 삼유를 제거하여 보낸다는 뜻이다. "유가(瑜伽)"란 수행자가 관하는 주체로서의 마음과 관하는 대상으로서의 본존이니, 서로 여의지 않으며 주체와 객체로 나뉘므로 유상관(有相觀)이다. 수행자의 몸과 마음이 바로 부처이므로 무상염송문(無想念誦門)이다. "들어간다"는 것은 이해하는 것이다. "본체(本體)"란 방사된 화신, 즉 대일존이기 때문에 체와 용이 다름 없다. 그러므로 『열반경』에서 '화신이 바로 법신이다'라고 한 것이 그 뜻이다. "유출(流出)"이란 많거나 적거나 간에 모두 이와 같다. "부처님의 오른쪽 연화 위에는"이라 함은 무엇인가? 보살의 본존이 될 수 있는 분은 자신의 본존이다. "집(執)"이란 손 가운데에 금강저를 지니므로 집금강이라 한다. "앞과 뒤의 화대(花臺) 가운데에는"라 함은 단지 앞과 뒤 만이 아니라 좌우도 포함된다. 왜냐하면 보살의 대권속은 장소나 방향을 가리지 않기 때문이다. 금

88) Skt. samāpatti. 정수(正受)는 근본등지(根本等至)로서, 삼마발제(三摩鉢提) 혹은 발제(拔提)라고도 음역하며, 등지(等至)·정정(正定)·현전(現前)이라 의역하기도 한다.

강의 권속은 단지 좌우의 방향만이 아니라 시방도 가능하다. 왜냐하면 금강의 내권속은 여래의 내덕(內德)이기 때문이다.

문 만약 이와 같다면 왜 방향이 있다고 말했느냐?

답 그림 그리는 장소에 의거하면 현상적인 것에 제한이 있기 때문이다. 그래서 경에 이르길, '시방의 보살은 온 곳에 따라 결가부좌하고 설법을 들으며 금강도 역시 이러하다'고 하였다.

"진언수행자"는 염송하는 사람이다. "머무는 곳"은 형상을 그리는 땅에서 오른쪽 아래 모서리 부분이다.

문 반드시 부처님을 그리는 데에 [마음을] 다하게 하여야 하는가?

답 그렇지 않다. 능력이 있는 자는 다하게 할 수 있다. 그러나 능력이 없는 자는 단지 본존만 그리는 것도 어렵다. 어찌 다하게 할 수 있겠는가!

⑤ 성화문수문

다섯 번째로 문수종자진언문(文殊種子眞言門)의 중앙이란 여덟 꽃잎의 화대(華臺)이다. "무아(無我)의 글자"89)는 산스크리트어의 맘(𤚥)자이다.

문 어찌하여 문수사리보살을 부처님 다음에 설하는가?

답 삼장화상 옆에 있으면서 [이 법을] 받았는데 모든 부처님의 매우 깊은 지문(智門)이므로 불부 가운데 포함할 수 있으며 연화부 가운데에도 포함할 수 있다. 그래서 부처님 다음에 나열하였다. 만(𤚥)자는 문수의 본체이니 바로 공이고, 위의 점은 공문(空門), 즉 대공(大空)이다. 십팔공(十八空)을 초월한 것을 대공(大空)이라 이름하는데 공의 위(位)에 머무는 것을 대공으로 삼는다.

---

89) 범자로는 맘(mām)자이다. 이것은 문수사리의 본체이며, 공(空)의 뜻을 가지고 있다. 이것은 문수가 내증한 반야의 의미를 지닌다.

(3) 셋째 구절

① 대중을 열거하다

제3단 가운데 삼문(三門)이 있다. 먼저 대중을 나열하고 다음에 "마음을 기쁘게 하기 위하여"에서 "부류에 따라 상응하라"까지는 인 · 진언 · 결계 등을 밝혔다.

② 성자의 마음을 기쁘게 하다

"마음을 기쁘게 하기 위하여"란 수행자가 공양하는 것이 원인이 되어 복을 얻으면 성자(聖者)의 마음을 기쁘게 하는 것이지, 성자가 공양을 받아서 마음이 기쁜 것이 아니다. "봉헌" 등의 세 구절은 다른 본의 법칙에 의거한다. 말하자면 공양 · 진언 등을 낸다.

③ 결계법

만일 자법(自法)이 없으면 "부동(不動)[90]으로 더러움을 없애라." "피제(避除)"란 장애를 부수는 것이다. "빛이 드러나게 하라"[91]고 하는 것은 향 등의 위에 향을 가지하는 진언을 사용하기 때문에 "본법(本法)에서 스스로를 가지하라"고 말한다. "그리고 자기의 몸을 호지하며" 등의 세 구절은 다른 본에 스스로 호신하는 등의 법이 있다. 호신 등의 다른 법이 없으면 통틀어 이 법을 사용해야 하기 때문에 "혹은 항삼세로써 행하라"고 하였다. "그리고"라 말한 것은 모든 상이 다르다는 뜻이니 왜냐하면 향의 진언과 호신의 진언이 다르기 때문에 "그리고"라 말하였다. "소청(召請)" 등의 네 구절은 별본에 있는 것을 법에 의거하여 사용하라. 만일 별본이 없으면 이 통용되는 법을 사용해야 하므로 "그리고 이 보통의 인" 등이라 하였다.

다음은 "성자(聖者)이신 부동존"의 진언문이다. 이때에 부처님께서는 다

---

90) 대일여래의 사자인 부동명왕을 가리킨다. 이 명왕은 부릅뜬 눈에 견삭을 가지고 있다.

91) 향을 가지하는 진언을 쓴다는 뜻이다.

시 모든 장애를 그치게 하기 위하여 화생(火生)이라 이름하는 삼매를 증득하시고 이 대최장(大摧障)의 진언을 송하셨다. 이 진언은 큰 세력이 있어서 모든 진언을 닦는 수행자들의 갖가지 장애와 어려움을 제거하며, 나아가 부처님께서 머무르신 보리수[道樹]에 이르게 한다. 이 진언[92]은 모든 마군을 부수지 못함이 없으니 하물며 세간의 모든 장애이겠는가!

또한 이 장애에 두 가지 장애가 있으니 첫째는 내장(內障)으로서 자기 마음에서 일어나는 장애이다. 그 종류는 매우 많아서 상세하게 말할 수 없다. 두 번째는 외장(外障)이니 바깥의 현상에서 생기며, 이것도 매우 많으나 [이 진언으로] 모두 최멸할 수 있다.

전다(戰荼, caṇḍa)[지극한 악이다. 폭악(暴惡) 가운데에서 매우 심한 폭악이다.]
마하노사나(摩訶盧瑟拏, mahāroṣaṇa)[큰 분노이다.]
사파타아(娑頗吒也, sphoṭaya)[파괴이다.]
훔(吽, hūṁ)[공포이다.]
달라가(怛囉迦, traṭ)[견고(堅固)이다.]
함맘(唅漫無甘反, hāṁ māṁ)

나중의 두 글자를 종자로 삼으며 모든 구절의 뜻은 다 이 [종자]를 성취함에 있다. 처음의 전다(戰荼)에서 전(戰)은 죽음의 뜻이지만 아자문에 들어가면 곧 본래 생사가 없다는 뜻이다. 다(荼)는 전쟁의 뜻이다. 이 생사가 없는 큰 세력을 지닌 왕이기에 모든 사마(四魔)와 전쟁한다. 다음의 마(麽)는 나[吾]라는 뜻이지만 아자문에 들어가면 바로 무아(無我)이며 또한 공(空)이다. 하(訶)는 기쁨의 뜻이며 또한 행(行)의 뜻이다. 노(盧)에 라(羅)자가 있는데 번뇌의 장애를 의미하며 오(鄔)의 소리가 있는 것은 삼매이다. 사(瑟)는 바로 사마타로써 삼매를 말한다. 나(拏)는 제5자로서 바로 대공삼매

92) 자구주(慈救呪)를 가리킨다.

(大空三昧)이다. 살(薩)은 견고하다는 뜻이며, 파(頗)는 거품의 뜻이니 세간이 물거품과 같음을 아는 까닭에 깨뜨리기 쉽다. 곁에 아자의 점이 있는 것은 바로 행이다. 타(吒)는 전쟁의 뜻으로 능히 적군을 두렵게 하여 파괴시킬 수 있다. 야(也)는 승(乘)이다. 훔(𤙖)은 대공행삼매(大空行三昧)이니 앞에서 설명한 것과 같다. 달(怛)은 여여(如如)이며 라(囉)는 무구(無垢)이다. 가(迦)는 지음이니 모든 법은 짓는 것이 없음을 말한다. 함(唅)자의 하(訶)는 행의 뜻이며 또 아(阿)의 소리가 있으면 수행에 장애를 일으키는 마군을 두렵게 하는 금강삼매이다. 점(點)은 바로 대공(大空)이니 이 대공의 흔들리지 않는 행으로써 모든 장애하는 마군을 매우 두렵게 한다. 밤(鋄)자의 마(摩)는 나[我]의 뜻이며 아자문에 들어가면 곧 무아이니 또한 이 대공무아의 삼매로써 마군의 무리를 두렵게 한다. 이 글자도 역시 아자의 소리나 점이 있고, 하(訶)·로(嚧)·함(唅)·밤(鋄)의 네 글자에도 모두 아의 소리가 있으니 이것은 바로 무행(無行)·무구(無垢)하여 거듭거듭 마군을 두렵게 하며 내외의 두 가지 장애를 매우 두렵게 한다는 뜻이다. 이상으로 성자부동주(聖者不動主)의 진언을 마친다.

(4) 넷째 구절

제4단[93] 가운데에 게송과 진언과 인이 있다.

"다음에 진언과 인으로"에서 "착하지 않은 마음을 가진 중생"까지는 소청방편진언문(召請方便眞言門)이다.

나무사만다붓다남(南麼三曼多勃馱喃)[모든 부처님께 귀명합니다.]

아(阿)[행(行)이다.]

살바다라발라디하데(薩嚩怛囉二合鉢囉二合底訶諦)[일체의 피해받음이다.]

93) 이하에서 소청(召請)의 방편을 밝힌다.

달타아다(怛他揭多)[여래]

구사(矩奢)[갈구리]

보리절리야(菩提浙㗚耶二合)[보리행(菩提行)이다.]

발리포라가(鉢㗚布囉迦)[만족이다.]

여기에서 행이란 이 행으로 말미암아 모든 부처님의 대공덕을 부르는 것을 말한다. 예컨대 세간의 갈구리는 어떤 장소에서 가지런하게 모아들일 수 있지만 모든 장소에 두루 구소할 수는 없다. 그러나 지금 여래의 갈구리는 이와 같지 않다. 두루 일체에 힘이 미치지 않는 곳이 없고 나아가 대보리의 과를 구소할 수 있다. 요점을 말하자면 모든 여래의 공덕을 다 채우고 널리 모든 중생들을 부르며 또한 이 도를 얻게 한다. 그래서 다음 구절에서 "변일체해(遍一切害)"라고 하였다. "해(害)"란 바로 갈구리로 취하여 이를 없애는 것이다. 두루 모든 조복하지 않는 자를 없애고 모두 보리의 행에서 오묘한 과보에 나아가 만족하게 하는 것이다.

(5) 다섯째 구절

제5단의 삼매야진언문 가운데에 인과 진언과 게송이 있다. 여기서 모든 진언은 본존을 가리킨다.

(6) 여섯째 구절

제6단 가운데에 게송과 진언이 있다. "먼저 갖추어서 장엄하게 준비하라"고 하는 것은 허공장전명(虛空藏轉明)의 인(印)으로써 하고 온갖 향·꽃·오곡·오약으로써 운심(運心)하는 가운데에 장엄하게 준비하는 것이며 현상적인 일에서 장엄하게 준비하는 것이어서 알 수 있을 것이다.

"본 진언과 인을 사용하여"라 함은 부동존의 인과 진언이다. 알가진언문

(閼伽眞言門)의 앞 구절의 뜻 가운데 가가나(伽伽那, gagana)라 하는 것은 허공의 뜻이며, 사마(娑摩, sama)는 동등하다는 뜻이다. 아사마(阿娑摩)는 동등할 것이 없다는 뜻이니 허공과 동등하여 동등할 것이 없다는 것을 말한다. 여래의 법신은 본성이 청정하므로 분별할 것도 없으며, 가장자리도 없어서 허공과 동등하다. 그러나 다시 한량 없이 많고 끝없는 부사의한 공덕이 있어서 저 허공으로도 비유할 수가 없다. 그래서 "동등할 것이 없다"고 하였다. 또한 아사마라 함은 평등하지 않다는 뜻이다. 평등하지 않은 것은 이승(二乘)을 말하는데, [그 이승도] 지금 이미 허공과 동등하며, 또 이것은 동등할 것이 없어서 평등하므로 "허공과 동등하여 동등할 것이 없다"고 하였다. 이 최초의 가(伽)자를 진언의 체로 삼는다. 중생계 가운데 오고 가는 모습도 역시 얻을 수 없으며, 법계 가운데 오고 가는 상도 역시 얻을 수 없다. 여래(如來)도 여거(如去)도 얻을 수 없기 때문에 대공(大空)이라고 이름한다. 이 대공의 성품이 청정한 물을 사용하여 더러움 없는 몸을 씻으니 이것을 알가의 진실한 언어로 삼는다.

(7) 일곱째 구절

제7단 가운데에 게송과 진언과 인이 있다. "최승의 보리를 증득하는"이란 수행자가 얻는 과이다. 여래좌진언문(如來座眞言門)에서 아(阿)는 장애이며, 곁에 두 점이 있으면 바로 [장애를] 제거하여 보낸다는 뜻이니 이것은 제개장(除蓋障)의 뜻이다. 이것을 가지고 좌(座)로 삼으니 필경 모든 장애가 일어나지 않게 된다. 왜냐하면 아자가 장애인데 아자가 장애를 능히 제거하기 때문이다.

(8) 여덟째 구절

① 부동존의 인계와 진언의 덕

제8단 가운데에 네 가지가 있다. 처음에 "또 다시 자기에게 생겨난 장애를 없애기 위해서는"에서 "남김없이 다하게 한다"에 이르기까지는 부동존의 인·진언의 덕을 밝혔다. "자기에게 생겨난 장애"란 망상에서 생긴 내·외의 장애이다.

② 금강살타의 몸을 이루는 가르침

둘째로 "지혜로운 자는 반드시"에서 "금강살타의 몸을 이루어야 한다"까지는 성금강살타신문(成金剛薩埵身門)이다. "지혜로운 자" 등의 한 게송은 통틀어 금강살타의 몸을 이루는 것에 대해 밝혔다. 금강종자심문(金剛種子心門)에서 밤(鑁)자란 무엇인가? 전성된 산스크리트 문자의 밤자는 자성청정심이며, 금강종자의 글자를 이루기 때문에 모든 법은 언설을 여의었다고 말한다.

문 공양법 가운데에는 위에 점을 찍고 경본에는 곁에 두 점이 있는데 어찌하여 이 두 가지를 함께 금강종자라 하는가?

답 공양법은 그 자체이고, 경본에는 법의 대용(大用)을 드러내었다. 그래서 두 가지를 함께해도 지장이 없다. 언설을 여의었다는 것은 밤자의 뜻이다.

"구인(具印)"이란 살타를 성취하여 생하는 인이다. "동등하다"는 것은 밤자이다. "반드시 알아야 한다" 이하의 두 게송은 인을 결하는 것이다.

금강살타의 진언문은 다음과 같다.

나모사만다벌절라사(南麼三曼多伐折囉二合引赦)[모든 금강에 귀명합니다.]

전나(戰拏)[포악(暴惡)이다.]

마하로쇄난(摩訶引路灑赦)[대분노의 뜻이다.]

훔(𤙖)[공포이다.]

전다(戰荼)[전(戰)자에 차(遮, ca)의 소리가 있다. 이것은 생사이다. 생사를 여읜다는 것을 말한다.]

위에 점이 있는 것은 대공이다. 이렇게 말한다.

이 생사는 대공과 동등하다. 다(荼)는 싸워야 할 적이며, 생사를 여의니 대공과 동등하다. [왜냐하면 대공과] 상대할 수 있는 자가 없기 때문이다.

구절의 뜻 가운데 전다(戰荼)는 폭악이다.

마하로사나(摩訶路瑟拏)[큰 분노이다. 앞에서 설명한 것과 같다. 능히 적대할 자 없다. 왜냐하면 큰 분노이기 때문이다.]

훔(吽)[앞과 같이 삼해탈(三解脫)을 갖춘다.]

이상의 법으로써 중생을 두렵게 하고 생사를 여의어 삼해탈을 얻게 한다.

문 제2「증익수호품」중에서도 금강살타의 인과 진언을 설하였는데 [제3품에서 설하는 금강살타의 인과 진언은] 그 뜻은 어떠한가?

답 제3품 중에서 금강 자체를 이루고, 제2품 중에서는 이 금강전법륜(金剛轉法輪)의 작용을 드러내었다.

문 어떻게 알 수 있는가?

답 금강의 종자심(種子心)을 설하여 지혜로운 자는 반드시 금강살타의 몸을 전성하여 이루어야 한다고 말하고, 다음에 캄(欠)자를 설명하였다. 즉 먼저 이 자문에 머물고 그런 다음에 금강살타의 몸을 만들어야 한다고 하였다. 아직 금강살타의 몸을 만들지 못하였으면 전법륜의 인과 진언을 사용하는 것은 옳지 않다고 알아야 한다.

문 어떤 때에 금강의 몸을 만드는가?

답 입불삼매야(入佛三昧耶)의 앞에서 오자(五字)[94] 등의 몸으로 만들어 합한다.

"금강살타의 진언"이란 인을 만들어 송하는 진언이다. "반금강인(半金剛印)[95]을 결하라"고 하는 것은 오른손이 쉴 새가 없으면 [왼손만 가지고] 반으로 만들 수도 있다. "다른 계경"이란 별본의 경이다. "금강의 갑옷"의 글자

94)『소』4권에 '관행을 닦을 때에는 먼저 오자(五字)로써 몸을 가지해야 하는데 공양법에서 설명한 것과 같다'라고 설하는 내용으로 오자엄신관(五字嚴身觀)을 가리킨다.

95) 오고인(五鈷印)을 반으로 나눈 반인(半印)이라는 뜻이다.

는 호지하는 인을 사용하여 호신하고 금강갑옷을 이룬다. "앞에서 이미 [법에 의거하여] 설하였다"고 하는 것은 호지인(護持印)이다. "캬(佉)자와 점"이란 금강저를 붙인 정수리 위의 캄자문(欠字門)이다. 단지 금강으로 장엄한 몸만이 아니라 염송하는 수행자도 역시 장엄한다. 캄자문의 진언에서 캄(欠)이란 대근용(大勤勇)의 종자이다. 부처님께서 도량에 앉으셔서 모든 마군을 항복시키시므로 모든 천・인이 대근용이라고 부르니 바로 비로자나이다. 캬(佉)는 공(空)의 뜻이며 위에 점이 있으면 대공이다. 대공으로써 모든 공을 정화시킨다.

나모사만다발타남(南麼三曼多勃馱喃)[앞과 같다.]

③ 모든 마군을 항복시키는 진언

세 번째로 "다음에 반드시 일심으로 지어라"에서 "반드시 모두 퇴산하리라"에 이르기까지는 항복마진언문(降伏魔眞言門)을 밝혔다. "다음에 반드시" 등의 두 게송은 통틀어 금강을 깨우치는 수행자의 몸을 성취함에 관한 것이다. 항복마진언문은 모든 부처님의 대인(大印)이어서 여래의 위맹한 큰 세력을 나타내어 모두를 두렵게 하고 장애를 짓는 자로 하여금 항복하게 하며, 또한 모든 중생이 바라는 것을 들어줄 수 있다. 수행자가 이 인을 결할 때에 장애를 짓는 자들은 사방으로 흩어지지 않음이 없고 나아가 큰 힘 가진 천마의 군대도 역시 물러나 흩어진다. 여래께서는 보리도량에서 이 인을 가지고 모든 마군을 굴복시키셨다.

진언에서 귀명은 앞과 같다.

마하마라바디(摩訶引沫羅嚩底)[큰 힘이다.]

다사바로(馱奢嚩路)[십력(十力)이다.]

온바볘(嗢婆二合吠)[얻는다.]

마하매달리야(摩訶引昧怛囉也三合)[대자(大慈)이다.]

비유온얼뎨(毘庾二合嗢蘗二合帝)[발생한다.]

이 진언의 뜻을 말하면 다음과 같다.

'모든 부처님께서는 큰 힘을 지니셨다. 이 큰 힘과 동등한 것은 어떤 힘인가 하면 바로 여래의 십력(十力)이다. 모든 힘 중에서 가장 크기 때문이다. 여래께서는 어떻게 이 십력을 얻으셨는가? 대자(大慈)로부터 이 십력을 얻으셨으므로 이 힘은 대자로부터 발생한다.'

④ 결대계(結大界)의 진언

네 번째로 "다음에 [난감인(難堪忍)의 밀인과 진언을] 사용하여"부터 "모두 널리 보호할 수 있다"까지는 결대계진언문(結大界眞言門)이다.

다음에 결대계(結大界)의 진언이다. 부처님께서 설하신 것처럼 다시 한량 없이 많은 지명(持明)이 있다. [부처님께서는] 어떤 지명진언자들이 결호하지 않기 때문에 법사를 파괴하고 지송하는 사람을 손상시킬 것을 우려하여 결계의 법을 설하셨다. 결계하게 되면 아무도 모든 지명을 파괴할 수 없다. 마치 비구가 결계하여 법사를 지으면 결계 밖에 있는 비구가 작법한다 할지라도 [결계의 법사를] 장애하거나 부술 수 없는 것과 같다.

살바다라노얼데(薩嚩多囉二合弩蘖帝二合)[모든 방향과 장소이다. 시방 모두를 반드시 두루 결계해야 함을 말한다. 또한 방향에 따라 모두 두루하게 하라.]

만타야사만(滿馱也徙瞞母感反)[윗 구절을 결하고 아랫 구절을 결한다. 이 뜻을 말하면 모든 방향의 장소를 결계함이다.]

마하삼매야(摩訶三昧耶)[대삼매야(大三昧耶)이다. 이 대삼매야로 모든 계를 결한다.]

달사뎨(呾闍帝)[따라 생겨남이다. 말하자면 대삼매야에서 생겨남이다.]

사마라니(沙麼二合囉女爾奴皆反)[억념(憶念)이다. 모든 부처님의 가르침을 억념함을 말한다.]

아발라저하뎨(阿鉢囉二合底訶帝)[능히 해칠 수가 없다. 또한 거리낄 것이 없음을 말한다. 또한 파괴할 수 없는 것이다. 결계하기 때문에 아무도 부술 수 없다.]

타가타가(馱迦馱迦)[빛의 위력이다. 빛의 위력에 말미암아 결계를 이룬다. 타(馱)는

법계이고 가(迦)는 지음이다. 법계의 체는 모든 지음을 떠나며, 지음을 떠남이 바로 법계의 뜻이다.]

절라절라(折羅折羅)[차(遮)는 멸한다는 뜻이다. 생사하여 변함을 말한다. 라(羅)는 번뇌의 장애이다. 모든 구절은 행이다. 이는 시방계를 두루 결계하는 것을 말하며 또한 오고 감이다. 거듭 이것을 칭한 것은 아주 온다는 것이다.]

만타만타(滿馱滿馱)[구절을 해석하면 이것은 결계의 뜻이다. 앞은 계박한다는 뜻이고 다음은 공이다. 계박함이 없으므로 허공과 동등하다. 이렇게 결계하므로 누구도 부술 수 없다.]

날사(捺奢上聲呼)[십(十)이다.]

니전(儞羶)[방향이니 곧 시방을 결계함이다.]

살바달타가다(薩婆怛他引蘖多)[모든 부처님이다.]

노양뎨(弩壤帝)[가르침이니 모든 부처님의 가르침이다. 앞에서 생각한 것을 억념하게 한다.]

발라비라(鉢羅二合嚩羅)[증득한 바이다.]

달마(達摩)[법이다. 즉 모든 부처님께서 증득하신 법이다.]

납타(臘馱)[획득이며 증득이며 얻음이다.]

미야예(微若曳)[바로 무능승(無能勝)이다. 모든 장애 중에서 가장 뛰어난 것이다.]

바가바디(薄伽嚩底)[진언주(眞言主)이다. 세존의 덕을 찬탄한다.]

미구리(徵矩囇)[제거함이다. 번뇌를 제거할 수 있다. 처음에는 [번뇌를] 제거할 것을 권하며, 또한 [번뇌를] 짓지 않게 한다.]

미구려(微矩麗)[제거함이다. 앞 구절에서는 유상(有相)의 번뇌를 제거하였고 뒷 구절에서는 상을 떠난 번뇌를 제거한다. 즉 모든 장애를 제거한다. 이것은 바로 짓지 말아야 할 [번뇌를] 제거함이다.]

려(麗)[종자(種子)이다.]

로보리(嚕長引補囇)[구절의 뜻은 궁(宮)이며, 처소(處所)이다. 참된 법으로 번뇌를 제거하고 상(相)을 제거한다.]

이것은 바로 모든 부처님께서 머무시는 궁전으로서 이 계(界)와 동일하게 한다. 다시 미구려(微矩麗)의 글자를 더하라. 다만 이 마지막 구절의 려(麗)자를 종자로 삼는다. 라(囉)는 상(相)인데 예(翳)의 소리를 더하면 바로 삼매이다. 상(相)을 여읜 삼매로서 모든 상을 갖추면서도 모든 상을 여의니 이것은 바로 계(界)의 체상(體相)이다.

제2의 진언문을 간략히 설한다.

나모사만다발타남(南麼三曼多勃馱南)[귀명은 앞과 같다.]

이 가운데의 대계(大界)는 처음에 대보리심을 발할 때부터 성불에 이르기까지 그 중간에 끊임이 없으며 생사를 반복하지 않고 보리에서 물러나지 않음을 말한다. 곧 대계(大界)의 뜻이며 구절의 뜻이다.

려(麗)[상을 여읜 삼매]

로(嚕)[베(吠)는 두 라(羅)를 중복한다. 이아(二我)의 상이다.]

보(補)[궁극의 진리다. 궁극의 진리는 얻을 수 없다.]

리(𠷈)[번뇌를 여읨이다.]

미(微)[계박을 여읨이다.]

구(矩)[거(炬)음으로 발음한다.]

려(麗)[상을 여읨이다.]

이 일곱의 종자는 모두 삼매를 의미한다. 이 모든 삼매를 가지고 장엄하므로 이 이상가는 것이 없다. 이것은 모든 부처님의 대계(大界)이다.

(9) 아홉째 구절

① 성변문을 나타내다

제9단 중에 두 문이 있다. 처음에 "또는 부동존으로써"에서 "함(悍, haṃ)"에 이르기까지는 모두 성변문(成辨門)을 나타낸다. 둘째로 "다음에 먼저 공경하고 예를 올리며"에서 "마하말리사바하(摩訶引沫履四莎訶, mahā-baliḥ svāhā)"까지는 자세하게 영변문(營辨門)을 밝혔으며 여섯 개의 다라니가 있는데 알 수 있을 것이다. 첫째 성변문의 부동존 종자심진언문에서 함(悍)의 하(訶)는 행을 의미한다. 아의 소리도 행이며, 점은 대공이다. 이 자리에 머물음으로 해서 온갖 [장애짓는 자들을] 강하게 항복시키고 보리심을 위하여 대호(大護)를 짓는다.

② 영변문을 밝히다

둘째로 자세하게 영변문(營辨門)을 밝히는 가운데 "경에서 설하는 것처럼 향 등"이란 갖가지의 향・꽃・오보(五寶)・오약(五藥)・오곡(五穀)을 사용하여 바치려는 알가수 속에 넣어서 자주 밀인(密印)으로 이것을 뿌리는데 여법하게 소지하는 알가수 속을 장엄하고 부동존의 혜도인(慧刀印)을 사용하여 알가수의 안을 맑게 하고 준비한 공양물에다 알가수를 뿌린다.

"다시 자주 진언을 송하는데"라 함은 알가수를 뿌릴 때에 부동존의 진언을 송한다. "각기 본진언을 송하라"고 함은 향 등의 진언이다. "그리고 스스로 소지하는 명"이란 염송자의 본존진언이다. "명칭을 부른다"는 것은 향 등이다.

도향(塗香)의 진언문 다음에 차례대로 바르는 향 등의 여섯 가지 진언이 있는데 모두 만다라에 들어가 공양을 닦을 때에 필요하므로 이 품에서 설명하겠다.

앞 구절의 뜻 중에서 비수타(微輸上馱, visuddha)는 청정의 뜻이고, 건다(健杜, gandha)는 향이다. 납파바(納婆嚩, udbhāva)는 발생의 뜻으로 청정한 향을 발생함을 말한다. 구절 처음의 비(微)자를 체로 삼는다. 바(嚩)자 위에 이(伊)자의 획을 썼으므로 전성(轉聲)하여 비(微)가 되었다. 바(嚩)자는 금강의 뜻이며 언설을 여의었다는 뜻이며 삼매가 머무른다는 뜻이다. 이와 같이 정(定)과 혜(慧)가 균등함이 바로 주무희론집금강의 삼세무장애지계(三世無障礙智戒)이다. 이와 같은 계향(戒香)은 그 성품이 본래 고요하며 감도 없고 옴도 없으며 언제나 법계에 변만하기 때문에 청정한 도향이라 이름한다. 모든 중생들이 동등하게 이것을 갖고 있을지라도 아직 마음을 일으키지 않았기 때문에 이 향은 아직 타오르지 않는다. 내가 지금 이미 이 계향을 사용하여 두루 법신에 바르기 때문에 청정한 향으로써 두루 일체에 향기 나게 할 수 있다.

심련화(心蓮華)의 진언문에서 앞 구절의 뜻 가운데 마하매달리야(摩訶妹咀𡁠也)라 하는 것은 대자(大慈)의 뜻이며, 비유가데(毘庾櫱帝)는 생겨남의 뜻이니 대자생(大慈生)을 말한다. 매(妹)자를 진언의 체로 삼는다. 즉 마(莽)자에 삼매의 획을 쓴 것이기에 전성(轉聲)하여 이렇게 부른다. 마(莽)는 마음의 뜻이고 나[我]의 뜻이며 또한 대공이라 이름한다. 말하자면 이 심연화는 내[我]가 존재한다는 허망한 관념에 의해 묶여져서 증장할 수 없다. 지금 스스로 마음의 실상을 증지하므로 자비장(慈悲藏) 중에서 여덟 잎과 수염과 꽃술이 차례대로 피어나므로 대자(大慈)에서 생겨난다고 말한다. 또 다음에 정보리심 나무의 씨앗이 자비의 대지에서 영양분을 공급받고 무성하여서 만덕의 꽃을 피우며 방편으로써 열매를 맺으므로 "대자(大慈)로부터 생한다"고 말한다. 반드시 자문(字門)으로 이것을 자세하게 해석해야 한다.

소향(燒香)의 진언문에서 앞 구절의 뜻 가운데 달마타도(達摩馱都)는 법계의 뜻이며, 노가데(弩櫱帝)는 따라 생겨난다는 뜻이고, 또한 두루 이른다는 뜻이며, 또한 간다는 뜻이고, 나아가 머무르지 않는다는 뜻으로서 '법계에 두루 이른다'고 해석한다. 구절의 처음 달(達)자를 체로 삼는다. 중생계는 본래 생겨남이 없으므로 법계의 정해진 모습도 얻을 수 없다. 이와 같은 법계는 깊고 넓으며 끝이 없어서 헤아릴 수 없으나 유가수행자가 언제나 수승하게 정진하여 쉬지 않으므로 신·어·심업이 모두 이와 같은 법계에 두루하며, 아래로 한 송이 꽃을 부처님께 공양할 때에도 역시 이와 같은 법계에 두루 이르니 이것이 바로 소향의 뜻이다.

등명(燈明)의 진언문에서 앞 구절의 뜻 가운데 다타가다(怛他揭多)는 여래이다. 리지(唎旨)는 불꽃 광명이다. 다음에 살파라나(薩叵羅儜)는 보편이다. 아바파사나(阿嚩婆娑娜)는 모든 암흑이다. 가가유다리야(伽伽猱陀哩耶)는 제한된 크기가 없어서 허공과 동등하다. 뜻을 말하자면 다음과 같다.

'여래의 불꽃광명은 모든 암흑에 널리 두루하여 허공과 동등하고 제한된 크기가 없다.'

이 진언은 첫 구절의 다(多)자를 체로 삼는다. 마음의 실상과 같으니 이것은 바로 비로자나 대지(大智)의 광명으로서 널리 세간을 비추어 고루 미치지 않음이 없다. 모든 암흑이라 말한 것은 바로 무명(無明)이다. 무명은 본래 생겨남이 없으므로 체는 바로 명이다. 이 까닭에 여래의 광명은 널리 모든 암흑에 고루 미친다. 허공과 동등하다고 말한 것은 무명이 허공의 한량 없이 많음과 동등하므로 여래의 지광도 역시 허공의 한량 없이 많음과 동등하며, 나아가 늙음과 죽음도 허공이 한량 없이 많음과 같다. 그래서 여래의 지광도 역시 허공이 한량 없이 많음과 같다. 십이인연을 말한 것처럼 모든 법도 역시 이렇게 말해야 한다. 이와 같은 분명한 뜻을 이름하여 등명의 진언이라 한다. 이 진언으로 등명을 가지하여 부처님께 공양하니 이 공양이 모든 공양 가운데 최고이다.

음식의 진언문에서 앞 구절의 처음에 아라라(阿羅羅)라고 하는 것은 즐겁게 들을 수 없는 소리이며, 좋지 않은 소리의 뜻이다. 마치 사람이 높은 소리로 떠들어 듣는 자의 마음을 고요하지 못하게 하는 것과 같다. 다음에 가라라(迦羅羅)라고 하는 것은 앞의 좋지 않은 고성을 그쳐서 조용하며 적막하다는 뜻이다. 이 가운데에서 법의 기쁨과 선열(禪悅)을 음식으로 삼는다는 뜻이므로 여기에 의탁하여 이렇게 말하였다. 만일 자륜의 모습에 대해서 말하면 아(阿)는 본래 처음이라는 뜻이다. 본래 처음이 있기에 곧 두 가지의 번뇌가 있나니, 이른바 번뇌장(煩惱障)과 지장(智障)이다. 이 두 가지의 번뇌에 말미암아서 희론과 시끄러운 소리가 있다. 지금 모든 법은 본래 생겨남이 없으므로 두 가지의 번뇌도 역시 본래 생겨남이 없다. 이것이 바로 감로문을 열어서 열반의 반찬을 성취하는 것이므로 아라라라고 이름한다.

또한 어떤 사람이 부지런히 만행을 닦아서 이와 같은 법미(法味)를 얻으려고 바라면 조작이 있으므로 도리어 두 가지 장애가 생긴다. 이것은 항상한 명색력(命色力)의 참된 감로미가 아니다. 지금 모든 법은 조작됨이 없으므로 안으로 증득하는 맛이며, 다른 것에 따라 얻는 것이 아니므로 우유죽을 먹는 것과 같아 다시 이것과 비교할 것이 없으므로 앞의 좋지 않은 소리를 그치게 한다고 말한다.

마린나라미(沫鄰捺娜弭)란 무엇인가? 무릇 인도에서 제사지내는 음식은 위로는 모든 부처님께 바치는 것에서 아래로는 귀신에 이르기까지 통틀어서 말리(沫梨)라고 부른다. 그 구절의 뜻을 말하면 '저는 음식을 가지고 봉헌합니다'이다. 다음에 말린나니(沫鄰捺泥)라 하는 것의 뜻을 말하면 '제가 바친 음식을 받으시고 다 드신 뒤에 반드시 저에게 묘한 음식을 되돌려 주셔야 합니다'이다. 세간의 사람들이 좋은 반찬으로 봉헌하고 복전에 보시하여서 금세나 후세에 음식이 모자라지 않게 하려는 것과 같다. 그러므로 지금 다함 없는 법식(法食)으로써 세간의 공양을 가지하여 모든 존께 받들어 베풀고, [이러한 공양을] 되돌려서 반드시 자신이 바라는 것을 채우게 하고 언제나 불사불생(不死不生)의 맛을 충족하게 한다.

다음에 말하는 마하말리(摩訶沫履)란 바로 모든 음식 가운데에서 갑절이나 광대하고 풍성한 맛을 더하는 것이다. 이렇게 하면서 앞 구절을 헤아려 살핀다.

'내가 지금 [공양을] 바치면서 바라는 것은 모두 지극히 비할 바 없는 맛이며 그 이상가는 것이 없는 맛[을 구하고자 함]에 있지 한계가 있는 음식을 구하는 것이 아니다.'

(10) 열째 구절

제10단 가운데 "그리고 나머지"라 함은 무엇인가? 능력 있는 자는 단지 다섯 가지의 공양만이 아니라 광대한 공양을 가지고 있다. 이를테면 사해(四海)의 바닷물을 연꽃연못으로 만들며, 푸르고 희고 붉은 연꽃을 피우고,

청정하고 향기로운 음식[을 공양하는 것]은 마음으로 헤아릴 수 있는 것이 아니며, 청정한 산과 강과 풀과 나무와 꽃과 향기롭고 맛있는 과자는 극락과 견줄 수 있으며, 허공과 동등한 향기의 구름을 내어서 대지를 두루 채운다. 당기와 덮개와 마니보배의 나무를 세워서 대지를 가득 채우고 이상에서 말한 갖가지 공양도구를 갖추었기에 "그리고 나머지 공양의 도구"라 말하였다. "이 법칙에 의거하여"라 함은 부동존이다. "이것은 바로 온갖 공양물을 지니는 것"이란 운심공양(運心供養)이다. 부처님을 공양하고자 원하는 자는 곧 보통의 공양인을 결해야 한다. 그러면 소원이 모두 성취될 것이다. "평등한 것이 법계와 같아"라 함은 이치와 같은 것이며, 또한 '계합한다'고 말한다. "두루 모든 세계에 들어간다"고 함에서 들어간다는 것은 향하여 들어간다는 것이다.

問 "복덕에 의지하여 생겨나는"이란 무엇인가? 운심함에 따라 생기는가? 부처님과 보살에 따라 생기는가? 또는 진언·인계에서 생기는가?

答 홀로 생기는 것이 아니라 화합하여 생기므로 "생겨나는"이라고 말하였다.

"당번(幢幡)" 등에서 "공양하여 불사를 이룬다"에 이르기까지는 생겨난 것이다.

"각기 [온갖 공양물들을] 비내려서"라 함은 하나하나의 공양물이 구름을 이루고 하나하나의 구름이 굴러서 온갖 공양물을 비내린다. 이와 같이 전전하여 끝까지 다할 수 없다. 왜냐하면 이치에서 생겨났기 때문이니 이치란 궁극까지 다하는 것이 없기 때문이다.

"사유(思惟)"란 공양받는 본존이다. "허공장의 진언으로" 등이라 함은 [이 진언으로] 공양법을 출생할 수 있다. "세 번 가지하면"이란 세 편이다. "지허공장(持虛空藏)의 진언"에서 "공덕이 스스로 원만하다"까지는 공덕장(功德藏)을 드러내었다. "허공"이란 이치의 허공이다. "장(藏)"이란 드러낼 수도 있고 감출 수도 있다. "증가구(增加句)"란 주체의 뜻을 드러냄이다. "때에 따라" 등의 두 구절은 도심(道心)과 열등한 혜를 지닌 사람이다. "이 생에 실지를 구한다"고 함은 혜력(慧力)이 용맹하여서 불과를 정하는 것이다. "단지 작심한다"는 것은 운심(運心)이다. "하려는 것이 이미 끝났다"라고 하는 것은 상호를 드러낸 것이다. "바깥의 의궤"란 사상(事相)의 공양이다. 아리사(阿梨沙)는 부처님의 공덕을 찬탄하는 말이다. "동등할 것 없고 흔들리는 바 없으니"에서 "삼계에 의지할 것이 없다"는 것은 부처님의 공덕을 찬탄한 것이다. 처음의 한 게송은 고통을 없애주는 것이고 두 번째의 한 게송은 즐거움을 주는 것이며, 세 번째의 한 게송은 고통을 없애고 기쁨을 주는 데에 제한이 없음을 나타낸다. 네 번째의 한 게송은 제한된 시간이 없으며, 다섯 번째의 한 게송은 가릴 수 없으며, 여섯 번째의 한 게송은 구제하는데 미치지 않는 곳이 없음을 나타낸다. 일곱 번째의 한 게송은 주지 않는 것이 없으며, 여덟 번째의 한 게송은 과를 생하게 함이며, 아홉 번째의 한 게송은 원을 행하는 데에 쉬지 않음이고 열 번째의 한 게송은 모두 반드시 베푸는 것이다.

"범본(梵本)으로 독송해야 한다"고 함은 산스크리트로 된 글이다. 산스크리트 글을 얻을 수 없으면 중국 글에 의거하여도 뜻을 이해하는 것은 동일하다.

"송하여 지니고 이와 같은 게송으로 찬탄하고 나서" 이하의 여섯 게송 반은 앞의 글을 끝맺고 찬탄하면서 거듭 금제(禁制)하기를 청하는 문이다. 처음의 두 구절은 앞 문장을 끝맺고 뒷 문장을 일으키며, 다음 두 구절은 원을 일으키며 다음 네 구절은 덕을 찬탄하고, 다음 여섯 구절은 거듭 원을 일으키며, 다음 여덟 구절은 거듭 찬탄하였고, 마지막의 네 구절은 권하고 금제한다.

문 제1과 제2 게송에서 청하고 제1과 제2 게송에서 찬탄하는 것은 어떤 뜻이 있는가?

답 앞의 원은 과(果)를 청한 것이고 나중의 원은 과의 용(用)을 청한 것이다. 앞에서는 부처님의 덕을 찬탄하였고 뒤에서는 허공장의 진언이 갖춘 온갖 덕을 찬탄하였다.

제4 지송법칙품(持誦法則品)[96]

1. 명칭 해석

넷으로 나누는 문은 앞과 같다. 처음에 [지송법칙품이라는] 명칭을 해석한다. 수행하려는 마음 속에 수행하는 법칙을 분명하게 기억하여 지녀야 하기에 "지(持)"라고 하였으며, 닦아야 할 법칙을 입속에서 송할 수 있으므로 "송(誦)"이라고 하였다. "법칙(法則)"이란 인(因)을 지니는 마음에서 얻은 과보가 필경에 차별이 없으므로 법칙이라고 하였다. 말하자면 지송하는 법이 바로 이 법이므로 지업석(持業釋)[97]이다.

---

96) 공양의 의식(儀式)을 실제로 수행하는 법칙에 대해 설명하는 품이다.

97) 지업석(持業釋) : 앞부분의 말이 후절의 말에 대해서 형용사·부사 또는 동격의 명사인 관계를 가지는 것.

2. 품의 유래

두 번째로 이 품이 오게 된 내력이다. 앞의 품에서 공양을 수행하는 사람이 지송하므로 이 품이 왔다.

3. 종취

세 번째로 종취(宗趣)이다. 설하는 것에 차별이 없음을 바로 종(宗)으로 삼는다. 이익을 얻어 다른 이에게 베푸는 것을 취(趣)로 삼는다.

4. 문장 해석

네 번째로 문장을 해석함에 두 가지가 있다. 먼저 표시하고 나중에 해석한다. 표시하는 것 중에서 처음의 두 구절은 앞의 내용을 끝맺고 뒤의 내용을 일으키는 것이다.

"성천(聖天)들께"에서 성이란 보살이고 천은 정(淨)이니 대일여래의 교화에 감응하는 근기의 천이기 때문이다. "상응하는 좌에 앉아서"란 도량에 들어가서 본존을 마주대하여 앉는 바로 그때이다. "삼매에 들어가라"고 하는 것은 하나의 경계에 집중하라는 것이다. 마음을 본존의 마음에 두고서 잠시라도 놓아버리지 않기 때문이다. "네 가지"란 아래의 문장에서 본존을 관하는 것과 본존의 마음 가운데의 원명(圓明)과 진언 종자자를 비추어 보는 것을 차례대로 수지(受持)하는 것이다. "정려(靜慮)"란 정(定)이라고 한다. 마음을 네 곳에 머물게 해서 밖으로 산란함이 없기 때문이다. "궤의(軌儀)"란 저 네 곳을 관하는 것이 바로 궤의이다. 주관과 객관이 합하기 때문이다. "내심에서"란 바로 자심이다. 이치에 맞추어 견주어보고 지금 본심에 계합하여 기쁨을 일으키기 때문이다. 그래서 "기쁨을 일으키도록 하며"라 하였다. "진실한 뜻[98]으로"란 깊이 진언을 관하고 [모든 법이 본래] 생겨남이 없음을 깨닫기 때문이다. "가지(加持)"란 진언 가운데 안주하여 마음을 관찰하는 것이다. "성취할 수 있다"고 하는 것은 처음에 마음을 관찰할 때이다. "등인(等引)을 성취할 수" 있다는 것은 본래 생겨남이 없는 이치와 합하는 것이다.

뒤의 해석에 의거하면 열 가지 문이 있다.

첫째로 "만약 진언을 염송하려고 할 때라면"에서 "이것을 세간에서 상(相)을 갖춘 행[世間具相行]이라 한다"까지는 유상념송문(有相念誦門)이다.

둘째로 "사지(四支)[99]의 선문(禪門)은 다시 차이가 있는데"[100]에서 "그것은 유가승의품(瑜伽勝義品)[101] 가운데에 설해져 있다"까지는 무상념송문(無相念誦門)이다.

셋째로 "다음에 명(明)의 자문(字門)을 전변(轉變)시켜라"에서 "앞의 품에서 설명하였다"까지는 변자성신문(變字成身門)이다.

넷째로 "본존의 삼매와 상응하고자 하면"에서 "호흡에 따라 들고 난다"까지는 본존삼매수식문(本尊三昧隨息門)이다.

다섯째로 "혹은 의지법(意支法)[102]을 닦고"에서 "다시 하나의 방편[103]을 행

98) 깊이 진언을 관해서 본래 생겨남이 없다는 참뜻을 깨닫는다는 의미이다.

99) 앞에서 언급한 심정(心淨)과 수(數), 시분(時分)과 상현(相現)이다.

100) 자신 이외의 본존을 관하지 않는다는 뜻이다. 관상할 때에는 수행자 자신이 대일여래가 된다.

101) 금강정경의 대본(大本) 속에 있다.

102) 마음 밖의 것을 관찰하는 마음 속의 모든 현상을 말한다.

해야 한다"까지는 의지염성진언문(意支念聲眞言門)이다.

여섯째로 "모든 유정계에서 복취(福聚)를 닦아" 등의 한 게송은 수무정문(修無定門)이다.

일곱째로 "만약 현법(現法)에서 [상·중·하의 실지를] 즐겨 구하려면"에서 "구지(具支)를 가지고 공양하라. 반드시 이와 같이 알아야 한다"까지는 낙심현법성취문(樂心現法成就門)이다.

여덟째로 "다시 [여래의 삼밀문을] 수습하자 원하며 [한 달을 경과한 자를] 위하여"에서 "속히 실지를 성취하게 되리라"까지는 대일삼밀속득문(大日三密速得門)이다.

아홉째로 "또 다시 [석가모니존을] 관념하는데"에서 "속히 성취하게 한다"까지는 석가진언성취문(釋迦眞言成就門)이다.

열째로 "또 다음에 본존이 머무시는 바"에서 "지혜로운 자는 모두 알아야 한다"까지는 비밀사업가해문(秘密事業可解門)이다.

1) 유상염송문(有相念誦門)

여기에서 "염송하려고 할 때"라고 한 것은 염주를 쥐고서 처음에 염송을 일으키는 그때이다. "지금"이란 앞과 같은 때를 지금이라고 말하였다. "그 방편"이란 처음 염송할 때를 바로 "그"라 말하였다. "나타내보인 것"이란 「공양의식품(供養儀式品)」에서 본존을 나타내 보인 것이다. "마음을 깨끗하고 더러움 없게 하라"[104]고 하는 것은 탐·진·치 등에 마음을 일으키지 않는 것이다. "수(數)"[105]란 설명한 숫자를 채움이다. "시분(時分)"이란 날[日]과

103) 발보리심의 인에서 불과(佛果)에 이르기까지 하나의 방법에 의지하는 것을 의미한다.

104) 탐진치를 일으키지 않는 것을 말한다.

105) 진언을 지송하는 횟수를 말한다.

달[月]의 한계를 정하는 것이다. "상(相)이 나타남 등"은 도상(圖像)의 탑에서 진언을 지송하는 소리와 광명을 내는 것이다. "유상(有相)"106)이란 자신 이외에 모습을 갖추고서 관하는 것이다.

2) 무상염송문(無相念誦門)

"사지(四支)"107)란 앞의 네 가지이다. "다시 차이가 있는데"108)란 자신 이외에 본존을 관하지 않고 무릇 정관을 닦을 때에는 곧 자신을 대일여래로 삼는다. "적다[少]"는 것은 수행할 시간이 많지 않은 것이다. "복(福)"이란 바깥의 향과 꽃을 능력이 없어서 충분하게 마련하지 못하는 것이다. "성취"란 오묘함을 깨달아 대일여래의 본지(本地)의 지혜와 계합하는 것으로 아래의 한 구절에서 설한 것을 인용하여 증명하였다.

3) 변자성신문(變字成身門)

"신밀의 비밀스러운 표치"라 하는 것은 스스로 자신의 본존의 형상을 보는 것이다. "그 승위(乘位)"109)란 자기의 본존의 위(位)이다.

---

106) 자신 이외의 상(相)을 인정하는 것을 말한다.
107) 앞에서 언급한 심정(心淨)과 수(數), 시분(時分)과 상현(相現)이다.
108) 자신 이외의 본존을 관하지 않는다는 뜻이다. 관상할 때에는 수행자 자신이 대일여래가 된다.
109) 자신의 본존위(本尊位)이다.

4) 본존삼매수식문(本尊三昧隨息門)

"심(心)[110]으로써"란 종자의 글자다. "심(心)[111]에 둔다"고 하는 것은 [본존을 심에 둔] 완전한 심이다. "종자로 삼고"라 하는 것은 수행자의 인심(因心)이니 진언을 염송하며 이러한 인에 따라 과를 얻으므로 종자라고 말한다. "보리심"이란 진언이다. "울금색(鬱金色)"이란 진금색(眞金色)이다. "동진(童眞)"이란 동자의 다른 이름이며, 문수사리보살의 진언문이다.

다음에 문수보살이 부처님께서 가지하신 신력삼매(神力三昧)에 들어가니 이 가지삼매는 앞의 『비로자나경』[112]에서 처음에 설명한 것과 같다.

혜혜(醯醯)[호소(呼召)라는 뜻이다.]

구마라가(俱摩羅迦)[동자라는 뜻이다. 이것은 바로 하나하나 본원을 기억하도록 호소하는 것이다. 구체적으로는 최파(摧破)의 뜻이다. 마라(摩囉)는 마(魔)의 권속인데 이른바 사마(四魔)이다. 이 진언은 마(麽)자를 체로 삼으니 이것은 바로 대공(大空)의 뜻이다. 이 대공을 증득하여 모든 마를 최파한다.]

비목디발타시체다(毘目底鉢他悉體多)[해탈도에 머무는 자이다. 말하자면 이 동자를 해탈도에 머무는 자라고 부른다. 이것은 바로 모든 부처님의 해탈이니 이른바 대열반이다.]

사마라사마라(娑麽羅娑麽羅)[억념(憶念)·억념이다.]

발라디연(鉢羅底然)[앞서 세운 원이다.]

이 진언의 뜻은 다음과 같다.

'동자의 해탈도에 머무는 자를 혜혜(醯醯 : 呼召)하여 과거에 세운 본원을

---

110) 수행자가 지니고 있는 보리심의 종자를 가지고 라는 의미이다.

111) 본존을 깨끗하고 맑은 심월륜 속에 둔다는 뜻이다.

112) 『대일경』「주심품」에서 설하는 다음의 문장을 가리킨다. "비로자나여래께서는 가지력으로써 몸[身]의 무진장엄장(無盡莊嚴藏)을 빠르게 시현하신다. 이와 같이 말[語]와 뜻[意]에서도 평등한 무진장엄장을 빠르게 시현하신다."

기억하게 한다. 모든 부처님법신은 성불하시어 몸・말・마음 비밀의 체(體)에 들어가시니 모든 마음을 가진 중생으로서 이에 미칠 자가 없다. 그렇지만 본원을 억념하시므로 자재한 가지력으로 생사하는 세계에 돌아와 중생을 제도하신다.'

이 진언의 뜻도 역시 이와 같다. 이 동자는 오래 전에 이미 법신으로 성불하였으므로 그에게 청하여 본원을 억념하게 함으로써 중생을 제도하게 한다. 보살의 본원을 청함으로 말미암는 것이다. 만일 보고 듣고 접촉하고 알아서 나를 억념할 수 있으면 모두 삼승에서 구경의 선정을 획득하고 나아가 모든 원을 채울 것이다. 이 보살이 오래전에 이미 성불하였으니 이른바 보견여래(普見如來), 혹은 보현여래(普現如來)라 부른다. [성불하신 이후에] 대비의 가지력으로 동자의 몸을 나타내신다.

[다음은] 보통종자심(普通種子心)의 진언문(眞言門)이다.

"가(迦)자란 일체 모든 법이 작업을 여의었다"고 하는 것은 무엇인가?

산스크리트어로 가리야(迦哩耶)는 작업(作業)의 뜻이다. 마치 모든 외도들이 작업하는 자와 부림을 당하는 자를 헤아리는 것 등과 같이 모는 논사들도 역시 지음이 있고, 짓는 자가 있으며, 사용되는 작업이 있어서 세 가지가 화합하여 과보가 있다고 말한다. 만약 반야방편에 기인하여 말하면, 결정적으로 '있다'고 말하는 것은 곧 무인(無因)에 떨어진다. 무인에 떨어지면 일체법은 곧 원인도 결과도 없어야 한다. 능히 생기게 하는 법을 인(因)이라 하며 생겨난 법을 과(果)라 하는데 이 두 법이 없기 때문에 지음과 짓는 자와 사용되는 작법과, 죄나 복의 인(因)과 과보와 열반도와 모든 것이 다 없어야 한다. 또한 지음과 짓는 자는 서로 인(因)을 기다려서 생기는데 만일 분명하게 짓는 법이 있다면 짓는 자도 분명히 있어야 한다. 이것은 모두 외도의 논의와 다르지 않으며 『중론』 「관작작자품(觀作作者品)」에서 자세하게 설명한 것과 같다. 지금 바르게 지음과 짓는 자 등을 관찰하니 모두 다 온갖 연으로부터 생겨나 곧 본래 생겨남 없다는 진리[本不生際]에 들어간다.

본래 생겨남 없다는 진리는 부처님께서 계시거나 안계시거나 본래 있는 그대로 이와 같으니 누가 이것을 만들었겠는가! 그러므로 만일 가(迦)자를 보면 곧 모든 법이 다 조작으로 이루어졌다는 것을 알게 되니 이것을 이름하여 자상(字相)이라 한다. 만일 이러한 작법이 있다면 반드시 알아야 하니 필경에 지음이 없음을 진실한 뜻이라고 이름한다.

모든 보살의 진언문은 다음과 같다.

나무사만다붓다남(南麽三曼多勃馱喃)[귀명(歸命)이다. 앞과 같다.]
살바다(薩婆他)[일체(一切)이다.]
미말디(微沫底)[혜(慧)가 없는 것이다. 혜가 없으므로 의(疑)라 이름한다. 이 글자를 바르게 해석하면 의(疑)가 된다.]
미지라나(微枳羅儜)[제거이다. 이것은 제거하여 버린다는 뜻이다. 사람이 분뇨와 더러운 것들을 제거하여 버리는 것을 제분(除糞)이라 이름하는 것과 같다.]
달마타도(達摩馱睹)[법계(法界)이다. 중생들을 위하여 온갖 무혜(無慧)를 제거하고 모두 법계에 머물게 한다.]
열사다(涅闍多)[생겨남이다. 열(涅)자가 곧 대공삼매에 들어가니 이로부터 생겨남이 바로 법계생(法界生)이다.]
삼삼하(參參訶)[이 세 글자는 모두 종자이다.]

살(薩)은 견고하다는 뜻인데 이 견고함을 제거하므로 가장 뛰어난 것이 된다. 점은 삼매로서 이승의 열반에 들어가는 것과 같다. 이것이 바로 견고하다는 뜻이다. 만일 견고한 것이 있으면 곧 생기는 모습이 있으므로 온갖 움직이거나 움직이지 않는 법이 다 불안하다. 그런데 이것을 제거하므로 중공삼매(重空三昧)의 뜻이 있는 것과 같게 된다.

하(訶)는 행(行)이다. 이른바 여래의 행이다. "허공과 동등함을 얻어야 한다"고 하는 것에서 허공은 이치를 의미한다. "모든 법을 설하는 것도 역시 그러하다"고 하는 것은 단지 가(伽)자만이 아니라 모든 글자도 역시 그러하다. “그 머리 안에서”라 하는 것은 두개골 속에 있는 뇌라는 뜻이다. “처음의 글자”는 금색의 아자이다. “순백(純白)”이란 점을 찍은 아자로서 수많은 백가지 진언종자 중에서 가장 뛰어난 왕이다. “심(心)”이란 가장 뛰어난 왕이란 뜻이다. “안계(眼界)”는 눈을 말하며 “무구자(無垢字)”는 람(攬)자이다. 말하자면 [람자를] 눈에 안치한다. “현전(現前)”이란 눈과 마음이 함께 보는 것이다. “그 심처(心處)”는 수행자의 완전한 심장[113]이다. “이 마음따라 일어난다”는 것은 처음의 아자가 심장에서 성자(聲字)를 일으키는 것이다. “가(迦)자를 필두로 하여”라 하는 것은 처음이다. 처음이란 인(因)이며 인은 종자이다. “나머지 자문(字門)”이란 자문이 다르기 때문이며, 본존이 다르기 때문에 “혹은 다시”라고 말하였다. “모두 이 법을 닦아야 하며”라 하는 것은 가(迦)자를 종자로 삼는다. “성(聲)의 진실을 염하라”고 하는 것은 이치는 조작됨이 없다. “또한 소지하는 진언”은 수행자 자신이 소지하는 본존의 진언이다. “고리처럼 나열된” 것은 진언을 벌린 것이다. “둥글고 밝다”는 것은 마음의 [거울이] 둥글고 밝은 것이다. “단자(單字)”란 종자이다. “구인(句因)”이란 세 글자 이상의 구절을 말하며, [이 구절로] 법을 표현할 수 있으므로 중생들로 하여금 이해하게 한다. 인(因)은 자상(字相)에 의지하며 서로 말미암기 때문이다. 그런데 진언법 중에서 하나하나의 글자는 법을 충분히 표현할 수 있으므로 중생으로 하여금 이해하게 한다. “호흡에 따라 들어가고 나온다”는 것은 수행자가 스스로 숨쉬는 것이다.

5) 의지염성진언문(意支念聲眞言門)

“혹은 의지법(意支法)[114]을 닦고”라 하는 것에서 “의지”는 마음 바깥의 일을 관찰하는 [마음 속의 모든 현상을 말한다]. “응당 이치대로”[115]란 마음의 지

113) 수행자의 육단심(肉團心), 즉 심장이다. 이것은 연꽃 속에 월륜을 관하는 것이다.
114) 마음 밖의 것을 관찰하는 마음 속의 모든 현상을 말한다.

극한 이치이다. "방내(方迺)"란 지송하는 때와 장소를 의미한다. "해(懈)"란 피곤한 것이다. "다시 하나의 방편을 행해야 한다"고 하는 것은 [발보리심의] 인(因)에서 부처가 되기까지 한결같이 이 법에 의지하는 것을 의미한다.

6) 의지법수무정문(意支法修無定門)

"모든 유정계에서 복혜(福慧)[116]를 닦는다"고 하는 말은 지혜가 열등하고 복이 적은 처음으로 염송하는 사람을 가리킨다.

7) 낙구이법성취문(樂求理法成就門)

"만약 현법(現法)에서 [상·중·하의 실지를] 즐겨 구하려면"이란 지혜가 깊고 용맹한 사람을 가리킨다. [실지 가운데] "상"은 부처님이고 "중"은 보살이며, "하"는 번뇌를 끊은 성문이다. "마음으로 수지하도록 하라"는 것은 현상을 판단하여 구별하는 것이다.

"능력에 따라"라 하는 것은 할 수 있는데 까지이다. "1낙차(落叉)"는 십만(十萬)이며, 견(見)이라고도 말한다. 만일 하나하나의 숫자 가운데에서 본존을 여의지 않으며 마음이 산란하지 않는 것을 1락차를 채웠다고 말한다. 만일 산란한 사람이라면 5만락차를 채워도 성취할 수 없으니 반드시 정심(定心)을 얻어야만 본존을 볼 수 있으므로 "견"이라 말한 것이다.

"두 번째 달을 경과하여 구지방편(具支方便)을 수습하라"고 하는 것은 세 번째 달의 초하루를 처음으로 삼고 성취법을 짓는 것을 말한다. 말하자면 부처님께서 마구니가 어떤 것인지 가리키실 때까지 기다린 다음에 바야

115) 심리(心理)에 순응한다는 뜻이다.
116) 『경』에서는 "복취(福聚)"라 하였다.

흐로 짓는다. "마음으로 지송하라"고 하는 것은 광명 등을 보기를 기다리는 것이다.

8) 대일삼밀속득문(大日三密速得門)

여덟째 단락 중에서 "한 달을 경과한 자"란 1락차를 채우는 것도 일견(一見)이라 한다. "다음에 그 방편을 설한다"고 하는 것은 [숫자를] 채우려고 하며 견(見)하려고 하여 염송하는 때이다. "반드시 [이와 같은 법에] 의거하여야 한다"고 하는 것은 아래의 법이니 대일여래종자심의 진언문이다. "아자는 모든 법이 본래 생겨남이 없다는 뜻"이라 하는 것은[117] 아자가 모든 교법의 근본인 것을 말한다. 무릇 최초에 입을 열어 나오는 소리는 모두 [아(阿)의 소리가 있다]. 아의 소리가 없다면 온갖 언설이 있을 수 없다. 그러므로 모든 소리의 어머니가 되는 것이다. 무릇 삼계(三界)의 언어는 모두 명(名)에 의지하고 명은 글자에 의지한다. 그러므로 실담(悉曇)의 아(阿)자는 온갖 글자의 어머니이다. 아자문의 진실한 뜻도 역시 이와 같아서 모든 법의 뜻 가운데에 두루하다는 것을 알아야 한다. 왜냐하면 모든 법은 온갖 연으로부터 생겨나지 않은 것이 없기 때문이다.

연으로부터 생겨난 것은 모두 다 시작이 있고 근본이 있다. 지금 이 능생(能生)의 연(緣)을 관찰하니 또 다시 온갖 인연으로부터 생하며, 구르고 굴러서 연에 따른다. 어느 것이 그 근본인가?

이와 같이 관찰할 때에 곧 본래 생겨남이 없다는 이치[本不生際]를 알게 되니, 이것이 만법의 근본이다. 마치 모든 언어를 들을 때에 곧 아자의 소리를 듣는 것과 같아서 모든 법이 생기는 것을 볼 때에 바로 본래 생겨남이 없다는 이치를 본다. 만약 본래 생겨남이 없다는 이치를 보면 곧 실다

---

117) 이하에서 『소』 7권의 아자문에 대한 설명이 다시 중복되어 있다.

움게 자기의 마음을 안다. 실다웁게 자기의 마음을 아는 것은 바로 일체지지(一切智智)이다. 그러므로 비로자나는 오직 이 한 글자로써 진언을 삼으신다. 그런데 세간의 범부는 모든 법의 본원을 관찰하지 못하기에 망녕되이 '생기는 것이 있다'고 말한다. 그 까닭에 생사의 흐름에 따르며 스스로 벗어나지 못한다. 저 지혜없는 화가가 스스로 온갖 채색을 섞어서 두려워할 만한 야차의 형상을 만들고서 완성된 다음에 도리어 자기가 이 그림을 보고 마음에 두려움이 생겨서 갑자기 땅바닥에 넘어지는 것처럼 중생도 역시 이와 같다. 스스로 모든 법의 본원을 움직여서 삼계를 그려 만들고 도리어 스스로 그 가운데에 빠져서 몸과 마음을 불태우며 온갖 괴로움을 받는다. 여래의 지혜 있는 화가는 이미 잘 알고 나서 곧 자재하게 대비만다라를 이룬다. 이로 말미암아서 말하면 이른바 매우 깊은 비밀한 가르침이란 중생이 스스로 이를 감출 뿐이지 부처님께서 숨기는 것이 아니다.

㉠문 이 아자는 종자이다. 앞의 제3품에서 [캄(欠)자가] 대근용(大勤勇)의 종자라고 하였다. 즉 『소』에서 이것이 대일여래의 종자라고 하였는데 그 뜻이 무엇인가?

㉠답 아자는 보리의 결과를 생하며 캄자는 그 결과인 열반을 나타낸다. 이 까닭에 둘이 함께 종자인 것을 서로 방해하지 않는다.

여래호상진언문(如來豪相眞言門)의 귀명은 앞과 같다. 아(阿)는 행이고 흔(痕)은 인(因)이며, 자(若)는 생겨남이다. 이 불생(不生)의 행으로 모든 인(因)을 청정하게 한다. 사(闍)는 생함은 얻을 수 없다는 뜻이다.

"앞에서와 같이 아자를 전성시켜" 등의 한 게송은 통틀어 능성(能成)의 종자를 찬탄하였다. **"본존의 유가에 머물러"** 이하는 널리 능성의 종자에 의거하여 수행자의 몸을 장엄하는 것에 대해 해석하였다. 앞에서 **"앞에서와 같이 아자를 전성시켜"**라 함은 아(阿)의 다섯 종자 등을 사용하여 수행의 몸을 가지하면 가지된 다섯 종자가 전성할 수 있기 때문에 **"대일존을 이룬다"**고 말하였다. 광석(廣釋) 가운데 **"본존의 유가에 머물러"** 등의 한 게송은 종자를 안치한 곳을 밝혔다. "삼마히다(三摩呬多)에서" 등의 한 게송은 능관(能觀)의 마음이 짓는 작용을 밝혔다. 오종진언심문(五種眞言心門)의 다섯 종자를 몸으로 삼으며 호상(豪相)의 인을 미간에 두고 아자를 백광(百光)의 성과(成果)로 삼아 무구안(無垢眼)을 열어서 성품이 청정한 이치를 보고 생겨남 없는 궁전에 앉는다.

"아자는 두루 금색이며" 등의 한 게송은 종자의 색과 안치하는 곳을 밝혔다. 이 가운데에 "금강륜으로 만들어"라 함은 종자를 안치한 사각의 금강륜이다. 종자에 색을 주는데 조금 옅게 한다. "하체를 가지하라"고 함은 진언수행자의 허리 중간이다. "유가"란 부처님의 몸과 나의 몸이 다르지 않기 때문에 유가라 말한다. "좌(座)"란 부처님의 좌법에 의거하므로 수(水) 등의 유가를 알 수 있다. "밤(鑁, vam)자" 등의 한 게송은 비수(悲水)의 유가를 밝혔다. "자욱한 안개"란 수행자 자신의 배꼽이며 또 "자욱한 안개"란 종자를 안치한 보름달이다. "람(覽)자" 등의 한 게송은 지화(智火)의 유가를 밝혔다. 그 가운데 "삼각"이란 종자를 안치한 곳을 밝혔다. 그 색은 자색보다 조금 옅다. "함(唅)자" 등의 한 게송은 자재의 유가를 밝혔다. "풍륜(風輪)"이란 종자를 안치한 반달이다. "카(佉)자" 등의 한 게송은 대공(大空)의 유가를 밝혔다. "온갖 색을 이룬다고 관상하라"는 것은 단지 종자만 모든 색을 이루는 것이 아니라 종자를 안치한 사각의 장소도 역시 모든 색을 이룬다는 것을 말한다. 종자와 장소는 조금 옅게 한다. "백광변조왕(百光遍照王)"이란 점을 찍은 아자이다. "무구(無垢)"란 람(覽)자다. "심월(心月)이 둥글고 밝은 곳에"라 함은 유상염송자(有相念誦者)가 관하는 경우에는 본존의 마음이 머무는 곳이고, 무상염송자(無相念誦者)가 관하는 경우는 행자 자신의 심장[肉團心]이 머무는 곳이다. "성만(聲鬘)"이란 종자의 글자를 중간에 안치하고 다른 글자는 주위에 빙 두르는 것이다. "취하는대로 받아지니며"라 함은 자기 본존의 진언이다.

9) 석가진언성취문(釋迦眞言成就門)

아홉째 단의 석가여래진언문(釋迦如來眞言門)을 설명하겠다.

다음에 "석가여래께서 보처삼매(寶處三昧)[118]에 들어가신다." 보배가 그곳에서 나오므로 보처(寶處)라 한다. 마치 큰 바다에서 갖가지 보배를 내는데 만일 그 섬에 이르게 되면 마음에서 필요로 하는 대로 부족함이 없는 것과 같다. 부처님께서 이 삼매에 들어가시고 나서 그 얼굴로부터 갖가지 빛을 내시고, [빛 가운데에] 이 진언을 나타내시며 나아가 널리 모든 불국토에 골고루 미치게 하셨다. 그 밖의 진언도 모두 이렇게 설한 것임을 알아야 한다.

살바걸례사니(薩縛訖隷奢泥, sarva-kleśāni)[모든 번뇌이다.]

소다나(蘇馱娜, sūdana)[꺾어 부숨이다. 앞의 구절과 연결하면 '모든 번뇌를 꺾어 부순다'가 된다.]

살바달마(薩縛達磨, sarva-dharma)[모든 법이다.]

바세다보라발다(嚩勢多補囉鉢多, vaśitaprāpta)[자재를 얻음이다. 앞의 구절과 연결하면 '모든 법 가운데에서 자재를 얻는다'가 된다. 즉 모든 장애를 없앰으로써 자재를 얻는다.]

가가나(伽伽那, gagana)[허공이다.]

사마사마(娑摩娑摩, samasama)[평성(平聲) 가운데 아성(阿聲)이 있다. 사마는 평등의 뜻이다. 즉 허공과 동등하다. 이 행은 공(空)과 같으며 끝없고 청정하다. 일체에서 자재하여 걸림없는 것이 허공과 같다. 아래의 구절은 아(阿)와 서로 연결되어 평등하지 않다. 평등하지 않다는 것은 바로 이승(二乘)이다. 빠뜨리는 것이 있기

---

118) 석가여래(釋迦如來)의 삼매. 석가(釋迦)의 종자는 bhaḥ이며, 삼유(三有)를 제거한다는 뜻이 있다. 또는 불가득(不可得)의 뜻도 있다. 이로써 공(空)을 내증하고 이 공으로부터 진귀한 보배를 내기 때문에 보처(寶處)라 하며 등허공처(等虛空處)라고도 한다. 석가모니여래가 이 삼매로 말미암아 세간에 화현하여 무량무변의 법보를 내었기 때문이다.

때문이다. 무등(無等)이란 바로 펼치는 방편의 뜻이다.]

그런데 이 진언은 처음 살(薩)자를 체로 삼는다. 사(娑)는 루(漏, āsrava)의 뜻이며, 또한 견고함[堅]의 뜻이다. 아자문에 들어가면 곧 무루(無漏)로써 견고할 것도 없다. 만일 견뇌(堅牢, sthira)가 있으면 이것은 바로 생멸파괴의 법이다. 만일 아자와 동등하게 하면 이 견고함도 본래 생함이 없다. 즉 모든 법 가운데에서 자재를 얻어 허공과 동등해지며 모든 보배섬이 될 수 있다. 나는 석가께서 대비력이 온 몸에 빽빽한 것이 마치 금강과 같아서 일천제(一闡提) 등일지라도 그의 [잘못된] 견해를 부수시고, 이러한 견해로써 불법에 들어가게 하신다고 말한다. 그 큰 보배를 베푸시는 원이 어찌 모든 법 가운데에서 자재를 얻어 모든 견뇌를 부술 수 없겠는가!

"이와 같이"라 하는 것은 비로자나와 석가모니의 법 가운데에서 염송하는 자가 장엄된 몸과 같은 것이다. "본경(本經)"이란 다른 경전을 살펴보아라. "또한 앞의 방편과 같게"라 함은 이 경이다. "자문(字門)을 관하여"란 종자[를 관하는 것]이다. "만약 여래행에 의거한다면"에서 여래행은 보살의 금강행 등이다. "대비태장(大悲胎藏)"이란 여래의 대비업(大悲業)이다. "왕(王)"이란 비로자나이다. "아사리의 관정을 받는다"고 하는 것은 전법아사리의 관정을 받는 것을 말한다. 율에서와 같이 구족계(具足戒)를 받는다. "지명관정(持明灌頂)"이란 율 가운데에서 아직 구족계를 받지 않은 자와 마찬가지로 [관정을 받지 않고] 단지 스스로 본존의 진언・인을 지어서 염송하더라도 널리 행하고 학습할 수 없다. 만일 두루 학습하고자 하면 부처님의 가피를 입기에 이르러서 정성을 다하여 염송하고 가피를 얻은 다음에 전법아사리를 청하여 두루 학습하는 아사리관정을 받을 수 있으며, 그제서야 널리 행할 수 있다. "사지선(四支禪)"이란 본존 등이다. 단지 번뇌를 멸하는 것만이 아니라 수행자에게 있어서 법칙을 구족한다. "본법(本法)"이란 입불삼매야 등이다.

10) 비밀사업가해문(秘密事業可解門)

열째 단 가운데 다섯 문이 있다. 처음의 두 구절은 총체적인 내용을 담고 있다. "본존이 머무시는 바"라 함은 삼부(三部) 가운데에서 어떤 존이 머무시는 곳이다. "만다라위(漫荼羅位)"란 본존을 얻음에 따라 단을 조성하는 것이다. 다음의 두 구절은 해석이다. "그 형상이나 색"은 본존의 [형상과 몸의] 색을 말한다. "이 유가[119]에 의거하여"란 본존이 금색이면 단도 금색이고, 본존이 울금색이면 단도 울금색이다.

둘째로 처음의 두 구절은 총체적인 내용을 나타내며 다음의 두 구절은 간략한 해석이다. "세 가지[120]가 있는데"라고 함은 인(因)에서 과(果)에 이르기까지 세 가지 뜻이 있다. 그 가운데 "적재(寂災)"란 또한 심념송(心念誦)을 통하여 삼독의 번뇌가 본래 생겨나지 않음을 깨달으면 적재라 말하게 된다. "증익(增益)"이란 번뇌가 생겨나지 않음을 깨달은 지(智)가 바로 불과(佛果)이며, 불과를 얻었으므로 증익이라 말한다. "항복심(降伏心)"에 두 가지 뜻이 있으니 첫째는 부처가 된 이후에 번뇌가 일어나지 않는 것을 항복이라 말하며, 둘째는 [번뇌가] 일어나지 않아 만가지 덕을 섭수할 수 있으므로 또한 섭소(攝召)의 뜻이 있다.

셋째로 "아주 흰 색" 등의 두 구절은 그 형상과 색에 대해 해석한다. "무릇 넷[121]으로 나누어지며"라 하는 데에서 "흰 색"은 둥근 단이고, "황색"은 사각형의 단이며, "적색"은 삼각단이고, "흑색[深玄]"은 팔각단이니 바로 [여덟 연잎의] 연화도량이다. "순수하다"는 것과 "색"이라는 두 글자는 네 가지 도량에 통용된다.

"북면(北面)" 등의 여덟 구절은 실지의 작용을 자세하게 해석하였다. "연

---

119) 유가란 상응이란 의미를 가지고 있으므로, 만약 본존이 금색이라면 단도 역시 금색으로 건립해야한다. 이것이 본존과 단의 상응이다

120) 식재 · 증익 · 항복의 세 가지 의식을 말한다.

121) 백색은 원단(圓壇), 황색은 방단(方壇), 적색은 삼각단(三角壇), 흑색은 팔각단(八角壇) 즉 연화단(蓮華壇)이다.

화좌[122]에 머무는데"라 함은 결가부좌로서 먼저 왼쪽 다리를 오른쪽 허벅지 위에 올려놓고 다음에 오른쪽 다리를 왼쪽 허벅지 위에 붙이는 것을 말한다. "길상좌(吉祥坐)"란 오른쪽 다리를 왼쪽 허벅지 위에 올려놓는 것으로 반가좌(半跏坐)라고도 말하는 것이다. "현좌(賢座)로 앉아"라고 함은 웅크리고 앉아서 다리의 발꿈치를 나란히 하여 몸의 뒷부분에 붙이고 바닥에 대는 것을 말한다. "준좌(蹲坐)"란 뒷 부분을 바닥에 대지 말고 오른쪽 다리의 발꿈치로 왼쪽 다리를 받쳐서 바닥에 닿지 않게 하고 무릎을 조금 구부려서 앞을 향하게 하는 것이다. "표치"란 인(印) 등[의 상징]을 말한다. "성위(性位)"란 본존이 안주하고 있는 자체(自體)를 말하는데, 자체는 바로 자리이다. "형색"이란 본존의 외면에 드러난 모습이다. "위의(威儀)"는 지니고 있는 보배 등이다. "상응하는 바[123]에 따라"라 함은 본존에 따라 어떠한 향이나 꽃이라도 공양하라는 것이다. "머무는 곳을 떠나 멀리 유행하며"란 떠나 보내는 것이다. "해로운 것을 없애는 것은" 삼각의 도량에서 행하는 [항복]법이며, 연화도량에서 행할 수도 있다.

"진언의 처음" 등의 여덟 구절은 전변진언문(轉變眞言門)이다.

이 가운데 처음의 두 구절은 나모사만다발타남옴(南麼三曼多勃馱喃唵某甲) 훔발사바하(訐發莎訶)인데 말하자면 염송하는 자는 삼독에 집착하지 않고 지금 동등하게 생겨나지 않으므로 "적재"라 말한다.

다음의 두 구절은 나모사만다발나탐옴(南麼三曼多勃馱喃唵某甲) 훔발(訐發)인데 실상의 법 가운데 진실이 있음을 말한다. 수행자가 가져다 사용하여서 법식(法食)을 먹으므로 "섭소용(攝召用)"이라 하였다.

다음의 한 구절은 나모사만다발타남(南麼三曼多勃馱喃) 나마(納麼某甲) 훔발(訐發) 나마(納麼)인데 수행자가 법식을 먹은 다음에 법력을 얻으므로 "증익용(增益用)"이라 하였다.

다음의 한 구절은 나모사만다발타남(南麼三曼多勃馱喃) 훔발(訐發)인데

---

122) 결가부좌를 말한다.

123) 본존에 따라 향과 꽃 등을 달리하는 것을 말한다.

수행자가 법력을 얻은 다음에 티끌이나 모래처럼 많은 번뇌를 일시에 담박 멸하므로 "항복용(降伏用)"이라 말하였다.

다음 구절 가운데 "세 군데에 통용된다"고 하는 것은 적재 · 증익 · 항복의 세 가지이다.

제5 진언사업품(眞言事業品)

1. 명칭 해석

네 가지 문은 앞과 같다. 처음에 명칭을 해석한다. "진언"은 앞에서 설명한 것과 같으며 "사(事)"란 차별이고, "업(業)"이란 조작(造作)이다.

2. 품의 유래

두 번째로 이 품이 오게 된 내력이다. 앞의 품 가운데 법칙에 의거하여 지송한다. 지송한다는 것은 반드시 진언사업이 있기 때문이니, 이 품 가운데에서 왔다.

3. 종취

세 번째 종취(宗趣)이다. 이른바 본존이 본래 장소에 돌아온 것을 종(宗)으로 삼는다. 진언의 음식은 천명(天命)을 요절케 하지 않으며 끝내 무상보리에 돌아옴을 종취로 삼는다.

4. 문장 해석

네 번째로 문장을 해석하는데에 열 가지 문이 있다. 첫째는 상홍하화수공문(上弘下化修供門)[124]이다. 둘째는 "다음에 온갖 선행을 행하며"부터 "저도 역시 이와 같이 발원합니다"까지이며 여불아수회향문(如佛我修迴向門)이다. 셋째는 "다음에 알가를 봉헌하고"부터 "법칙은 모두 만족된다"까지이며 헌알가후송존문(獻閼伽後送尊門)이다. 넷째는 "또한 앞의 방편처럼"부터 "아무런 차이가 없다"까지이며 피갑현수여불문(被甲現修如佛門)이다. 다섯째는 "또 다시 증상심(增上心)을 일으켜서"부터 "마시거나 먹어서는 안된다"까지이며 자주불신독경문(自住佛身讀經門)이다. 여섯째는 "다음에 단식(摶食)을 받들어"부터 "진언으로 설한 바와 같다"까지이며 단식봉헌본존문(摶食奉獻本尊門)이다. 일곱째는 "또한 시십력명(施十力明)을 여덟 번 송하고"부터 "잠깐 휴식한 다음에"까지이며 송십력명본존유가음식문(誦十力明本尊瑜伽飮食門)이다. 여덟째는 "다시 모든 부처님께 예배하고"부터 "그 종류에 따른 실지를 얻게 된다"까지이며 수업무간득익문(修業無間得益門)이다. 아홉째는 "항상 내

---

124) 상홍(上弘)은 상구(上求)이며, 상구보리하화중생의 의미이다.

법(內法)에 의거하여 몸을 씻고"부터 "이것을 세간의 실지라고 한다"까지이며 정수조욕최장문(淨水澡浴摧障門)이다. 열째는 "다음에 가장 뛰어난 무상의 실지를 설한다"부터 "반드시 출세간의 성취를 얻는다"까지이며 무상최승증청문(無相最勝證請門)이다.

1) 상홍하화수공문(上弘下化修供門)

제1단락 중에서 "앞의 사업과 같이"라 하는 것은 부동존의 진언과 인이다. "금강살타의 몸으로 만들고"란 밤(鑁)자를 [관상하는 데] 사용하여 [금강살타의] 몸을 성취하는 것이다.

2) 여불아수회향문(如佛我修迴向門)

제2단락 중에서 "증지하시고 이해하여 요달하시며"라 하는 것은 대일존이 내증(內證)한 경계에 깨달아 들어간다는 뜻이다. "여래의 대주(大住)"란 본래 생겨남 없는 곳이다. "대비의 원을 일으키신다"고 하는 것은 수행자 자신이 증득한 이치를 모든 중생에게 베풀려고 하는 것을 의미한다.

3) 헌알가후송존문(獻閼伽後送尊門)

제3단락 중에서 "각기 안치하는 바에 따르시고"라 하는 것은 [제존이 아자의] 본래 생겨남 없는 이치에 따라 [도량에 이른 뒤에 다시] 본래 생겨남 없는 [아자의 본궁(本宮)에] 돌아간다는 뜻이다. "나중에 다시 애민을 드리워주소서"라 하는 것은 중생을 위하여 다시 [유가를 수행하는 도량에] 오신다는 것이다.

나중에 돌아오시어 저를 제도하시고 버리지 마시기를 청해드린다. 만일 비밀하게 해석하면 스스로 본존으로 되고 나서 언제라도 부처님의 바다를 떠나지 않는 것이다. "법계의 본성(本性)"이란 람(嚂)자다. "명(明)"은 진언이고 "인(印)"은 수인(手印)이다. "삼인(三印)"이란 입불(入佛)과 법계와 살타이다. 모두 다 원만하게 하여 아침나절에 도량에 들어가 앉을 때에 일을 마친다. 한낮이나 초저녁에도 역시 이와 같다.

4) 피갑현수여불문(被甲現修如佛門)

제4단락 중에서 "또한 앞의 방편처럼" 이하는 법에 의거하여 염송하는 자의 덕을 찬탄한 것이다.

5) 자주불신독경문(自住佛身讀經門)

제5단락 중에서 "또 다시 증상심(增上心)을 일으켜서" 이하는 도량을 나온 이후 밖의 독경하는 장소 등에서 하는 사업이다. "관세(觀世)"란 보살의 명칭이다. "연화"는 연화부의 주(主)이다. "눈"이란 모든 부처님의 안문(眼門)이다. "본성(本性)의 가지"란 본존의 종자・인 등이다. 관자재의 종자진언문의 사(娑)는 모든 번뇌[諸漏]를 의미하며, 곁에 두 점을 찍은 것은 아(阿)이니 모든 번뇌를 없애버린 것이다. 번뇌 없이 관하는데 자재한 것이 관음보살의 진언문이다.

다음에 관음보살은 보관삼매(普觀三昧)에 들어가, 이 평등에 머물러 고루 미치지 않음이 없는 것을 보입(普入)이라 이름한다. 이 보안(普眼)으로 중생을 관찰하므로 관자재(觀自在)라 이름한다. 이 삼매에 들어가고 나서 그 마음에서 갖가지 광명을 내고 광명 가운데에 이 모든 법문의 진언을

나타낸다.[125]

살바다타가다(薩嚩怛他竭多, sarvatathāgata)[바로 일체여래이다. 즉 시방 삼세의 모든 부처님들이다.]

바로기다(嚩路吉多, avalokita)[관(觀)이다. 부처님께서 관하는 것이 같으므로 모든 여래의 관이라고 한다. 곧 평등관이며, 또한 보관(普觀)이다.]

가로나(羯嚕拏, karuṇā)[비(悲)의 뜻이다.]

마야(麼也, maya)[체(體)이다. 이른바 대비를 체로 삼는다. 마치 금인(金人) 자체는 순수한 금이기에 금인이라 이름하는 것처럼 이 보살도 역시 그러하다. 순수하게 대비로써 체를 삼는다.]

라라라(囉囉囉, ra ra ra)[라(囉)는 티끌[塵]의 뜻이다. 아자문에 들어가면 곧 무진(無塵)이다. 세 번 거듭한 이유는 범부와 이승의 티끌처럼 많은 장애를 제거하기 위해서이다.]

훔(吽, hūṁ)[공포의 뜻이다. 크게 용맹하고 위력있으며 자재한 힘으로 저 세 겁의 티끌처럼 많은 장애를 두렵게 하고 제거하여 없애니 불안(佛眼)과 동등하다.]

자(闍, jaḥ)[이것은 최후의 글자이며 바로 종자이다. 모든 글자는 이 글자의 뜻을 해석한 것이다. 생(生)에 즉하여 불생(不生)인 것이 사(闍)자의 뜻이다.]

혹은 처음의 사(薩)자를 체로 삼고 또한 마찬가지로 이를 사용하는데 이는 경각의 뜻이다. 훔(𤙖)자 가운데에는 하(訶)자가 있다. 이는 환희의 뜻이다. 위에 대공점(·)이 있는데 바로 삼매이다. 아래에 글자를 쓰는데 역시 삼매이다. 앞에서는 삼세의 모든 부처님께서 모두 동등하게 이 관(觀)으로 삼매 가운데에서 행하셨다. 그래서 등관(等觀)이라 하였다.

125) 이하의 진언과 그 설명은 『소』 10권에서 관자재의 진언을 설명하는 것과 중복된다.

6) 단식봉헌본존문(摶食奉獻本尊門)

제6의 단락 중의 "단식(摶食)"에서 단(摶)은 절량식(節量食)이다. "수의(隨意)의 식법(食法)"이란 음식을 넷으로 나누는 것이다. 넷으로 나눈 음식에서 한 부분은 본존께 공양드리고, 한 부분은 수행자가 받으며, 한 부분은 함께 공부하는 도반을 불러서 먹게 하고, 한 부분은 배고프고 가난한 자를 구제하는 데에 쓴다. 만일 도반을 기다려도 오지 않으면 수행자 자신이 먹어도 된다. "증감(增減)"이란 움직임이고, "기쁘고 윤택하다"는 것은 얼굴 색이 아주 좋은 것이다.

7) 본존유가음식문(本尊瑜伽飮食門)

제7의 단락 중에서 "이와 같다"는 것은 십력명(十力明)이다. "진언심(眞言心)"이란 부동존의 종자이다. "휴식(休息)"이란 잠드는 것이다.

8) 수업무간득익문(修業無間得益門)

제8의 단락 중에서 "참(懺)"이란 청하여 받는 것을 말하며, "회(悔)"는 이해하는 것이다. "다시 [모든 부처님께] 예배해야 한다"고 하는 것은 한낮에 도량에 들어갈 때이다. "내지(乃至)"는 한낮의 염송 이후에 도량을 나올 때이다. "언제나 여기에 의지하여 머문다"고 하는 것은 하루 세 때의 염송을 빠뜨리지 말라는 것이다. "다음 날에도"라 함은 처음으로 도량에 들어갈 때이다. "사업금강(事業金剛)"이란 밤(鑁)자를 가지고 몸을 장엄하는 것이다. "다음에 운심(運心)하여"는 초저녁에 도량에 들어가 한밤중이 되어 염송을 마칠 때이다. "언제나 생각을 명(明)에 두어야 한다"[126]는 것은 잠자려고 할 때에 들고 나는 숨 가운데에서 종자의 글자를 사용하여 그 가운데에 있게 한다. 왜냐하면 수면은 스스로 본존삼매의 수면을 만들기 때문이며 본존의 호흡은 바로 진언이기 때문이다. 이와 같이 잠자는 사람은 티끌처럼 많은 삼매도 수면으로부터 얻으며, 갠지스강의 모래알처럼 많은 공덕도 수면으로부터 깨달으며, 잠자면서 느끼는 것도 부처의 바다를 떠나지 않기 때문에 이 사람은 곧 금강법계궁 가운데 들어간다. "평상 위"란 만일 물과 흙을 좋아하는 수행자라면 땅 속에 눕는 것도 가능하다. 만일 물과 흙을 싫어하여 그 수행자를 손상시키면 평상 위에 눕는 것도 가능하다. 그렇다해도 크고 높아서는 안된다. 왜냐하면 본존의 도량은 땅에 붙이는데 사람의 자리가 크고 높아서는 안되기 때문이다. 또한 평상에서 내려올 때에는 허리를 다칠 수가 있으므로 손상을 피하기 위해서이다. 만일 스스로 본존의 삼매를 행하면 높고 낮은 것을 막론하기 때문이며, 성인과 범부를 구별하지 않기 때문이니 높고 낮은 것을 논하는 것은 형상에 집착하는 범부이다. "명칭을 얻는다"고 하는 것은 인간세계에서 얻는 것이 아니며, 이미 시방 불국토에 가까이 있다. "[그 의지력을 이와 같이] 펼쳐서"고 하는 것은 [그 의지력을] 격려하는 것이다.

9) 정수조욕최장문(淨水澡浴摧障門)

제9단 중에서 "항상 내법(內法)에 의거하여"라 하는 것은 무엇인가?

형상에 집착하는 범부가 외부로 드러난 법이 공함을 알지 못하는데 하물며 공도 역시 공하다는 것을 알 수 있겠는가! 만약 밖으로 드러난 모습이 공하다는 것을 이해하면 점차로 실상법에 들어가 평등하여서 취하고

126) 수면에 들려고 할 때에 호흡 가운데에 본존의 종자를 관하여야 한다. 그렇게 하면 잠이 들어도 본존의 삼매와 일치하게 된다. 호흡 속에서 본존의 진언과 상응하게 되는 것이다. 이렇게 하여 수행자는 수면 중에도 부처의 바다에서 떠나지 않게 된다.

버리는 것이 없기 때문에 경에서 설한 아자문 등과 같다. **"몸을 씻고"**란 만일 속세의 일이 공적하다는 것을 깨달으면 [이것이야말로] 가장 깨끗하게 몸을 씻는 것이다. **"촉식(觸食)"**[127]이란 만일 인(人)·법(法)이 모두 공하다는 것을 깨달을 수 있으면 만든 음식 등은 어떤 것이라도 먹을 수 있다. 만일 수행자가 생각을 일으켜 마음이 움직인다면 음식을 기다려야 한다. 만일 음식을 얻을 수 없다면 생사의 음식을 여의고 아자 등을 얻을 수 있기 때문이다. 만일 생각을 내어 음식을 먹어야 한다면 청정한 생각으로 먹어라. 만일 손대지 않은 음식을 얻더라도 반드시 음식의 공함을 알아야 한다.

이상의 음식 등에 관한 것은 걸식하는 염송자를 위해서 말하였다.

"이 몸을 유지하기 위한" 것에 두 가지가 있다. 첫째는 다른 이를 보호하기 위해서이며, 둘째는 자신의 집착을 없애기 위해서이다. **"법계심(法界心)"**[128]이라고 하는 것은 흐르는 물 가운데 종자를 안치한다고 관상하고 이것을 내려서 머물게 하라. 만일 앉거나 서게 되더라도 종자를 안치한 곳의 물을 가져다가 씻는다. **"부동존 등"**이란 부동존과 항삼세존을 각각 사용하여도 되며, 함께 사용할 수도 있다. **"사방을 보호한다"**고 하는 것은 벽제(辟除)하여 결계(結界)하는 것이다. **"자성관(自性觀)"**이란 자신을 본존으로 만드는 것이며, **"전(轉)한다"**는 것은 두루하게 한다는 것이다. **"지(持)"**는 지송의 의미이다. **"묵연(默然)"**하게 해야할 세 곳이 있는데 첫째는 먹을 때이고, 둘째는 대·소변을 눌 때이며, 셋째는 씻을 때이다.

"항삼세(降三世)[129]**의 종자진언문"**의 하(訶)자는 행이며, 아(阿)의 소리를 더하면 지극한 행이 된다. 모든 행을 보내어 없앰으로써 곧 일체의 행을 행하지 않으므로 제거한다는 뜻이 있다. 이것으로 삼세를 항복시키는 것

---

127) 사식(思食)에 반대되는 말로 단식(段食)이라고도 한다. 쌀밥과 국 등이 여기에 해당된다.

128) 람자관을 가리킨다.

129) 항삼세에서 삼세는 탐진치를 지칭하기 때문에 이 존은 삼독(三毒)을 항복시킨다는 의미를 지니고 있다.

이다.

항삼세명왕의 진언문

다음에[130] "항삼세명왕(降三世明王)의 진언"이다. 비로자나여래께서 법당고봉관가지(法幢高峰觀加持)삼매에 머무셨다는 것은 처음의 서품(序品)[131]에서 설한 것과 같다. 여래께서 이 두 진언[二明][132]을 설하셨는데 이것은 다 모든 부처님의 삼매이다. [진언]수행자를 처음에 보리심을 일으킨 이래로 수호하고 증장하여 원만한 불과를 성취하게 하며 끝내 잃지 않게 하고, 도가 아닌 데에 떨어지지 않게 하는 자가 바로 부동명왕이다. 세간의 조복하기 어려운 중생을 항복시키는 자가 바로 항삼세명왕이다. 그래서 잇달아 설하였다. 이른바 삼세(三世)에서 세(世)를 탐(貪)・진(瞋)・치(癡)라 한다. 이 세 가지 독을 항복받는 것을 항삼세(降三世)라 부른다. 또한 과거의 탐욕으로 해서 금생에 이러한 탐욕의 과보로서의 몸을 받으며 다시 탐욕의 업을 생하여 미래에 과보를 받는 것처럼 세 가지 독이 모두 그러하다. [이 삼독을 항복시키는 자를] 항삼세라 부른다. 또 삼세란 삼계(三界)라고도 한다. 말하자면 비로자나여래께서 처음에 유정천(有頂天)[133]에서 아래로 땅에 내려오기까지 상지(上地)에서 하지(下地)를 향하여 잇달아 낱낱의 천계에 모두 화생(化生)하시어 한량 없이 많은 권속을 지닌 대천주(大天主)를 교화하셨다. 지금 그 [부처님의 화생이] 대천주보다 뛰어난 것은 백천만배이다. 그가 두려워한 것은 일찍이 없었다. 다시 어떤 중생이 있어서 나보다 뛰어날 것인가! [이렇게 모든 중생들에게] 나아가 법으로써 항복시킨다. 즉 차례

130) 여기서부터 '삼세를 항복시킬 수 있다'까지는『소』10권의 항삼세명왕의 진언을 밝히는 문장과 거의 동일하다.

131) 서품이라면「주심품」을 가리키는 것이지만, 이 내용은「주심품」이 아니라 다음의「구연품」에 나온다.

132) 부동명왕과 항삼세명왕의 진언을 가리킨다.

133) 비유상비무상처(非有想非無想處)를 가리키며, 정신만의 세계의 네 번째 하늘이며 삼계의 가장 높은 곳에 있어 유정천(有頂天)이라고 한다. 이 하늘에 사는 이는 하지(下地)와 같은 거치른 생각이 없으므로 비상(非常), 비유상(非有想)이다. 그러나 자세한 생각이 없지 않으므로 비비상(非非想), 비무상(非無想)이라 한다.

대로 내려와서 삼세계(三世界)의 주인을 항복시키기 때문에 항삼세명왕(降三世明王)이라 한다.

하하하(訶訶訶, ha ha ha)[하(訶)는 행(行)의 뜻이며 기쁨[喜]의 뜻이다. 이 삼행(三行)은 바로 삼승인의 행이다. 이 글자가 아자문에 들어가면 곧 이 삼행이 본래 생겨남이 없으며, 본래 생겨남이 없기에 이 삼행을 뛰어넘는다. 이것을 부처의 행으로 삼는다.]

비살마예(毘薩麼二合曳, vismaye)[이것은 기이하다 · 괴이하다는 뜻이다. 부처님의 항상한 가르침처럼 자(慈)로써 성냄을 대치하고 무탐으로써 탐심을 다스리며, 정견으로 삿된 견해를 다스린다. <지금 대분노로써 성냄을 제거하고 대탐으로써 모든 탐을 없애니,〉 정말 이해하기 어렵고 믿기 어려우므로 괴이하다고 말하였다.]

달타가다(怛多揭多, tathāgata)[모든 부처님이다.]

비사야(毘舍也, viṣaya)[경계(境界)이다.]

삼바바(三婆嚩上, saṃbhava)[생겨남이다. 이른바 모든 부처님의 경계로부터 생한다. 부처님의 경계란 제법실상이다. 이 실상으로부터 생하기 때문에 항삼세라 이름한다.]

뎨례로가야(帝入隷二合路迦也二合, trailokya)[이것은 삼세(三世)이다.]

미자야(微闍也, vijaya)[이것은 항복시킨다는 뜻이다.]

훔(吽, hūṁ)[뜻은 앞에서 설한 것과 같다.]

자(惹, jaḥ)[호소(呼召) · 경각의 뜻이다. 만일 이것을 송하면 모든 중생들의 마음에 들어가 이를 경각시키고 장애를 없애게 하니 법신불과 동등하다.]

그런데 이 진언은 이 뎨례(帝隷)를 체로 삼는다. 위에 다(多)의 소리가 있는데, 이것은 여여(如如)의 체로서 본래 생겨남이 없다. 본래 생겨남이 없기에 번뇌의 장애도 역시 본래 생겨남이 없다. 이 이치에 부합되게 수행하면 정(定)과 혜(慧)를 함께 갖추므로 삼세를 항복시킬 수 있다.

"쇄정(灑淨)"이란 손으로 물을 움켜쥐고 진언을 세 번 독송하며 머리 위에 뿌리는 것이다. "구족하고"는 삼매야 등이다. "성천(聖天)"이란 본존 등이다. “몸과 마음을 정화하고 이타를 위하여” 이하는 염송도량에 들어가 본존을 바라볼 때이다. “삼등(三等)”이란 삼밀(三密)이다. “[자신의 삼업 등을] 한계로 삼는 것”은 본존(本尊)과 동일하다. “[일체지(一切智)의] 구(句)”란 법(法)이다.

10) 무상최승증청문(無相最勝證請門)

제10 단락 중 “그 진실의 연생구(緣生句)”[134]라 하는 데에서 진실(眞實)이란 본래 생겨남이 없다는 진리[本不生法]이다. 허망한 언어의 모습은 자취가 없어서 제도할 수가 없다. 법혜(法慧)가 언제나 비추어서 끝없고 끊어짐 없다. 그러므로 세간의 달이 깨끗하고 밝으면 그 가운데에 밤의 모습이 없다는 것을 알게 된다. “연생(緣生)”이란 진지(眞智)가 그 체이니, 강조하여 말하면 대비이다. 중생은 본래 자신이 갖추고 있는 각체(覺體)를 알지 못하니, 각체를 깨닫게 하기 위한 것이므로 연생이라 말한다. “엉겨붙은 연을 여읜다”고 하는 것은 이미 각체를 알았으면 밖으로 연하는 것이 모두가 불연(佛緣)이다. 마지막의 한 게송은 [이 법을] 유통하기를 바라는 것 중에서 매우 깊은 유통을 바라는 것이다. 이 가운데 처음의 한 구절은 무상(無相)의 법체를 나타낸다. 다음 한 구절은 깊은 법 가운데에서는 지혜가 열등한 자가 감당할 수 없다는 뜻이다. 다음 한 구절은 지혜가 열등한 사람을 위하여 근본법을 나타낸 것이다. 다음 한 구절은 단지 유상(有相)만이 아니라 또한 전후의 차별이 있는 것을 말하고 있다.

“이상으로 아사리” 이하는 번역가가 덧붙인 말이다. 이 가운데 “아사리”란 성자 문수사리이다.

또 설하자면 “그 진실의 연생구”에서 “그”는 아자이다. “진실”이란 본래

134) 진실의 연생구에서 진실은 본래 생겨남 없음[本不生]의 법, 연생은 진실의 지(智)이다. 즉 본불생의 이치에서 출생한 진실된 지혜라는 뜻이다.

생겨남이 없는 이치이다. "연생"이란 중생을 연하는 것이다. "구(句)"는 법이다.

다시 "진실의 연생의 구절에 의거하여"라고 말할 수 있다. 여기에서 "진실에 의거한다"고 하는 것은 본래 생겨남 없는 이치에 의지하는 것이다. "연생"이란 아자이다. 근기에 맞추어서 성자(聲字)를 시현하기 때문이다.

"내심지분(內心支分)에서 엉켜붙은 연을 여의어야 한다"고 하는 것에서 "심"은 본래 생겨남 없는 이치에 잠기는 것이다.

"심히 깊은 무상(無相)[135]의 법"이란 본래 생겨남 없는 이치이다. 모습에 집착하는 열등한 지혜를 가진 자는 이 이치를 깨달아 들어갈 수 없다.

문 오직 잠기는 마음이 있다면 다시 오묘한 작용이 있을 수 있겠는가?

답 만일 이치에 잠긴다면 이것은 바로 구족하는 것이다. 왜냐하면 주체와 객체[136]가 화합하기 때문이다.

문 이치는 몸과 마음을 사용하는가, 사용하지 않는가?

답 만일 그 인을 사용한다면 이것을 그 몸과 마음으로 삼는다.

문 아(阿)는 누가 본법에 향하여 부르며, 본래 생겨남이 없음을 조작하는가?

답 세 가지가 있다. 첫째는 비밀한 해석[秘密釋]이고, 둘째는 비밀 가운데 비밀한 해석[秘密中秘釋]며, 셋째는 비밀하고 비밀한 가운데의 비밀한 해석[秘秘中秘釋]이다. 첫째로 비밀한 해석이란 비로자나부처님께서 본래 생겨남 없음을 설하신 것이다. 둘째로 비밀 가운데 비밀한 해석이란 아자 스스로 본래 생겨남 없음을 설한 것이다. 셋째로 비밀하고 비밀한 가운데의 비밀한 해석이란 본래 생겨남 없는 이치가 스스로 이지(理智)를 갖추고 스스로 본래 생겨남 없음을 깨닫는 것이다.

---

135) 본래 생겨남 없음[本不生]의 이치를 말한다.

136) 『소』에는 능(能)·행(行)으로 되어 있으나 문맥상 주체와 객체를 의미하는 주관[能]·객관[所]로 바꾼다.

이 『공양법』 1권은 처음부터 끝까지 오직 일대사인연을 위한 것이다. 즉 "그 진실의 연생구(緣生句)에 있어서 내심의 지분에서 엉켜붙은 연을 여의어야 함"을 말하고 있다. 또한 "심히 깊은 무상(無相)[137]의 법은 열등한 지혜로는 감당할 수 없기에 저들을 위하여 또한 [후세에] 남기기 위하여 유상(有相)으로 설하였다"고도 말할 수 있다.

이 글을 지은 사람은 신라국(新羅國) 영묘사(零妙寺)의 스님인 석불가사의(釋不可思議)로서 문장을 나누는 것에 따라 끝까지 캐었다. 원컨대 이 글을 보면 홀로 본래 생겨남 없음[本不生]의 이치 가운데 증득하여 알 수 있을 것이다.

137) 본래 생겨남 없음[本不生]의 이치를 말한다.